国家出版基金项目
NATIONAL PUBLICATION FOUNDATION

中國古代物質文化史

玻璃器

齐东方 李雨生 著

开明出版社

编委会

项目编辑组

出版说明

在人类历史长河中，我们的民族创造出光辉灿烂的中华文明，虽历经坎坷而连绵不绝，成为我们这个星球上唯一从远古走来，中途不曾断裂的最完整的一脉文化体系，留下了博大丰厚的文化遗产，对人类文明进步作出了独特而巨大的贡献。完整而丰富的地上、地下物质文化遗存就是中华文明传承与发展的最好佐证。然而遗憾的是，到目前为止，尽管我们的物质遗存如此丰赡，却没有一部全面系统基于实体的物质资料而构建和叙写的中国古代文化史。我们这个出版项目的主旨，就是尝试弥补这个巨大缺憾和学术空白。

以往我们看到的中国历史著作，大都是基于传统文献资料，来进行政治、经济、军事、文化等各个领域的书写和诠释。当我们开始有意识地利用考古资料、地上文物遗存资料，并借助人类学、民族学、社会学等研究方法和手段来观察历史时，我们的研究空间和视域顿时更加广阔，某些隐藏至深的信息得以深入发掘，原有的历史认识进一步丰富而立体。这是因为历史本身的复杂性，决定了我们发掘历史信息的方法和途径也应该是多方面的。而随着近几十年考古发掘工作的不断推进，地下考古发现越来越丰富，地上文物遗存越来越受关注，同时学界的相关研究也越来越多，这些地下、地上文物遗存所展示给我们的信息就越来越系统，这些信息所构成的历史文化空间就越来越恢宏。最终使得我们不仅有必要而且也有可能不再拘泥于传统的历史记述与研究的路数，另辟蹊径，书写一部基于物质的中国古代文化史，即首先立足于地下、地上文物遗存，同时充分参考文献资料来诠释这些文物遗存的文化内涵与外延而构建的中国古代物质文化史。

这样的一部中国古代物质文化史，必然是一部能够让我们从物质实体出发来认识博大精深的中国古代文化的历史，一部广阔而深邃、客观而生动、系统而完整的历史，既能反映政治、经济、军事、文化、法制、科技、社会各方面情况，又能反映人们的生产、生活、信仰以及思想观念、审美理念、价值取向、生活情趣等。从中我们可以感受到历史发展的脉搏，探索历史最生动的层面，还原历史本来面貌。

从某种意义上来说，编纂这样一部系统科学的物质文化史不但势在必行，而且极具创新价值、学术价值和开拓意义。这样的工作，对于彰显中华民族的伟大创造力、诠释中华民族优秀的历史文化、使我们更好地认识源远流长的中华文明有着极为重要的意义。同时这种注重物质的客观性和系统关联性的学术视角，也必然会在学术领域产生积极的影响，对于推动历史学、人类学、考古学等学科的深入研究具有积极意义。此外，我们也希望这部书能够进一步唤起我们珍视历史、热爱文物、保护文物的意识。一个爱护文物、爱护历史文化遗产、尊重历史的民族，才是一个有未来的民族。

我们的中国古代物质文化史项目从策划到最终立项经过了数年时间的酝酿，从立项到陆续开始出版又经历了数年。我们计划全套书共出70卷，除索引卷外，分为通史和专题两个系列，以纵、横的脉络建立历史时空坐标。纵的是通史系列，分为史前、商周、秦汉、魏晋南北朝、隋唐五代、宋元明清六个阶段，按中国历史的时间顺序，遵循物质文化变化节奏和规律，在历史大背景下宏观阐述中国古代物质文化史的发展进程，使读者对文化遗存在中国历史洪流中有个整体、全局性的把握。横的是专题系列，按照材质、用途和功能、艺术表现形式等的不同分为石器、陶器、瓷器、玉器、青铜、金银器、漆器、兵器、乐器、家具、纺织、货币、天文历法、水利、建筑、墓葬、雕塑、绘画、书法篆刻等类。内容丰富的类别再做进一步的细致分类，并分册出版，如绘画类包括壁画（寺观壁画、墓室壁画、石窟寺壁画）、卷轴画等；雕塑类包括石窟寺雕塑、墓葬雕塑和其他雕塑等。各专题或以时间为轴或以类别为序，展现各个物质形态继承与发展、沿袭与嬗变的过程，通过点线面结合，揭示物质遗存所特有的发展曲线和深层次的历史内涵。每卷随文附图200幅左右，以体现内容和版面的活泼生动，强调实证效果，增强视觉感知及可读性。对于某些卷册，如龟兹、敦煌等，由于涉及大量译名，还会附加名词索引。

经过编委、各位作者和编辑人员的共同努力，如今这套书终于要依次与读者见面。个中滋味，甘苦各半。回顾起来，我们不得不说，这样大规模高难度的项目，在当今要集合如此众多的专家学者，进行如此大量的资料、图片的收集与整理工作，其难度远超我们的预期；尤其是若没有足够的资金支持，仅凭一家出版社的力量，几乎是不可能开展也不可能完成的。对此，国家出版基金会给我们提供了最大限度的支持，不仅是资金方面，还有精神方面，使得我们有决心、有信心也有力量把这个项目逐步完成。也正因为这样，这套书才能有幸与读者见面。在此，我们对国家出版基金会表示由衷的感谢。此外，参与主编策划和书稿撰写的各位专家、学者也付出了异常艰辛的努力，他们每个人本身的工作都很忙，可为了这套书的构思策划，为了每一卷书稿的高质量完成，还是付出了大量的时间和精力，做了最严谨而细致的工作，在此也对他们表示诚挚的谢意。

项目编辑组

总序：中国历史和文化的物质表征

《中国古代物质文化史》经过参与该书策划、撰写和编辑的诸多学者的共同努力，现在终于问世了。这个总序本来应该由项目的主编、前国家文物局局长、北京大学兼职教授张文彬先生来写，以阐述项目成果即本套书的编写宗旨、设计体例、内容特点，并介绍每分卷的写作情况等。由于张文彬先生在主持项目过程中遇身体不适，我这个后来被指定的执行主编只有勉为其难，代张文彬先生撰写这个《中国古代物质文化史》的总序了。鉴于这套书的编写宗旨、内容特点及框架体例等在出版说明中已有介绍，每分卷的写作情况在每本书的后记中也多有述及，无须我在这里重复。下面，我拟从中国物质文化史的概念定义、发展历程、专项分类三个方面，谈谈自己对中国古代物质文化史以及编写这套书的粗浅认识。

一、中国物质文化史的含义

人们通常这样认为，“物质文化，是指为了满足人类生存和发展需要所创造的物质产品及其所表现的文化”。物质文化既然是文化的一种呈现形态，那么，与“物质文化”相对应的另一种文化呈现形态就应是“非物质文化”，它们之间的关系是怎样的呢？要弄清这个问题，还需要从“文化”这个最基本的概念说起。

关于文化的定义很多，20世纪50年代有人作过统计，据说那时就有164种之多。文化人类学的鼻祖英国学者爱德华·伯内特·泰勒（Edward Burnett Tylor，1832—1917）是第一个从学术的角度对文化进行定义的学者。他认为，文化是复杂的整体，它包括知识、信仰、艺术、道德、法律、风俗，以及其他作为社会成员所习得的任何才能与习惯的综合体，是人类为使自己适应其环境和改善其生活方式的努力的总成绩[1]。泰勒关于“文化”的定义，尽管还存在不全面等问题（如泰勒没有提及需要后天习得的文化要素“语言”），却已给后人奠定了很好的解释基础，以后的学者又不断有补充和发展。英国功能主义人类学家A. R. 拉德克利夫–布朗（Alfred Radcliffe–Brown，1881—1955）认为，文化是一定的社会群体或社会阶级与他人的接触交往中习得的思想、感觉和活动的方式，是人们在相互交往中获得知识、技能、体验、观念、信仰和情

1 [英]爱德华·泰勒著，连树声译：《原始文化》，上海文艺出版社，1992年。

操的过程，文化只有在社会结构发挥功能时才能显现出来，如果离开社会结构体系就观察不到文化。美国学者阿尔弗雷德·克鲁伯（A.L Kroeber）和克莱德·克拉克洪（Clyde Kluckhohn）在1951年出版的著述中，对西方164种文化的定义进行了评析后，提出了他们新的定义，即“文化存在于各种内隐的和外显的模式之中，借助符号的运用得以学习与传播，并构成人类群体的特殊成就，这些成就包括他们制造物品的各种具体式样，文化的基本要素是传统（通过历史衍生和由选择得到的）思想观念和价值，其中尤以价值观最为重要”[1]。以后，还有一些学者对文化下过定义，如美国学者罗伯特·F.墨菲（Robert F. Murphy）这样定义文化：“文化是意义、价值和行为标准的整合系统，社会的人们据此生活并通过社会化将其在代际传递。”文化具有这样一些特点：“文化定义关键部分就是，它意指行为的规则和确定方式，而不是指行为的本身”“文化是我们在这个世界上的行为导引和对这个世界经验的符号表达”“文化也是所有知识、信念和生存技能的百科全书”“行为的不同习惯方式，以及某些特定的物质制品或艺术风格，可以使文化具有典型特征”[2]。根据以上学者对文化这一概念的解释，我们可以将文化理解为：

文化是人类社会在长期发展过程中凝固下来并在代际传承的价值观念、社会机制和行为规则，社会的人们据此思维、交流和行为，并且产生和创造具有特征的物质制品或艺术风格。

上述对文化的解释，包括了三个层面：其核心层面是人们的社会性，其中间层面是人们基于这种社会性的思维和行为，其外表层面则是人们思维和行为的产物。文化从表至里的三个不同的层面，其他两个层面都蕴含在表层的物质层面之下，故文化的三个层面又可以归结为两个不同的范畴（或两种不同的存在状态）——无固定形态的非物质的范畴就是所谓“非物质文化”（无形文化），有固定形态的物质范畴就是通常所说的“物质文化”（有形文化），这两种文化范畴构成了完整的文化形态。作为前人的完成了代际传承，经历了时间的筛选的两种文化的存在形态，已经成为我们需要加以关注、保护和传承的遗产。按照通行的解释，“非物质文化遗产”是人类创造这些物质文化的过程以及人类各社群为了满足自己精神生活需要的具有社会性、凝固性和典型性的行为，它是被各地区和社群视为其文化传统的表现形式、知识和技能，包括了口头传说、表演艺术、社会风俗、礼仪节庆、传统工艺等；而“物质文化遗产”，则是人类这些思维和行为的创造物，是有固定形态的可以被视觉感知的人类创造、制作和使用的人工遗留物。

说到文化的物质层面，就不得不提到考古学的一个核心概念“考古学文化”。我的专业是考古学，我们考古学家天天都在与考古学的文化打交道，不少考古学家还强调我们的考古学文化与别的学科的文化如何的不一样。翻开《中国大百科全书·考古卷》，该书对考古学文化的解释代表了目前中国考古界的主流认识：“文化一词有着不同的含义，一般是指人类社会在科学、技术、艺术、教育、精神生活以及其他方面所达到的总成就，如中国文化、文化遗产等。考古学中所讲的文化，有其特定的含义，专门指考古发现中可供人们观察到的属于同一时代、分布于共同地区、并且具有

1 A.L.Kroeber & Clyde Kluckhohn, Culture:A Critical Review of Concepts and Definition, Random House, New York, 1952.

2 [美]罗伯特·F.墨菲：《文化与社会人类学引论》，商务印书馆，2009年。

共同的特征的一群遗存。"[1]从这个定义中也可以看出，所谓具有独特性的考古学文化，与其他学科的文化概念并没有什么不同。文化的物质表层要素——即可以观察到的一定时期、一定区域的一群经常共存的具有共同特征的遗迹和遗物——就是考古学的文化；获取并研究这些文化的物质表征，透过现象去发现本质，揭示隐藏在物质表层之下的创造和使用这些遗存的人们的行为及其社会关系，即这些物质遗存所蕴含的非物质的东西，就构成了考古学这一学科的基本内涵。

考古学在包括中国在内的不少国家和地区的学科分类中，是历史学的分支，是以物质材料为主要研究对象去探究人类历史的一门学问。这里，我们有必要再谈谈物质文化史与考古学的联系与区别。考古学是通过调查和发掘地下古代物质遗存、并通过这些遗存提供的信息来理解和复原古代社会历史的学科，物质文化研究也是通过古人的物质文化遗存来重构古代社会历史，从研究目的上来看，二者并没有什么不同。正是由于这样的原因，苏联的全国性考古研究机构曾经被命名为"物质文化史科学院"或"物质文化研究所"[2]，以后才改为"考古学研究所"。仅从研究机构名称上来说，物质文化研究与考古学之间无疑具有密切的关系。不过，物质文化研究与考古学尽管内涵大致相同，其外延（主要是研究对象、研究内容等）也还存在差异。考古学研究的主要是埋藏在地下的古代物质遗存，物质文化研究的对象则包括了地下、地上和传世的古代文化遗存，后者比前者的研究范围要宽；考古学不仅研究古人遗留下来的物质遗存所包含的历史文化信息，还要研究获取这些物质遗存并提取其包含信息的技术和方法，后一方面的研究已经不是物质文化史研究所关注的问题。就中国的考古学科而言，其构成包括了考古学理论与方法、中国考古学、外国考古学、专门考古学等，如何开展田野考古和如何更多地提取遗存的历史信息，已经包含在考古学方法和专门考古学的分支中。可以这样说，中国考古学是基于考古获取的物质资料和考古学的研究方法所构建的中国物质文化史；而中国物质文化史，则是通过考古发现和现存于世的实物资料所构架的能够反映历史发展主线的中国古代史。

英国学者鲁惟一（Michael Loewe）和美国学者夏含夷（Edward Louis Shaughnessy）在《剑桥中国古代史》的序言中，将研究中国古代史的材料分为"文献资料"和"物质资料"两类，前者包括了出土文献和传世文献，后者也就是通过考古调查和发掘获取的实物资料。他们指出："一个不注意考古证据的历史学家会感到他无法去顺应当代的学术潮流；同样，一位不熟悉传统文献的考古学家会难以把握相当一部分的中国文化之精髓。"正是基于这种考虑，这两位学者在主编《剑桥中国古代史》时，组织了历史学家和考古学家两个领域学者，各自基于不同类型资料来分别撰写同一个时期同一个区域的历史[3]。《剑桥中国古代史》的先秦卷面对的是文献资料并不丰富的"原史时代"，所以他们采取了历史学家和考古学家各自表述而不加整合的编写方式。即使在文献资料逐渐丰富的汉唐时代，甚至文献资料已经非常丰富

---

1 中国大百科全书总编辑委员会《考古学》编辑委员会：《中国大百科全书·考古学》，中国大百科全书出版社，1986年。

2 王伯洪、王仲殊：《苏联考古工作访问记（一）》，《考古》1959年第2期，第101—104页。

3 The Cambridge History of Ancient China: From the Origins of Civilization to 221B.C., Edited by Michael Loewe and Edward L. Shaughnessy. Cambridge University Press, 1999.

的宋元明清时代，主要基于通过物质的资料来编写一套中国古代的历史，与主要采用文献资料编写的中国古代历史并行于世，这对于全面认识和理解中国的古代文化和古代社会，仍然会有很大的帮助。

二、中国古代物质文化发展的历程

我们这套“中国古代物质文化史”是由纵、横两部分组成。最前面的是“中国物质文化史综述”，这是按中国历史的纵向时间顺序来概述中国古代物质文化史的发展进程。中国古代漫长的物质文化发展进程从来不是匀速前进，波澜不惊的，发展中会有大小不同的转折，高低不同的峰谷。根据物质文化面貌变化节奏的不同和撰写史书详略的不同，一套多卷本的中国古代物质文化史也有不同的分卷方式。如果编写比较简明的中国古代物质文化史，我个人倾向于以魏晋之际将其划分为两个阶段，也就是一套两卷本的书系。如果编写稍微详细的中国古代物质文化史，我希望划分为四卷，四卷本除了以魏晋之际作为一个分界外，另两个分界可定在龙山时代与二里头文化时代之间、五代十国与北宋之间。如果要编写更为详细的中国古代物质文化史，也就是类似本书系的规模，我们可将其细分为史前中国、商周、秦汉、魏晋南北朝、隋唐五代、宋元明清六个阶段即六卷，这样分卷主要基于这样一些理由。

我们知道，最能导致物质文化发生大变化的因素，是重大技术发明带来的产业革命。这些发明或本土自身产生，或域外传播而来。正是基于这些重大发明，才导致了中国古代社会的巨大变化，才引起中国物质文化的多次明显转折。在这些创造性的发明中，首先应该提到的是谷物栽培和动物驯化。谷物中的人工粟等人工栽培作物大约在距今一万年前出现在中国北方的黄河流域，以后向周边传布，甚至远布至青藏高原地区，形成了范围广大的北方旱地粟作农业区。而稻等人工栽培作物，更远在一万多年前就出现在中国南方长江中游地区，以后更传播至东北至朝鲜半岛，东南至东南亚等广阔的温暖湿润的区域，形成了广大的南方水田稻作农业区。农业的发生和推广，使得人类的生活资源趋于稳定，从而脱离了栖居山洞和追猎迁徙的不稳定生活，开始走出山洞步入旷野，在平川形成了定居的聚落，产生了钻孔、磨制和制陶等新的工艺，促使社会逐渐复杂化和多样化，奠定了中国万年农业文明的基础。大约在距今四千年前，大麦、小麦和青稞等作物传入中国，这种适应性强的谷物丰富了旱地农业的种类，除了在低海拔地区普遍种植外，青稞这类作物还经过了高原严酷的自然选择，成为青藏高原的单一谷物。至于工业的技术革命，从先前的手工业发展成为近代化的大工业，在中国开始较晚，直到清代晚期的鸦片战争后才逐渐引入西方工业革命的成果，从而从某种程度上推动了社会的变革。因此，以农业革命的发生和工业革命的引入为标志，将中国的物质文化史划分为三个大的时代，也就是猎取时代、农业时代和工业时代（相当于以生产工具为标准划分社会发展史的旧石器时代，新石器、青铜、铁器的时代，以及机器的时代），应该是比较恰当的。只是中国的工业时代已经属于近代，古代的物质文化史不宜包括工业革命时代；而旧石器时代的人类物质文化遗存较少，如果把它作为书系中的一本就显得单薄，故将其与新石器时代合并称为“中国史前物质文化史”，只是在这个“史前时代”中，也明确划分出这两个时代而已。换句话说，这套中国古代物质文化史去掉了工业时代，弱化了猎取的时代，强调的是建立在农业革命基础上的石器、铜器、铁器三个时代。物质文化材料的年代越早，保存至今的也就越少，因而石器时代和青铜时代只能各自作为一卷，而物质文化材料丰富的铁器时代却被划分为四卷，可能会给人以前轻后重之感，尽管历史时代考古学的重要性已不如更早的时代。

说到史前时代，这就不可避免地会涉及介于史前与历史时代之间的"原史时代"。学术界一般认为，原史时代是一个过渡性质的时期，这一时期无论是属于本社群文字还是他社群文字的文献记录都相当有限，仅据这些零星和片段的文字和文献资料无法复原该社群历史的主要梗概，要认识一时期该社群的历史需要综合考古学、人类学、文字学、历史学及自然科学的知识体系和研究手段[1]。原史时代可有广狭二义：严格的原史时代不包括传说时代，而是以成熟文字体系的出现为开始，以这种文字体系撰写的史书出现为结束。具体到中国古代史来说，也就是商代晚期至西周时期，其开端以殷墟甲骨文的出现为标志，结束以中国最早的编年体史书《春秋》开始的年代为标志，二者间的年代跨度很小[2]。宽泛的原史时代以中国古史传说时代为开始，以文字产生后出现史书为结束，具体到中国古代史来说，其开端可以上推到传说中的夏代甚至龙山时代，而其下限则与狭义的原史时代相同。不过，就物质文化这个层面来看，无论是技术上还是艺术上，大约相当于夏代后期的二里头文化与先前的龙山时代诸文化都发生了许多变化，而这种变化在战国中期又一次出现。这之间的时间幅度约略相当于中国考古学界的夏商周时代或史学界的先秦时代，也约略相当于西方汉学界所说的"从文明起源到秦统一"的阶段[3]。在这个时代里，青铜既是一种制作工具、武器和礼仪用器的最重要材料，制造青铜器又是当时技术含量最高的工艺，青铜器具这类作品还是当时艺术的集中体现，如果史前时代是以石器制作为标志的石器时代，这个时代就是以青铜为标志的青铜时代。尽管关于中国青铜时代开始和结束的时间，学术界还有一些不同的说法。

按照我个人的见解，中国的原史时代应当定位在二里头文化中期至战国前期，这是基于这样几个考虑。首先，从二里头文化兴盛开始，具有中国金属铸造的特色的泥范铸造技术开始出现，并完成了从红铜时代（或称铜石并用时代）向青铜时代的转变；而人工铁器尽管早在两周之际就已引入中国，却也是在战国前期偏晚才与青铜冶铸技术相结合，使得大量冶炼铁和普遍使用铁器成为可能，才真正进入了铁器时代。其次，也是从二里头文化兴盛期起，青铜鼎等礼器、青铜戈等兵器，以及兽面纹等动物纹样才出现并流行，独特的中国艺术传统才开始形成；而到了战国前期以后，先前流行的礼器种类和装饰纹样已经趋于消失，来自北方草原地区的艺术风格已经占据主导地位。其三，从中国的史学传统来看，中国古人向来有将秦以前的历史划分为五帝时代和三王时代的传统，现代的史学家也还将先秦史单独出来，并将夏以前的传说时代与夏商周三代区分开来。因此，我们将夏、商、周三代作为中国物质文化

1 Glyn Daniel,A Short History of Archaeology. London: Thames and Hudson, 1981.

2 李学勤先生就这样说，这样一个原史时代与中国古代历史时代的对应关系，学者们认识也不尽相同，李学勤先生认为，商与西周时期属于原史时代，而不同于商和西周的东周已脱离了原史时代而跨入真正意义的历史时代了。参看李学勤《东周与秦代文明》，文物出版社，1984年。

3 鲁惟一、夏含夷主编的《剑桥中国古代史》，其副标题就是"从文明起源到秦统一"，由此可见一斑。

发展历程中的第二个时期，也就是这套书通史系列的第二卷。

中国中心地区在战国后期就已出现了统一的趋势，东齐西秦是当时最有可能推进统一事业进行的大国，在齐国当时就有一批学者聚集在一起，开始构拟大一统后的政治构架，勾画新王朝的理想图景。秦国结束了战国时期诸侯割据的局面，建立了中央集权的大一统王朝，开创了中国历史的一个全新的时代。从此广泛推行的郡县制代替了传统的封建制，由中央政府控制的官营手工业作坊遍及全国各地，各地间的商业往来也较过去更为频繁。在这种背景下，秦汉王朝直接统治范围内物质文化产品，无论是工艺、种类，还是形制、纹饰，都逐渐呈现高度一致的状况，中国大部分地区的延续了千百年的区域文化差异从此逐渐减弱甚至消失。尽管从战国后期到西汉前期，这一时期物质文化的总体面貌还处在从商周旧制向秦汉新制的转变过程中；尽管在三国至两晋时期，中国的物质文化的发展进程发生了从“早期中国”到“晚期中国”的大转变；但如果模糊这个具体的分界，将秦汉时期这个中国古代文化发展的高峰期作为中国物质文化史的一个时期，单独设置秦汉卷作为这套书通史系列的第三卷，这应该是恰当的。

从三国鼎立局面形成一直到隋代，除了西晋短暂的统一外，中国出现了长达三百余年的分裂局面。北方古族在这期间纷纷进入中原，出现了空前的民族大融合。在这种历史背景下，各地区在文化面貌上的差异也进一步缩小，但由于从西晋以后长期的南北对峙，以及僻处一隅的某些由少数民族建立的国家保留了比较多的自身文化传统，这一时期文化除了存在着比较明显的南北差别外，在北方还存在一些更小的地区之间的差异。隋王朝结束了自西晋以后长期的分裂混乱局面和南北对峙的政治文化格局，中国遭受长期战乱破坏的社会经济得以恢复和发展。唐王朝继承了隋王朝的统一基业，实行了一系列重要的政治、经济和军事的改革措施，将中国古代社会推向了秦汉王朝以来又一个空前鼎盛的发展阶段。盛唐气象强大而持久，流风余韵，一直延续至五代十国间。基于这种考虑，虽然两晋南北朝和隋唐都是宗教热情极度高涨的时期，但两晋南北朝与隋唐五代的物质文化仍然存在比较大的差异。因此，我们将两晋南北朝与隋唐五代各自作为中国物质文化史的一个时期，各自单独作为一卷。

至于宋元明清时期，这个时期文献资料已经非常丰富，考古学家讲历史时期考古一般都只讲到元，北京大学过去的中国考古学教材最后一卷就是《宋元考古》，就反映了这个问题。我们认为，尽管在中国历史的重要性中，明清时期的物质遗存的确不如早先时期，但作为中国物质文化史应该是一个完整的过程。因此，我们这套中国古代物质文化史通史系列的最后一卷，从宋代一直写到清代，希望这些年代较晚的物质文化资料有助于丰富对这段时期历史的认识。

三、中国古代物质文化的种类

如同历史著述有通史和专门史一样，按照中国物质文化发展阶段编写的历史，只是基于物质文化遗存透露的历史文化信息，按照时间发展顺序和物质文化表征的变化程度连缀而成的中国物质文化的“通史”，“通史”中不同时段的物质文化史则相当于“断代史”。就整个中国物质文化史来说，有了这个“通史”系列，虽然可以从纵向认识整个中国古代物质文化发展的概貌，却难以从横向全面展示中国古代物质文化的方方面面。因此，还需要根据中国古代物质文化遗存的分类，按“类”来叙述某类物质文化遗存的分述系列，这个系列就是中国物质文化的“专门史”。

物质文化具有可视性，不同的物质文化具有不同的面貌特征，因而可以根据这些特征展开分类。物质文化是一个笼统的概念，我们所面对的古代物质文化是过去人们行为创造的物质遗留，也就是人们通常所称的“物质文化遗产”或“文物”。物质文化遗产的体量有大有小，大的文化遗产如建筑、壁画、纪念碑等，当初选址、设计、创造时就考虑了永固性等因素，没有考虑其位置变换，今天我们采取保护措施时也不便于将其移至他处，只能在原地保存（从保留关联信息的角度，也只能在原地保存）；小的文化遗产如家具、陈设、用具等，当初设计制作时就考虑了方便移动的使用功能，今天我们对其进行保护时，可以将其搬移到博物馆等具有更好保存环境的空间去保存。因此，物质文化遗产即文物首先可以划分为不可移动文物和可移动文物两大类，这两大类文物各自可以作为中国古代物质文化史“专门史”中的一个系列。

不可移动文物包括了大到历史城镇、传统村落、古代遗址等综合性的文物，也包括了宫殿衙署、寺观祠庙、陵园坟墓、石刻造像等专门性的文物，这些文物有三类不同的保存状态：第一类文物在历史上就已经废弃，成为历史的陈迹，呈现在人们面前的只是残缺不全的局部，有的还全部或大多掩埋在地下。历史上城镇村落的废墟、曾经一度兴旺的工矿作坊场所、废弃并垮塌殆尽的寺观祠庙、地面建筑甚至封树都已经不存的帝陵坟墓，乃至于一座房屋或一座塔幢的废址等，都属于这类文物。第二类文物虽然失去了它在历史上的作用，却仍然屹立在地表，被作为其他用途或作为历史名胜而存在。已经没有皇室官员使用的宫殿衙署、中断了宗教活动的寺观祠庙、原有功能已经退化或消失的石窟碑刻、已经弃置或被改作他用的城堡等，都属于这类文物。 第三类恐怕已不能简单地称之为文物，而是具有“物”和“非物”的综合体。至今还基本保持着原来的功能和文化传统，并随着时代的推移，继续在发生着变化，古今重叠且文化延续的城镇和村落，至今还有人居住的古村落民居，仍在使用传统工艺进行生产的作坊、农庄、牧场等，都可归属此类。

可移动文物，包括历史上各时代的重要工具、武器、礼仪用器、生活用器、艺术品、文书、档案、图书等，这些文物的材料和材质大致有两大类：第一类采用曾经具有生命的物质制作而成，也就是被称为“有机质文物”的一类，如竹木漆器、骨牙角器、纤维制品等。这类文物的存在周期相对较短，对保存条件要求也较高。第二类采用没有生命的物质制作而成，也就是被称为“无机质文物”一类，包括地球自然演化形成的天然材料和人工合成的金属材料，如玉石制品、金属制品等。这类文物的存在周期相对较长，对保存条件的要求也相对较低。

上述对于物质文化遗产即文物的分类方式，是以文物的保存状态和保存条件作为分类标准，这对于文物的保护研究来说，无疑是最恰当的分类方式。不过，这种分类没有考虑这些文物的用途和功能，而文物这方面的属性恰好是从文物这一文化的表层物质现象通向创造和使用这些文物的人、人的行为及其社会关系的桥梁，是将物质资料变为物质文化史的重要途径。因此，我们这部中国古代物质文化史的“专门史”不采取上述分类方式来分卷，而是按照材质和功能对不可移动文物进行分类。

中国文物管理部门对于不可移动文物的分类，以全国重点文物保护单位的分类最具代表性。该文物分类体系将不可移动文物分划为古遗址、古墓葬、古建筑、石窟寺及石刻、近现代重要史迹及代表性建筑等类。这些类型的不可移动文物，除了古遗址是以文物的保存状态为分类标准，近现代重要史迹及代表性建筑是以时代为分类标准，其类型与以功能作为分类标准的类型有所不同外，其他诸类都可以作为中国物质文化专门史的不可移动分系列。由于遗址大多都在中国物质文化通史系列中曾经引述，且通史系列的物质材料主要就是遗址加上遗址和墓葬等出土的各类可移动文物，专门史系列可以不必再列出遗址作为一卷；由于中国物质文化史只是有关古代中国，不涉及近代中国，故本丛书也没有近现代重要史迹及代表性建筑的内容。

中国文物管理部门对于可移动文物的分类，以全国首次可移动文物普查的分类标准最为详细。该分类标准"根据文物的异同，即构成每件文物基本物质的自然属性和社会属性之差异性、同一性"，将可移动文物划分为金/银器、铜器、铁器、陶/泥器、瓷器、砖瓦、宝/玉石器、石器石刻、漆/竹器、绘画、书法、拓片、珐琅器、玻璃器、骨/牙/角器、纺织/绣品、皮革、玺印、文具/乐器/法器、货币、雕塑/造像、古人类遗体遗骸、文献图书、徽章/证件、邮品、票据、音响制品、交通/运输工具、度量衡器、武器装备/航天装备、古脊椎动物化石和古人类化石、其他共32类[1]。正如该分类系统的分类标准有文物的自然属性和社会属性两个一样，可移动文物实际上可以划分为两个小系列：一个系列是按照文物的自然属性即材料和材质划分的系列，如玉石器、金银器、铜器、铁器、陶器、瓷器、玻璃器、骨牙角器等；一个系列是按照文物的社会属性即功能用途等划分的系列，如纺织品、货币、雕塑、武器、度量衡器等。我们编写的这套中国物质文化史的可移动文物部分基本就按照这个体系进行划分，只是一些偏小的文物类型和产生年代较晚的文物类型难以单独成册，我们这套古代物质文化史只能暂且舍弃了。

在艺术史学界，尤其是西方关于中国艺术史的研究，往往综合考虑其时代、功能和形式等方面的因素，将能够基于视觉观察的物质文化领域的中国艺术品划分为四大类。第一大类是主要兴盛于商周时期的青铜艺术；第二大类是主要存在于两汉时期的汉画艺术；第三大类是风行于晋唐时期的佛教艺术；第四大类则是从宋代以后大盛的以卷轴画为主体的绘画艺术。青铜艺术比较单纯，其物质材料就是青铜器。绘画艺术也不复杂，主要是卷轴画，此外就是壁画。汉画艺术的涉及面较广，包括了汉代画像砖、画像石、独立雕塑和建筑雕刻等诸多类型的文物。佛教艺术就更为广泛，与佛教相关的石窟、雕像、壁画、供器等，乃至于佛教寺庙建筑等都可归属于佛教艺术。以上四大类，只是中国艺术门类的主流，其他如产生于中国本土且长期与佛教艺术并存的道教艺术，在东亚地区具有广泛影响的建筑艺术（尤其是园林建筑），具有中国特色的玉器、漆器、瓷器等艺术类型，也从不同的方面丰富和补充着中国艺术史和中国物质文化史。

正是基于以上诸方面的考虑，我们主编的这套中国物质文化史的专门史划分为了不可移动文物和可移动文物两大系列，前者又包括了古建筑、石窟寺、古陵墓、古水利、古天文等不同的功能类型，后者更包括了玉器、铜器、铁器、瓷器、金银、玻璃

1 国家文物局编：《第一次全国可移动文物普查工作手册》，文物出版社，2013年。

等不同的材料材质类型，雕塑、绘画等不同艺术表现形式的类型，以及兵器、货币、纺织品等不同社会功能的类型。每个类型作为一卷，有的类型因文物丰富再细分为若干册。这种最终分卷的分类标准的不一致，我想读者应该是能够理解的。

四、另类的中国物质文化史

编写一套系统的中国古代物质文化史，是主编张文彬教授提出的构想。张文彬教授早年就读于北京大学历史系考古专业，以后曾在郑州大学历史系任教，对中国古代物质文化史自然非常熟悉；他又曾担任国家文物局局长和中国博物馆学会会长，熟悉全国的文物状况和博物馆藏品情况，是主编中国古代物质文化史的最好人选。在已经拟定了基于文物分类的物质文化史编写纲要，这套书各卷刚启动编写不久，张文彬教授就因病卧床，不能继续主持编写工作。还在张文彬教授患病之前，我就受他之命协助联络作者；张文彬教授患病后，我受参与编写工作的朋友的推举，担任这套书的“执行主编”。我基于自己对中国古代物质文化史的理解，增强了这套书的纵向通史系列，其他基本上按照张文彬教授原先拟定的编写体例来组织。现在大部分分卷已经定稿，回过头来看当时全书的设计框架，总觉得还有一些不尽如人意之处。这些主要表现在以下两个方面：

首先，一套完整的古代物质文化史通史不仅要有以时间为纲的通史主干，还应该有相应的纵向旁支。就如同北宋司马光主持编写《资治通鉴》（下简称《通鉴》），他首先按照年代编出汇集史料的“长编”，以此为基础才编写《通鉴》这部翔实的编年体通史。与此同时，为了说明自己对史料异同的取舍，还编写了《资治通鉴考异》作为附属，以驳斥相反意见并客观保存异说。由于皇帝日理万机，没有那么多时间来翻阅294卷的《通鉴》，他们还编写了简写本30卷的《通鉴目录》，以满足特定读者的需要。除此之外，为了弥补《通鉴》覆盖时间跨度上的不足，司马光等还编写了20卷的《稽古录》这样的简录，时间上溯至传说中的伏羲，下延至宋英宗末年。可见司马光等人编写《通鉴》，原本有一整套完整周密的构想，即便都是编年体的史书，也有主有从，有繁有简，有纲有目，所以《通鉴》才显得与众不同，为史家所重。作为一套体例完整的中国物质文化史，在通史部分也需要像《通鉴》那样，除了需补充强化史前的旧石器时代卷和新增近现代卷，编写与中国古代物质文化史相关的资料和研究汇集外，还需要考虑简化本的中国古代物质文化史。

简化本的中国古代物质文化史以上下两卷最为恰当，这是因为基于可视的物质文化形态和面貌，在公元3—4世纪间，也就是三国至两晋间，以佛教传入并流行中国为标志，中国的主流物质文化发生了重大变化——在佛教传布开来之前，中国的城市和乡村的标志性建筑和景观是统治者的宫殿、衙署、宗庙、神祠，人们崇奉的是祖先以及社稷、山川、天地诸神祇，并且这些神祇都不采用造像的形式来表现；而在佛教流行中国后，中国城市的标志性建筑和人文景观除了宫殿和衙署外，佛教寺庙（包括仿效佛寺而建的道教宫观）成为城乡最引人瞩目的标志性建筑和人文景观，大量佛教造像和少许道教造像占据了人们精神世界，成为最广泛的崇奉对象。因此，西方汉学界往往都是以佛教传入并流行中国作为中国历史和艺术的最重要的转折标志，这以前的中国为“早期中国”，这以后的中国是“中晚期的中国”。早期中国的文化主流是传统的自然发展过程，尽管不断会有来自周边，尤其是来自北方草原地区文化的影响，但这种影响的程度是有限的，没有造成传统的变异、转移或中断。晚期的中国，由于外来佛教的强力介入，使原先中国的主流文化发生了变异，佛教深深地浸入到社会生活的各个方面。原先不事偶像崇拜的中国社会，开始将大量财富用于制作顶礼膜拜的佛教像设和象征物，用于营建覆盖这些像设和象征物的殿堂楼塔，从而导致国家财政来源的分流，带来相应的经济和社会问题。宗教的驱动力量往往巨大且持久，以佛教传入中国且在中国流传为标志，将中国物质文化史划分为早晚两个大的时期，我想应该比较恰当。佛教传入中国的年代，尽管可以追溯到两汉之际前后[1]，但在整个东汉时期，佛教都是混杂在中国传统的神仙方士中流传，还没有得到人们的广泛认知。佛教成为一种专门的宗教为人们所接受，不会早于三国两晋时期。三国两晋时期正是中国制度、思想和文化的大变革时期，文学上有所谓“魏晋风骨”，反映在物质文化上，这时期的城市、陵墓、器用、书画等也都出现了一系列新的气象。据此，以三国两晋之际作为首要转折点，将中国古代物质文化史的通史部分划分为两个大的时期，编写一套两卷本的中国古代物质文化史简本，这一定是很有意义的。

其次，我们这套中国古代物质文化史虽配有大量的图片，但基本体例还是以文字为主，图片配合文字出现。而物质文化的视觉感知非常重要，故以文物的图像为基础而加以文字解说和诠释，对于形象地认知和理解中国古代物质文化非常必要。中国国家博物馆（原中国历史博物馆）研究员孙机先生，曾编写了一本《汉代物质文化资料图说》。这是孙机先生基于多年对汉代文物研究的心得，在数十篇论文的基础上完成的图文并茂的著作[2]。这种以图说的方式叙述一个朝代的物质文化史，既是中国“左图右史”史学传统的延续，又是博物馆陈列必要的基础研究和公众获取知识的良好途径，应当大力推广。只是这种以图说史的著述，另有一套独特的编写体系，需做大量资料整理的工作，还需有系统的研究积累，编写难度很大，故迄今未见以图说的形式撰写的其他时代的中国物质文化史的著作。续写一套中国古代物质文化史图说，应当很有必要。

作为一套全方位的“中国古代物质文化史”，理所当然应有一个“中国古代物质文化史图说”系列。这套图说不宜按照中国的历史时代来述说，而应该以物质文化本身发展演变的阶段性来编写。如果按照我们前面所说的中国物质文化发展的进程，需要有史前、三代、秦汉三国、两晋南北朝、隋唐五代、两宋·辽金西夏·南诏大理、蒙元、明清诸时代。每个发展阶段则应该有都城市镇、宫殿衙署、坛壝社稷、神祠寺观、祭祀礼器、街坊住宅、园囿苑林、陵园坟墓、矿场作坊、生产工具、钱币量具、路河邮驿、衣冠服饰、家具陈设、生活用器等名目，每个名目下再细分为若干种类来展开图文的叙述。这样一部图说的中国古代物质文化史，可以弥补目前这套书的不足，

1 关于佛教传入中国的时间，有两种说法：一种是西汉末期汉哀帝元寿年间，大月氏使者伊存向博士弟子景庐口授《浮屠经》之说，见《三国志》卷三〇裴松之注引曹魏鱼豢《魏略·西戎传》；一种是东汉明帝永明年间，蔡愔出使大月氏，与僧人摄摩腾和竺法兰一起用白马驮回佛经和佛像至洛阳之说。二说的年代相差不多，且都与大月氏有关。

2 孙机：《汉代物质文化资料图说（增订本）》，文物出版社，2008年。

能够从更具体和更微观的层面展现中国古代物质文化的面貌。

我希望，今后如果能够有比较充裕的时间，组织相关专家编写一套这样的中国古代物质文化图说，对于更加深入地理解古代中国，普及传统文化知识，推进博物馆教育，将是一件很有意义的事情。

编写中国古代物质文化史是一项长期的工作，要有相当长时间的资料积累和研究积累。北京大学的考古学科，自1952年以来先后编写过多个版本的《中国考古学》征求意见稿，如1960年、1972年版的《中国考古学》铅印本等，并有“多卷本中国考古学”这样的重大科研项目来推动，但迄今为止，这套多卷本《中国考古学》仍然没有问世。这其中既有新的考古资料不断涌现所带来的认识的更新，也有老一辈学者与新一辈学者认识上的差异，当然也还有这样和那样的原因。不过，仅从这一事例就可以看出，要编写一套优秀的学术著作是多么的不容易。《中国考古学》从某种意义上来说，与《中国古代物质文化史》有许多共通之处，要编写这样一套书需要投入较长的时间和相当的人力和精力。这部《中国古代物质文化史》作为一项国家出版项目，有出版的时间限定，我这个慌忙上阵的执行主编，只能尽可能召集一些长期从事中国考古学教学和科研，手头有比较现成的研究成果或讲稿，经过补充、整理、强化就可以成书的研究者，来承担中国古代物质文化史的通史系列各卷的撰写任务[1]。由于撰写时间的限制使得一些作者在完成初稿后，可能没有更多的时间来广泛征求意见和做细致的加工完善。可安慰的是，这套《中国古代物质文化史》本来就有为今后编写《中国考古学》和修订补充各专门物质文化史征求意见的意图。如果读者发现这套《中国古代物质文化史》存在着这样或那样的不足，就尽管提出批评和建议，我们一定虚心听取，以便在今后编写《中国考古学》系列时能够做得更好些。

孙 华

1 考虑到我所在的北京大学考古文博学院，也在考虑重启多卷本《中国考古学》的编写，为了使二者不发生重合，保持《中国古代物质文化史》通史系列自身的特色，我主要邀请了北京大学以外的高校考古专业的专家和教师来承担各卷的编写任务。

目　录

第一章
绪论

第一节　玻璃的材料特性

北宋哲宗元祐末年，苏轼在朝中因政见不合，出知颍州（今安徽阜阳地区），一日以药玉盏独酌，作诗感慨时事，长怀诸友。诗的前两句是：

熔铅煮白石，作玉真自欺。

琢削为酒杯，规摹定州瓷[1]。

药玉是宋人对玻璃的称呼之一。若从中国古代玻璃发展史的角度来看，苏轼的这两句诗至少在不经意间流露出两重意味：首先是技术层面的，即可以推知当时以铅和白石经高温熔融制造玻璃，成品有玉或定州白瓷那样的效果；更重要的启发其实来自审美层面，即苏东坡在得知当时以人工配方来追求仿玉效果时所流露出的失望与不屑，这看似个案，却深刻反映出玻璃的材料特性与古代中土审美观念的冲突。

在古人眼里，玻璃究竟是什么东西？这一问题曾被早于苏轼的王充、孟康、葛洪、颜师古反复讨论。回溯千年，中国古代的文人学者也曾毫不吝啬地用汉语中诸多华美的词汇来形容这种当时所罕见的异域奇珍，例如西晋潘尼的《琉璃碗赋》："光映日曜，圆盛月盈，纤瑕罔丽，飞尘靡停。灼烁旁烛，表里相形，凝霜不足方其洁，澄水不能喻其清"[2]；唐韦应物的《咏琉璃》："有色同寒冰，无物隔纤尘。象筵看不见，堪将对玉人"[3]，等等。及至宋辽时期，玻璃制造逐渐世俗化，走出宫廷佛寺，走向普罗大众，长期以来人们对玻璃的模糊认识也逐渐得到澄清，就在这个时候，苏轼诗所流露出的被欺骗的情绪不断滋长，当人们得知玻璃本质上是人工制造的廉价材料之后，其关注度和价值都开始一落千丈。

古人对玻璃的态度转变表明，了解玻璃原本的材料特性对于解读玻璃在东方世界中的地位及审美情趣至关重要。现代材料科学认为，玻璃是一种呈固体的非晶态人造产品，由于是非晶态物质，所以玻璃在物质结构上是无序的，因此玻璃脆而易碎。另外，玻璃从熔融状态到固体

1 （清）王文诰辑注，孔凡礼点校：《苏轼诗集》卷三四《独酌试药玉滑盏，有怀诸君子。明日望夜，月庭佳景不可失，作诗招之》，中华书局，1982年，第1808页。

2 （唐）欧阳询：《艺文类聚》卷八四《宝玉部》，"瑠璃"条，上海古籍出版社，1999年，下册，第1442页。

3 孙望编著：《韦应物诗集系年校笺》，中华书局，2002年，第515页。

状态的性质变化过程是连续和可逆的，其中在一段温度区间内表现出可塑性，这也是玻璃具备极强的可塑性的原因。作为一种人工制品，玻璃在构成上跟固体和液体都差异较大，故又有“玻璃态”（Vitreous State）、“过冷的液体”或“物质的第四形态”等称呼[1]。

古人制作玻璃一般需要两种材料，即基本原料和助熔剂，如果对颜色有特殊要求还要加入着色剂，如果追求不透明的效果，则须加入乳浊剂，使其在玻璃中析出结晶或无定形的颗粒，使光线发生散射。制作玻璃的基本原料为二氧化硅（SO_2），是在自然界分布最广，最容易获取的原材料，石英岩、砂岩等都可以用来制造玻璃，但二氧化硅的熔点太高，要1700℃以上才能熔化，在冶炼水平尚不发达的古代，工匠们通过在原材料中添加助熔剂的方法使玻璃易于融制。历史上东西方各自形成了独具特色的助熔剂使用传统（例如东方的铅钡化合物，西方的钠钙化合物等），这也是如今我们分析出土玻璃制品产地的重要参考。

钠或钾类化合物与氧化钙一起，可以在降低玻璃的高温黏度的同时，增加玻璃的化学稳定性和机械强度；铅钡类化合物也可以加速玻璃熔化，氧化铅可以增加玻璃密度，提高玻璃折射率，使玻璃具有特殊的光泽，铅玻璃沉重结实，硬度小且便于加工，缺点是含氧化铅的玻璃必须在氧化的条件下烧成，因为氧化铅容易还原变成金属铅，使玻璃变黑；氧化钡的加入还会直接影响玻璃熔液冷却后的透明度，增加分量后会产生浑浊效果，正好用以模仿玉料的温润失透且有 定亮度的质感。以氧化钡和氧化铅做助熔剂的共同缺点是两种成分对耐火材料的侵蚀都比较严重，例如熔制玻璃的坩埚及吹制玻璃所用的吹管等，都很容易被腐蚀[2]。

玻璃坚硬而透亮，因火与石的碰撞而诞生，问世之初即因其变幻莫测的艺术效果而被贴上了高贵、美丽、神秘、魔幻等标签。几千年来，东西方工匠们的创作灵感在玻璃身上得到了淋漓尽致的体现，玻璃的铸造、吹制、软化、切割、研磨、雕刻、蚀刻、抛光等方面的工艺不断推陈出新。时至今日，玻璃艺术依然是工艺美术中重要的门类。追根溯源，这门艺术长久以来旺盛的生命力与玻璃本身的材料特性，即“玻璃性”密切相关。

所谓的“玻璃性”，是指玻璃本身所特有的极大的包容性与广泛的适应性。玻璃在对光线和形状的感应方面无与伦比，几乎可以接受任何一种外表处理，而且在被雕刻、磨砂、铸造、吹制之后，又始终具备高度个性化的特质。按照工艺美术学者的总结，玻璃可以在以二氧化硅为主的物质中根据不同需求制造不同的种类，而且化学性质都非常稳定。更为重要的是，玻璃具备透明性和渐变的可塑态。纯净无瑕的透明视觉效果给人传递洁净晶莹的审美感受，良好的透光性能赋予玻璃绮丽无比的材质魅力，全透明、半透明以及几乎不透明等等丰富的表现和想象空间，构成了其他任何材料都无法仿效的情调和感觉。玻璃还具备极强的可塑性，不同的温度下表现出不同的效果，从400℃到1500℃，在如此宽广的成型区域中，玻璃的状态由固体到柔化到黏连再到熔化，由坚硬到可揉搓到可延伸再到流动，使玻璃的成型具备了极多的可能性，大大丰富了造型

1 干福熹等：《中国古代玻璃技术发展史》，上海科学技术出版社，2016年，第13—15页。

2 王小茉：《玻璃在中国历史上的地位》，《装饰》2006年第10期，第30页；姜中宏等：《中国古代玻璃物化性能的研究》，《玻璃与搪瓷》1992年第1期，第39—42页。

语言[1]。

正因为玻璃具备如此优越的材料特性，伴随着现代科学的进步，我们如今生活在一个玻璃浸润的文明之中，生活在一个玻璃如果消失世界就会倾圮的时代。早在1750年，在新科技遍地开花的英国，学者约翰逊（Samuel Johnson）就曾经诗意地描述：

当人们第一眼看到，由于热力的一次偶然强化，沙与尘熔成一种金属般的形式，它生满赘疣而粗粝不平，充满杂质而晦翳不明，此时谁能想象在这堆不可名状的物体里，隐藏着如此多的生活便利因素，它们迟早将组成现世的大部分福祉呢？然而正是某一次这类偶然的液化过程，教会了人类如何获得一种高度坚固而又高度透明的物体，它可以接纳阳光而抗拒风寒，它可以让哲人的目光延伸到客观存在的种种新领域，时而以无穷的物质创造、时而以动物的无限臣服使他着迷。尤有甚者，它可以弥补自然的衰朽，以辅助的视力援助老年人。第一位玻璃技工就是这样从事工作的，不论他自己意识或者预料到与否。他使光明的享受变得便利并有所延长，使科学的路径变得坦荡，使人们的快乐臻于极点而永久不衰；他又使学子能够冥思大自然，使美人能够欣赏自己。[2]

显而易见，在17世纪以后古典世界科学革命的浪潮中，玻璃的广泛应用是欧亚大陆西端可信知识爆炸的多种必要原因之一。尽管时空相隔甚远，但对苏轼和约翰逊的比较依然有重要意义。在西方学者热情颂扬玻璃的透明所带来的种种美好的时候，中国的先哲们却一直将其视作玉器的廉价替代品，在欧亚大陆东端，即便在玻璃吹制技术被引进一千年后，玻璃工业似乎仍然谈不上真正的发展。有西方学者认为，在公元800—1650年间的大部分时期，即伊斯兰国家以及后来西欧国家发展玻璃技术的高峰时期，中国几乎没有发展玻璃技术[3]。在古老的东方，玻璃一直匍匐在仿玉和瓷器使用传统的浓重阴影里。这种发展轨迹上的南辕北辙至少可以上溯到罗马时代，罗马帝国以及受其影响的中世纪欧洲选择了粗陶和玻璃，中国和日本选择了精陶和纸，分殊一发而不可收，终至积重难返。在东西方文明的不同语境中，玻璃走上了迥然相异的发展道路。

以上对玻璃材料特性和东西方玻璃不同发展传统的概括，构成了以下各章节具体论述不同时代玻璃演变史的基础。

第二节　中国古代玻璃名实考辨

早期田野考古发掘中就不断地发现玻璃制品，当时人们不相信元明以前会有玻璃，以至把玻璃残片看成是后来混入的晚期物品，不做报道甚至扔掉，即便报道也仅仅停留在孤立的描述上，这种现象一直持续到20世纪70年代以后才逐渐改变。不过在报道考古发现的玻璃时常常称为“料器”“琉璃”。“料器”是沿袭清代的名称，但有些报道中的“料器”又并非专指玻璃。在更多的情况下玻璃被称之为“琉璃”，

1　王敏：《玻璃器——璆琳琅玕》，上海科技教育出版社，2006年，第58—62页。

2　（英）艾伦·麦克法兰等著，管可秾译：《玻璃的世界》，商务印书馆，2003年，第8—9页。

3　（英）艾伦·麦克法兰等著，管可秾译：《玻璃的世界》，商务印书馆，2003年，第125、135页。

也是沿用古代称呼。由于“琉璃”是否为“玻璃”存在争议，有时把透明度好的称为“玻璃”，把透明度差的称为“琉璃”。将玻璃称为“料器”“琉璃”是模糊的概念，因为“料器”有时包括其他材质的遗物，“琉璃”又容易与陶质挂釉的琉璃器相混淆。现代考古学中将这种物质的遗物统称玻璃是最好的选择。

现代汉语用“玻璃”一词特指熔融成形的非晶态无机物，似乎理所当然。事实上在科技并不发达的古代中国，玻璃尤其是由异国传入的玻璃因其高度稀有而经常被不同程度的神秘化，关于其到底是天然生成还是人工制作，一直聚讼纷纭。在不同时代的文献中，玻璃跟其他可疑的外来词汇彼此交叉，形成了一个可能跟玻璃制品有关的含义模糊的词汇群，其各自的具体指代一直是学界争论的焦点。

关于中国古代的玻璃或者疑似玻璃制品，文献记载中有“璆琳”“琅玕”“陆离”“璧琉璃”“琉璃”（流离、瑠璃、毗瑠璃、吠瑠璃）、“鞞头梨”（鞞头梨耶）、“颇黎”（颇胝迦）、“玻璃”“硝子”“药玉”“罐玉”“罐子玉”“料”等称谓[1]。含义多样，内容复杂，都与玻璃有关，恰恰反映出古人对玻璃的认知模糊不清，有的仅仅是后代学者根据上下文甄别出的疑似玻璃制品，有的则并不专指现代意义上的玻璃，通过对这些词汇内涵的考辨可以大致了解中国古人对玻璃制品的最初认识及其后来的发展变化。综合时代早晚及语源的差异，这些名称可以被粗略分为四组，即以“璆琳”“琅玕”“陆离”为代表的早期的疑似玻璃制品；汉代及以后的“璧流离”“琉璃”及类似名称；唐宋时的“颇黎”“玻璃”及类似名称；“药玉”“罐玉”“罐子玉”“硝子”“料”等晚期称呼。以下分别予以分析。

根据文献学者的研究成果，“璆琳”“琅玕”最早见于《尚书》中的《禹贡》篇，多数学者认为其成书年代不会晚于战国[2]。根据书中的记载，“华阳、黑水惟梁州……厥贡璆、铁、银、镂、砮、磬，熊、罴、狐、狸织皮”；“黑水、西河惟雍州……厥贡惟球、琳、琅玕”[3]。即“璆琳”“琅玕”产于古梁州和雍州之地，大概相当于秦岭南北及偏西的地区。类似记载还见于《管子》《穆天子传》《史记·夏本纪》《汉书·地理志》《魏书·西域传》等文献。“璆琳琅玕”到底是什么也引起了后世学者们的好奇。例如《尔雅·释地》云：“西北之美者，有昆仑之璆琳、琅玕焉。”郭璞注：“璆琳，美玉名。琅玕，状似珠也。”[4]将其理解为天然存在的珠玉。

另一条非常著名但又很容易引起误解的材料来自于王充的《论衡》，他在讨论天道真伪时，有如下评论：

> 天道有真伪，真者固自与天相应，伪者人加知巧，亦与真者无以异也。何以验之？《禹贡》曰“璆琳琅玕”者，此则土地所生真玉珠也。然而道人消烁五石，作五色之玉，比之真玉，光不殊别。兼鱼蚌之珠，与禹贡璆琳皆真玉珠也。然而随侯以

1 不同时代玻璃制品（或疑似玻璃制品）名称的归纳，参见干福熹等：《中国古代玻璃技术发展史》，上海科学技术出版社，2016年，第108—109页表8.1古代玻璃在史料中的名称。

2 容天伟等：《民国以来〈禹贡〉研究综述》，《广西民族大学学报（自然科学版）》2010年第1期，第31—33页。

3 （汉）孔安国传，（唐）孔颖达正义：《尚书正义》卷六《夏书·禹贡》，上海古籍出版社，2007年，第218、220、221、224页。

4 （晋）郭璞注，（宋）邢昺疏：《尔雅注疏》卷七《释地》，上海古籍出版社，2010年，第330页。

药作珠，精耀如真，道士之教至，知巧之意加也……[1]

这条记载中的"道人消烁五石，作五色之玉"非常引人注目，是理解早期玻璃制造的重要史料。有学者曾据之认为"璆琳琅玕"既指天然珠玉，也包括人工制造的玻璃。其实根据上下文，整段论述均按照真伪两方面展开，而璆琳琅玕无疑应该是"土地所生真玉珠也"。另外，近代学者章鸿钊在其所著《石雅》中，根据音近通转的原则认为璆琳即琉璃或流离，都是壁流离的简称，将璆琳与璧琉璃都纳入同一物类之中，并且认为璧流离和流离都是青金石的音译[2]。也就是说，璆琳琅玕、璧流离与流离（琉璃）等都是天然之物。这一观点的不合理之处已为后代学者指出[3]，但由于璆琳与流离发音相近，目前仍然还有不少学者认为璆琳琅玕是文献中最早提到的玻璃制品。

情况类似的还有频见于楚辞《离骚》《九章》《九歌》《远游》《招魂》《九叹》中的"陆离"一词。例如：

"高余冠之岌岌兮，长余佩之陆离。"（《离骚》）

"带长铗之陆离兮，冠切云之崔嵬。"（《九章·涉江》）

历代学者虽然对陆离有不同的理解，但多倾向于认为是形容词，比较有代表性者如王逸认为陆离指"参差，众貌也"；王念孙从对文角度认为陆离指"长貌"[4]。1981年，史树青根据先秦考古发掘成果提出陆离即琉璃，并可以引申为指代琉璃配饰的光彩[5]。按陆离与琉璃虽然音近，但若仅依据读音便认为与琉璃有关则有失偏颇，即便春秋战国时代的铜剑上确实镶嵌了玻璃制品，从修辞及语法结构来看，陆离之本义仍然更有可能是并无具体指代的形容词。

另外，《穆天子传》中除提及琅玕之外，还有一条被认为是先秦时期唯一记载玻璃制造的史料。据书中卷四的记载，穆王自西北大旷原返回阳纡之山的途中，路过重雍氏之地：

丁酉天子登采石之山，于是取采石焉。天子使重雍之民铸以成器于黑水之上（郭璞注"今外国人所铸作器者，亦皆石类也"），器服物佩好无疆。[6]

西晋武帝时汲县人不准从传为魏襄王墓中发出竹书数十车，后被收入官府，编为古书十余种，六卷本的《穆天子传》即为其中之一，前五卷又称为《周王游行记》，记载穆王西征东巡，尤为重要的是前四卷记载的穆王率七萃之士，驾八骏之乘，伯夭为导，造父为御，万里长驱，北绝流沙，西征昆仑，以周四荒，游历名山绝境，会西王母于瑶池之上，馈赠酬答，赋诗应对。此书夸言寡实，真伪莫辨，传奇色彩浓重，成书年代历来众说纷纭。目前广为接受的观点认为，书中有一些西周史料，

1（汉）王充著，张宗祥校注，郑绍昌标点：《论衡校注》卷二"率性"条，上海古籍出版社，2013年，第38页。

2 章鸿钊：《石雅》，百花文艺出版社，2010年，第3—23页。

3 张维用：《琉璃名实辨》，《故宫博物院院刊》1986年第2期，第64—65页。

4 马固钢：《"陆离"无"长貌"义》，《辞书研究》1991年第3期，第144—147页；金甲：《"陆离"辨》，《阅读与写作》2008年第9期，第4页。

5 史树青：《"陆离"新解》，《文史》第11辑，中华书局，1981年，第175—177页。

6 佚名撰，（晋）郭璞注：《穆天子传》卷四，《汉魏六朝笔记小说大观》，上海古籍出版社，1999年，第16页。

但主要反映的是晚至战国时的中西交通的路线及沿途部族分布[1]。

这条记载自清代以来就引起不少学者的兴趣和考证。尽管“采石铸以成器”一句中的“石”和“器”均含义不明，但因为玻璃本身即以不同种类的矿石熔融而成，“重雍之民”和“黑水”又都有可能位于西北中外交通的要道之上，再加上后世文献如《论衡》《南州异物志》《北史·西域传》“大月氏”条等均认为玻璃制品源自石料，故而认为“采石铸以成器”是利用矿石为原料人工合成物品，并将之考订为玻璃，似乎并无不可，但其实解释成是金属冶炼也说得通。总之，所铸之器究竟是不是玻璃并无定论。

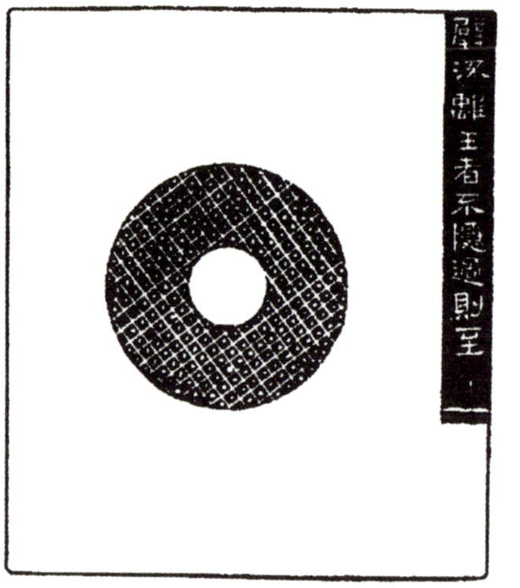

图1—1　武梁祠屋顶石刻画像中的璧流离
（采自巫鸿著，柳杨、岑何译：《武梁祠：中国古代画像艺术的思想性》，第259页）

以上对先秦时代的文献分析表明，这些疑似跟玻璃制品或制造有关的史料都含义模糊，历代不休的追问既是其含义不明的体现，更反映出从文献入手探讨中国玻璃起源问题的无奈。正是在这种研究困境中，考古发现的重要性才逐渐凸显出来。

汉代通西域之后，直到唐代，通过佛典翻译、商业贸易等不同形式的中外交流传入了很多源自古印度和中亚语言的词汇，构成了历史上汉语外来词的重要源头[2]。琉璃很可能便是外来词汇，尽管在前述先秦文献中的确可以找到发音类似的诸如“陆离”或者“流离”[3]，但如前所述，尚无直接证据表明两者跟玻璃制品有关。文献中所见的关于琉璃的最早记载来自于西汉桓宽的《盐铁论》：

> 夫中国一端之缦，得匈奴累金之物，而损敌国之用。是以蠃驴馲驰，衔尾入塞，驒騱騵马，尽为我畜；鼲鼦狐貉、采旃文罽，充于内府，而璧玉、珊瑚、瑠璃，咸为国之宝。是则外国之物内流而利不外泄也，异物内流则国用饶，利不外泄则民用给矣。[4]

仅从字面无法判断这里提及的瑠璃（琉璃）到底为何物，但可以明确，瑠璃得之于外国，非常珍贵，可为国之宝。一般认为，流离是璧流离的省称，而璧流离首见于《汉书》中的《地理志》及《西域传》。《地理志》中详细记载了由黄门署募人组成商队从交广出发，经马六甲海峡、缅甸到达印度半岛东南部的黄支国，该国“民俗略与珠崖相类，其州广大，户口多，多异物，自武帝以来皆献见。有译长，属黄门，与

1　周书灿：《〈穆天子传〉研究述论》，《贵州大学学报》（社会科学版）2003年第2期，第58—65页；顾晔锋：《〈穆天子传〉成书时间研究综述》，《长春理工大学学报》（高教版）2007年第4期，第47—49页。

2　张永言：《汉语外来词杂谈（补订稿）》，《汉语史学报》第七辑，2007年，第2页。

3　还有一种观点认为，流离在《诗·邶风·旄丘》中即已出现，“琐兮尾兮，流离之子”。韩愈在《毛颖传》中认为流离指毛色美丽的禽鸟，后来引申为色彩斑斓。加玉旁变为另一类物品的专有名词。参见罗学正：《琉璃称谓考辨》，《求索》1992年第1期，第113页。这其实从一个侧面印证了流离二字虽然指代外来物品，但源自古汉语，并在字义及发音方面均相当匹配其梵语词源。

4　王利器校注：《盐铁论校注》，卷一，“力耕”条，中华书局，1992年，第28页。

应募者俱入海市明珠、璧流离、奇石异物，赍黄金杂缯而往”[1]。同书《西域传》“罽宾国”条记载该国“出封牛、水牛、象、大狗、沐猴、孔爵、珠玑、珊瑚、虎魄、璧流离”[2]。“璧流离”到底是什么？长期以来莫衷一是，章鸿钊曾综合当时所能见到的国外语言学研究成果和国内文献资料，认为璧流离跟后世佛教文献中提到的吠琉璃、吠努离耶、吠瑠璃耶、毗瑠璃、鞞头梨等含义相同，皆源于梵语的Vairdūya，本义就是指青金石（Lapis lazuli），跟璆琳、流离均属天然物质[3]，而罽宾地区（克什米尔）在古代以出产蓝晶石（Kanyite）和青金石著称，也支持这一论断。目前多数学者倾向于认为璧流离就是玻璃，只是解释的角度略有不同，有人认为原本是碧流离，是同音假借，舍碧用璧是为了显示珍贵[4]；或从字面上解释为圆形小件平板玻璃，中国市之以制璧，因玻璃有光泽，故又谓之夜光璧[5]；或者从语言学入手，认为璧流离（璧珋）和颇黎是对罗马时代拉丁词“Vitrum”及其派生词的音译[6]；也有学者提出不同意见，认为“璧流离”句读有问题，不应该连读，而应该分开读成“璧、流离”[7]。不过这种可能性似乎很低，例如在建于东汉的武梁祠中，屋顶画像石上的祥瑞图像有一处即有榜题为“璧流离，王者不隐过则至”，并刻出了璧流离的样子，复原图像跟春秋战国及稍晚时代广泛发现的玻璃璧颇为相似（图1–1）[8]。

上引《汉书·西域传》“罽宾国”条在璧流离之后还分别有孟康和颜师古的注，反映了后世学者的不同理解：

> 孟康曰：流离，青色，如玉。师古曰：《魏略》云，大秦国出赤、白、黑、黄、青、绿、缥、绀、红、紫十种流离。孟言青色，不博通也。此盖自然之物，采泽光润，踰于众玉，其色不恒。今俗所用，皆销冶石汁，加以众药，灌而为之，尤虚脆不贞，实非真物[9]。

孟康认为流离色青如玉，颜师古据《魏略》指出流离有十色，并认为流离乃自然之物，而当时社会上所流行的以石、药等做成的人工制品“实非真物”。除申明流离本义是指自然物品之外，其实还暗示了当时社会上存在着仿制潮流，而且仿制品亦称流离。亦即流离的内涵很可能也经历了一个变化过程，最初的确是指自然之物，但后来仿制渐盛，流离变成了仿品和原物的泛称。类似的议论还见于葛洪的《抱朴子·内篇》：

> 外国作水精碗，实是合五种灰以作之。今交广多有得其法而铸作之者。今以此语俗人，俗人殊不肯信。乃云水精本自然之物，玉石之类。况于世间，幸有自然

---

1 （汉）班固：《汉书》卷二八下《地理志》，中华书局，1962年，第1671页。

2 （汉）班固：《汉书》卷九六上《西域传》“罽宾国”条，中华书局，1962年，第3885页。

3 章鸿钊：《石雅》，百花文艺出版社，2010年，第5—6页。

4 张维用：《琉璃名实辨》，《故宫博物院院刊》1986年第2期，第64—69页；《“武帝使人入海市璧琉璃”考》，《玻璃与搪瓷》1997年第6期，第58—60页。

5 李西兴：《璆琳琅玕新解——兼谈中国古代对玻璃的认识》，载《考古与文物》编辑部：《陕西省考古学会第一届年会论文集》，1983年，第257—258页。

6 李志超：《汉语“玻璃”的起源》，载氏著《天人古义——中国科学史论纲》，大象出版社，2014年，第178—183页。

7 阿卜杜拉·马文宽：《伊斯兰世界文物在中国的发现与研究》，宗教文化出版社，2006年，第42页。

8 巫鸿著，柳杨、岑河译：《武梁祠：中国古代画像艺术的思想性》，生活·读书·新知三联书店，2006年，第259页。

9 （汉）班固：《汉书》卷九六上《西域传》“罽宾国”条，中华书局，1962年，第3885页。

之金，俗人当何信其有可作之理哉？愚人乃不信黄丹及胡粉，是化铅所作。又不信骡及駏驉，是驴马所生。云物各自有种。况乎难知之事哉？夫所见少，则所怪多，世之常也。信哉此言，其事虽天之明，而人处覆甑之下，焉识至言哉？[1]

之所以在这里不厌其烦地引用全文，是因为历来学者只重视其中与玻璃制造有关的信息，而忽视了对文本全局及背景的深入理解。交广之地以五种灰做碗，很可能是玻璃制品。葛洪在这里辨识的是天然水精（晶）及其人工仿造的可能性，随后举出的黄丹及胡粉乃化铅所作、骡及駏驉是驴马所生，都是为了说明物虽各有种，但皆有可作之理。而俗人少见多怪，殊不肯信。也从一个侧面反映出当时社会虽有仿制天然宝石的做法，但并不流行，与颜师古所处的唐代形势完全不同。葛洪所举的三个例子都是在呼应前文刘向父子为何作金不成，因为他们所知不全，不解道术而且无师所授。值得注意的是，仅就名称而言，葛洪讨论的并非流离，而是水精（晶），这恰与琉璃一词的疑似梵语语源Vairdūya（绿宝石、青金石、猫眼石、水晶）含义相通，也从另一角度证实了流离最初确实曾指代天然之物[2]。汉代正史《西域传》和《地理志》部分，常常提及的异域特产中经常会出现瑠璃，但这些只言片语依然无法被确证就是指人工制造的玻璃。

汉代以后的相当长的时间里，文献记载反映出当时人们对玻璃到底是人工制品还是天然之物仍不清楚，不过也有例外，如《南州异物志》称“琉璃本质是石，欲作器，以自然灰治之。自然灰状如黄灰，生南海滨，亦可浣衣。用之不须淋，但投之水中，滑如苔石。不得此灰，则不可释”[3]。跟葛洪的判断基本相似。其实若细加推敲以往经常引用的那些被认为是在叙述玻璃的史料，如西晋潘尼专门撰写的《琉璃碗赋》，通观全文，除可以确定其传自异域之外，也无法绝对肯定这里提到的琉璃碗是指玻璃碗，还是某种天然宝石做成的碗。

同样有争议的还有《北史·西域传》中有关大月氏人在平城制造琉璃的记载：“太武时，其国人商贩京师，自云能铸石为五色瑠璃。于是采矿山中，于京师铸之，既成，光泽乃美于西方来者。乃诏为行殿，容百余人，光色映徹，观者见之，莫不惊骇，以为神明所作。自此，国中瑠璃遂贱，人不复珍之。”[4]这条史料通常被视作中亚工匠将西方玻璃技术传播到中国的证据，因为铸石而成，光色映徹等都符合玻璃的制法及特点。但矛盾之处在于对接下来的“诏为行殿，容百余人”的理解，因为如果将瑠璃解释为玻璃，用玻璃材料修建能容百余人的大殿不仅在北朝是难以想象的，

---

1 王明：《抱朴子内篇校释》（增订本），中华书局，2010年，第22页。

2 蕭炳荣：《我国古代玻璃的名称问题》，《玻璃与搪瓷》1984年第5期，第56—59页；林梅村：《丝绸之路考古十五讲》，北京大学出版社，2006年，第94页。一般认为，西方最早的玻璃也是各种不同颜色宝石的仿制品，参见Julian Henderson, Ancient Glass, An Interdisciplinary Exploration, Cambrage University Press, 2013, p.10.另外，美国康宁玻璃博物馆的Robert H. Brill，在认为玻璃一词可能是从璧流离演变而来的基础上，讨论了目前中文中最常用的（也是宋代后出现的）玻璃一词的来源。他认为中文玻璃一词很可能借用了希腊外来词bolos（或者丝绸之路上bolos一词的派生词），该词本意为“一团未成形的材料”，后来在希伯来语和巴勒斯坦阿拉姆语中都用于指代玻璃料。亦即存在外国商人将玻璃料带到中国并制作迎合中国人趣味的玻璃器物的可能，这一假说的有力证据是在中国发现的最早的钠钙玻璃中，有一些化学成分与西方玻璃相近，却具有典型的中国器形或纹饰。参见Robert H. Brill撰，安家瑶译，史美光校：《试论中文“玻璃”一词的来源》，《玻璃与搪瓷》1990年第5期，第55—58页。

3 （宋）李昉等：《太平御览》卷八〇八珍宝部“琉璃”条引《南州异物志》，中华书局，1960年，3591页下栏。

4 （唐）李延寿：《北史》卷九七《西域传》“大月氏”条，中华书局，1974年，第3226—3227页。

即使在近代也颇有难度，显然这里提到的瑠璃应该指施釉的建筑材料，有学者肯定其为铅釉建筑装饰的同时，认为月氏人烧造琉璃釉陶器的原料和方法与琉璃相似，经过长期动乱，在久未见到烧制的琉璃器后，有可能把琉璃釉陶器误认为琉璃器[1]。也有学者认为这句话也可以理解成"魏世祖诏令建一座宫殿，贮藏月氏人做的玻璃器，并邀请一百多人来观看"[2]，但并未得到广泛接受。关善明认为大月氏人生产的应该是大面积的平板玻璃，作为窗扉之用，而不可能是琉璃，因为琉璃瓦所用的琉璃釉是一种涂料，先涂后烧，不存在铸造的可能，而且琉璃瓦并不透明，也很难用"光色映徹"来形容[3]。不过大面积平板玻璃用作建筑材料是非常晚近才出现的技术，北魏时是否存在，非常值得怀疑。

南北朝时还出现了"颇黎"一词。《梁四公记》中提到"扶南大舶从西天竺国来。卖碧颇黎镜，面广一尺五寸，重四十斤，内外皎洁。置五色物于其上，向明视之，不见其质。问其价，约钱百万贯。文帝令有司算之，倾府库当之不足"[4]。同时代正史西域传中所记的异域特产中，出现了颇黎与琉璃并列的现象，反映出当时人认为这是两种不同的东西。段成式在《酉阳杂俎》中认为颇黎乃"千岁冰所化也"[5]，陈藏器在《本草拾遗》中认为玻璃为"西国之宝也，是水玉，或千岁冰化为之，应玉石之类，生土石中，未必是水"，在琉璃条中则引用《韵集》中"火齐珠"、《南州异物志》中关于自然灰，以及佛经七宝等不同记载[6]，继续反映出当时人认知的模糊。西安何家村遗宝中发现一件莲瓣纹提梁银罐，罐中所盛之物可与罐盖内墨书题记一一对应。为我们提供了认识唐人如何称谓不同材质珍宝的难得机会。罐中发现的16块宝石，包括蓝宝石4块，滴水蓝宝石3块，黄玉石1块，玫瑰紫宝石2块，绿玛瑙6块，恰好与题记中的"颇黎等十六口"相对应（图1-2），说明其时颇黎的确指天然宝石。这也得到了同时代慧琳《一切经音义》中相关记载的验证[7]。但罐中还发现了玻璃碗及水晶八曲长杯各一件（图1-3），对应的题记是"琉璃杯碗各一"，可能是因为很难将水晶八曲长杯和玻璃碗区别开而一同记录[8]。法门寺地宫发现物账碑中提到有"瑠璃钵子一枚，瑠璃茶碗柘子一副，瑠璃叠子十一枚"，对应了出土的多数玻璃器[9]。这前后两条发现的差异是因为时代发展而导致认识的提高抑或不同人对琉璃的不同认识，还有待进一步研究。

唐代以后，文献记载中首次出现了"玻璃"一词，但似乎仍然是指天然之物，同时文献中关于琉璃的记述也在增多。有学者将《武林旧事》中有关五色琉璃灯和大

---

1 赵永：《琉璃名称考辨》，《中国国家博物馆馆刊》2013年第5期，第67页。

2 安家瑶：《玻璃器史话》，社会科学文献出版社，2011年，第90—91页。

3 关善明：《中国古代玻璃》，香港中文大学文物馆，2001年，第60页。

4 （宋）李昉等编：《太平广记》卷八一"梁四公"条引《梁四公记》，中华书局，1961年，第521页。

5 （唐）段成式：《酉阳杂俎》前集卷一一《广知》"〈隐诀〉言太清外术"条，中华书局，1981年，第106页。

6 （唐）陈藏器撰，尚志钧集释：《〈本草拾遗〉辑释》卷二《玉石部》，"玻璃""琉璃"条，安徽科学技术出版社，2002年，第24—25页。

7 李志超曾列出《一切经音义》中对颇黎、琉璃类词语的注解，反映出作者认识的统一性，即颇黎与琉璃均为自然之物，但琉璃有真假之分，假琉璃即当时人工生产的玻璃。李志超：《汉语"玻璃"的起源》，载氏著《天人古义——中国科学史论纲》，大象出版社，2014年，第180—182页。

8 陕西省历史博物馆等编著：《花舞大唐春：何家村遗宝精粹》，文物出版社，2003年，第215页。

9 陕西省考古研究院等编著：《法门寺考古发掘报告》，上册，文物出版社，2007年，第228页。

图1—2　何家村莲瓣纹提梁银罐及罐盖墨书
（采自陕西省历史博物馆等编著：《花舞大唐春：何家村遗宝精粹》，第215页）

图1—3　何家村窖藏水晶八曲长杯及玻璃碗
（采自陕西省历史博物馆等编著：《花舞大唐春：何家村遗宝精粹》，第101页、97页）

食玻璃官窑瓶的记载视为琉璃与玻璃分别用于称呼国产和进口玻璃制品的肇始[1]，但与此同时，多数记载仍然在沿袭颜师古有关真假琉璃的讨论。例如，戴埴《鼠璞》认为“今用青色琉璃，皆销冶石汁，以众药灌而为之。始于元魏，月氏人商贩到京，能铸石为琉璃，采矿铸之，自此贱不复珍，非真物也。博雅以琉璃为珠，近之”[2]。高似孙《纬略》“所谓琉璃者，谓其如玉也。若以石铸之，曾何足珍”[3]。在这一片陈陈相因之中，程大昌在《演繁露》中的一段论述，可谓清夜闻钟：

汉西域传罽宾国有琥珀、流离。师古曰：《魏略》云大秦国出赤、白、黑、黄、青、绿、缥、绀、红、紫十种流离，此盖自然之物，采泽光润，踰于众玉。今俗所用，皆销冶石汁，加以众药，灌而为之，虚脆不实，非真物。案流离，今书附玉旁为琉璃字。师古之记流离是矣，而亦未得其详也。《穆天子传》曰：天子东征，有采石之山，凡好石之器于是出。天子升山取采石焉，使民铸以成器于采石山之上。注云：

1　干福熹等：《中国古代玻璃技术发展史》，上海科学技术出版社，2016年，第106页。

2　（宋）戴埴：《鼠璞》“琉璃”条，丛书集成初编，第319册，商务印书馆，1939年，第7—8页。

3　（宋）高似孙著，左洪涛校注：《高似孙〈纬略〉校注》卷八“十种琉璃”条，浙江大学出版社，2012年，第163页。

采石，文采之石也。则铸石为器，古有之矣。颜氏谓为自然之物，恐不详也。《北史·大月氏传》：魏太武时，月氏人商贩京师，自云能铸石为五色琉璃，于是采矿于山中，即京师铸之。既成，光泽乃美于西方来者。自是中国琉璃遂贱。用此言推之，则虽西域琉璃，亦用石铸，无自然生成者。若果出于生成，则月氏之贾从何人而受此铸法也。兼外国奇产，中国未始无之，独不闻有所谓真琉璃也。东坡作《药玉盏诗》曰：镕铅煮白石，作玉真自欺。东坡谓"煮"即《穆传》之所谓"铸"，颜氏之谓"销冶"者也。然中国所铸，有与西域异者：铸之中国，则色甚光鲜而质则轻脆，沃以热酒，随手破裂。至其来自海舶者，制差朴钝，而色亦微暗，其可异者，虽百沸汤注之，与瓷、银无异，了不损动，是名番琉璃也。番流离之异于中国流离，其别盖如此，而未尝闻有以石琢之者也。如阶石之类，古之谓珉，又谓之碔砆。至瑛、璁、琇、玫，皆石之似玉者，使此一种石而入用，自附名于玉，不为流离矣。故知师古之言为未审也。[1]

如张维用所言，程大昌是第一个向颜师古真假琉璃说提出挑战的人[2]。其方法是回溯到《穆天子传》所见的最古老的记载中，强调琉璃自古皆为石铸，无自然生成者。更难能可贵的是还指出了国产与进口琉璃之间的差异，即国产者色泽光鲜但不耐寒暑，进口琉璃钝朴黯淡，但经得住骤冷骤热，这一认识不见于以往任何史料，恐怕只能来源于程氏同时代的社会经验知识。根据安家瑶的推测，这很可能跟当时的中国工匠还不能很好地掌握退火技术有关[3]。

不过在当时及后世的知识界中，程大昌的新见仍然只能算是异类。元代胡三省注《资治通鉴》中路嗣恭平岭南献唐代宗琉璃盘时，大段引用了程大昌《演繁露》"琉璃"条的文字，但自己又说，"余谓路嗣恭所献者，盖师古所谓大秦琉璃自然之物，否则代宗何以谓之至宝哉？程大昌考之不详耳"[4]。否定了程氏关于琉璃的新论，并且还不经意间给出了判断的依据，即天然所生的才是珍贵的。晚至明代，包括颇为当时鉴赏家所重视的《格古要论》、公认为集古代工业技术之大成的《天工开物》和以考据精赅著称的《物理小识》在内的当时知识界仍然在沿袭真假琉璃说，前贤所引甚详，此不赘述。而最终真正确切解释琉璃的本质的文字，来自清初出身博山琉璃世家孙廷铨写的《颜山杂记》中的琉璃部分。他从制法的角度，第一次简明又不失全面地给出了琉璃的定义："琉璃者，石以为质，硝以和之，礁以锻之，铜铁丹铅以变之。非石不成，非硝不行，非铜铁丹铅则不精，三合而后生。"[5]

另外值得一提的是，或许是受玻璃制造世俗化的影响，宋之后玻璃的称呼进一步增多，例如药玉、罐玉、罐子玉、硝子、料（器）等，这些名称多来自对当时玻璃的特性及制法的认识，而与之前的璧流离、琉璃、颇黎等并非同一系统。元代，在专门服务于皇室的内府手工业系统中设罐玉局，与浮梁瓷局、玉局提举司、金银器盒提举司、玛瑙提举司等同属将作院诸路金玉人将总管府[6]，很可能专门

1 （宋）程大昌：《演繁露》卷三"流离"条，上海古籍出版社，1992年影印文渊阁四库本，第88页。

2 张维用：《琉璃名实辨》，《故宫博物院院刊》1986年第2期，第68—69页。

3 安家瑶：《玻璃器史话》，社会科学文献出版社，2011年，第153页。

4 （宋）司马光编著，（元）胡三省音注：《资治通鉴》卷二二五大历十三年"上召江西判官李泌入见"条，中华书局，1956年，第7253—7254页。

5 （清）孙廷铨著，李新庆校注：《颜山杂记校注》卷四"琉璃"条，齐鲁书社，2012年，第114页。

6 （明）宋濂：《元史》卷八八《百官志》，中华书局，1976年，第2227页。

生产玻璃器。瓘玉一词到明代被罐子玉所取代，《新增格古要论》“罐子玉：雪白罐子玉系北方用药于罐子内烧成者，若无气眼与真玉相似”；“假水晶，用药烧成者，色暗青，有气眼，或有黄青色者，亦有白者，但不洁白明莹，谓之硝子……用自然生成者好，碾琢者不佳。假造者用药烧成，内有气眼。”[1]李时珍《本草纲目》“水精，药烧成者，有气眼，谓之硝子”。“料”“料器”也出现于明代，如《徐氏笔精》“料丝灯”条：“料丝，出滇南金齿者胜，询之土人云以玛瑙紫石英诸药品捣为屑煮如粉，必市北方天花菜点之方凝即缫为丝，织如绢状上绘山水人物，诸色极晶莹可爱，以煮料为丝，故名料丝。”[2]后来这一表达被现代考古学借鉴，将发掘出土物中似玻璃（多数情况下无法肯定其质地）的色彩鲜艳的小件遗物称为“料器”。

唐宋时琉璃还有一个含义是用来指代琉璃釉陶器，多用“琉璃瓦”来称呼。尤其是宋代《营造法式》已经详尽记述当时烧造釉陶砖瓦的原料配方、生产工艺、产品规格和耗料标准。金元时，琉璃器物则改称为“玻璃”，大概因琉璃釉陶器发展较快，用琉璃称呼玻璃器已不太合适，大约从那时开始，琉璃逐渐指琉璃瓦。元代曾设大都四窑场以“营造素白琉璃砖瓦”[3]。及至明清，琉璃指代施釉器尤其是建筑构件的做法更为普遍，但一般还是习惯跟建筑构件的名称连用。

总之，中国古代对于琉璃的理解，主要涉及三种质料，一是指自然宝石，这是其本义，二是指玻璃，三是指釉彩，凡使用釉彩的陶瓷器（包括建筑构件），都称琉璃[4]。汉代以来，关于“琉璃”的解释有两点值得注意，一是肯定“璧流离”像玉而不是玉，为自然之物；二是与西方国家相联系。人们解释一些名词时通常是根据自己现实生活中看到的物质来比喻形容，从考古发现来看，汉代以后玻璃虽不断出土，但并不多见，而汉唐人只能使用当时的词汇解释，所以即便古人自己心里明白，今人也无法看懂。历代文献对于玻璃称谓讨论可以归纳出比较明确的线索，即多数争论都围绕着“真假琉璃”展开。虽然中国很早就造出了有自身特色的玻璃，但外观差异很大，从未达到与外来物可比较的技术水平，所以外来玻璃并不被认为是本土自制玻璃的同类，也就保存了音译之名，而本土自制玻璃甚至没有独立的名词[5]，这是真假琉璃之争的认识根源。另外，受审美及使用习惯的影响，玻璃始终不曾被大规模生产与普及；而外来玻璃一直奇货可居，在很长的时间内只有统治阶层中的极少数人才有机会见到，这一方面助长了当时知识界在描述外来玻璃时的神秘化倾向[6]，另一方面又陈陈相因，不断沿袭颜师古对于琉璃的判断，杂凑古注以成己见。

传统史料所反映出的不同阶层、不同身份的人对于琉璃是什么的抵牾，其实是

1 （明）王佐：《新增格古要论》卷六《珍宝论》，“罐子玉”“硝子”条，浙江人民美术出版社，2012年，第199、201—202页。

2 （明）徐𤊹：《徐氏笔精》卷八“料丝灯”条，影印文渊阁四库全书，第856册，台湾商务印书馆，1986年，第588页。

3 关于琉璃瓦的讨论参见赵永：《琉璃名称考辨》，《中国国家博物馆馆刊》2013年第5期，第69—71页。

4 蒋玄佁：《古代的琉璃》，《文物》1959年第6期，第8页；李清临：《中国古代玻璃与琉璃名实问题刍议》，《武汉大学学报（人文科学版）》2010年第5期，第626—630页。

5 李志超：《汉语“玻璃”的起源》，载氏著《天人古义——中国科学史论纲》，大象出版社，2014年，第178页。

6 相关文献梳理参见张维用、张军：《琉璃在古代生活中的应用》，《春秋》2008年第5期，第55—57页。

从文献入手展开讨论所必然要面对的局面，因为当时人自己对于这一命题原本也是不清楚的。当现代考古学兴起后，我们大可不必费尽心机猜测古人的话的真正含义和是否可信，早期文献上被怀疑是指玻璃的“琉璃”等名词不过几个字，而且同一部书及其注疏对此的解释还时有矛盾，既然古人也未必十分清楚，今人又何必轻信呢？与其让古文献使现代人理解时产生混乱，莫不如跳过矛盾的文献记载，采用考古学方法直接观察研究地下出土遗物。玻璃在古代中国的兴衰发展，必须主要依赖现代考古学的发现与研究来解决。

第三节　中国古代玻璃发展概述

光亮透明，色彩斑斓，变幻莫测的玻璃，对古人来说无疑充满神秘感，由于极为珍贵，宋元以前它们的价值甚至会凌驾于金银宝石之上。但遗憾的是中国古代玻璃发展缓慢，几经曲折，未见繁荣。它依附过玉石器，模仿过瓷漆器，学习过外国，也曾独立发展。颇为独特的是，中国古代玻璃出现伊始，就与西方输入玻璃密切相关，“丝绸之路”宏大的历史背景赋予它担负着中西文化传播的角色，各代零散的出土遗物，连缀出一条朦胧的轨迹，折射出往日世界的灿烂辉煌，诉说着微妙而鲜为人知的历史。本节既是中国古代玻璃发展史的宏观勾勒，同时也是本书剩余篇章的点睛浓缩。

除文献学者的名物考证之外，近代以来中国古代玻璃的科学分析最早由西方学者开展，1928年之后数年间，洛阳孟津金村东周古墓群陆续被破坏，大批精美文物外流，其中一部分玻璃珠、嵌玻璃珠铜镜以及带钩经由加拿大传教士怀履光（William Charles White）之手流入西方[1]（图1-4），经成分分析后发现汉代及之前的玻璃制品含氧化钡及氧化铅，跟西方的钠钙玻璃系统大为不同。之后基于这些检测的讨论研究还有很多，多数学者均认为中国玻璃起源自古代埃及[2]。

图1—4　美国哈佛大学福格美术馆藏传出洛阳金村的镶嵌玉琉璃镜（采自金维诺主编：《中国美术全集·青铜器》，第698页）

我国学者的古代玻璃研究工作始于20世纪中叶，但出土玻璃器引起中国学术界更多的关注是在20世纪70年代以后，人们对陕西周原茹家庄西周墓中类似玻璃的管、珠、片进行了化学

1　董延寿：《加拿大传教士怀履光与洛阳文物被盗》，《中原文物》2005年第6期，第89—91页；郎保湘、赵振华编译：《关于洛阳三十年代考古的一本书》，《考古与文物》1995年第5期，第78—86页。

2　关于西方学者对于中国古代玻璃的研究状况的简略回顾与评论，参见干福熹等：《中国古代玻璃技术发展史》，上海科学技术出版社，2016年，第2—4页。

成分等方面的测定，发现其表层石英砂熔融成釉，而内部石英颗粒也有部分熔融，至于其性质，则先后有玻璃、原始玻璃、釉砂等争论，虽然没有得到普遍认同，但对玻璃的讨论逐渐增多。

一般认为中国最早的玻璃产生于战国或稍早。战国墓葬中的玻璃器，“蜻蜓眼”玻璃珠出土最多，是因为在玻璃珠上黏附色环而得名，它几乎分布于全国各地。有的为铅钡玻璃，有的含氧化钠较高。前者是中国自制的，后者为输入的。湖南、安徽、福建、陕西等地还有一些玻璃璧，长沙地区发现最多，大都属于玉器的代用品。湖南地区很多战国墓葬中都出土玻璃器，其中包括仅可容身的小型土坑墓，可知当时一般的士和庶人也使用玻璃器随葬。

汉代玻璃器物个体变大，种类稍多，如陕西兴平市汉武帝茂陵附近发现的蓝色玻璃璧直径达23.4厘米。湖南长沙市西汉墓出土了玻璃矛，四川、湖南发现玻璃印章，广东还有玻璃带钩，江苏省扬州市邗江区西汉墓出现玻璃衣片，河北满城西汉墓出土的耳杯、盘。总体上说可分为装饰品、饮食器、礼器等。装饰品有珠、管、耳珰、鼻塞、璧、环、龟形器、带钩等。饮食器有碗、盘、杯等。礼器主要是玻璃璧，礼仪活动之用的玻璃矛、印章、剑柄装饰等。其中玻璃珠最多，有时一座墓就多达一千粒，出土时位于尸骨的头部和胸部至腰部之间，显然是死者身上佩戴的饰物，也有与其他钱币同置于一起，作为珍贵的财富随葬。

汉代玻璃器的造型采用中国传统式样，仿造当时的玉、铜和陶器。满城汉墓的耳杯、盘是重要发现，形制与当时流行的漆耳杯、铜、陶盘相近，铸造成形是制造工艺上的突出特点。作为较晚出现的手工业种类，最方便、最容易的就是借用中国古代已经熟知的铸造手段。东汉王充在《论衡》中谈到玻璃时说“道人消烁五石，作五色之玉”，可见对玻璃的形容是通过与玉器的比较来进行的。其他器物上也有镶嵌玻璃装饰的情况，满城西汉墓中的一件铜壶，通体鎏金，腹部镶嵌银乳钉，器身作出斜方格，内填绿玻璃，反映了当时玻璃器的用途广泛。

两汉时期还发现外国输入的玻璃器皿。江苏省扬州市邗江区甘泉二号西汉墓中的搅胎玻璃残片、洛阳市东郊东汉墓出土的玻璃瓶等，它们的形制、装饰技法和原料成分都表明可能是罗马玻璃制品。从而也使人们认识到古代玻璃器大体可分为铅钡、钠钙和钾玻璃三个系统。欧洲、北非、西亚的玻璃都不含钡，含钾的玻璃也很少，因此铅钡玻璃是中国自制的，钠钙玻璃是西方输入的，而钾玻璃被推测是广西、广东地区的中国自产玻璃，也有人认为来源于国外。

中国早期玻璃发现不多，也许是由于发达的青铜、玉、陶瓷、漆木制造业满足了日常生活器具的需要，玻璃器虽然有其独特的优点，但并非不可取代。测试表明，中国自产的铅玻璃化学稳定性差，不耐腐蚀，而且质地轻脆，容易破裂，不适于广泛用来制作各种器物。

目前发现的三国两晋南北朝时期的玻璃制品的特点在于多数都是外国输入品，主要有北京西郊西晋华芳墓、辽宁北燕冯素弗墓、山西大同北魏墓、宁夏固原北周李贤夫妇墓、湖北鄂城西晋墓和南京地区六朝墓出土的玻璃器，近年来还有一些新的发现。它们分别属于罗马玻璃和萨珊玻璃，而且南方常见罗马玻璃，北方萨珊玻璃较多，反映出海上和陆上丝绸之路的畅通。

西方玻璃器的制造工艺包括铸、缠等技术，而更普遍地采用吹制成形。三国以后的中国已经基本掌握这种外来工艺。河北定县北魏塔基出土的玻璃器即采用吹制法成形，有的还粘贴玻璃条为装饰，这也是西方玻璃器上常见的做法。然而钵、瓶、葫芦形小瓶等简单的造型，均采用中国陶瓷器皿中多见的传统样式。三国两晋南北朝玻璃器大都在墓葬和塔基中出土，年代一般比较清楚，不仅对中国，对中亚、西亚乃至欧洲古代玻璃研究也弥足珍贵，而且涉及中外使节和商旅的频繁往来以及中西文化交流的广阔背景。

隋代历史不长，出土玻璃的数量却较多，陕西西安李静训墓有罐、扁瓶、无颈瓶、管状器、杵形器、小杯、卵形器、珠饰等二十余件玻璃器。据研究，蓝色小杯、绿色小杯、无颈瓶、绿扁瓶含钠钙较高，是受西方影响、用新技术生产的。绿玻璃罐、卵形器和管形器为铅玻璃，是在中国传统工艺的基础上发展而来的。西安东郊清禅寺隋舍利墓的玻璃细颈瓶是萨珊玻璃器中的精品。广西钦州市久隆一号隋墓的玻璃高足杯，陕西省铜川市耀州区隋舍利塔基和石函中的绿色带盖玻璃瓶，河北定县塔基内出土的天蓝色瓶，也可能是用西方新技术制造的。可见隋代玻璃有外国输入的、中国传统的以及在西方技术影响下制造的等几种系统。

唐代玻璃器使用范围扩大，形制有长颈瓶、高足杯、直筒杯和敞口小杯、茶托盏，还有一些玻璃珠或玻璃果、玻璃球等。在中国传统工艺基础上发展而来的玻璃有陕西三原县唐代李寿墓的三件残玻璃瓶，湖北郧县唐代李泰墓的黄玻璃瓶，甘肃泾川县唐代塔基出土的舍利瓶，陕西西安市东郊唐代塔基出土的玻璃瓶，黑龙江宁安市渤海国故都上京龙泉府遗址出土的舍利瓶等。其成分主要是高铅玻璃，有的含较多的镁和钾。

外国输入的玻璃器中，河南洛阳关林唐墓的细颈球形腹玻璃瓶是罗马后期至伊斯兰初期用于盛香水的玻璃瓶。陕西庆山寺玻璃瓶、西安南郊何家村的玻璃杯，都是粘贴玻璃条后呈圆圈或网格纹的玻璃器，也是罗马玻璃中出现以后长期流行在中亚、西亚玻璃中的装饰特点。但唐代出土玻璃的珍品是早期伊斯兰玻璃器的发现，陕西扶风法门寺唐代地宫出土了二十件玻璃制品，是唐皇室赐予法门寺的珍宝。地宫内咸通十五年（公元874年）镌刻的《应从真寺随真身供养道具及恩赐金银器物宝函等并新恩赐到金银宝器衣物账》碑，提到“瑠璃钵子一枚，瑠璃茶椀柘子一副，瑠璃叠子十一枚”。实际出土的玻璃器中除茶托、茶盏造型采用中国传统器皿的样式，可能为唐代本土制造之外，其余大都是伊斯兰玻璃器。“瑠璃叠子”无疑是指地宫中的伊斯兰蓝色玻璃盘，这些玻璃盘有纹样者都是以植物的枝叶和几何图案为主题纹样，采用刻划的技法饰出，有的还在主要线条中填金，华丽夺目。还有一件罕见的拉斯特（Lustre）彩玻璃盘，施满不透明的黄色作底色，内壁沿口沿处绘十二个黑色半圆弧纹，保存完好，非常珍贵。

北宋、南宋以及辽代，输入的外国玻璃器主要为伊斯兰玻璃器，保存完好的多发现于寺院的塔基地宫中，两宋时期的河北定县静志寺塔基、净众院塔基、正定天宁寺凌霄塔地宫、江苏连云港市海清寺、甘肃灵台县舍利石函、河南邓州市福胜寺地宫、密县塔基、浙江宁波市天封塔等都出土了玻璃器。说明当时玻璃器仍是珍贵物品，是作为珍宝供奉于佛教寺院中的，或是用来制造专门的佛教寺院中使用的器物。中国自产玻璃器已成为主流，数量、品种上较以前有所增加，工艺技术全面，用途更加广泛。

宋代玻璃瓶数量最多，式样繁复。瓶类就有葫芦瓶、长颈瓶、胆形瓶等多种造型。葫芦瓶的数量最多，静志寺出土八件，净众院出土达三十一件，其他塔基出土的玻璃器亦以葫芦瓶为主。这种瓶的尺寸较小，用于盛装小沙粒状的舍利子，可能是佛教寺院中专门用来供奉舍利的器皿。除传统的碗、壶、玻璃珠、蛋形器等外，还新出现鼎形壶、鸟形器等。密县塔基出土的鼎形壶，先吹制出短颈圆球形的器体，再拉出玻璃条加热粘贴于器腹下部为足。鸟形器的制法与鼎形壶相同，但工艺更为复杂，造型奇特，是北宋玻璃工艺中难得的上乘之作。定县静志寺塔基出土的玻璃珠，制作更为精致，酷似葡萄粒，充分利用了玻璃半透明的质感和色彩变幻的特性，使珠饰光彩夺目，晶莹可爱。宋代玻璃制作多无模吹制而成，器壁较薄，经过科学分析的大都是中国生产的铅玻璃。江苏镇江解放路大地大厦考古工地清理出的玻璃炼炉可能是目前发现的时代较早的玻璃作坊遗迹。

辽代玻璃器以往有所积累，近年来又有不少新发现，主要都是外国传入的伊斯兰玻璃，包括内蒙古奈曼旗辽代陈国公主、驸马合葬墓中发掘出土的七件玻璃器，天津蓟县独乐寺白塔出土的四件玻璃器，辽宁朝阳市姑营子耿延毅墓和朝阳市北塔天宫中出土的玻璃器，以及河北定县静志寺塔基、安徽无为县北宋塔基、浙江瑞安县北宋慧光塔基出土的刻花玻璃瓶，这些器物都是十分精美、保存完好的伊斯兰玻璃，贴丝、贴花、刻纹、刻花、模印、印压等许多工艺都可以在实物中发现，有的堪称稀世绝品。

元、明、清时期出现了三个玻璃生产中心，即南方的广州、北方的山东颜神镇和北京的清廷之中。规模较大、由官府直接控制的玻璃制造业，是玻璃器产品质量提高的重要保证，也使大量生产成为可能。中国玻璃器生产从此进入一个新的历史阶段。

元朝政府设立官办作坊瓘玉局，专门生产仿玉玻璃器。出土实物无论是原料运用还是制作技术，都表现出前所未有的成就，但目前考古发掘出土的元代玻璃器相对稀少。甘肃漳县元代汪世显家族墓葬中出土一件蓝玻璃莲花盏托，器形较大，制作精美，色彩艳丽，为元代玻璃器中的精品。江苏苏州市元代张士诚母曹氏墓中也出土了数百粒玻璃珠和一件长达42.6厘米的玻璃圭。新疆若羌县瓦石峡遗址发现的大量玻璃残片，经拼对多为长颈瓶，还有一些似为玻璃废料，显然这里有一处玻璃作坊，该遗址的时代下限可能晚至元代。

明代玻璃器实物发现不多，有山东邹县明朱檀墓的玻璃棋子和江苏扬州史可法衣冠冢出土的玻璃带板等，更重要的考古发现是山东益都县颜神镇元末明初玻璃炉遗址，共有十座炉址或灰坑，清理出玻璃原料、玻璃器，检验表明绝大多数成分是钾钙玻璃。嘉靖四十四年（1565年）的《青州府志》记载颜神镇玻璃原料以“马牙、紫石为主，法用黄丹、白铅、铜绿焦煎成”。明代宋应星的《天工开物》还记述了玻璃制作的全过程，表明玻璃生产在明代已十分成熟。

清代玻璃制造发展成为一种重要的行业，得到了皇帝和王公大臣的积极扶植，康熙时期宫廷内务府养心殿造办处设立玻璃厂，专门为皇室制造各种玻璃器，这在历史上是空前的。为区别烧造琉璃砖瓦的琉璃厂，取名为“玻璃厂”。皇家玻璃厂集中来自广州、颜神镇等地的能工巧匠以及西方传教士，形成了互相交流、共同切磋的条件。年产量有明确的规定，产品有的作赏赐之用。器物上多刻有年款，形制仿铜、瓷、玉器，大都是专门供陈列观赏用的仿古器物。

清代玻璃器应用广泛，种类丰富，传世的数量较多。包括文房陈设、装饰用具和鼻烟壶等。北京故宫博物院收藏的实物有杯、钟、水注、镜、数珠、水丞、缸、笔洗、瓶、碗、如意、砚盒、帘子、佩玉、华灯、屏风、罐盒、果山、棋子、风铃、念珠、壶顶、簪珥、泡灯、鱼瓶、葫芦、砚滴、佛眼、轩辕镜、火珠、响器等。同名的器物样式繁多，千姿百态。清代还保留下来宫廷玻璃制造的配方，对原料、性能、呈色、火候、设备、产品、流通等都有详细记录。目前所见清代玻璃，单色多达几十种，两种以上色彩的器物也很多。以一种玻璃为底，再粘着其他颜色玻璃斑点、色块等，称之为“套料”，还有多彩相套的，艺术效果似瓷器中的搅胎、搅釉器。这种套料玻璃器至少在康熙时期已经出现。套料加雕镂的器物，纹样色彩有别于器物胎体，并略凸出器表，呈微浮雕的效果，是清代宫廷玻璃器皿经常采用的技法。雕刻、描彩、描金、泥金、珐琅彩等加工艺术的运用，更使以鲜艳光亮、晶莹透明为基本特征的玻璃器争奇斗艳，变化莫测。另一项创新是“洒金”工艺，即在玻璃中烧出金星，如深茶或红褐色玻璃里闪耀着金星，需要很高的技术，宫廷玻璃厂建厂不久就已掌握了这种难度较大的工艺。

自明代传入中国嗅鼻烟和玩赏鼻烟壶的风习后，至清代成为社会时尚，鼻烟壶作为交往中相互馈赠的礼品，制作也越来越精致。各式小巧玲珑、色彩斑斓的玻璃鼻烟壶，是清代独特的产品。工匠充分发挥了玻璃透明、半透明、不透明、多种色彩的特长，仿琥珀、玛瑙、白玉、翡翠、水晶等，甚至融入内画方式的绘画和书法艺术。鼻烟壶也是清代内府玻璃厂主要产品之一，嘉庆初年，每年要制造120件，接近年产各类玻璃制品的一半。民间也大量制作，乾隆时期北京“辛家坯”“勒家坯”“袁家坯”的作品各具特色，另外还有著名的“古月轩”玻璃鼻烟壶。

明末，西欧一些国家在中国东南沿海的港口城市倾销包括玻璃在内的各种商品，对外贸易口岸的广州也成为学习制作西方玻璃的生产基地。据清宫档案记载，乾隆二十一年（1756年）粤海关监督以广州所产的玻璃手镜、玻璃盘、玻璃盖碗等进贡内廷。根据清梁同书《古铜瓷器考》记载，与质厚晶莹的“洋玻璃”相比，广州玻璃薄而脆，被称为“土玻璃”或“广铸”。颜神镇是元代以来传统的玻璃制造中心，到了清代还聘请德国的技师，传播欧洲平板玻璃的配方和制作技术。光绪年间，当地的许多家庭都从事玻璃制造，产品有屏片、匾额等，向外地输出。清代皇室还收藏许多外国玻璃器，来自于欧洲诸国，以陈设品和兼有装饰与实用功能的灯具为主。这类玻璃器与现代玻璃已没有大的区别。

古玻璃的化学成分是判断其来源的主要手段，虽然古代西亚和埃及制造玻璃的历史要比中国早得多，但西方古玻璃的化学成分比较单一，即钠钙硅酸盐玻璃（$Na_2O-CaO-SiO_2$）。根据次要成分如K_2O、MgO、Al_2O_3等的含量可以来区分这类玻璃产生于高原还是沿海地区。中国古代玻璃在发展历程中的主要化学成分与古代西方玻璃有较大差异。西周至春秋时的釉砂（费昂斯）中二氧化硅的含量高于90%，并含有少量Na_2O、K_2O等，K_2O含量大于Na_2O，可能使用了植物草木灰作为熔剂，可能与中国的原始瓷釉有密切关系，而西亚和埃及釉砂常用天然泡碱（Na_2CO_3）作熔剂。接下来的中国古代玻璃的发展从玻璃成分的演变的角度可以分为五个阶段：从春秋到战国前期（约公元前800年—前400年）的钾钙玻璃（$K_2O-CaO-SiO_2$）系统；从战国到东汉（约公元前400年—约公元200年）的铅钡玻璃（$BaO-PbO-SiO_2$）系统和钾玻璃（K_2O-SiO_2）系统；从东汉到唐代（约公元200年—约公元700年）的高铅玻璃（PbO_2-SiO_2）系统。从唐代到元代（约公元600年—约公元1200年）的钾铅玻璃（$K_2O-PbO-SiO_2$）系统；从元代到清代（约公元1200

年—约公元1900年）的钾钙玻璃（$K_2O-CaO-SiO_2$）系统[1]。另外，还有学者指出在古代琉璃各种类型成分系统中，均含有较多的氧化铝（Al_2O_3），例如特别在元末明初时，达到6%以上，属于近代高铝成分系统。即使在元明以前，个别样品中Al_2O_3也有10%以上，如战国“蜻蜓眼”琉璃白色部分Al_2O_3为14.3%，战国晚期琉璃珠Al_2O_3为11.74%，北魏的琉璃球18.3%，六朝琉璃珠褐色部分19.3%等。这一方面是由于古代琉璃原料，如长石、石英砂、黏土、矿渣中含有较高的氧化铝所造成的，另一方面由于琉璃仿玉传统的长期存在，而未熔的Al_2O_3颗粒就是一种氧化物乳浊剂，古代琉璃用氟化物乳浊时，必须加入氧化铝。直至乾隆朝才有低铝成分，生产透明的琉璃[2]。

1 干福熹：《中国古代玻璃的起源和发展》，《自然杂志》2006年第4期，第187—193页。
2 王承遇、汤华娟：《中国琉璃成分和配方的演变与发展》，《玻璃与搪瓷》2014年第4期，第37—41页。

第二章 先秦玻璃

第一节 中国玻璃的起源

以考古类型学原理为核心的器物造型、装饰分析和以物理性质、化学成分、同位素分析为主要内容的科技研究，历来是古代玻璃研究中的两大最主要领域。早期玻璃制品造型小而单一，出土地点零散，保存状况不佳，化学成分分析及其衍生的产地、工艺、传播等问题的探讨成为研究主流。由于西方玻璃的出现远早于中国，故而有必要在开始讨论中国玻璃起源问题之前简略介绍西方玻璃起源研究的相关情况。

玻璃在世界范围内的最早起源地在公元前2300年前后的两河流域，但与之相关的技术很早便已萌芽，其中讨论最多并被认为跟玻璃诞生密切相关的是费昂斯（Faience），原来是指中世纪意大利Faenza出产的蓝色釉陶，后来欧洲人发现古埃及制造的一种原始玻璃器外形与这类釉陶相似，故而将其命名为费昂斯。一般认为，在利用硅材料的基础上，古埃及人通过使用不同数量的碱、石灰和铜，产生了三种不同的物质，即费昂斯、埃及蓝（Egyptian Blue）[1]和玻璃，它们是三种各不相同的独立材料，同时又是一个单一连续过程中物质的不同阶段[2]。

费昂斯最早出现于公元前五千纪末的苏美尔或埃及，且在埃及得到充分发展并获得最高成就，因此多以“埃及费昂斯”称之，包括标准费昂斯、半玻璃化费昂斯以及施于滑石之上的费昂斯釉三种形式[3]。费昂斯被认为是“人类第一次真正意义上的材料合成行为”[4]，其生产工序可分为造胎、上釉、烘烧三步，胎的主要成分为石英砂、石灰及纯碱，因烧成温度远低于石英熔点，石英砂仅能部分熔融，多数石英晶体依然存在[5]。又因为费昂斯的物质构成与玻璃大致相同，仅助熔剂分量和烧成温度稍有差异，有人也将其视为“半玻璃”“原始玻璃”或者“由玻璃相作为

1 埃及蓝最早发现于埃及第四王朝（公元前2575年—前2465年），化学式为$CaCuSi_4O_{10}$，关于其制法及分析的总结参见Julian Henderson, Ancient Glass : An Interdisciplinary Exploration, Cambridge University Press, 2013, pp.13-14.

2 （英）基思·卡明斯（Keith Cummings）著，薛吕译：《世界玻璃工艺史》，上海交通大学出版社，2014年，第43页。

3 Joseph Veach Noble, The Technique of Egyptian Faience, American Journal of Archaeology, Vol. 73, No. 4, pp.435-438.

4 Henry Hodges, Technology in the Ancient World, Barnes and Noble, 1992, p.62.

5 关善明：《中国古代玻璃》，香港中文大学文物馆，2001年，第8—9页。

结合剂的多晶石英珠”，将之视为玻璃制作的探索阶段。1960年对伊朗Qom地区费昂斯制作的研究表明其烧成温度为950℃，而要获得玻璃则需要至少再高出200℃，而且两者尽管成分类似，但还存在很多差异，例如更高的烧成温度意味着窑炉结构的改进；费昂斯为一次性烧成，而从玻璃坯到玻璃成器则需要多次加热[1]。

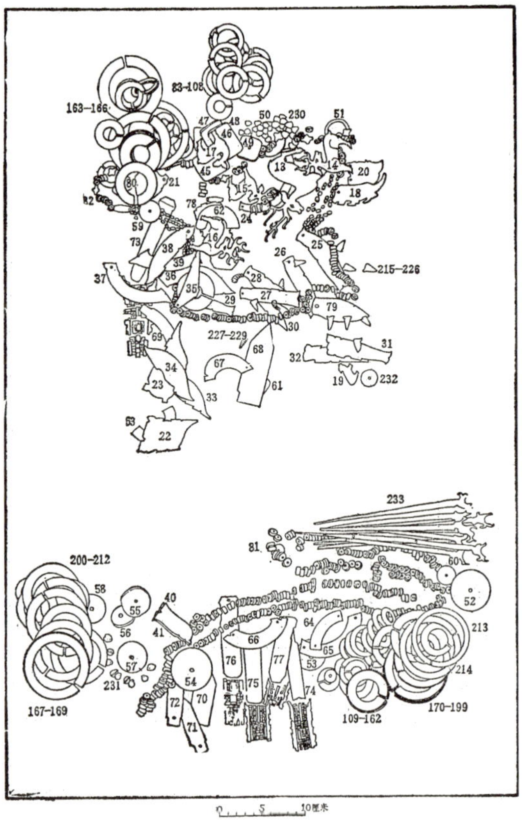

茹家庄一号墓甲室棺内玉器、铜器分布图

13—17.玉鹿 18.玉虎 19.玉牛 20—23.玉鸟 24、62—67.玉璜 25—41.玉鱼 45—48.方形玉片 49、61.方形玉饰 50—60.圆形玉饰 68—72.玉戈 73—78.柄形饰 79.玉蝉 80.兽头玉饰 81、82.串饰 83—162.玉玦 163—212.煤玉玦 213、214.玉环 215—226.玉蚂蚱 227—229.玉蚕 230.小石子 231.腕饰 232.石泡 233.铜发笄

图2-1 宝鸡強伯墓（BRM1）及其妻井姬墓（BRM2）釉砂出土位置（采自卢连成等：《宝鸡強国墓地（上）》，第275页，图189）

虽然费昂斯会被视作玻璃的前身，但两者绝非简单的因果关系，在玻璃产生并被大量生产之后，费昂斯还一直存在。根据最新考古发现，埃及孟斐斯的Kom Helul遗址，在晚至托勒密王朝至罗马早期依然继续生产费昂斯器皿。而且还发现了匣钵、三角形支钉以及窑炉遗迹。显示出即使在玻璃充分流行的情况下，由于神龛及葬仪对小雕像的需求，埃及制作费昂斯的传统依然继续存在。

对中国古玻璃起源问题的探讨始于20世纪70年代。干福熹从生产工艺的角度分析了玻璃发明的可能性，区分了当时文物考古界对发掘出土的玻璃制品的三种称呼（料器、琉璃、玻璃），并意识到当时新发现的西周“玻璃”器物对于探讨中国古玻璃起源的重要意义[2]。杨伯达全面分析了陕西宝鸡茹家庄強伯夫妇墓出土近千件料管和料珠，还搜集了陕西扶风、岐山、沣西，河南陕县、洛阳和山东曲阜等地的类似出土品，认为都应该是玻璃而不是陶瓷，这些玻璃管珠有可能是以冶炼青铜的矿渣混合低温熔炼而成，是含铅、钡的早期玻璃，可能是用衬芯技术制成的[3]。张福康在对河南洛阳和陕西沣西出土的料珠进行化学分析和岩相分析之后，发现这些料珠其实是由玻璃相作为结合剂的多晶石英珠，并非玻璃[4]。结合对扶风北吕周人墓

1 Julian Henderson, Ancient Glass: An Interdisciplinary Exploration, Cambridge University Press, 2013, p.14.

2 干福熹等：《我国古代玻璃的起源问题》，《硅酸盐学报》1978年第1、2期，第99—104页。

3 杨伯达：《西周玻璃的初步研究》，《故宫博物院院刊》1980年第2期，第14—24页。

4 张福康等：《中国古琉璃的研究》，《硅酸盐学报》1983年第1期，第67—76页。

地的类似发现的取样，更进一步的鉴定和分析认为，这类西周管形珠石英量在80%—90%以上，颗粒间有玻璃质胶结，故而并不是严格意义上的玻璃。郑州商代早期铸铜遗址中曾发现地面上分布有绿色粉末状物质，经岩相检验含石英并存在玻璃相，所以这类料珠的起源可能与冶铜业关系密切，由于其生产与玻璃有着相似的工艺过程，并且与中国玻璃的起源密切相关，因此又被称为原始玻璃[1]，即前面提到的费昂斯，也有人称其为釉砂。

与古埃及的釉砂相比，中国釉砂样品出现时间要晚一些，主要发现于西周至春秋中期，其SiO_2含量与古埃及釉砂类似，均在85%以上，但由于中国古代碱主要来源于经洗涤的草木灰（K_2CO_3，熔点891℃）或硝石（KNO_3，熔点330℃），而西亚和埃及早期的古玻璃和釉砂常用天然泡碱（Na_2CO_3，熔点850℃）。由此，中外釉砂的钾、钠相对含量会显示出不同特性。中国釉砂表现出来的高钾（K_2O）和低钠（Na_2O）的特点，暗示出中国西周时期釉砂的自主制造特征[2]。

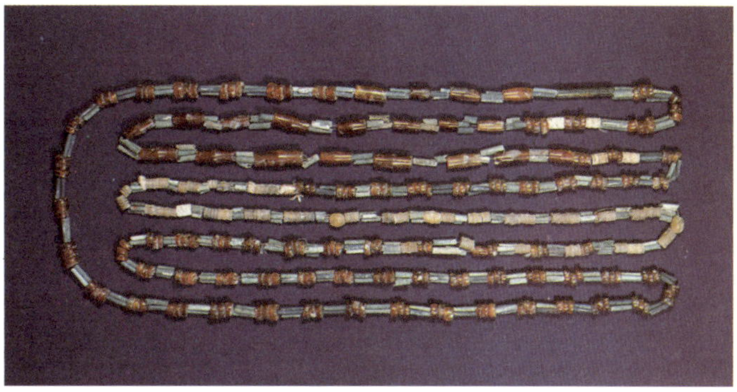

图2-2 宝鸡強伯墓（BRM1）及其妻井姬墓（BRM2）出土串饰（采自卢连成等：《宝鸡強国墓地（下）》，彩版二五2、3）

目前出土的釉砂制品数以千计，河南平顶山、洛阳中州路、洛阳庞家沟、陕县上村岭、陕西沣西张家坡、宝鸡茹家庄、山东曲阜鲁故城和周原地区的西周或先周墓葬中都发现了数量不等的管珠，分布在西至宝鸡东达曲阜长达两千多里的狭长地带，有学者认为跟周人由西向东的扩展路线相吻合[3]，其中最集中的发现依然是宝鸡強国墓地，強伯墓（BRM1）及其妻井姬墓（BRM2）两座墓中合计出土了近千件釉砂管、珠。这些釉砂管、珠集中发现于墓主头、颈、胸、腹等部位（图2-1）[4]，跟红玛

1 王世雄：《陕西西周原始玻璃的鉴定与研究》，《文博》1986年第2期，第26—30页。

2 参见伏修锋、干福熹：《中国古代釉砂和玻砂》，《硅酸盐学报》2006年第4期，第427—431页，文中命名并区分了釉砂与玻砂（Frit）两类原始玻璃。二者用肉眼很难区分，差别在于釉砂大约在700℃—800℃下烧成，只在表面生成一层玻璃釉状物，而玻砂在更高温度下烧成（约1000℃），玻璃态含量已经显著增加。不过也有学者认为，由于烧成温度和玻璃化程度很难确定，建议舍弃玻砂这一称谓，而仅以釉砂来命名出于玻璃发展最初阶段的制品。参见李清临：《中国古代釉砂和玻砂浅议》，《中国国家博物馆馆刊》2012年第5期，第109—116页。

3 杨伯达：《西周玻璃的初步研究》，《故宫博物院院刊》1980年第2期，第14页。

4 卢连成等：《宝鸡強国墓地（上）》，文物出版社，1988年，第275页，图189。

瑙、玉、石、蚌类饰品穿插搭配组成串饰，形状、色彩不同，对比十分明显（图2-2），亦有料珠跟玉蚕组合，料珠双行并联，玉蚕单行串联，佩戴于墓主颈部[1]。其他地区的情况也有些类似，料珠和料管多单独做成串饰，或者和其他饰物如玉髓珠、蛇纹石珠混合使用组成串饰[2]，也有的被用作盾缀饰、组玉佩的一部分以及箭箙缀饰[3]，显示出这类物品在制造初衷和使用途径上的一致性。值得注意的是，这些墓地也同时出土了其他材质如大理石、绿松石、玉髓、蛇纹石等管、珠做成的串饰。在当时众多可供选择的装饰品中，釉砂材质或许与众不同，但并非珍稀之物。

图2-3　河南平顶山应国墓地出土料珠和料管
（采自河南省文物考古研究所等编：《平顶山应国墓地Ⅰ（下册）》，彩版一一二1、2）

河南平顶山应国墓地出土的西周早期至春秋早期的料珠和料管曾做过系统分析[4]。该墓地出土的西周早期的黑、白料珠的主要成分为硅酸镁质玉石，表面已经发生了晶态向非晶态转变，亦可理解成有包浆层的玉石。西周中期至春秋早期的料珠和料管为釉砂，系用石英砂磨碎后加入青铜冶炼后的炉渣或者矿渣，再在低温下熔制而成，着色元素为Cu^{2+}。以往一般笼统地认为中国釉砂起源并流行于西周至春秋时期，应国墓地的样品分析表明，中国的釉砂最早可追溯到西周中期，具有明显的自主制造的特点，化学成分配方上表现出富含CuO的特征（图2-3）。

除了中原地区之外，内蒙古自治区额济纳旗绿城也发现过西周时期的蓝色釉砂珠，成分与河南、陕西等地的发现相似，含有少量K_2O和CaO作为助熔剂，K_2O的含量高于CaO，并具有较高的CuO[5]。在湖北枣阳郭家庙曾国墓地的四座墓中出土

1　卢连成等：《宝鸡𢐗国墓地（上）》，文物出版社，1988年，第329—330、335—336、380—381页。

2　中国社会科学院考古研究所：《张家坡西周墓地》，中国大百科全书出版社，1999年，第308页。

3　河南省文物考古研究所等：《三门峡虢国墓·第一卷（上）》，文物出版社，1999年，第203页。

4　干福熹等：《河南平顶山应国墓地出土料珠和料管的分析》，《硅酸盐学报》2009年第6期，第1005—1016页。

5　李飞等：《一批中国古玻璃化学成分的质子激发X射线荧光分析》，《硅酸盐学报》2005年第5期，第581—586页。

了76枚“石英珠”，多数呈菱角状，灰白胎，表面有绿色釉层[1]，这几座墓的时代为西周末至春秋早期，报告中最初将其鉴定为“多晶质石英岩”，认为是石英的单矿物岩石，其中石英为他形粒状，质地松散[2]。后德俊推测应为费昂斯珠，并在比对楚地其他石英珠及玻璃珠的基础上，分析了西周釉砂（费昂斯）珠对于楚国的影响，同时石英珠的生产工艺也是战国时楚国玻璃制造业兴起的原因之一[3]。后续的岩相分析也证实这些石英珠的费昂斯属性，它们的胎体绝大多数由石英颗粒组成，其他物相很少，不含或含很少量玻璃态物质；成分分析发现胎体的SiO_2含量很高，在93.54%—97.95%之间，其他能起到黏结剂或助熔剂的组分含量很低。模拟实验表明，这些“石英珠”是以精选的纯石英矿物经过粉碎并掺和少量黏合剂等塑型之后，表面施以低铁的黏土或瓷石与石灰或草木灰及含Cu着色物混合配制的釉料。上釉工艺类似原始瓷的上釉工艺，再置于窑炉中于1100℃—1200℃之间烧制而成[4]。

对山西绛县横水西周倗国墓地浅蓝色穿孔釉砂珠的无损分析还发现了中外釉砂制品在内部结构上的差异[5]。该样品为内芯成型，直接上釉烧制，其技术渊源应当来自当时的青铜铸造工艺和原始瓷生产工艺。胎料是磨得十分细腻的石英颗粒，因此胎体结构十分致密，相比之下，西方釉砂胎体结构疏松，石英颗粒较大，彼此间有明显的空隙。更进一步的归纳认为，西周及春秋时期釉砂的制作工艺主要有两个要点：黏接和烧结。石英砂磨成粉末之后以少量水或黏合剂调成干稠状并塑型，多为管、珠，穿孔处以黏土或其他物质支撑，此为黏接；然后在一定温度下焙烧，在珠体外壁形成玻璃体薄层，而内部仍然是未熔融的砂粒，因烧结而黏接在一起，即所谓的烧结。从工艺上观察，早期釉砂工艺恐怕只能用来制作一些小型的管珠类装饰品，而不太可能做出较大的器物，因为石英粉末黏性较差，烧结过程中很容易散成砂粒[6]。

西周之后的春秋及战国早期仍然有釉砂发现，例如时代为春秋中晚期的河南淅川下寺楚墓、苏州真山大墓，以及战国早期的湖北随县曾侯乙墓、洛阳西工区战国晚期墓等都曾出土过釉砂管、珠或者八棱柱[7]。一般认为这时的釉砂制品的化学成分有了显著的改变，即助熔剂由钠（Na）、钾（K）变为铅（Pb）、钡（Ba）成分，例如洛阳西工区战国晚期墓出土的八棱柱即为高铅费昂斯，配料精细，以铜为着色元素，显色物为大量中国紫（又称汉紫，$BaCuSi_2O_6$）和少量中国蓝（又称汉蓝，$BaCuSi_4O_{10}$），代表了此类制品的最精致工艺[8]。虽然这时的釉砂饰品的玻璃化程度

1 襄樊市考古队等编著：《枣阳郭家庙曾国墓地》，科学出版社，2005年，第294页。

2 襄樊市考古队等编著：《枣阳郭家庙曾国墓地》，科学出版社，2005年，第382页。

3 后德俊：《枣阳郭家庙曾国墓地出土石英珠的初步研究》，《江汉考古》2007年第2期，第72—76页。

4 秦颖等：《湖北枣阳郭家庙曾国墓地出土“石英珠”（釉砂）的测试分析及其制作工艺模拟实验分析》，《硅酸盐学报》2012年第4期，第567—570页。

5 谷舟等：《显微CT在早期釉砂研究中的应用：以西周倗国出土釉砂珠为例》，《核技术》2012年第4期，第265—269页。

6 后德俊：《中国黄河和长江中下游地区先秦和汉代的玻璃技术》，载干福熹等：《中国古代玻璃技术发展史》，上海科学技术出版社，2016年，第52页。

7 后德俊：《中国黄河和长江中下游地区先秦和汉代的玻璃技术》，载干福熹等：《中国古代玻璃技术发展史》，上海科学技术出版社，2016年，第53—54页。

8 马清林等：《洛阳战国墓出土八棱柱中的中国蓝和中国紫研究》，《文物》2008年第8期，第83—88页；《中国战国时期八棱柱状费昂斯制品成分及结构研究》，《中国国家博物馆馆刊》2012年第12期，第112—132页。

显著提高，但在工艺上依然从属于釉砂系统[1]。

总之，不断积累的考古发现与分析成果表明：西周到战国时期，釉砂、玻璃的制作技术特别是成型和助熔剂的选用同中国的陶瓷烧制技术关系密切，而着色剂铜则可能来自青铜冶炼产生的矿渣[2]。这也直接导致了中国釉砂的成分迥异于西方费昂斯，有明显的本土制造特征。早期釉砂制品多为管珠类小件，与其他材质的饰物搭配组成装饰品，在当时各阶层的墓葬中都有发现，并非珍稀之物。分布区以陕西、河南为代表的中原地区最为集中。还有一个值得注意的问题是，当时人在通晓制作工艺的前提下，在观念上如何认知这种新型的人造材料？从材质及用途推断，釉砂的制作初衷很可能还是仿绿松石或仿玉，而绪论部分的文献梳理显示，不同于当今在同一系统下以国产和外来划分古代玻璃制品，在中国古代相当长的时间里，古人对于中外玻璃器的珍视程度并不对等，对外来玻璃奉若奇珍，而将自产玻璃视为玉的仿制品（药玉），在观念上即认定两者并非同类。这种独有的认识恐怕在釉砂诞生之时即已见分晓。

第二节　早期玻璃制品的发现

西方成规模的玻璃容器生产约始于公元前15世纪的埃及和美索不达米亚地区，器形与费昂斯器皿类似，因此有人推测玻璃器皿的诞生确实与费昂斯生产息息相关，但也有人认为目前发现有限，还没有清楚的证据表明费昂斯制作技术与玻璃器皿生产之间存在直接推动关系，而更倾向于认为费昂斯跟当时同时存在的釉面滑石（Glazed Steatite）、埃及蓝、釉陶以及金属加工工艺（例如退火技术）一样，只是为玻璃的诞生提供了宏观背景。与其他工艺相比，玻璃制造更有可能是当时的一种精英追求，故而在楔形文字文献中记录详尽，玻璃热加工技术则是埃及和近东当时的历史剧变所导致的对工匠组织控制变化的结果，是综合既有工艺而出现的一种“范式转移”（Paradigm Shift）[3]。

在四千多年的玻璃发展史中，从古埃及到美索不达米亚，从古希腊罗马到伊斯兰再到文艺复兴时期的威尼斯，从内核成型到铸造工艺到后来在罗马帝国时期大放异彩的吹制技术再到平板玻璃的大量生产，玻璃制造工艺伴随着不同文明的此消彼长而不断完善进步，玻璃制品在亚欧大陆西部也逐步普及并且多样化。通过使用诸如X射线荧光分析（XRF）、原子光谱法分析、卢瑟福背散射分析（RBS）、X射线光电子能谱分析（XPS）、电子探针分析（EPMA）、铅同位素分析、激光光谱分析等成分分析方法[4]，古玻璃研究界已经建立起不同时代世界各地玻璃制品的成分数据库，并通过不同成分之间的比对来探讨古代玻璃工艺的起源、发展和流传。

1 关善明：《中国古代玻璃》，香港中文大学文物馆，2001年，第11页。

2 李青会等：《中国早期釉砂和玻璃制品的化学成分和工艺特点探讨》，《广西民族大学学报（自然科学版）》2009年第4期，第31—41页。

3 参见Julian Henderson, Ancient Glass: An Interdisciplinary Exploration, Cambridge University Press, 2013, pp. 16-17.

4 李青会：《玻璃的科技考古和分析技术》，载干福熹等著：《中国古代玻璃技术的发展》，上海科学技术出版社，2005年，第18—31页。关于无损分析技术在中国古代玻璃研究中的应用参见该书新版，即干福熹等著：《中国古代玻璃技术发展史》，上海科学技术出版社，2016年，第22—37页。

大量分析表明从古埃及开始，世界各国的古玻璃大部分都以钠钙硅酸盐玻璃（$Na_2O-CaO-SiO_2$）为基础成分，并因时代与地区不同，玻璃中的氧化铝（Al_2O_3）、氧化镁（MgO）、氧化钙（CaO）、氧化钾（K_2O）等氧化物的含量各有不同。例如美索不达米亚地区的古玻璃碱含量比较低，而氧化钙（CaO）和氧化铝（Al_2O_3）的含量都比较高，地中海东部沿岸往西各国（希腊、罗马、拜占庭地区）流行低K_2O、低MgO的钠钙玻璃，而地中海东部沿岸往东各国（如伊朗高原上的萨珊王朝以及伊斯兰）因用植物灰做碱而流行高K_2O、高MgO的钠钙玻璃[1]。印度古玻璃中氧化铝含量比较高，而氧化钙和氧化镁的含量较低，可能与使用当地白云石有关，另外，还发现了以氧化钾为主的钾钙硅酸盐玻璃[2]。

19世纪后期以来，中国文物不断流失海外，其中就包括古玻璃制品。通过分析这些样品（时代主要为汉代至唐代），西方古玻璃研究界意识到中国古代玻璃与已发现的钠钙硅酸盐玻璃系统明显不同，以含氧化铅（PbO）和氧化钡（BaO）为其主要成分特征，在西方含这两种成分的古玻璃尤其是后者出现的时间非常晚。尽管如此，彼时的西方学界还是坚持认为中国古玻璃的制造技术来自西方（尤其是埃及），如今不断积累的考古发现以及大量的科技分析早已证实了中国古代玻璃制造体系的独特性。不过就目前考古发现而言，西周至春秋时发现的早期釉砂制品并没有很快演变成最早的国产玻璃，大约同时，反倒在中国境内出土了不少成分与西方类似玻璃制品。

目前中国境内出土的最早的玻璃制品来自天山南北麓的拜城和塔城两地。1990—1992年间，新疆文物考古研究所先后四次发掘了位于天山南麓拜城县东的克孜尔土尔墓地，出土玻璃珠项链（亦包含石珠、玛瑙珠等）的墓葬占已发掘墓葬总量的10%以上，出土时的玻璃珠均置于墓主人的颈部，根据碳-14测年数据并经过树轮校正，该墓地的年代为公元前14世纪至公元前7世纪，大致相当于中原地区的西周至春秋时期[3]。故而这批玻璃珠是新疆青铜时代至早期铁器时代的玻璃制品。克孜尔玻璃珠为模压铸造而成，大小有几种，呈不规则的圆鼓状或算珠形，有些珠体的中间穿孔为斜向。出土时珠体表面多附着一层白色或褐色的氧化胶结物，透明度差，颜色也不均匀纯正，呈驳杂的蓝色或绿色。珠体的新鲜断裂面可见到玻璃质光泽和气泡[4]，少数为蜻蜓眼玻璃珠，但眼部结构简单。2002年，新疆文物考古研究所又在天山北麓塔城地区额敏县新建公路的施工范围内抢救发掘了7座古代墓葬，在一座墓中死者的颈部发现了数十枚早期玻璃珠，呈算盘珠状，许多出土时已残破。该墓地年代在公元前700年—公元前500年之间，这是首次在天山北麓地区发现早期玻璃珠[5]。

对这两批玻璃珠先后进行过科技分析[6]，结果反映出这些玻璃珠的成分可以

---

1 史美光等：《世界古玻璃的化学成分》，《玻璃》1987年第4期，第5—12页，尤其是第12页表11。

2 干福熹：《东方古代玻璃技术的发展》，载干福熹等：《中国古代玻璃技术发展史》，上海科学技术出版社，2016年，第89—91页。

3 新疆文物考古研究所：《新疆拜城县克孜尔吐尔墓地第一次发掘》，《考古》2002年第6期，第14—29页。

4 张平等：《新疆拜城县克孜尔墓地出土的玻璃珠及其相关问题》，《吐鲁番学研究》2004年第2期，第62—68页。

5 刘学堂等：《额敏河流域发掘早期游牧民族墓》，《中国文物报》2002年7月19日第1版。

6 潜伟等：《新疆克孜尔水库墓地出土玻璃珠的分析与研究》，载万辅彬、巴莫尔哈主编：《弘扬民族科技，促进西部开发——第五届中国少数民族科技史国际研讨会论文集》，广西民族出版社，2002年，第138—145页；干福熹等：《新疆拜城和塔城出土的早期玻璃珠的研究》，《硅酸盐学报》2003年第7期，第663—668页。

分为四种谱系，即$Na_2O(K_2O)-CaO-SiO_2$、$Na_2O-CaO-PbO-SiO_2$、$CaO-MgO-SiO_2$和$MgO-PbO-SiO_2$。成分中含钾、钠、钙、镁，与美索不达米亚地区和波斯同期玻璃珠构成类似，但硅、钠比重偏低，而钾、镁的含量又明显高于一般的钠钙玻璃，所以倾向于认为这些玻璃珠最有可能是借鉴了中、西亚的玻璃生产技术，采用当地的矿物、草木灰等原料制备而成，而且技术水平相差较远，个别带眼纹的玻璃珠结构简单，与同时期中、西亚发现的蜻蜓眼玻璃珠的制作水平相去甚远，说明这些玻璃珠的制作技术尚不成熟，而此类玻璃珠所反映的工艺技术流传可能跟欧亚草原早期游牧人群的迁徙有关。更为引人注目的是含铅的玻璃珠的发现，铅元素含量在10%以上，而且含有氧化锑（Sb_2O_3），应该是有意识地加入某种矿物来改变材料性能的结果，似与当地的矿产原料关系密切[1]。对新疆温宿包孜东、且末扎滚鲁克和哈密等地的战国玻璃珠也曾进行过成分测试，发现分属四个不同的玻璃体系：K_2O-SiO_2、$Na_2O-CaO-SiO_2$、$PbO-BaO-SiO_2$和混合碱硅酸盐玻璃[2]，其中钾硅酸盐玻璃珠和铅钡硅酸盐玻璃珠的发现说明在战国时期新疆地区的玻璃制造技术得到了进一步的提高，并与内陆其他地区有多方面的交流。

图2-4　天马—曲村遗址北赵晋侯墓地M63出土龙纹玻璃牌饰
[采自王迅：《最早的珍珠项链和龙纹琉璃器》，载（美）罗覃编：《全球化背景下考古学新前沿——解读中国古代传统：庆祝北京大学赛克勒考古与艺术博物馆成立十周年国际学术研讨会论文集》，第223页，图2]

新疆以外的地区发现的早期玻璃制品有：1965年湖北江陵望山一号楚墓出土的越王勾践剑的剑格两面的凹槽中镶嵌两块浅蓝色玻璃[3]；河南辉县琉璃阁战国墓区发现的吴王夫差剑格上镶嵌的三块玻璃[4]；1979年河南固始侯古堆M1出土的8颗蜻蜓眼玻璃珠[5]；1986年江苏吴县通安严山吴国玉器窖藏所出的玻璃珠[6]；安徽亳州柴家

1　张平等：《新疆拜城县克孜尔墓地出土的玻璃珠及其相关问题》，《吐鲁番学研究》2004年第2期，第65—67页。

2　李青会等：《新疆不同历史时期玻璃器的化学成分分析报告》，载干福熹主编：《丝绸之路上的古代玻璃研究——2004年乌鲁木齐中国北方古玻璃研讨会和2005年上海国际玻璃考古研讨会论文集》，复旦大学出版社，2007年，第163—164页。

3　湖北省文物考古研究所：《江陵望山沙冢楚墓》，文物出版社，1996年，第49页。

4　崔墨林：《吴王夫差剑的考究》，《河南省考古学会论文选集》，《中原文物》1981年特刊，第101—105页。

5　固始侯古堆一号墓发掘组：《河南固始侯古堆一号墓发掘简报》，《文物》1981年第1期，第1—8页；河南省文物考古研究所编著：《固始侯古堆一号墓》，大象出版社，2004年，第98页。

6　吴县文物管理委员会：《江苏吴县春秋吴国玉器窖藏》，《文物》1988年第11期，第1—13页。

沟M16出土的10颗蜻蜓眼玻璃珠[1]；1993年发掘的山西临汾天马—曲村遗址北赵晋侯墓地M63出土的龙纹玻璃牌饰[2]等，按照成分可以分为钾硅酸盐玻璃、钠钙硅酸盐玻璃和铅钡硅酸盐玻璃三个系统，目前可以确定越王勾践剑上的镶嵌玻璃为钾钙硅酸盐玻璃，侯古堆M1出土的蜻蜓眼玻璃珠和吴县玉器窖藏发现的玻璃珠为钠钙硅酸盐玻璃，亳州柴家沟M16发现的蜻蜓眼玻璃珠为铅钡硅酸盐玻璃。这些发现的时代均晚于新疆的早期玻璃，多数落在春秋末战国初。

天马—曲村遗址北赵晋侯墓地M63是南北两端带墓道的中字形大墓，葬具为一椁二棺，陪葬三鼎二簋，根据其墓次和墓中铜器上铭文，简报推测墓主为晋侯邦父次夫人杨姞，时代为西周末年，不过学术界对其时代与墓主均有不同意见[3]。椁室西北角的铜方盒（已锈蚀成末）中盛满各类小件器物，包括玉、玛瑙、珍珠、玻璃等不同材质。其中就包括一件龙纹玻璃牌饰，平面呈梯形，深青绿色，光洁亮丽，上缘钻7孔，下缘钻9孔，两面装饰相同的双龙缠绕纹样，长5.7厘米、宽4.4—5.1厘米、厚0.15厘米（图2-4）。同墓还出土一件梯形玉牌饰，两面均装饰长尾凤鸟纹。尽管M63的时代尚有争议，但不管是西周晚期、两周之间抑或春秋早期，该墓中发现的龙纹玻璃牌饰都是目前中国发现的时代非常早的玻璃器物，尽管尚未公布详细资料，也不清楚其成分与工艺情况，但从功能、造型和装饰方面综合判断，这很可能是一件罕见的本土设计和制造的早期玻璃精品。

望山一号墓有一椁重棺，根据出土竹简可以判定，该墓时代为战国中期，墓主是以悼为氏的楚国王族悼固，而且是楚悼王的曾孙，结合墓葬形制及随葬品，其生前很可能为下大夫[4]，即士阶层中等级较低者。越王勾践剑通长55.6厘米，刃薄锋利，剑身两面满饰黑色的菱形花纹，近剑格处有两行鸟篆铭文“越王勾践，自作用剑”，剑格正面用蓝色玻璃、背面用绿松石镶嵌成美丽的几何花纹，该剑插于涂黑漆的木鞘里，随身放置在内棺骨架的左

图2-5 湖北江陵望山一号楚墓出土越王勾践剑及剑格细部（采自干福熹等：《中国古代玻璃技术发展史》，第120页，图9.1；深圳博物馆等：《剑舞楚天：湖北出土楚文物展图录》，第34页）

---

1 马艳茹：《亳州古玻璃浅说》，《文物鉴定与鉴赏》2012年第12期，第94—97页。

2 山西省考古研究所等：《天马—曲村遗址北赵晋侯墓地第四次发掘》，《文物》1994年第8期，第4—21页；王迅：《最早的珍珠项链和龙纹琉璃器》，载（美）罗覃（Thomas Lawton）编：《全球化背景下考古学新前沿——解读中国古代传统：庆祝北京大学赛克勒考古与艺术博物馆成立十周年国际学术研讨会论文集》，AMS艺术、科学和人文基金会，2008年，第221—225页。

3 参见谢尧亭：《晋侯墓地研究述评（上）》，《文物世界》2009年第3期，第11—17页；孙庆伟：《晋侯墓地M63墓主再探》，《中原文物》2006年第3期，第60—67页。

4 湖北省文物考古研究所：《江陵望山沙冢楚墓》，文物出版社，1996年，第208—214页。

侧，足见其珍视程度（图2–5），原报告推断可能是因赠送而流入楚地[1]。辉县琉璃阁发现的吴王夫差剑在剑格上镶嵌了三块玻璃，呈蓝色扁圆形块状，据研究应该是黄池会盟时由吴王送予卫国[2]，在目前发现的十几件吴王夫差剑中，仅有这一件镶嵌了玻璃[3]。

后德俊曾经细致观察研究越王勾践剑剑格上的两块玻璃的制造工艺。发现玻璃内部有圆形和椭圆形的气泡，其中椭圆形的气泡系往泥范内滴入玻璃料之后拉伸所导致的变形[4]，质子激发X射线荧光技术（PIXE）定性分析确定其为钾钙硅酸盐玻璃，与同一地区发现的战国蜻蜓眼玻璃珠的成分相同[5]，综合这两点，研究者一般倾向认为越王勾践剑剑格中的玻璃应是中国本土制造[6]。吴王夫差剑剑格上镶嵌的三块玻璃因实验条件的限制，未测出碱含量，仅确定为钙硅酸盐玻璃，由于X荧光无损分析无法测出玻璃内是否含有钠等轻金属，所以无法肯定该玻璃是否采用氧化钠作为助熔剂，但X荧光无损分析对铅等重金属非常敏感，对夫差剑上的玻璃块的分析没有发现铅元素，因此可以肯定没有使用氧化铅作为助熔剂[7]。后德俊认为这柄剑原来应该跟越王勾践剑一样，在剑格上镶嵌绿松石，所以三块蓝色玻璃也应该是战国时制作，而不可能是春秋时期吴国或越国制造[8]。

河南固始侯古堆M1的墓主被推定为春秋末宋景公之妹、夫差夫人勾敔，病卒于夫差率兵取潘不久，随后被厚葬于异邦。墓内随葬品丰富，随葬有九鼎及一套编钟和一套编镈、六架木瑟、三乘肩舆，并以17人殉葬，无不反映出死者的特殊地位[9]，8枚蜻蜓眼玻璃珠散落全身，应该系随葬时佩戴，因日久穿线已朽，所以分布全身。江苏吴县玉器窖藏中出土玉器204件，彩石器165件，质料包括绿松石、玛瑙、石髓等。料珠共33粒，分蓝、白两种。该窖藏的时代为春秋晚期，推测其为吴国宫廷用玉，可能是越灭吴之时被仓促埋下[10]。河南固始侯古堆M1的样本经成

1 湖北省文物考古研究所：《江陵望山沙冢楚墓》，文物出版社，1996年，第19、333页。

2 崔墨林：《吴王夫差剑的考究》，载《河南省考古学会论文选集》，《中原文物》1981年特刊，第101—105页。

3 周亚：《春秋时期吴王室有铭青铜剑概述》，载《上海博物馆集刊》第十二期，上海书画出版社，2012年，第144—160页。

4 后德俊：《中国黄河和长江中下游地区先秦和汉代的玻璃技术》，载干福熹等：《中国古代玻璃技术发展史》，上海科学技术出版社，2016年，第121页。

5 干福熹：《吴、越王剑饰上的玻璃》，《科学世界》2007年第3期，第91—95页。

6 越王勾践剑剑格上镶嵌玻璃的年代尚有争论，后德俊推测该剑为战国中期楚人的战利品，黏接玻璃的一面原应镶嵌绿松石，破损之后以当时新出现不久的玻璃重新装饰。而玻璃性脆且黏接牢靠程度差，遇较大程度的震动极易脱落，所以在越国生产之初便不可能装饰玻璃，而楚人重新装饰玻璃，也不是将其作为实用的武器来看待。然而根据原报告的观点，望山一号墓的入葬年代在楚威王时期或楚怀王前期，即楚灭越之前，故而将之视为战利品还需更充分的依据，参见后德俊：《中国黄河和长江中下游地区先秦和汉代的玻璃技术》，载干福熹等：《中国古代玻璃技术发展史》，上海科学技术出版社，2016年，第122页；湖北省文物考古研究所：《江陵望山沙冢楚墓》，文物出版社，1996年，第332页。

7 安家瑶：《玻璃器史话》，社会科学文献出版社，2011年，第13—14页。

8 后德俊：《中国黄河和长江中下游地区先秦和汉代的玻璃技术》，载干福熹等：《中国古代玻璃技术发展史》，上海科学技术出版社，2016年，第123页。

9 河南省文物考古研究所编著：《固始侯古堆一号墓》，大象出版社，2004年，第99—101页。

10 吴县文物管理委员会：《江苏吴县春秋吴国玉器窖藏》，《文物》1988年第11期，第11—13页。

分测定，确定CaO占9.42%，Na_2O占10.94%[1]，珠体的乳白部分用As和Sb作为乳浊剂，这类乳浊剂在17世纪以前的中国中原地区的古玻璃和陶瓷彩釉中都非常陌生；而蓝色部分采用高铁低锰的钴料，应是西方传入制品[2]。江苏吴县玉器窖藏出土料珠经能谱（EDX）法散射确定SiO_2占62.31%、Na_2O占15.89%、CaO占7.45%，均属钠钙硅酸盐玻璃。这两项发现具备可靠的出土地点与共存器物，基本可以确定出土于春秋战国之交吴、越国王室的墓葬或窖藏之中[3]，从成分上推测，应该是由国外输入[4]。

早期铅钡玻璃目前见诸报道的只有安徽亳州柴家沟M16发现的蜻蜓眼玻璃珠。M16时代为春秋末至战国早期，为一座墓口长3.95米、宽1.9米、深2.4米的土坑墓。玻璃珠大小基本一致，呈淡青色，不透明，方圆形，穿孔上下口外肩分布四个白色圆块，中间加黄色点，点外饰一黄圈，白黄相间，每颗珠子有八个这样的蜻蜓眼。中国建筑材料科学研究院应用能量色散X射线分析法对其进行了成分分析，从分析结果可以看出玻璃珠的基础成分属PbO－BaO－SiO_2系统玻璃，PbO与BaO的分子比约1:0.8。另一现象是玻璃珠中含有高达11.18%的Al_2O_3，如此高的含量不应该是以杂质形式偶尔混入原料的，更可能是为了增加玻璃在成型时的黏结性而从黏土类原料中引入的，这在春秋以后的战国铅钡玻璃中较为罕见。在显微镜下观察其新鲜断面，可以明显看到玻璃珠内部由带玻璃光泽的泡沫玻璃状物质构成，其原因是玻璃珠烧制温度低，大量气泡尚未排出，玻璃化过程进行不彻底，还残存一小部分石英颗粒，近表面处有一层较致密的玻璃壳。蜻蜓眼的图案，凸出珠体，可能是珠体做成后用黏土类材料堆砌上去的，珠体和眼睛之间界线明确清晰，其生产工艺过程似脱胎于原始陶瓷工艺[5]。

以上述早期玻璃发现及其成分分析为基础，有关中国古代玻璃起源问题的综合讨论也可以分为相应的三大部分，即钠钙硅酸盐玻璃、钾钙硅酸盐玻璃和铅钡硅酸盐玻璃各自的起源问题。如前所述，目前学术界一般倾向于认为新疆发现的最早的玻璃制品是当时借鉴了西亚的玻璃制造技术，采用当地的矿物，如滑石、辉石、蛇纹石以及草木灰等原料制备而成，成分上跟西方的钠钙玻璃类似，但有自身特点，这种技术流动可能跟欧亚草原上游牧人的迁徙密切相关；而越王勾践剑和吴王夫差剑上的玻璃饰品的年代尚有争议，能确定为春秋末玻璃制品的只有侯古堆M1中发现的蜻蜓眼玻璃珠和吴县玉器窖藏中出土的玻璃珠，拥有者身份较高，而且出土极少，从成分上看也可以确定是国外输入的钠钙硅酸盐玻璃。

目前的考古发现反映出钾硅酸盐玻璃与铅钡硅酸盐玻璃几乎同时制作于长江流域，有关两者的起源目前主要有两种主要观点，即源于釉料（原始瓷釉）或源于冶金术，但都缺乏直接证据。从玻璃的起源地西亚来看，该地区也是冶金技术的起源地区，而且在年代上要早于玻璃技术。我国商周时期也有极为成熟的青铜冶炼和

1 张福康等：《中国古琉璃的研究》，《硅酸盐学报》1983年第1期，第71页表2，G2。

2 李青会等：《一批中国古代镶嵌玻璃珠化学成分的检测报告》，《江汉考古》2005年第4期，第85页。

3 姚勤德：《江、浙地区的早期玻璃器和先秦时期的中西文化交流》，《东南文化》1990年第5期，第186—190页。

4 高至喜：《论我国春秋战国的玻璃器及有关问题》，《文物》1985年第12期，第54—65页。

5 马艳茹：《亳州古玻璃浅说》，《文物鉴定与鉴赏》2012年第12期，第94—97页

铸造技术，故而玻璃起源的冶金说影响力较大。

前述杨伯达和赵匡华都认为中国古代传统的铅玻璃就是在冶炼铅矿的过程中发展起来的，尤其是赵匡华在模拟实验的基础上，认为战国时期中国所特有的铅钡玻璃中的铅钡元素来源于焙烧含钡（重晶石，$BaSO_4$）方铅矿（PbS）所得的煅灰。而在氧化焙烧方铅矿时，如果使用陶坩埚、土釜或平敞的黏土炉子，氧化铅与容器内壁的黏土接触，在温度达到900℃左右的条件下，就会在埚壁上生成一层铅釉。这种釉润滑光亮，敲击脱落下来之后很像玉石，更促使工匠有意识地使用这种铅矿煅灰与黏土或石英砂一起熔炼，因之诞生了中国最早的铅基玻璃[1]。周双林等对河南登封阳城铸铁遗址出土的东周时期熔铁炉壁残块上附着的黑色琉璃层进行了分析，确定其为玻璃态物质，成分为$K_2O(Na_2O)-CaO-SiO_2$，与越王勾践剑的嵌入物同属一个体系。这种成分的玻璃系在春秋战国时期冶铁技术发展的基础上，由于原料及温度具备而形成[2]。潜伟再一次检视了新疆拜城克孜尔吐尔墓地出土的最早玻璃制品及临近的早期冶炼遗址发现的炉渣，指出玻璃相与炼铜渣在主要成分上的关联，并具体分析了玻璃技术与冶金技术之间的关系[3]。

玻璃起源跟原始瓷釉的关联主要反映在对$K_2O-CaO-SiO_2$为主要成分的玻璃的研究上。干福熹对南方地区尤其是$K_2O-CaO-SiO_2$玻璃发现最为集中的湖北江陵地区相关发现进行过系统分析。商代原始瓷的烧成温度已经可以达到1100℃—1200℃，原始瓷釉常用植物灰做助熔剂，因其成分的差别可以分为高钙釉和低钙釉两类。两者的K_2O的含量均高于Na_2O的含量，可视为应用草木灰做助熔剂的特征，根据这些推测，中原地区最早的古玻璃制备技术可能从原始瓷釉技术演变而来。西周至东周早期炉温更高，原始瓷在烧成时因温度过高而流下来形成的透明釉滴可能是中国最早的古玻璃。从制备瓷釉到制备玻璃，在工艺上的最大变化是熔炼玻璃要有容器，即耐火的坩埚，这在起源于商代（公元前16—前11世纪）的青铜冶炼以及炼丹术的基础上已具备条件。为了提高玻璃的透明度和降低玻璃的熔化温度，古人用春秋时就已熟悉的铅丹（氧化铅）和硝石（硝酸钾）作为助熔剂，因此战国时期，铅钡硅酸盐玻璃和钾硅酸盐玻璃在长江流域首先发展[4]。

---

1 赵匡华：《试探中国传统玻璃的源流及炼丹术在其间的贡献》，《自然科学史研究》1991年第2期，第145—156页。

2 周双林等：《河南东周阳城熔铁炉玻璃样分析研究》，《考古》1999年第7期，第76—79页。

3 潜伟：《从玻璃技术与冶金技术的关系看中国古代玻璃的起源》，载干福熹主编：《丝绸之路上的古代玻璃研究——2004年乌鲁木齐中国北方古玻璃研讨会和2005年上海国际玻璃考古研讨会论文集》，复旦大学出版社，2007年，第76—85页。

4 干福熹等：《中国古代玻璃的起源——中国最早的古代玻璃研究》，《中国科学E辑：技术科学》2007年第3期，第382—391页。赵匡华认为钾基玻璃中大量的K_2O应该来自于硝（消）石（硝酸钾），而不是草木灰，因为虽然草木灰中含有K_2O、SiO_2，但也含有相当数量的CaO和MgO，CaO的量是K_2O的1—4倍，MgO一般与K_2O的量相当或更高，而一般的钾基玻璃中CaO、MgO的量皆不足K_2O含量的十分之一，相差悬殊，故而使用草木灰做助熔剂的可能性很小，参见赵匡华：《试探中国传统玻璃的源流及炼丹术在其间的贡献》，《自然科学史研究》1991年第2期，第149—156页。

第三节 蜻蜓眼玻璃珠

西周至战国时期的考古工作中经常发现一种玻璃珠，主要呈圆形，也包括椭圆形、方圆形、柱形等多种形状，通常中间有穿孔。珠体底色以蓝色为主，还有青、淡青、绿、湖蓝、白、红、紫褐等颜色。纹样装饰多是同心圆，外圈以白色居多。因为玻璃珠上黏附圆圈图案的色坏很像蜻蜓的眼睛，故又称为蜻蜓眼玻璃珠，是当时最流行、出土数量最多的玻璃制品。所谓的"眼"，根据后德俊的观察，其内部结构为：中间一蓝色的玻璃粒，在玻璃粒的背面一层层覆盖白、棕、蓝等颜色的玻璃，不同颜色的玻璃互相间隔，"眼"的表面有多少道圈纹，蓝色玻璃粒的背面就有多少层不同颜色的玻璃层，从而形成一个中间厚、周缘薄的呈铁饼状的"眼"。"眼"内各层不同颜色的玻璃的厚度相互之间不太相同，但每层玻璃的厚度却比较均匀[1]。尽管历经久远而腐蚀风化，许多玻璃珠仍旧保持着光泽，呈半透明状，前文已多次提及的拜城克孜尔吐尔墓地和固始侯古堆M1都发现了我国境内时代较早的蜻蜓眼玻璃珠。根据赵德云的研究，中国出土的蜻蜓眼玻璃珠有近千枚之多，分布于中国十八个省市自治区，时代上至西周，下迄两汉[2]，东汉以后晚至宋代都仍有零星发现，但已不属于同一发展序列，在数量和工艺上都已不是当时社会的主流审美趣味，甚至还有可能是传世品[3]。安家瑶将中国古代的蜻蜓眼玻璃珠按时代早晚分为三期：春秋末战国初、战国中晚期和西汉。春秋末战国初的蜻蜓眼玻璃珠成分上以舶来的钠钙玻璃为主，装饰简单，多集中出土于贵族大墓；战国中晚期的蜻蜓眼玻璃珠以铅钡玻璃为主，图案丰富多彩，出土地点遍布全国，而且出现了釉陶珠，不仅出土于贵族大墓，还出土于普通百姓的墓葬；西汉时的蜻蜓眼玻璃珠出土数量明显减少，而且多分散于远离汉代政治中心的偏远地区，同心圆装饰开始向其他玻璃饰品蔓延[4]。

从制作工艺上分析，在单色玻璃珠母体上装饰另外一种或几种不同于母体颜色的玻璃，其图案主题多为同心圆，都可以泛称蜻蜓眼玻璃珠，英文名称为Compound Eye Beads，即复合眼珠[5]。珠体上的蜻蜓眼部分形式多样，或凸出于珠体之外，或平铺珠面，也有凸起成角锥状，眼饰的造型组合也十分多样。蜻蜓眼玻璃珠最早出现于古埃及第十八王朝，应该是跟西方世界中普遍流行的恶眼（Evil

1 后德俊：《中国黄河和长江中下游地区先秦和汉代的玻璃技术》，载干福熹等：《中国古代玻璃技术发展史》，上海科学技术出版社，2016年，第132—134页。

2 赵德云：《中国出土的蜻蜓眼式玻璃珠研究》，《考古学报》2012年第2期，第180页、第208—215页附表一、二。

3 安家瑶：《镶嵌玻璃珠的传入及发展》，载联合国教科文组织、中国社会科学院考古研究所编：《十世纪前的丝绸之路和东西文化交流》，新世界出版社，1996年，第354页；《夹金箔层的玻璃珠》，载《宿白先生八秩华诞纪念文集（上）》，文物出版社，2002年，第307—313页。

4 安家瑶：《镶嵌玻璃珠的传入及发展》，载联合国教科文组织、中国社会科学院考古研究所编：《十世纪前的丝绸之路和东西文化交流》，新世界出版社，1996年，第354—359页。

5 也有人将其称为镶嵌玻璃珠，赵德云认为这种珠子的制法多样，并非仅镶嵌一种，故而以其形制命名为蜻蜓眼式玻璃珠更为形象全面。参见赵德云：《中国出土的蜻蜓眼式玻璃珠研究》，《考古学报》2012年第2期，第177页。

Eye）观念有关，而蜻蜓眼玻璃珠可以作为护身符佩戴，以吸收并减弱被恶眼注视所带来的强大力量。受这种共同观念的影响，蜻蜓眼玻璃珠诞生之后在地中海周边地区广为流行[1]。

蜻蜓眼玻璃珠尺寸很小，但制作起来费工费时，要求工匠对火候和玻璃的材料特性有精准的把握。安家瑶曾介绍日本学者跟工匠合作所复原的工艺流程：首先用金属棒分次蘸上不同颜色的熔融玻璃料，趁热拉成细丝，冷却后截成小段，成为截面为同心圆的图案单元；其次将金属芯棒蘸上黏土浆或石灰浆晾干，在火焰上将玻璃料棍拉成细丝，缠绕在芯棒上不停旋转形成玻璃珠的母体；再次趁母体尚未冷却变硬将已做好的图案单元压进母体，再趁热放在金属板上或石板上滚动，使图案单元与母体形成整体，待冷却后泡进水中，抽出芯棒，即成一颗蜻蜓眼玻璃珠（图2-6）[2]。

新疆地区除了克孜尔吐尔墓地之外，轮台县群巴克Ⅰ号墓地M27也曾发现过蜻蜓眼玻璃珠。该玻璃珠呈圆鼓形暗黄色，中穿一孔，珠体装饰六个白色圆圈，内有

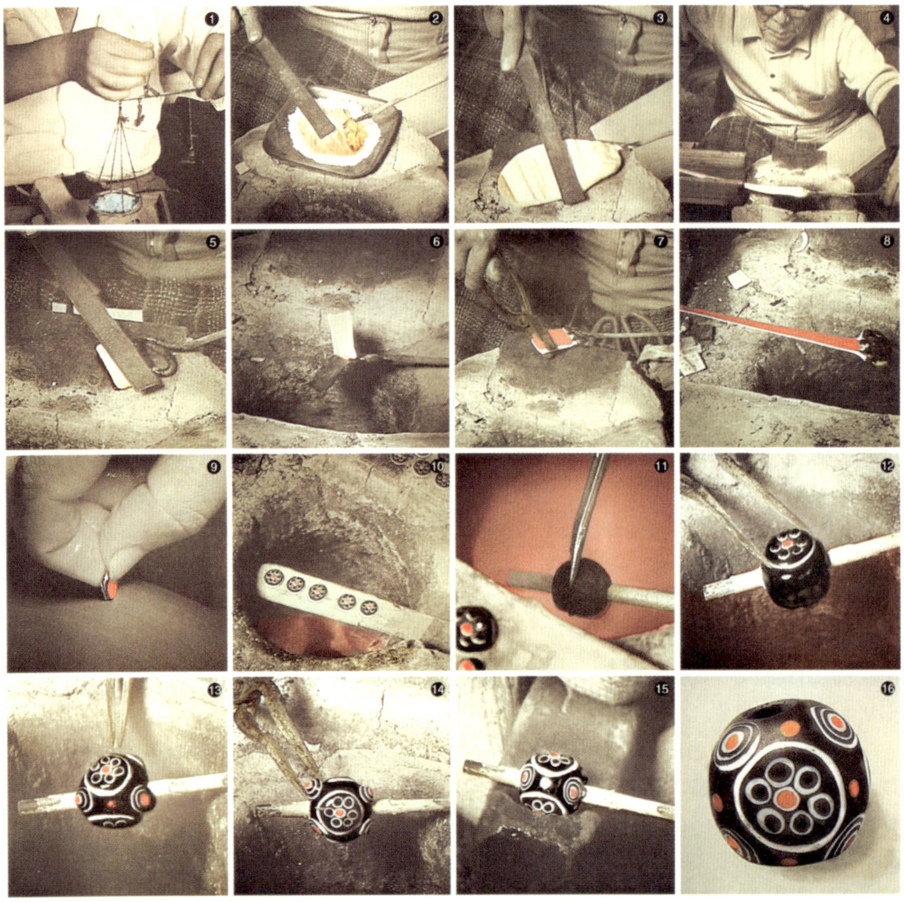

图2-6　蜻蜓眼玻璃珠的工艺复原
（采自朱晓丽：《中国古代珠子》（修订版），第143页，图128）

1　赵德云：《中国出土的蜻蜓眼式玻璃珠研究》，《考古学报》2012年第2期，第179—180页。

2　参见安家瑶：《镶嵌玻璃珠的传入及发展》，载联合国教科文组织、中国社会科学院考古研究所编：《十世纪前的丝绸之路和东西文化交流》，新世界出版社，1996年，第352—353页。另外关善明也曾图示过玻璃蜻蜓眼饰的制造方法，参见氏著：《中国古代玻璃》，香港中文大学文物馆，2001年，第18页，图十一。不过这种复原并没有完全解决复杂类型蜻蜓眼玻璃珠的制作工艺问题。

黑色圆点，直径0.9厘米。绝对年代为公元前950年—前600年，相当于中原地区的西周中期至春秋中期[1]，且末扎滚鲁克M14出土的3颗蜻蜓眼玻璃珠呈圆鼓形，底色为蓝色，饰以白色环纹，时代为春秋早期[2]。新疆以外地区的较早发现即固始侯古堆M1，时代为春秋末期，略晚于新疆地区。如前所述，其成分为钠钙硅酸盐玻璃，很可能是西方传入品。已发现的战国玻璃多属于战国中晚期，属于战国早期的玻璃有河南淅川徐家岭墓地出土的蜻蜓眼玻璃珠[3]；湖北随县擂鼓墩曾侯乙墓中出土的174颗蜻蜓眼玻璃珠（图2-7）[4]；山西长治分水岭M270出土的绿色玻璃管和蜻蜓眼玻璃珠、M12和M36出土的蜻蜓眼玻璃珠[5]；河北唐山贾各庄出土的绿色板状料饰[6]；山东临淄郎家庄1号墓[7]、曲阜鲁国故城M52、M58[8]；河南洛阳中州路M2717[9]出土的蜻蜓眼玻璃珠。

图2-7　随县擂鼓墩曾侯乙墓中出土蜻蜓眼玻璃珠

图2-8　淅川徐家岭M10出土蜻蜓眼玻璃珠
（采自河南省文物考古研究所等：《淅川和尚岭与徐家岭楚墓》，彩版八三、2）

淅川徐家岭M10随葬五件铜升鼎，墓主人身份相当于大夫级[10]。长治分水岭的M270、M12、M36都是墓地中规模较大的铜器墓，其中M270出土铜鼎10件，铜甬钟8件，铜钮钟9件[11]。河南洛阳中州

1　中国社会科学院考古研究所新疆工作队等：《新疆轮台县群巴克墓葬第二、三次发掘简报》，《考古》1991年第8期，第684—703页。

2　王博等：《新疆且末扎滚鲁克一号墓地发掘报告》，《考古学报》2003年第1期，第119页。

3　河南省文物考古研究所等：《淅川和尚岭与徐家岭楚墓》，大象出版社，2004年，第327页。

4　湖北省博物馆：《曾侯乙墓》，文物出版社，1989年，上册，第424—425页；下册，彩版二〇，图版一六〇。

5　山西省文物工作委员会晋东南工作组：《长治分水岭269、270号东周墓》，《考古学报》1974年第2期，第63—84页；山西省考古研究所等编著：《长治分水岭东周墓地》，文物出版社，2010年，彩版五、6、彩版二四、5、图版九五、6。值得注意的是，原简报将M270定为春秋晚期或战国早期，而发掘报告将其年代改定为春秋中期。M12为战国早期，M36为战国中期。

6　安志敏：《河北唐山市贾各庄发掘报告》，《考古学报》1953年第6期，第108页。

7　山东省博物馆：《临淄郎家庄一号东周殉人墓》，《考古学报》1977年第1期，第79页及图版柒。

8　山东省文物考古研究所：《曲阜鲁国故城》，齐鲁书社，1982年，第178、226、227页。

9　中国科学院考古研究所：《洛阳中州路（西工段）》，科学出版社，1959年，第115页。

10　河南省文物考古研究所等：《淅川和尚岭与徐家岭楚墓》，大象出版社，2004年，第352页。

11　山西省考古研究所等编著：《长治分水岭东周墓地》，文物出版社，2010年，第346—349页。

路M2717是重椁单棺的大型墓，墓坑较大，出有成套的铜鼎、豆、壶等礼器和玉石器[1]。擂鼓墩M1的墓主更是曾国国君曾侯乙，墓中出土了九鼎八簋和大型成套的编钟。如此种种皆显示，蜻蜓眼玻璃珠传入中原地区初期（春秋末战国初），其拥有者多为当时的上层人物。

这其中淅川徐家岭发现的蜻蜓眼玻璃珠做过成分分析。这11颗玻璃珠出土于墓主左臂骨南侧（图2-8），分为方体珠形和圆珠形两种。化学成分分析表明其基体、珠眼、眼底皆属于钠钙硅酸盐（$Na_2O-CaO-SiO_2$）系统，Na_2O的含量在5%—10%，CaO在7%—15%，SiO_2在65%—76%之间，其中$K_2O<2.5\%$，Al_2O_3在3%—5%之间，$MgO<1.5\%$，明显区别于同时代在湖北江陵出土的玻璃珠和剑饰上的玻璃成分（钾钙硅酸盐玻璃）[2]。

曾侯乙墓（擂鼓墩M1）的蜻蜓眼玻璃珠除一颗出自东室陪葬棺外，其余皆出自墓主内棺，遍布全身，其中最大的一颗高2.3厘米、直径2.3厘米、孔径0.85厘米，珠体装饰36个蜻蜓眼（图2-9）。报告中公布了一颗蜻蜓眼玻璃珠（E.C.11:240）的成分分析结果，含SiO_2为56.01%，CaO为4.07%，Na_2O为6.99%，几乎不含Ba和Pb，是比较典型的钠钙玻璃。局部还有结晶态，不致密，有气孔[3]。后德俊引用新的分析数据提出不同看法，认为曾侯乙墓出土的绿色料珠的氧化钠和氧化钙的含量与西方早期玻璃品的化学成分相比要低，另外还含有2.6%的氧化钾和2.8%的氧化铅，与西方钠钙玻璃的化学成分差别明显，属于楚人独创的钾玻璃，而且同出的38颗陶珠采用瓷土为原料且具备简单的蜻蜓眼形式，应是楚地的产品[4]。近年来干福熹等又采用改进的外束质子激发X射线荧光分析技术（PIXE）对来自曾侯乙墓的三个样本样品的化学成分进行了新的分析，证实三件都是$Na_2O-CaO-SiO_2$玻璃，都使用钴（CoO）作为着色剂，其化学成分与早期埃及和美索不达米亚地区的玻璃相似。样品采用的钴料成分有高铁低锰（0.00%—0.07%）的特点，与我国国产钴料成分低铁高锰的特点不同，从西方传入的可能性较大。同时还表达了对与100多颗蜻蜓眼玻璃珠共出的38颗陶珠的关注，认为不能排除其中有本地仿制的蜻蜓眼玻璃珠的可能[5]。总之，曾侯乙墓出土的玻璃珠和陶珠数量众多，尽管目前还无法一一测试其成分，但已公

图2-9　随县擂鼓墩曾侯乙墓出土蜻蜓眼玻璃珠

1　中国科学院考古研究所：《洛阳中州路（西工段）》，科学出版社，1959年，第62、145页。

2　干福熹等：《河南淅川徐家岭出土中国最早的蜻蜓眼玻璃珠的研究》，《中国科学》2009年第4期，第787—792页。

3　湖北省博物馆：《曾侯乙墓》，文物出版社，1989年，上册，第658页。

4　后德俊：《中国黄河和长江中下游地区先秦和汉代的玻璃技术》，载干福熹等著：《中国古代玻璃技术发展史》，上海科学技术出版社，2016年，第127—128页。

5　干福熹等：《湖北省出土战国玻璃制品的科技分析与研究》，《江汉考古》2010年第2期，第111页。

布的分析结果已经显示出这组珠子存在多个工艺来源的可能性。

另外位于曾侯乙墓以西约一百米处的小山岗上的擂鼓墩M2也曾出土过24件料珠，其中就有蜻蜓眼玻璃珠。该墓随葬九鼎八簋，随葬品组合和器物风格都与曾侯乙墓相似，但所出青铜器有不少明显晚于曾侯乙墓，时代应为战国中期前段，墓中没有发现兵器，推测墓主很可能为曾国国君夫人[1]。该墓出土的三件蜻蜓眼玻璃珠和同墓中出土的蓝色玻璃管进行了显微观察、X射线衍射物相分析和X射线荧光光谱定量成分测试，发现蜻蜓眼玻璃珠的配方也属于$Na_2O-CaO-SiO_2$系统，而蓝色玻璃管则属于完全不同的高钾的K_2O-SiO_2系统；蜻蜓眼玻璃珠的珠体部分是非晶态的玻璃，而眼珠部分尚未完全玻璃化，残有少量未熔的石英和明显的涂刷叠层痕迹，严格地说并非完全的玻璃体，反映出两者经历了不同的高温烧制过程。另外不管玻璃珠的珠体部分还是眼珠部分都加入了能起澄清剂作用（减少玻璃珠内气泡数量）的含锑物料（Sb_2O_3），为研究蜻蜓眼玻璃珠的制作工艺和技术提供重要信息[2]。

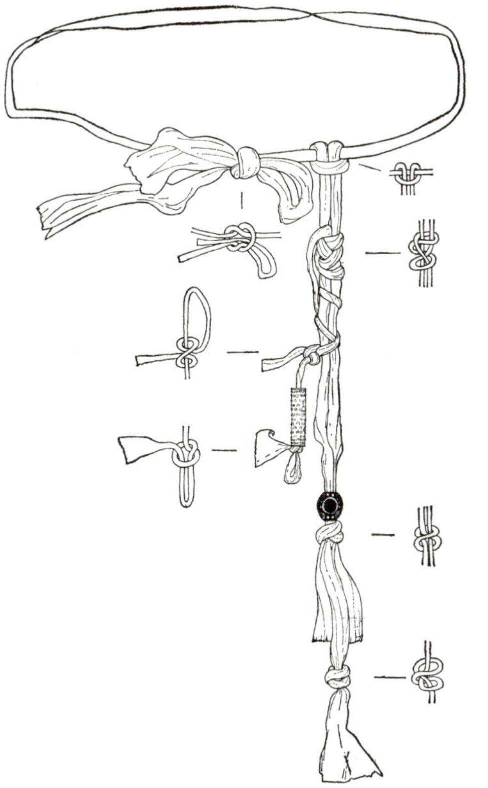

图2-10　马山一号楚墓出土蜻蜓眼玻璃珠组佩复原（采自湖北省荆州地区博物馆：《江陵马山一号楚墓》，第18页，图二二、2）

蜻蜓眼玻璃珠的使用，主要有单独佩戴和成组串饰两种方式。因为目前绝大多数蜻蜓眼玻璃珠都出土于墓葬之中，多成组出土，但分布零散，发现于项、胸、腕等部位的蜻蜓眼玻璃珠一般被认为是成组的串饰。马山一号楚墓中出土了两件蜻蜓眼玻璃珠，其中一件与琉璃管一起，是荒帷之上的棺饰的构成部分。另一件蜻蜓眼玻璃珠发现于墓主腰间，黄色组带绕系腰部，前腰处结成活扣，左侧有下垂组带，其间穿系蜻蜓眼玻璃珠，另一根组带由下垂组带分出，上系玉管。这种组佩方式很大程度上反映出当时蜻蜓眼玻璃珠的系挂情形（图2-10）[3]。除用作佩饰之外，蜻蜓眼玻璃珠也常被用作其他器物上的嵌饰，河南辉县固围村5号墓出土的金镶玉带钩上镶嵌的玉璧之中就镶嵌了蜻蜓眼玻璃珠，另外洛阳市西工区战国晚期CIM3943墓中出土的铜镜背面也镶嵌了多枚蜻蜓眼玻璃珠（图2-11）[4]。新疆尼雅遗址还发

1　湖北省博物馆等：《湖北随州擂鼓墩二号墓发掘简报》，《文物》1985年第1期，第16—36页。

2　秦颖等：《湖北随州擂鼓墩二号墓出土的战国玻璃组成》，《硅酸盐学报》2009年第4期，第574—576页。

3　湖北省荆州地区博物馆：《江陵马山一号楚墓》，文物出版社，1985年，第8—9、17—18页；

4　洛阳市文物工作队：《洛阳市西工区CIM3943战国墓》，《文物》1999年第8期，第4—13页及彩版壹：1、2。

现了装饰单枚蓝白色蜻蜓眼玻璃珠的栉袋[1]，也为内地墓葬中跟铜镜伴出的蜻蜓眼玻璃珠的用途提供了参照，即很可能也是镜囊的结扣兼装饰之用。

图2-11 洛阳市西工区CIM3943出土铜镜（采自洛阳市文物工作队：《洛阳市西工区C1M3943战国墓》，《文物》1999年第8期，彩版壹、1）

中国古代的蜻蜓眼玻璃珠并没有像在它们的起源地西亚那样经历由单色玻璃到彩色镶嵌玻璃的漫长发展过程，单色玻璃和多彩的蜻蜓眼玻璃珠基本上是以相对成熟的面貌同时出现的。从时间上看，新疆地区发现的玻璃制品时代最早，相当于中原地区的西周至春秋早中期，中原及南方地区的早期玻璃发现均落在春秋末和战国早期，成分又多是钠钙硅酸盐，因此中国早期玻璃制品的出现很可能是不同地区间的贸易与技术交流的结果。安家瑶认为中原地区的蜻蜓眼玻璃珠是由游牧民族从西亚经新疆地区传入，她转引恩格尔（A.Engle）的观点，即中国最初的玻璃制造和西亚的胡里安（Hurrian）人的迁徙有关，公元前7世纪乌拉尔图王朝结束之后，一支胡里安人可能通过斯基泰游牧民族到达中国[2]。林梅村进一步复原了一条从费尔干纳经新疆、山西、河南到湖北的传播路线，并认为根据这些地点完全可以复原一条从古波斯到长江流域楚国的交通路线[3]。张正明认为蜻蜓眼玻璃珠很可能是由印度经缅甸入滇最终传入南楚的[4]。后德俊在研究楚地早期玻璃时持类似观点，并有所补充，认为西方玻璃通过商业贸易传到印度等南亚地区，并通过云南等地区传到楚地，或通过东南亚一些地区，如马来半岛、越南等地传到两广等地区，最终到达楚地[5]。

这些研究基本可以归纳为从南、北两路传入中原腹地两种不同的观点。李会结合蜻蜓眼玻璃珠在伊朗的出土情况以及伊朗与邻国的关系认为蜻蜓眼玻璃珠可能从伊朗经帕米尔一带进入塔里木盆地。至于蜻蜓眼玻璃珠在西汉以前从印度首先到达中国南部的云南或经海路商道引进的观点，则因为西南地区的蜻蜓眼玻璃珠数量极少、年代上也已经晚至汉代而很难成立，反而用从北方南下来解释更为合理[6]。赵德云也曾系统评述两种观点，认为持南路传入说的学者，要么认为古代印度是中国蜻蜓眼式玻璃珠的源头，要么认为古代印度是西方蜻蜓眼式玻璃珠向中国传播的中转站，具体的传播路线则有陆路进入云南和海路经东南亚进入两广两条

1 于志勇：《尼雅遗址出土的玻璃器及其相关问题》，载干福熹主编：《丝绸之路上的古代玻璃研究——2004年乌鲁木齐中国北方古玻璃研讨会和2005年上海国际玻璃考古研讨会论文集》，复旦大学出版社，2007年，第102—103页。

2 参见安家瑶：《镶嵌玻璃珠的传入及发展》，载联合国教科文组织、中国社会科学院考古研究所编：《十世纪前的丝绸之路和东西文化交流》，新世界出版社，1996年，第362、364页。

3 林梅村：《丝绸之路考古十五讲》，北京大学出版社，2006年，第66—67页。

4 张正明：《料器与先秦的楚滇关系和中印交通》，《江汉论坛》1988年第12期，第68—72页。

5 后德俊：《楚国的矿冶髹漆和玻璃制造》，湖北教育出版社，1995年，第258—268页。

6 李会等：《从早期蜻蜓眼式玻璃珠的传入看汉以前的中外交通》，《四川文物》2010年第2期，第71—77页。

途径；持北路传入说的学者都把源头归于西亚的伊朗高原，具体的传播路线也有两条，一是欧亚草原路，二是汉代以来的丝绸之路。他结合不同地点的考古发现认为外来的蜻蜓眼玻璃珠在进入新疆之后并未通过河西走廊继续向内地推进，而是仅在新疆流行。外来蜻蜓眼玻璃珠进入中国内地的途径，最有可能是经阿尔泰边区至米努辛斯克和蒙古高原等地，再折而南下的道路[1]。

蜻蜓眼玻璃珠传入中原之后，春秋末至战国初仅见于高规格墓葬和窖藏中，到了战国时，尤其是在战国中晚期，蜻蜓眼玻璃珠的出土地点遍布全国，广泛出土于当时各阶层的墓葬之中，相对集中在相当于古代楚地及其影响范围之内的湖北、湖南和河南三省。已发掘出的几千座墓中，至少已有近两百座墓葬中有玻璃制品出土，尤以长沙地区的出土数量最多。据统计，长沙1300座东周墓中10%的墓都出土玻璃，55座墓出土玻璃珠，每墓一般出1件，也有一墓数件的，最多出10件，绝大多数是贴片镶嵌蜻蜓眼式玻璃珠[2]。这些玻璃珠，有的出土在仅可容身的小型土坑墓，属于"士"或"平民"的墓中，出土地带也并非集中在当时繁华之地。既然"平民"们都可以享用，说明不是特别珍贵的物品，也不可能都是从西方输入的奢侈品，只会是当地人自己制造的。江陵九店东周墓群共发现料器250多件，包括玻璃胎和陶胎的蜻蜓眼玻璃珠饰（图2–12），多数墓葬都被推定为楚国下层贵族及庶民阶层[3]。

根据李青会的研究，中国境内出土的从春秋末到西汉末蜻蜓眼玻璃珠在成分上至少有$Na_2O-CaO-SiO_2$、$PbO-BaO-SiO_2$、$K_2O-CaO-SiO_2$和$CaO-MgO(PbO)-SiO_2$等四种类型，其中$PbO-BaO-SiO_2$玻璃肯定是中国本土制造，$Na_2O-CaO-SiO_2$玻璃珠为西方成分体系。成分为$CaO-MgO(PbO)-SiO_2$的蜻蜓眼玻璃珠仅在新疆拜城克孜尔水库墓地有少量发现，而且每颗仅镶嵌两个造型简单的眼形装饰，应当是在本地制作的；含K_2O很高的钾钙硅酸盐玻璃（$K_2O-CaO-SiO_2$）与湖北江陵越王勾践剑剑格上的玻璃成分接近，其制造技术可能和我国的原始瓷釉制作技术有关[4]。

关于蜻蜓眼玻璃珠在战国中晚期的楚地迅速流行的原因，研究者倾向于将其归结为文化交流与社会需求的双重拉动。首先是西方蜻蜓眼玻璃珠的输入，考古发现的早期蜻蜓眼玻璃珠均为钠钙玻璃。在此基础上，基于社会需求的仿制行为和贸易活动更促进了蜻蜓眼玻璃珠的大范围流行，所谓社会需求，即战国时的士和平民阶层对于礼仪用玉的渴望。该阶层的墓葬中多出土玻璃璧也从侧面支持这一推

图2–12　江陵九店楚墓出土的蜻蜓眼珠饰

1　参见赵德云：《中国出土的蜻蜓眼式玻璃珠研究》，《考古学报》2012年第2期，第194—199页。

2　周世荣：《湖南出土琉璃器的主要特点及其重要意义》，《考古》1988年第6期，第548页。

3　湖北省文物考古研究所：《江陵九店东周墓》，科学出版社，1995年，第24、331—333、426—429页。

4　李青会等：《一批中国古代镶嵌玻璃珠化学成分的检测报告》，《江汉考古》2005年第4期，第79—86页；《关于中国古代玻璃研究的几个问题》，《自然科学史研究》2007年第2期，第234—247页。

测。楚地并不盛产玉料，该地区多见的重晶石和方铅矿常被用作助熔剂，导致了中国古代特有的铅钡硅酸盐玻璃的诞生。

玻璃珠成分的差异主要源自助熔剂的不同，例如方铅矿、重晶石、硝石、芒硝等，方铅矿的主要成分为硫化铅，重晶石的主要成分是硫酸钡，二者是玻璃成分中铅、钡的主要来源，硝石的主要成分是硝酸钾（KNO_3），天然芒硝的主要成分为含结晶水的硫酸钠（$Na_2SO_4 \cdot 10H_2O$），另外还含有石膏（$CaSO_4$）等成分，是当时玻璃成分中钾、钠和钙元素的来源。春秋战国时对硝石和芒硝还未明确区分，两者可能被视为同一物质使用[1]。中国境内发现的600颗早期蜻蜓眼玻璃珠中，珠体为陶胎的蜻蜓眼玻璃珠有100多颗，显系仿制所为[2]。另外，湖北江陵秦家嘴楚墓中发现了珠体为釉砂的蜻蜓眼玻璃珠，穿孔处仍然残留烧结的黄泥芯，也暗示这些玻璃珠应当是在江陵当地制作的[3]。河南新蔡葛陵战国中期前后楚墓出土了两千多枚象牙珠，球面上以微小的圆形铜饰装饰出个数不等的“蜻蜓眼”[4]。如此种种，皆反映出战国中晚期蜻蜓眼玻璃珠的流行。战国时文献中常见“随侯之珠”，亦即王充在《论衡》中所记的“隋侯以药作珠，精耀如真”，有学者便认为这指的就是当时人工合成的蜻蜓眼玻璃珠，蜻蜓眼玻璃珠多见于楚地正是楚灭随之后技术传承的结果[5]。

关于战国时蜻蜓眼玻璃珠的制作工艺，根据后德俊的研究，应是采用铸接法或烧结法。铸接法即先将“眼”一个个单独做成，再以缠心法制成珠体，保持珠体温

图2-13　湖南战国墓出土蜻蜓眼玻璃珠和玻璃管
（采自杨伯达主编：《中国金银玻璃珐琅器全集·4·玻璃器（一）》，图三六、三九、四一）

1　后德俊：《中国黄河和长江中下游地区先秦和汉代的玻璃技术》，载干福熹等：《中国古代玻璃技术发展史》，上海科学技术出版社，2016年，第130—132页。

2　李青会等：《关于中国古代玻璃研究的几个问题》，《自然科学史研究》2007年第2期，第239页。

3　后德俊：《楚国的几项科学技术与域外文化的比较研究——兼论中外文化早期交流的“玻璃之路”》，《中华文化论坛》1996年第1期，第87页。

4　河南省文物考古研究所：《新蔡葛陵楚墓》，大象出版社，2003年，第133页，图七七、彩版二四、图版四九。

5　后德俊：《楚国的矿冶髹漆和玻璃制造》，湖北教育出版社，1995年，第280页；林梅村：《丝绸之路考古十五讲》，北京大学出版社，2006年，第70页；赵德云：《中国出土的蜻蜓眼式玻璃珠研究》，《考古学报》2012年第2期，第203—204页。

度以避免冷却，在其表面粘贴或滚压一定数目的"眼"。烧结法则先成型后熔化（或烧结），用于那些胎体为釉砂的蜻蜓眼玻璃珠的制作[1]。蜻蜓眼玻璃珠类型多样，其分类多依据"眼"部的形态与组合进行。后德俊、安家瑶、关善明、赵德云都曾根据蜻蜓眼玻璃珠的"眼"部形态进行过分类尝试，例如后德俊根据"眼"与珠体的关系将蜻蜓眼玻璃珠分为圆面型、凸面型、叠压型和嵌入型四种[2]，但并未做更为详细的年代划分；安家瑶的分析更为细致，勾勒出不同时代同心圆装饰由简到繁到再次简化的变化面貌。关善明根据化学组成及风格分析，将中国本土生产的特色蜻蜓眼玻璃珠分为四种类型，即组合型蜻蜓眼珠、小点网纹蜻蜓眼珠、陶胎蜻蜓眼珠和方形蜻蜓眼珠[3]。赵德云根据眼珠造型所反映的制造工艺将中国出土的蜻蜓眼玻璃珠分为九型，即层状眼珠、圆斑状眼珠、嵌环眼珠、角锥状眼珠、套圈眼珠、镶嵌玻璃料卷眼珠、整体眼珠、几何线间隔眼珠和组合型眼珠，其中层状眼珠发现最多，变化也最丰富。离心圆纹层状眼珠出现于战国中期，比较集中分布于楚文化及其相邻区域，而不见于古代西方，很可能是楚地工匠在不了解眼珠的原有寓意的情况下，在外来的同心圆纹层状眼珠造型的基础上进行的一种创造发挥，形成所谓的"东方化的眼珠"；几何线间隔眼珠也是中国工匠在传入品的基础上将同心圆纹饰和其他几何纹饰相结合而进行的创造性发挥[4]。除了圆形珠饰之外，楚地还有一种管状玻璃饰品，底色为蓝色或深棕色，上饰蜻蜓眼及网格纹装饰，这种管饰不见于外国玻璃，也应该是地道的中国自制玻璃，似为当时流行的佩饰，流行年代不长，战国之后极少发现（图2-13）[5]。尽管根据眼饰进一步细化分类有助于条理不同类型蜻蜓眼玻璃珠的分布、年代及渊源等问题，但珠饰小巧易带且可以长期使用的特点为分类研究成果的深入诠释带来了很大的困难。

第四节　本土自制玻璃的出现

除了蜻蜓眼玻璃珠之外，从战国开始，楚地还诞生了典型的中国自产玻璃器，包括玻璃璧、玻璃剑具、玻璃印章以及玻璃兵器等。

璧是具有鲜明中国特色的器物，先秦时一般以玉制成。《尔雅》谓"肉倍好谓之

1　后德俊：《中国黄河和长江中下游地区先秦和汉代的玻璃技术》，载干福熹等：《中国古代玻璃技术发展史》，上海科学技术出版社，2016年，第135—136页。

2　后德俊：《中国黄河和长江中下游地区先秦和汉代的玻璃技术》，载干福熹等：《中国古代玻璃技术发展史》，上海科学技术出版社，2016年，第132—134页。

3　关善明：《中国古代玻璃》，香港中文大学文物馆，2001年，第23—26页。但这种划分标准并不是统一按照蜻蜓眼的形状及组合，后两种依据的是形状和质地。

4　赵德云：《中国出土的蜻蜓眼式玻璃珠研究》，《考古学报》2012年第2期，第180—187页。其中关于几何线间隔眼珠是由中国工匠制造，早期安家瑶和关善明的研究便持类似观点，参见安家瑶：《镶嵌玻璃珠的传入及发展》，载联合国教科文组织、中国社会科学院考古研究所编：《十世纪前的丝绸之路和东西文化交流》，新世界出版社，1996年，第364页；关善明：《中国古代玻璃》，香港中文大学文物馆，2001年，第24页。关于珠饰的最新研究参见赵德云：《西周至汉晋时期中国外来珠饰研究》，科学出版社，2016年。

5　关善明：《中国古代玻璃》，香港中文大学文物馆，2001年，第32页。

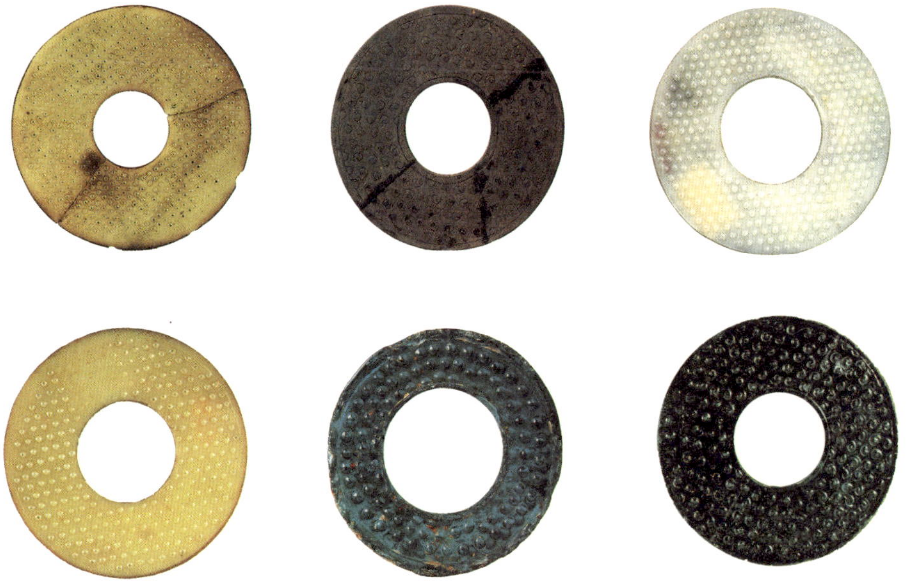

图2-14 重庆、安徽、湖南等地出土战国玻璃璧

璧，好倍肉谓之瑗，肉好若一谓之环”[1]，是用于婚礼、聘礼、祭祀的重要礼器，也可用于馈赠和佩戴。根据《周礼·春官·典瑞》的记载，“圭璧，以祀日月星辰”[2]。名目众多的古代祭祀活动都要用到璧。先秦贵族墓葬中也经常随葬璧，例如新石器时代中期红山文化牛河梁遗址第二地点1号冢M21出土玉器二十多件，其中便包括多件玉璧[3]；长江下游新石器时代末期的良渚文化拥有完备的玉礼器制度，玉琮、玉璧是其最重要的组成部分[4]，凌家滩类遗存墓葬中也多出土玉璧[5]。商周时高级贵族墓中继续流行以玉璧随葬，例如晚商殷墟妇好墓未被盗掘，共出土了十六件玉璧，可以分为大小依次递减的两组[6]。三门峡虢国墓地M2001（虢季之墓）共出土大小玉璧共十二件，置于内棺盖上及墓主左、右肩和左、右侧骨盆之下[7]。这些玉璧除作为礼玉随葬、显示墓主生前显赫的身份地位等目的之外，很可能还有辟邪去恶、引导墓主灵魂升天的意味[8]。

根据最新统计，目前全国出土战国秦汉时期的玻璃璧共计233件（图2-14），湖南出土的玻璃璧占全国总数的87%。战国时的玻璃璧主要出土于湖南界内的楚墓

1 （晋）郭璞注，（宋）邢昺疏：《尔雅注疏》卷五《释器》，上海古籍出版社，2010年，第263页。

2 （汉）郑玄注，（唐）贾公彦疏：《周礼注疏》卷二二《典瑞》，上海古籍出版社，2010年，中册，第770页。

3 中国社会科学院考古研究所编著：《中国考古学·新石器时代卷》，中国社会科学出版社，2010年，第353、355页。

4 中国社会科学院考古研究所编著：《中国考古学·新石器时代卷》，中国社会科学出版社，2010年，第689页。

5 安徽省文物考古研究所：《安徽含山凌家滩新石器时代墓地发掘简报》，《文物》1989年第4期，第2、4—5页。

6 中国社会科学院考古研究所：《殷墟妇好墓》，文物出版社，1980年，第118—119页。

7 河南省文物考古研究所等：《三门峡虢国墓·第一卷（上）》，文物出版社，1999年，第132—134页。

8 安家瑶：《玻璃器史话》，社会科学文献出版社，2011年，第29页；巫鸿：《引魂灵璧》，载巫鸿等主编：《古代墓葬美术研究》第一辑，文物出版社，2011年，第55—64页。

中，其中又以长沙占大多数，除个别墓中出土两件之外，一般每墓只出一件，出土时多位于头部[1]。璧的颜色有浅绿、乳白、米黄、深绿等，并未发现跟同时代常见的蜻蜓眼玻璃珠颜色类似的深蓝色品种。形状基本相同，圆形扁平体，中有一圆孔，外形相似，大小相近，但不雷同，很可能采用多种模子范铸，而不是同一模式大量生产。玻璃璧的多数肉好比例都不符合《尔雅》的记载[2]。装饰纹样也比较简单，只有云纹和谷纹两种，且绝大多数都是谷纹，有的反面有较粗的方格纹。有的在璧的内外缘加一道弦纹，有纹饰的一面光滑有光泽，另一面较粗涩无光泽[3]。《周礼·典瑞》中有"子执谷璧，男执蒲璧"[4]的记载。所谓的谷璧，很可能就是装饰谷纹即密集的小乳钉状纹饰的璧。根据对共存陶器组合的分析，玻璃璧在使用上并没有严格的性别和等级区别，使用十分普遍，以士和庶民阶层的墓葬中更为常见[5]，成分上属铅钡玻璃系统，应是当地制造[6]。

多数玻璃璧仅一面有纹饰，背面不仅没纹饰，而且粗糙无光。另外玻璃璧上的纹饰及好径并非同心圆，肉宽亦不完全相等。这些特征的形成均与玻璃璧的制造方法密切相关，根据关善明的研究，玻璃璧及其纹饰应为单模铸造，压模成形。推测模范为陶模或金属模，多为单面，故而成形后一面因为模具的规范而表面平滑而有光泽，另一面则因为没有加工处理而粗糙无光且无纹饰，部分玻璃璧出土时侧立，很可能镶嵌于棺档之上。工序上似应先压印出无孔玻璃圆饼，再用圆筒形刀具在玻璃冷却硬化之前切出璧孔（好），而多数切孔未能对正圆心，导致大部分玻璃璧的内沿与好径并非同心圆[7]。后德俊认为玻璃璧的另一面粗糙无光泽是因为在浇铸时要控制浇入玻璃液的量（即控制璧的厚度）和使玻璃液表面平整，因而在另一面耽误了一些时间，使玻璃表面温度下降，黏度增大，盖上另一块泥范时所形成的表面，就变得粗涩无光了[8]。日本学者由水常雄通过实验提出，中国战国时的玻璃璧并不是像金属铸造那样将熔化成液态的玻璃液浇铸到范模中，而是将固态玻璃料研磨成小颗粒，填满耐火材料制成的单范中，再将填满耐火材料的单范放到炉中加热使料熔化，等玻璃冷却后将范与璧脱离，再稍加打磨加工，玻璃璧就制作成功了[9]。不过仍然有少数玻璃璧两面都装饰有精美的纹饰，光滑且有光泽，例如长沙市左家塘战国楚墓出土的碧绿色玻璃璧和陈家大山4号战国楚墓出土的墨绿色玻璃璧两面都装饰了清晰精美的芽谷纹，反映出玻璃璧铸造工艺的不断进步[10]。

---

1 周世荣：《湖南出土琉璃器的主要特点及其重要意义》，《考古》1988年第6期，第547页。

2 周世荣曾计算长沙战国和汉代玻璃璧的肉好比例，得出战国玻璃璧的肉好比例为2.4:1，汉代比例为2.7:1，但与文献所记的2:1的比例均有出入。参见注1周世荣文，第553页表二。

3 不同研究者还有乳丁纹、谷纹、蒲纹、方格纹、芽谷纹、齿纹谷纹复合纹等或重合或更为细致的命名方案。

4 （汉）郑玄注，（唐）贾公彦疏：《周礼注疏》卷二二《典瑞》，上海古籍出版社，2010年，中册，第767页。

5 关善明认为多数玻璃璧单面装饰，边沿粗糙尖利，并不适合佩挂或做礼器，此类玻璃璧当专为随葬而制，参见关善明：《中国古代玻璃》，香港中文大学文物馆，2001年，第35页。

6 参见高至喜：《论我国春秋战国的玻璃器及有关问题》，《文物》1985年第12期，第54—65页；周世荣：《湖南出土琉璃器的主要特点及其重要意义》，《考古》1988年第6期，第554页表三。

7 关善明：《中国古代玻璃》，香港中文大学文物馆，2001年，第34页。这一复原的缺陷在于并未解释多数玻璃璧的另一面因何粗糙无光泽，不过却根据其粗糙的特征对其使用方法做了合理推测。

8 后德俊：《楚国的矿冶、髹漆和玻璃制造》，湖北教育出版社，1995年，第285—286页。

9 转引自安家瑶：《玻璃器史话》，社会科学文献出版社，2011年，第28页。

10 傅举有等：《湖南出土的战国秦汉玻璃璧》，《上海文博论丛》2010年第2期，第36页。

湖南地区为什么会在战国时成为玻璃璧的集中发现地？多数学者认为当时不同阶层的人都对礼器有普遍需求，但湖南本地玉料匮乏，同时又富含铅矿和重晶石；社会需求的拉动与自然条件的具备共同催生了战国时湖南尤其是长沙地区的玻璃仿玉传统（即玻璃璧制造）的繁荣。据《战国策·楚策》的记载，楚怀王“仍遣使车百乘，献鸡骇之犀、夜光之璧于秦王”，有观点便认为，湖南长沙附近发现的战国时玻璃璧很可能就是文献中的夜光之璧[1]，此说有一定道理，但考古发现表明，玻璃璧并非当时的精美之物，珍贵程度恐怕很难跟夜光之璧相提并论。

使用玉璧随葬的传统一直延续到了汉代。广州南越王墓墓主玉衣上下铺盖数十件直径达30厘米的玉璧，河北满城汉墓中也出土大量玉璧，陕西兴平茂陵附近发现的西汉玻璃璧直径达23.4厘米，重达1.9公斤[2]，汉以后玻璃璧仍然有零星发现，但已不再流行。例如晚唐僖宗靖陵出土的玻璃璧，刻工粗劣，或许是其时国运日蹇、无力随葬玉璧而使用的替代品。

另外，青岛市博物馆收藏了一件罕见的战国时期的玻璃磬残件（藏品号00034，图2-15），该磬块据传出土于即墨古城，呈湖蓝色半透明状，上部内弧形，底部一侧有一圆形穿孔，表面不平整，有气眼及划痕；磬块自倨句处残断，残存部分约相当于完整器的一半，长33厘米、宽14.5厘米、厚3.5厘米[3]。以玻璃作磬在后代如西汉江都王刘非墓中也有发现，即墨古城发现的这件时代更早，无疑更加重要。重要性主要体现在两点，其一是对玻璃材料特性的熟悉，并有意识地利用其优越的音响性能来制作编磬；其二是当时已经具备了熔化并铸造大型玻璃器具的能力。虽未对这件残磬进行成分测试，但这类铸造的传统乐器，应该属于当时流行的铅钡玻璃体系，这种玻璃在熔制时具有强腐蚀性，甚至会腐蚀坩埚。另外，铸造大型玻璃器具时还需要非常注意退火问题，如此体量的磬块是如何一次性铸造成功的，还有待于深入分析[4]。

图2-15　青岛市博物馆藏玻璃磬
（采自周昌富等主编：《中国音乐文物大系·山东卷》，第168页，图1·9·21）

玻璃剑饰是另一种典型的中国自制玻璃产品。战国秦汉时期男子流行佩剑，已得到文献记载和考古发现的证实。例如根据《晋书·舆服志》的记载，“汉制，自天子至于百官，无不佩剑，其后惟朝带剑。晋世始代之以木。贵

1　周世荣：《湖南出土琉璃器的主要特点及其重要意义》，《考古》1988年第6期，第553页。
2　茂陵文物保管所等：《汉茂陵及其陪葬冢附近新发现的重要文物》，《文物》1976年第7期，第55页。
3　周昌富等主编：《中国音乐文物大系·山东卷》，大象出版社，2001年，第168页，图1·9·21。
4　详见第三章江苏盱眙大云山M1编磬的讨论。另外，安家瑶认为这件传出即墨古城的玻璃磬块的时代判断应该再讨论，很可能是汉代，参见安家瑶：《试探大云山汉墓玻璃编磬》，载中国社会科学院考古研究所编著：《新世纪的中国考古学（续）——王仲殊先生九十华诞纪念论文集》，科学出版社，2015年，第346—347页。

者犹用玉首，贱者亦用蚌、金银、玳瑁为雕饰"[1]。剑上的装饰主要包括剑柄顶端的剑首、剑柄与锋刃之间的剑格、剑鞘上的扣带即剑璏（又称珥、鼻等）、装饰于剑鞘末端的剑珌等部分。

以玉装饰的剑又称玉具剑，是当时彰显身份与威仪的相当贵重的佩饰。例如汉宣帝曾将玉具剑作为国礼送给匈奴呼韩邪单于，《汉书·匈奴传》中孟康注玉具剑曰"标（珌）、首、镡（格）、卫（璏），尽用玉为之也"[2]。玻璃剑饰就是当时以玻璃仿造玉具剑的产物，其制作方式也是采用范铸模压而成。据统计，目前战国汉墓中出土的玻璃剑饰共计40多件，其中绝大多数也出自湖南地区的战国墓和汉墓中（图2-16）。剑首上多装饰有谷纹、柿蒂纹、蟠螭纹、涡纹，或由这些纹饰彼此搭配形成组合，例如内区为柿蒂纹外区装饰谷纹，内区柿蒂纹外区螭纹，或者内区涡纹外区

图2-16　湖南战国墓出土玻璃剑饰

谷纹等等，根据对共存器物组合的分析，其流行年代上也有差别。玻璃剑首约开始流行于战国中期，盛行于战国晚期，延续至西汉初期，以饰谷纹较早，柿蒂纹+谷纹、蟠螭纹的时代偏晚。剑璏上主要装饰云纹、谷纹、蟠螭纹和兽面纹，而且还形成了诸如兽面纹+谷纹、兽面纹+云纹之类的组合纹饰，玻璃剑璏亦流行于战国中晚期，饰谷纹和云纹的时代稍早，饰蟠螭纹和兽面纹的较晚[3]。

除出土量多且比较集中的玻璃珠、璧、剑具之外，战国汉代还发现了玻璃印章、玻璃矛和玻璃瑱，虽然数量不多，但仍然可以反映出其时玻璃应用的广泛性。玻璃印章目前发现了至少四枚，其中四川犍为出土两枚，乳黄色圆面印背有管状纽或鹰嘴形纽，印面为四叶纹或花蒂纹。长沙左家塘M41出土一枚，绿色，印面有篆体的"中身"二字，1975年，湖南博物馆还征集到一枚浅黄色玻璃印，印文似为"鈢"字，均为东周玺印文字中的常见印文，根据郭沫若的研究，有"信"或"仁"之意[4]。

1 （唐）房玄龄等：《晋书》卷二五《舆服志》，中华书局，1974年，第771页。

2 （汉）班固撰，（唐）颜师古注：《汉书》卷九四下《匈奴传》，中华书局，1962年，第3799页。

3 参见高至喜：《论我国春秋战国的玻璃器及有关问题》，《文物》1985年第12期，第58—59页；傅举有：《战国汉代的玻璃剑饰（上）》，《收藏家》2010年第5期，第29—34页；《战国汉代的玻璃剑饰（下）》，《收藏家》2010年第6期，第29—32页。

4 转引自周世荣：《湖南出土琉璃器的主要特点及其重要意义》，《考古》1988年第6期，第553页以及第555页注11。

图2-17　安徽阜阳出土玻璃印
（采自杨伯达主编：《中国金银玻璃珐琅器全集·4·玻璃器（一）》，第5页，图九）

安徽阜阳出土的一枚玻璃印，呈翠绿色，坛形鼻纽，纽部有圆形穿孔，印面方形，字迹不清[1]（图2-17）。

以上概括论述了先秦时期中国古玻璃制品的发现与研究状况，先秦时期是中国古玻璃的起源阶段，同时也孕育着在后世影响深远的传统[2]，因此在源头上廓清细节非常重要。虽然已经积累了大量的分析数据，但受考古发现的限制，目前对中国古代玻璃起源问题的探索仍然停留在假设层面，早期玻璃不管是起源于瓷釉还是青铜冶炼，都缺乏直接证据。但同时有两条事实也不容否认：第一，中国境内最早的玻璃制品是发现于新疆的钠钙硅酸盐玻璃，内陆地区的早期玻璃也都是钠钙硅酸盐玻璃，不管在时代还是地域上，已有证据均显示存在一条由西向东，由边疆向内地的传播线路；第二，西方玻璃制品传入内地之后，以铅钡硅酸盐为代表的本土自制玻璃在战国中晚期迎来繁荣，蜻蜓眼玻璃珠是其中的典型，同时还制作出了中国特色的玻璃器形例如玻璃璧、剑具、印章、瑱等。因此即便内地玻璃制造是独立起源，还是无法否认以蜻蜓眼为代表的外来器物的传入对内地玻璃生产的影响，对域外输入品的仿制进一步促进了玻璃制造的繁荣与多样化。璧等传统器形的玻璃化并没有发生在春秋末战国初，而是在战国晚期出现并流行，恰恰是这种繁荣的结果与表现，标志着之前冶金术或制作瓷釉时观察、摸索出的零散收获被进一步提炼、升华成了一种新的材料生产技术。

同时还要意识到，从诞生之初，玻璃即是以替代品的姿态出现，不管是西周釉砂珠还是战国的玻璃璧，无不反映出庶人阶层对于使用玉礼器的向往，因之而形成的中国古玻璃的仿玉传统则深刻影响了两千多年以来的玻璃制造业。另外还需注意的是，对于异域玻璃制品的珍视和本土自制玻璃的广泛使用还隐含着古人对于西方输入和自产玻璃在认识上的差异，上层人士对于外来玻璃的珍视，与本土自制玻璃在庶民阶层的大行其道（尤其是战国中晚期），反映出不同阶层人士对于玻璃定义与认识的偏差，即目前研究者在玻璃大类下所分出的外来与自制（国产）两类玻璃，在当时人的眼中很可能不是同类器，而这一认识层面上的差异，可能从古玻璃诞生之初即已存在。

1　杨伯达主编：《中国金银玻璃珐琅器全集·4·玻璃器（一）》，河北美术出版社，2004年，第5页图九及图录说明第3页。

2　关于汉之前玻璃工艺的综合研究，可参考李会：《汉代前的中国玻璃工艺》，华中师范大学出版社，2014年。

第三章

两汉玻璃

跟先秦文献中影影绰绰的记录相比，两汉时期的中外交通形势有了很大的变化，陆上和海上的中外交流均有系统、明确的文献记载。陆路方面，汉初因为汉匈军事对抗的需要，张骞应募奉使西域，谋与月氏共击匈奴，去十三岁，“身所至者，大宛、大月氏、大夏、康居。而传闻其旁大国五六”[1]。足迹遍及从费尔干纳（Fergana）到巴克特里亚（Bactria）的广大中亚地区；而后欲从西南借道身毒（印度古称）通大夏，“终莫得通”，但对西南地区的交通要道有了初步了解；第二次出使乌孙并“分遣副使使大宛、康居、大月氏、大夏、安息、身毒、于阗、扜罙及诸旁国”，活动范围进一步扩大，“其后岁余，骞所遣使通大夏之属者，皆颇与其人俱来，于是西北国始通于汉矣”[2]，张骞凿空西域，大大丰富了当时中原人对西方未知世界的了解[3]，在《汉书·西域传》中也留下了关于西域城邦分布和交通路线的系统记载：“西域以孝武时通，本三十六国，其后稍分至五十余，皆在匈奴之西，乌孙之南。南北有大山，中央有河，东西六千余里，南北千余里……自玉门、阳关出西域有两道。从鄯善傍南山北、波河西行至莎车，为南道；南道西逾葱岭则出大月氏、安息。自车师前王廷随北山、波河西行至疏勒，为北道；北道西逾葱岭则出大宛、康居、奄蔡焉。”[4]

这一时期伴随着对匈奴的持续军事胜利，汉军先后平楼兰、车师、大宛，并与乌孙联军在西域大败匈奴，迫使匈奴势力退出漠南，西去东来的行旅困难大大降低，河西四郡的设立也保证了丝路咽喉地带的畅通。及至东汉班超经营西域凡三十一载，历经三通三绝，“西域五十余国悉皆纳质内属焉”[5]，史载“立屯田于膏腴之野，列邮置于要害之路。驰命走驿，不绝于时月；商胡贩客，日款于塞下”[6]。甘肃敦煌甜水井附近悬泉置遗址发现的相当于西汉末至新莽时的简牍中有“送精绝王诸国客凡四百七十人”的记载，另有“各有数今使者王君将于阗王以下千七十四人五月丙戌发禄福度用庚寅到渊泉”的记载，数百甚至上千各国使者同时出现在悬泉置的记录中，

1 （汉）司马迁：《史记》卷一二三《大宛列传》，中华书局，1963年，第3160页。

2 （汉）司马迁：《史记》卷一二三《大宛列传》，中华书局，1963年，第3169页。

3 杨巨平：《亚历山大东征与丝绸之路开通》，《历史研究》2007年第4期，第156—161页。

4 （汉）班固：《汉书》卷九六《西域传》，中华书局，1962年，第3871—3872页。

5 （南朝宋）范晔：《后汉书》卷四七《班超传》，中华书局，1965年，第1582页。

6 （南朝宋）范晔：《后汉书》卷八八《西域传》，中华书局，1965年，第2931页。

直接反映出其时西域诸国与中原地区的密切往来[1]。

在此基础上，汉武帝时“因益发使抵安息、奄蔡、黎轩、条支、身毒国”[2]，即广遣使者赴印度、伊朗、里海沿岸、地中海东岸的广大地区；永元九年（公元97年）班超还派遣副使甘英出使大秦，穷临西海至安息西界，安息船人以海行艰险阻其西行，甘英闻之乃止，其时仅距罗马一步之遥，将中原人对于西方未知世界的了解推到前所未有的程度。汉使至安息，安息王令将二万骑迎于东界，而后安息王亦遣使观光汉土[3]，如此相与往还。安息与罗马世界关系密切，汉使亦可通过安息辗转了解到来自罗马帝国的奇珍异货。

海路方面，南越可通海外，在《汉书·地理志》中也有详细记载：“自日南障塞、徐闻、合浦船行可五月，有都元国；又船行可四月，有邑卢没国；又船行可二十余日，有谌离国；步行可十余日，有夫甘都卢国。自夫甘都卢国船行可二月余，有黄支国，民俗略与珠厓相类。其州广大，户口多，多异物，自武帝以来皆献见。有译长，属黄门，与应募者俱入海市明珠、璧流离、奇石异物，赍黄金杂缯而往。所至国皆禀食为耦，蛮夷贾船，转送致之。亦利交易，剽杀人。又苦逢风波溺死，不者数年来还。大珠至围二寸以下。平帝元始中，王莽辅政，欲耀威德，厚遗黄支王，令遣使献生犀牛。自黄支船行可八月，到皮宗；船行可二月，到日南、象林界云。黄支之南，有已程不国，汉之译使自此还矣。”[4]根据这份详细的航海日程，自南方出海，经过长达十二个月的航行，可到达印度东海岸的黄支国（可能是今泰米纳德邦的Kanchipuram），是其时海上交通的最远点，其中在路上步行仅十余日（很可能是在穿越今泰国南部的克拉地峡）。印度是东西方贸易的重要中转地，《后汉书·西域传》记载大秦“与安息、天竺交市于海中，利有十倍”，天竺“西与大秦通，有大秦珍物”[5]。公元之初由不具名的希腊水手写成的罗马埃及行省、东非海岸、阿拉伯半岛南部和印度间做买卖的商人们使用的航行指南《厄立特里亚海航行记》（Periplus Maris Erythraei）也记载了利用季风从埃及绕过阿拉伯半岛抵达印度西海岸的贸易路线。汉代既然可以通过海路直达印度，显然也有机会接触到沿红海航线转运到印度的各色异域奇珍，例如广州发现的西汉南越王墓中就出土了5支非洲大象牙，来自红海沿岸的乳香、用捶揲法制作的圆形银盒和采用焊珠工艺加工的金花泡饰，这些罕见于当时中国的物品很可能都是通过海上交通路线传入岭南的[6]。

两汉时期陆上和海上交通路线的开拓以及东西方贸易需求的日益增长为中外交往的繁荣提供了可能。与此同时，罗马帝国征服地中海沿岸，控制了希腊的玻璃生产中心。西方世界的玻璃制作技术经过长期的积累，在充分了解玻璃材料特性以及冶炼技术的基础上，在基督元年之前一个世纪诞生了玻璃发展史上具有革命性

1 甘肃省文物考古研究所：《敦煌悬泉汉简释文选》，《文物》2000年第5期，第40页，简牍编号分别为Ⅱ90DXT0115①:114、Ⅰ90DXT0309③:134；张德芳：《悬泉汉简中有关西域精绝国的材料》，《新疆文物·汉唐西域考古——尼雅、丹丹乌里克国际学术讨论会专刊》2009年第3、4期，第133—134页。

2 （汉）司马迁：《史记》卷一二三《大宛列传》，中华书局，1963年，第3170页。

3 （汉）班固：《汉书》卷九六上《西域传》“安息国”条，中华书局，1962年，第3890页。

4 （汉）班固：《汉书》卷二八下《地理志》，中华书局，1962年，第1671页。

5 （南朝宋）范晔：《后汉书》卷八八《西域传》“大秦国”“天竺国”条，中华书局，1965年，第2919、2921页。

6 广州市文物管理委员会等：《西汉南越王墓（上）》，文物出版社，1991年，第345—347页。

意义的吹制工艺，突破了以往铸造、磨制和坯芯成型技术只能生产小饰件和小型容器的局限，制造出纤薄、透明的大型容器，并大大推动了玻璃使用阶层的平民化[1]。这都构成了两汉玻璃工艺发展的外部技术背景。

在中西交通路线的开拓以及罗马玻璃生产技术革命的大背景下，中国古代玻璃工艺历经近十个世纪的发展，在两汉时期渐趋成熟，为后世玻璃工艺体系的建立和发展奠定了基础。之前的玻璃生产发展缓慢，其主要原因是玻璃器虽然有其独特的优点，但由于中国有发达的青铜、玉、陶瓷、漆木制造业，日常生活中的器具大都可用这些原料制作；中国自产的玻璃主要是铅玻璃，本身化学稳定性差，不耐腐蚀，而且质地轻脆，容易破裂，不能广泛用来制作各种器物；玻璃器易损坏、不易运输，西方的产品不可能大量进口，流入中国者又大都落入皇室和贵族之手，工匠们难以见到，很少有机会学习制作。

坚硬、光亮、精细的瓷器是在东汉以后才发展起来的，对当时玻璃的特点，只能通过与玉器的比较来描述、形容，并以为玻璃器可与玉器相媲美。东汉王充在《论衡》中谈到玻璃时说“道人消烁五石，作五色之玉”。陕西兴平汉武帝茂陵东南发现的直径达23.4厘米的蓝色玻璃璧即为仿玉之作。战国至东汉时期的玻璃也作为饰件来装饰其他器物，河北满城西汉中山靖王刘胜墓出土的铜壶，器身作出斜方格，内填绿琉璃。这些玻璃器及饰件，反映了当时玻璃器的用途，也说明中国古代的玻璃器主要按自身的传统发展，形成独自的体系，在世界古代玻璃器制造史上独树一帜。

目前发现的两汉时期玻璃制品的特征可做如下概括：首先是中国自制玻璃器产品种类比较单一，使用面并不广泛，主要包括装饰品、饮食器、礼乐器等种类。装饰品有珠、管、耳珰、鼻塞、璧、环、龟形器、带钩等，饮食器有碗、盘、杯等，礼乐器主要是玻璃璧和玻璃磬，还有少量兵器、印章和其他器物上的镶嵌饰件。在目前所知的玻璃考古发现中，玻璃珠最多，有时一座墓出土量就达1000多粒，出土时绝大多数位于墓主人尸骨的头部和胸部至腰部之间，为死者身上佩戴的饰物，也有与其他随葬品放在一起的现象。器皿类很少，多发现于广西地区，广东、河北只有少量的出土。汉代自制玻璃主要为铅基玻璃（铅钡或高铅玻璃），与西方古代玻璃制品不同。玻璃制品多铸造成型，成为这一时期玻璃器制造工艺上的突出特点。

已知西汉、东汉时期发现的许多陶窑（包括釉陶窑），其内陶器烧成温度可达1000℃—1200℃以上，冶铜作坊冶炼铜矿石的温度已达1200℃以上。有这样的高温窑炉，表明当时已经具备了烧制玻璃的温度条件。东汉王充在《论衡·率性篇》中谈到玻璃时说：《禹贡》曰“璆琳琅玕”者，此则土地所生真玉珠也。然而道人消烁五石，作五色之玉，比之真玉，光不殊别。兼鱼蚌之珠，与禹贡璆琳皆真玉珠也。然而随侯以药作珠，精耀如真，道士之教至，知巧之意加进也[2]，表明当时所制的玻璃似玉的情况。《抱朴子内篇》卷二《论仙》载曰：“外国作水精碗，实是合五种灰以作之，今交广多有得其法而铸作之者”[3]，也反映了东晋以前玻璃制造的方法。

1 （英）艾伦·麦克法兰、格里·马丁著，管可秾译：《玻璃的世界》，商务印书馆，2003年，第10—14页。

2 （汉）王充著，张宗祥校注，郑绍昌标点：《论衡校注》卷二“率性”条，上海古籍出版社，2013年，第38页。

3 王明：《抱朴子内篇校释》（增订本），中华书局，2010年，第22页。

其次，在广东、广西发现的西汉和东汉玻璃器中大多数含氧化钾很高，而器皿类都属于钾玻璃。这与中国传统的铅钡玻璃系统和西方古代的钠钙玻璃系统都不同，有一种观点认为这是两广地区的自产玻璃。

最后，全国各地还发现了较多外来玻璃制品，早期的玻璃容器多发现于两广地区，可能跟当时北部湾地区直至印度东海岸的贸易和技术传播有关，而东汉时洛阳地区罗马玻璃容器的出现则跟陆上丝绸之路的繁荣有关。罗马玻璃为钠钙硅酸盐，器皿多采用型压、无模吹制或有模吹制成形。装饰技法多样，有搅胎、型压、堆贴玻璃条、磨花等。器物的口沿多折卷成环状，烧口成圆唇或磨成平方唇；器底有圜底、凹底和圈足，底部中心多有加工时遗留的疤痕。

根据以上分析，两汉时期的玻璃制造可以从三方面入手展开讨论：即铅基玻璃的继续发展；钾玻璃的繁荣和异域玻璃的传入。

第一节　铅基玻璃的继续发展

汉代玻璃继承战国时形成的铅钡玻璃传统，安家瑶称之为中国玻璃生产史上的仿玉时代。同时还诞生了新的高铅玻璃[1]。根据赵匡华的分类，所谓铅基玻璃即以氧化铅（PbO）为基本助熔剂的玻璃，包括$PbO-BaO-SiO_2$、$PbO-SiO_2$和$PbO-K_2O-SiO_2$三个体系和文献记载的$PbO-K_2O-B_2O_3-SiO_2$体系。汉代铅基玻璃的发展首先反映在成分的变化上。即除了战国时普遍流行的铅钡玻璃在两汉时期继续流行之外，西汉中晚期到东汉时还出现了无钡的$PbO-SiO_2$体系的玻璃，自此之后$PbO-SiO_2$玻璃持续流行，而$PbO-BaO-SiO_2$系统几乎消失。成分的变化应该是源自助熔剂配方的改变，铅钡玻璃中的铅钡元素来源于方铅矿（PbS）以及与方铅矿共生的重晶石（$BaSO_4$），方铅矿在低温热液矿床中经常与重晶石共生，氧化焙烧这种共生矿所得的煅矿灰PbO中便含有BaO。尽管原因已经很难推测，但成分分析表明，从西汉中晚期开始直到东汉，新出现了一种只以PaO为助熔剂的玻璃，反映出当时已经开始流行不再使用铅矿煅灰，转而直接利用金属铅，从而断绝了矿石中的钡进入玻璃的可能性。东汉时已经可以通过焙烧铅粉获得铅丹和通过煎炼金属铅获取黄丹（Pb_3O_4，也可制玻璃）。由于黄丹和铅丹里没有铅矿中的众多矿物杂质，烧出来的玻璃也更加光洁晶莹，也更像玉石，且熔炼温度也会降低，由此新工艺得以形成，并慢慢淘汰了以生铅灰（即焙烧方铅矿石所得的铅灰）炼制玻璃的工艺[2]。

这一时期除继续发现战国时常见的玻璃璧、耳珰、珠饰之外，还诞生了专用作丧葬的玻璃窍塞、衣片、琀、握等殓具；杯、盘等玻璃容器以及玻璃编磬等玻璃礼乐器。

1　根据史美光的研究，很多古代$PbO-SiO_2$玻璃的PbO含量为60%—74%，SiO_2含量为18%—30%，参见史美光等：《一批中国古代铅玻璃的研究》，《硅酸盐通报》1986年第1期，第21页。

2　赵匡华：《试探中国传统玻璃的源流及炼丹术在其间的贡献》，《自然科学史研究》1991年第2期，第145—149页。后德俊认为铅钡玻璃中的钡可能是作为一种配料有意引入的，使玻璃产生浑浊度，起到类似玉石制品外观的效果。参见干福熹等：《中国古代玻璃技术发展史》，上海科学技术出版社，2016年，第131—132页。

汉人重玉，认为将玉制品供人佩饰或使用，可防邪气的侵袭，扫除鬼祟的祸患。同时相信玉有使人长生不老的功能，相信通过食玉和服用玉类可以达到永远年轻。这一观念宣扬和使用得最多的首推道家。东晋葛洪在《抱朴子·仙药》中说："玉亦仙药，但难得耳。《玉经》曰：服金者寿如金，服玉者寿如玉也。"[1]《艺文类聚》载："淮南王，好长生，服药炼气读仙经，琉璃药椀牙作盘，金鼎玉匕合神丹。"[2]玉器难得，使玻璃仿玉制品得以重视和发展，许多出土铅钡玻璃的器形，如玻璃璧、蝉等，都与同时期出土的、用玉石材料制作的同类器物外形上很相似。

玻璃被用于制作丧葬所需的窍塞、衣片、琀、握等，本质上是对同时代丧葬用玉的仿制。汉人迷信口中含玉、以玉殓尸能保证尸体不朽，《汉书·杨王孙传》记载杨王孙欲以裸葬矫世，批评时俗竞以厚葬相高，"裹以币帛，鬲以棺椁，支体络束，口含玉石，欲化不得，郁为枯腊，千载之后，棺椁腐朽，乃得归土，就其真宅"[3]。由这种观念发展出了包括玉覆面、玉衣、玉九窍塞、玉琀、玉握和镶玉棺在内的汉代丧葬用玉，目前发现的玻璃丧葬用品即是在模仿这套葬玉。玉衣即汉代文献中的玉匣（柙），系在先秦时的缀玉衣服的基础上进一步完善而来，《吕氏春秋·节丧篇》曰"国弥大，家弥富，葬弥厚，含珠鳞施"[4]，鳞施便是当时对这种缀玉衣服的称呼。及至西汉文景时发展出形制完备的玉衣，东汉时确立了分级使用金缕、银缕或铜缕玉衣的制度，曹魏时废止[5]。根据《续汉书·礼仪志（下）》的记载，"登遐……礼守宫令兼东园匠将女执事，黄绵、缇缯、金缕玉柙如故事……诸侯王、列侯、始封贵人、公主薨，皆令赠印玺、玉柙银缕；大贵人、长公主铜缕"[6]。汉人使用玉匣，除标示身份之外，迷信其能使身体不朽也是重要原因，例如《后汉书·刘盆子传》记载赤眉军发掘诸陵，"有玉匣殓者率皆如生"[7]。

1977年，江苏扬州邗江区甘泉公社老山大队发现一座大型木椁墓，外椁室长7米、宽4.5米，内椁长4米、宽2米，内椁中有漆棺一具，棺长2.4米、宽1米，棺内底部清理出玻璃衣片近六百片，大小不等，有长方形、圆形、梯形、三角形等十四种，以长方形最多，长6.2厘米、宽4厘米，最小的梯形片长6.2厘米、上宽1.1厘米、下宽0.8厘米，厚度均为0.4厘米，多数素面，圆形和少数长方形衣片上模印蟠螭纹，长方形衣片的纹饰中心并有四瓣形花一朵，少数花芯上还残有金箔，圆形片上穿三孔，余均四角穿孔。与玻璃衣片混杂在一起的还有玉璧、璜、舞人、佩饰、贝饰等，多有穿孔，当为墓主人佩饰，墓中出土龟钮银印一方，其上阴文篆书"妾莫书"三字，墓中出土了昭明镜，发掘者结合对五铢钱、木椁墓的形制及玉器、漆器的比较，推断该墓年代当在西汉晚期，根据已有发掘资料，发现墓葬的附近地区很可能是刘氏宗族墓地，而"妾莫书"之墓也属于刘氏家族墓之一[8]。

---

1 王明：《抱朴子内篇校释》（增订本）卷一一《仙药》，中华书局，1985年，第204页。

2 （唐）欧阳询：《艺文类聚》卷四二《乐府》，上海古籍出版社，1999年，第762页。

3 （汉）班固：《汉书》卷六七《杨王孙传》，中华书局，1962年，第2908页。

4 许维遹：《吕氏春秋集释》卷一〇《节丧》（上册），中华书局，2009年，第222页。

5 中国社会科学院考古研究所编著：《中国考古学·秦汉卷》，中国社会科学出版社，2010年，第733—734页。

6 （南朝宋）范晔：《后汉书》志六《礼仪下》，中华书局，1965年，第3141、3152页。

7 （南朝宋）范晔：《后汉书》卷一一《刘盆子传》，中华书局，1965年，第483—484页。

8 扬州博物馆：《扬州西汉"妾莫书"木椁墓》，《文物》1980年第12期，第1—6页。

1985年，邗江扬寿乡砖瓦厂在李岗村宝女墩取土时发现两座汉代木椁墓，均被破坏，其中M104规模较大，残留的随葬品较多。出土了三件带纪年铭文的漆器，分别为元康四年（公元前62年）、河平元年（公元前28年）和元延三年（公元前10年），综合该墓出土的陶器和铜器组合以及大泉五十等发现，发掘者将该墓的时代推定为新莽时期，下葬时间在居摄二年（公元7年）以后，M104中器物上发现的"中官""服食官"等铭文表明该器物为王室专用，墓主被推定为跟广陵王室关系密切的女性，身份应是跟"妾莫书"墓墓主相当的"长公主""大贵人"一类。M104的盗洞中出土了19片玻璃衣片，长方形，四角穿孔，模印纹饰，纹饰中嵌金箔，但多已脱落。纹饰包括白虎、柿蒂、勾连云、变形云四种，另有一片素面[1]。

编缀玉衣需要大量不同形状、不同尺寸的玉片。以满城汉墓发现的金缕玉衣为例，刘胜玉衣由2498片玉片用金丝穿成，窦绾玉衣由2160片玉片以金丝编缀而成[2]。扬州邗江地区发现的这两批玻璃衣片被破坏严重，原本数量有可能更多，宝女墩新莽时期木椁墓出土的玻璃衣片的尺寸比一般玉片要大，故而编缀成玻璃衣所需的衣片数量可能要少一些。"妾莫书"墓出土的玻璃衣片数量较少，发掘者推测也可能只是盖在头部或身上的服饰。江苏徐州拖龙山汉墓M1等出土的玉头套和足套，似可为这种推断提供实证[3]。

成分分析结果表明，宝女墩发现的玻璃衣片中PbO含量为43.28%，SiO_2含量为37.72%，BaO含量为0.96%；"妾莫书"墓中发现的玻璃衣片中SiO_2含量为18.02%，PbO含量高达62.39%，BaO含量为0.21%。周长源等认为宝女墩的玻璃衣片属于铅钡玻璃系统，因严重风化导致有的组分部分流失，尤其是BaO含量会急剧下降，所以化学分析的结果已经不能代表原来的构成[4]。程朱海等采用X射线分析、化学组成分析、岩相分析等测试方法分析了"妾莫书"墓出土的玻璃衣片，显示中间的玻璃层为铅钡玻璃，而外层近似于铅玻璃，是制造时为了便于脱模而撒上的一层玻璃配合料粉，这层料粉也能烧成玻璃，只是未能加热熔化成玻璃而已。偏光显微镜和扫描电镜观察均显示衣片的玻璃层和外层（即表层）是两层叠加，未发现中间反应层，因而表层并非风化层，而是为了更好地模仿玉石的质地。其制作工艺可能是先在陶模中撒上一层玻璃配合料粉以便于脱模，接着在玻璃表层再撒一层玻璃配合粉，趁玻璃未硬化以前压成衣片，使衣片表面呈白色的陶瓷状，亦即未经研磨的玉器外观[5]。李青会等采用PIXE技术重新分析了"妾莫书"墓出土的三片玻璃衣片的成分，结果表明这些玻璃衣片属于中国自创的$PbO-BaO-SiO_2$系玻璃，衣片由中心玻璃层和厚度不等的表面腐蚀层组成，腐蚀层比玻璃层含有相对较高的PbO、P_2O_5

1 扬州博物馆等：《江苏邗江县杨寿乡宝女墩新莽墓》，《文物》1991年第10期，第39—61页。

2 中国社会科学院考古研究所等：《满城汉墓》（上册），文物出版社，1980年，第37、244页。

3 龚良等：《徐州地区的汉代玉衣及相关问题》，《东南文化》1996年第1期，第26—32页。

4 周长源等：《对扬州宝女墩出土汉代玻璃衣片的研究》，《文物》1991年第10期，第71—75页。

5 程朱海等：《扬州西汉墓玻璃衣片的研究》，载干福熹主编：《中国古玻璃研究——1984年北京国际玻璃学术讨论会论文集》，中国建筑工业出版社，1986年，第65—71页。后德俊认为长沙战国楚墓中出土的玻璃璧表面光滑、半透明，根本没有表面的粉末层，本是仿制半透明的玉璧制作，因此玻璃璧在制作过程中不存在撒粉末便于脱模的问题，玻璃衣片在制作过程中撒一层玻璃配合料粉也主要不是为了便于脱模，而是为了更加真实地模仿那种表面未经细致琢磨的玉片的外观。参见干福熹等：《中国古代玻璃技术发展史》，上海科学技术出版社，2016年，第143—144页。

和CaO，而BaO和SiO_2的含量则比玻璃层大大降低[1]。

除了仿玉衣之外，有些玻璃片还可能被嵌缀在其他葬具上。1997年，西安市文物保护考古所在西安南郊瓦胡同村以东的西安财政干部培训中心基建工地M33的发掘中发现了98片玻璃片。形状有长方形、玉璧形、菱形和不规则长方形（有略似玉圭、玉璋者）等几种。表面除素面外，还模铸有阴文纹饰，如柿蒂纹、四勾云纹和龙纹等，纹饰上原来贴有金箔，今多已脱落，绝大多数玻璃片上有从背面向正面钻出的漏斗形小穿孔，仅一例未见，玻璃片的正面和侧面平整，保存较好的尚有玻璃光泽，背面不甚平整，似未抛光。江苏东海尹湾汉墓发现的面罩（即文献记载的“温明”）内外镶嵌不同形状的琉璃片、玉璧及琉璃璧，木枕前后也镶嵌长方形的琉璃片[2]。张全民认为M33出土的这些玻璃片除作为玻璃衣的局部使用之外，还有可能镶嵌于面罩或其他葬具上。成分分析表明，M33发现的玻璃片属于铅钡玻璃系统，但跟扬州“妾莫书”墓出土的玻璃片的PbO含量有较大差异，M33玻璃片的PbO含量较低，约在20%，同时较低的铅含量也使其硬度变大，保存状态较好[3]。

图3-1 河南洛阳和安徽阜阳出土玻璃蝉

图3-2 西汉南越王墓西侧室中发现玻璃鼻塞
［采自广州市文物管理委员会等：《西汉南越王墓》（下册），图版一七三、3］

2011—2016年发掘的位于江西南昌的西汉第一代海昏侯刘贺墓提供了汉代玻璃葬具的另一种形式。刘贺是汉武帝刘彻之孙，第一代昌邑王刘髆之子，十八岁时由权臣霍光拥立为皇帝，二十七天后又被霍光发动政变赶下帝位，被囚禁十一年后由汉宣帝封为海昏侯，而后不久又被削户三千成为千户小侯，公元前59年病逝于今江西南昌，享年三十三岁。该墓保存完好，发掘出结构完整、布局清晰的西汉列侯墓园，带真车马陪葬坑，并出土一万余件遗物，仅出土金器总重量就有约115公斤，

1 李青会等：《扬州西汉墓出土古玻璃的质子激发X荧光分析》，《核技术》2003年第12期，第922—925页。

2 连云港市博物馆：《江苏东海县尹湾汉墓群发掘简报》，《文物》1996年第8期，第17页。

3 西安市文物保护考古所：《西安财政干部培训中心汉、后赵墓发掘简报》，《文博》1997年第6期，第3—39页；张全民：《西安M33汉代玻璃研究》，《文博》2004年第1期，第60—65页。

真实再现了西汉时期高级贵族的豪奢生活。海昏侯（M1）与侯夫人（M2）系同茔异穴合葬，海昏侯墓是一座甲字形竖穴木椁墓，总面积约400平方米，总体符合西汉列侯棺椁制度，但又具有某些“王制”的影子和王墓的气派。海昏侯未穿玉衣，而是采用了多重衣衾裹束的绞衾制，衣衾内有多件玉璧，头部覆盖有镶嵌玉璧的漆面罩，遗骸下铺有包金丝缕琉璃席，琉璃席下等距离放置20组金饼，每组5枚。琉璃席的具体信息目前还没有公布，难以深入讨论，但绞衾制、玉璧以及琉璃席组合在一起的装殓方式非常罕见，对解释以往汉墓中发现的大量散碎玻璃片也有启发意义[1]。

用于丧葬的玻璃琀也有发现，较有代表性的是玻璃蝉，也是《抱朴子》中“金玉在九窍，则死人为之不朽”观念的产物，琀玉为九窍玉之一，以蝉为琀，除保证尸体不腐之外，还寓意死后如蝉蜕那样获得再生。玻璃蝉模铸而成，即在制作好的模具中灌注玻璃熔液，再经冷却、脱模即可获得实心的玻璃蝉，做出的蝉形器一般较为简单（图3-1），另外扬州地区还发现了少数包银箔或贴嵌银箔的玻璃蝉[2]。玻璃鼻塞在湖南长沙、益阳、江苏徐州、河南、广西等地区也流行，西汉南越王墓西侧室中发现玻璃鼻塞两件，蓝色透明，短柱形，断面呈八角形，一端微宽展（图3-2）[3]。广西的一件玻璃鼻塞的成分分析显示其含氧化铅达34.4%，含氧化钡达17.4%，亦属于我国自制的铅钡玻璃系统[4]。

汉代自制玻璃的另一个重要进步是在小型饰件之外，还出现了器形较大的玻璃容器，包括杯、盘等种类。汉代玻璃制造尚未掌握退火技术，玻璃成型过程中，内外存在一定温差，进而在玻璃内形成一定的应力，而局部、不均匀的应力的存在使得玻璃制品的强度减弱，遇热即裂，很难作为食具，只能作为陈设或殡葬用器[5]。1986年北洞山楚王墓在附属墓室附5室中出土了16件玻璃杯，因不透明最初被误认为是玉杯。这批玻璃杯可以被确认为目前发现的时代最早的本土自制玻璃容器。北洞山楚王墓规模宏大，结构复杂。主体墓室的八间洞室全部系凿山为藏，附属墓室则北依山崖，全部用石材砌筑成仿地面院落式的十一室共十三间石室，墓道两壁还凿有七个小龛。出土的玉衣片温润晶莹，呈半透明状，连缀起来之后呈鳞片状，《吕氏春秋·节丧》记载战国时厚葬的情况有“含珠鳞施”，汉高诱注云“鳞施，施玉于死者之体如鱼鳞也”，这件玉衣的复原形式与高注相合。衣片孔内无金属锈迹且玉片均较厚，推测很可能是金缕玉衣。墓主被推定为西汉楚国第五代王刘道，墓葬的绝对年代为武帝元光六年（公元前129年）或稍后。墓葬的所有墓室都仿造当时的地面宫殿建筑，其中附5室面积达46.5平方米，陈放乐器和乐舞俑，玻璃杯用于盛酒，象征宴乐之所[6]。

---

1 参见江西省文物考古研究所等：《南昌市西汉海昏侯墓》，《考古》2016年第7期，第45—62页；信立祥：《西汉废帝、海昏侯刘贺墓考古发掘的价值及意义略论》，《南方文物》2016年第3期，第32—37页；白云翔：《西汉王侯陵墓考古视野下海昏侯刘贺墓的观察》，《南方文物》2016年第3期，第42—50页。

2 汤伟建等：《扬州出土的汉代玉蝉和玻璃蝉》，《上海文博论丛》2006年第1期，第46—49页。

3 广州市文物管理委员会等：《西汉南越王墓》（上册），文物出版社，1991年，第271页。

4 黄启善：《广西古代玻璃制品的发现及其研究》，《考古》1988年第3期，第269页。

5 安家瑶：《中国的早期玻璃器皿》，《考古学报》1984年第4期，第434—435页；关善明：《中国古代玻璃》，香港中文大学文物馆，2001年，第46页。

6 徐州博物馆等：《徐州北洞山西汉楚王墓》，文物出版社，2003年，第128—134、174—182页。

16件玻璃杯中仅有两件拼对复原后较完整。这两件玻璃杯的杯身呈筒形，平沿，直壁，平底。杯呈淡绿色，截面颜色较深，外表极光滑且有光泽，内壁较粗糙（图3-3）。从杯身截面观察，内部气孔较多，孔呈椭圆形。不同的杯子高矮、厚薄不一，口径在8.3—8.5厘米、底径在8.3—8.6厘米之间，高度在7.7—9.9厘米之间，壁厚在0.4—0.6厘米、底厚在0.5—1.4厘米之间，说明非一模所铸。杯身外沿下、中部和近底部有三道箍痕，宽度不一，可能原有金箍等饰物，已被盗墓者砸碎杯身取走。这种玻璃杯的形制可能是模仿当时的漆卮而铸造。广州南越王墓西耳室曾出土金扣漆卮和金扣牙卮各一件，口沿镶金扣，中部有鋬，底部镶一圈金扣并带三足。北洞山楚王墓出土玻璃杯的口沿、中部和底部亦各镶箍一道，形制可能与广州南越王墓出土的漆、牙卮略同，亦带三足。这批玻璃杯不但外形尺寸大，而且数量多，标志着我国在西汉时期已经具备批量生产尺寸稍大的日用玻璃器皿的能力，同时也突破了以往对中国自制玻璃器都是小件饰品和礼仪用品的认识。

这批玻璃的成分分析由中国建材科学院测试所进行。对玻璃杯碎片采用原子吸收光谱法和等离子发射光谱法（ICP-ES）分析之后，发现碎片SiO_2含量为34.66%，PbO含量为39.25%，BaO含量为16.23%，并含有少量Na_2O，属中国自制的铅钡系统玻璃。同墓还出土了一件玻璃兽（图3-4），模铸成形，出土时中部断裂，仅剩后半部，兽体乳白色，不透明，质地致密，外观晶莹如玉，表面没有明显的风化现象，几乎观察不到气孔。安家瑶认为该玻璃兽应该是一件猪形的玻璃握玉[1]，兽体浑圆，短尾，后腿、蹄足清晰。残存部分长9.5厘米、宽6.7厘米、高5.8厘米，重852克，估计整个玻璃兽的重量在1500克以上，也是迄今已知单个重量最重的仿玉玻璃兽，表明西汉前期已具备熔制大型玻璃料块的能力。成分分析表明，玻璃兽中SiO_2含量为39.18%，PbO含量为48.3%，BaO含量为19.47%，也是铅钡玻璃。另外根据铅同位素分析结果，玻璃杯和玻璃兽的铅同位素比率差别很大，推测两者

图3-3　江苏徐州北洞山楚王墓出土玻璃杯

图3-4　江苏徐州北洞山楚王墓出土玻璃兽
（采自徐州博物馆等：《徐州北洞山西汉楚王墓》，图版六二、2；图版六五、2）

1　安家瑶：《玻璃器史话》，社会科学文献出版社，2011年，第40页。

可能不是同一地方的产品[1]。

1968年发掘的满城汉墓中出土的玻璃耳杯和玻璃盘也是中国早期自制玻璃的重要发现。满城汉墓位于满城县西南的陵山上，两墓相距不远，因山为陵，夫妇同坟异藏。两墓工程浩大，M1容积约计2700立方米，M2规模更大，容积高达3000立方米。M1墓主被推定为西汉中山国第一代统治者靖王刘胜，M2墓主应该是靖王刘胜之妻窦绾。根据出土遗物及墓葬形制判断，两座墓都营建于西汉中期，前后相差不超过十年[2]。

刘胜墓（M1）中发现的玻璃耳杯共有两件，器形与同时代常见的陶、漆耳杯完全相同，模铸成形。呈翠绿色，半透明，表面有锈蚀。器身作椭圆形，两侧有耳，微向上翘，腹壁下收，平底，假圈足，长13.5厘米、宽10.4厘米、高3.4厘米（图3-5）。耳杯是两汉时期最常见的器物，为中国所独有，被用作墓葬中的随葬品亦十分流行。由于采用铸造而成，胎体显得较厚重，外表不甚光滑，易于风化，反映了中国早期玻璃器皿质地轻脆、易被腐蚀的特点。同墓还出土一件玻璃盘，呈翠绿色，半透明，表面微有光泽，晶莹如玉，局部因土锈沁蚀碱化有乳白色斑痕。模铸成形，呈圆形，侈口，平折沿，浅腹起棱，假圈足，口径19.7厘米、底径9.5厘米、高3.2厘米、壁厚0.3厘米（图3-6）。经中国科学院环境化学研究所光谱定性分析，玻璃盘的主要成分为硅和铅，并含较多的钠和钡，与同时期西方地中海沿岸地区所产的玻璃器不同[3]。盘的形制与西汉时期的铜、陶及银盘相近，并且采用传统的铸造工艺浇铸成型，说明它是中国本土制作的。

刘胜墓中还出土了一件装饰奢华的乳丁纹铜壶，该壶通高45厘米，重约11公斤，容量约11公升。壶颈和腹部装饰鎏金斜方格纹，方格纹中填嵌绿琉璃，琉璃上划出小方格和圆点，壶盖上也像壶身一样填嵌绿琉璃，由于综合使用了鎏金、银和绿琉璃等装饰，铜壶通体色彩缤纷，庄重大方（图3-7），根据圈足内侧的铭文，这件铜壶一度曾是长乐宫中陈设之物[4]。结合窦绾墓中出土的"长信宫"灯很可能是从窦太

图3-5　河北满城西汉刘胜墓出土玻璃耳杯

图3-6　河北满城西汉刘胜墓出土玻璃盘

1　参见史美光等：《徐州古代玻璃的新发现》，载徐州博物馆等：《徐州北洞山西汉楚王墓》（上册），文物出版社，2003年，第204—207页。

2　中国社会科学院考古研究所等：《满城汉墓发掘报告》（上册），文物出版社，1980年，第10、216、336—339页。

3　中国社会科学院考古研究所等：《满城汉墓发掘报告》（上册），文物出版社，1980年，第386页。

4　中国社会科学院考古研究所等：《满城汉墓发掘报告》（上册），文物出版社，1980年，第38、41页。

后居住的长信宫中流出，不排除刘胜墓中的玻璃器也是汉宫遗珍。汉代的马蹄金和麟趾金上也常有玻璃镶嵌，例如河北定州西汉中山怀王刘修墓（公元前55年）出土了大小马蹄金各2件、麟趾金1件，4件马蹄金和麟趾金的顶部都镶嵌绿色玻璃，它们在当时并非流通货币，而是作为祥瑞物由皇帝赐予诸侯王，以玻璃镶嵌黄金制品，足见当时玻璃的珍贵程度[1]。

图3-7　河北满城西汉刘胜墓出土乳丁纹铜壶

汉代玻璃容器的制作采用范铸技术，多数为一模一器，北洞山汉楚王墓的十六件玻璃杯尺寸不一，应是使用了一次性模具，关善明收藏了一批战国至西汉玻璃作坊所用的模具，并根据这些标本推断出战国至西汉的玻璃生产主要使用单面模压、双面模压、泥芯范铸、拉管法等不同的方法。单面模压主要制作玻璃璧，双面模压多用于生产玻璃珠和其他实心饰物，泥芯范铸法类似于青铜器铸造，即利用内、外范制造中空的玻璃器。制作步骤包括制作器物模型、翻范、制作泥芯、浇玻璃液、压下内范、打碎外范并浸入水中取出泥芯等。西方小型珠饰的制作经常使用拉管法，即先铸出玻璃管，然后在高温下将玻璃管软化并猛力拉长，形成一条细长的小管，然后切割小管形成管珠饰。汉代玻璃珠的制作多使用缠丝法，两者的差别在于前者孔径平均，纹理竖直，而后者两端孔径大小不一，纹理横向[2]。目前发现的绝大多数汉代玻璃器都是热加工完成，只有少数耳珰、玻璃蝉等经过冷加工，安家瑶认为刘胜墓出土的玻璃耳杯和盘成型后还经过通体打磨[3]。

近年来江苏盱眙大云山汉墓中玻璃磬的发现再次刷新了我们对汉代大型玻璃器具的认识。2009—2012年间，南京博物院在江苏省盱眙县马坝镇云山村的大云山山顶揭露出一处比较完整的西汉诸侯王陵园，园内发现主墓3座，陪葬墓11座，车马陪葬坑和兵器陪葬坑各2座，其中一号墓墓主被推定为西汉第一代江都国国王刘非，下葬年代为公元前128年或稍后的一段时间之内。是继河北满城中山王墓、广

1　安家瑶：《玻璃器史话》，社会科学文献出版社，2011年，第43页；河北省文物研究所：《河北定县40号汉墓发掘简报》，《文物》1981年第8期，第1—10页。

2　关善明：《中国古代玻璃》，香港中文大学文物馆，2001年，第51—54页。

3　安家瑶：《中国的早期玻璃器皿》，《考古学报》1984年第4期，第423页。

州南越王墓、徐州狮子山楚王墓之后汉代诸侯王陵考古最为重大的考古发现之一，M1的墓坑系在岩石中凿出，平面呈正南北向的“中”字形，墓室结构为黄肠题凑，包括外回廊、题凑、前室、中回廊、内回廊、内椁、外棺、内棺等部分，墓室虽被盗掘，但仍然出土遗物七千余件（组）[1]。

根据简报所提供的信息，墓室西回廊下层出土编磬一套，由玻璃编磬和编磬架两部分组成，玻璃编磬共20件[2]，形制相同，底长约在15.4—51.5厘米之间。表面呈灰白色，内部半透明乳浊状，有大量毫米级大小的气泡和人为搅动形成的纹理，磬块倨句明确，鼓股分明，底边弧拱，素面无装饰（图3-8）。整套编磬长303.3厘米、通高173.9厘米（图3-9）。化学成分分析显示，M1出土玻璃编磬的SiO_2含量为47.73%、PbO含量为34.03%、BaO含量为14.32%（均为平均值），是先秦以来所习见的铅钡玻璃。铅同位素分析显示，这批玻璃磬的PbO原料来自中国北方[3]。

图3-8　江苏盱眙大云山汉墓出土玻璃磬
（采自干福熹等：《中国古代玻璃技术发展史》，第34页，图3.14，图3.15）

大云山M1出土的玻璃磬块中，最大的一件通长69厘米，重11.3千克[4]，是目前所见体量最大的汉代玻璃器具，反映出当时已有较为成熟的玻璃熔铸工艺。《尚书·益稷》说乐正夔有：“戛击鸣球，搏拊琴瑟以咏。”孔颖达疏：“《释器》云：球，玉也。鸣球，谓击球使鸣。乐器惟磬用玉，故球为玉磬。”[5]后世文献多有引用，但考古发现的所有的乐器磬均为石质，西周以后磬的材质已经完全集中在一种软硬适中、质地均匀而分布广泛的石料——石灰石，事实证明，这的确是一种发音性能最佳的制磬石

图3-9　江苏盱眙大云山汉墓出土编磬复原图
（采自南京博物院等：《江苏盱眙县大云山西汉江都王陵一号墓》，《考古》2013年第10期，第23页，图三五）

1　南京博物院等：《江苏盱眙县大云山西汉江都王陵一号墓》，《考古》2013年第10期，第3—68页。

2　全部编磬的数量可能在22件以上，但形制并不统一，尤其是编号为1和22的两件，与其余20件磬块的基本造型完全不符；出土时在墓葬中的位置，分别位于磬架的两端之外，与其余20件编磬的距离较远。由此推测，它们不应该属于这一套编磬的序列之中，而这套完整的编磬应该只有20块磬块。下文提到的最大的玻璃磬块可能不属于这一套编磬。

3　干福熹等：《中国古代玻璃技术发展史》，上海科学技术出版社，2016年，第34—35页。

4　干福熹等所著的书中所记数据有所不同，“最大的尺寸为70cm，厚度4.4cm，重量达17kg”。录此存疑，参见干福熹等：《中国古代玻璃技术发展史》，上海科学技术出版社，2016年，第34页。

5　（汉）孔安国传，（唐）孔颖达正义：《尚书正义》，上海古籍出版社，2007年，第179—180页。

料，而天然玉料由于质地致密或硬度太大，材质虽然珍贵，音质却并不好。因此虽然古文献中多有玉磬之说，实践中却很难真用玉料来制作编磬。对大云山M1出土玻璃编磬的复原研究显示，以铅钡玻璃制磬除质地上具备仿玉的效果之外，还具有极佳的音响性能，音色清澈透明，宛如金属，反映出对制磬材料和玻璃材料性能的熟知，背后隐含着深刻的科学性和合理性。玻璃成品越厚，内部应力就越大，要靠人工退火消除应力以防止爆裂，退火的温度和时间都需要熟练控制，另外，铅钡玻璃溶液具有非常强的腐蚀性，可以轻而易举地溶蚀掉耐高温的坩埚，但磬块不论大小都需要一次性熔融并铸造成功，其背后饱含的体力和脑力付出可想而知。

复制实验和测音结果表明，全套20件编磬的音域大致是从C5到#C8，跨度达三个八度有余，但音律无序，音阶不整，考虑到其质地厚重、材料珍贵，造型规范统一，应该不是明器，推测是一套按照实用乐器的规格来制作的珍品，其音律乖错应该是没有完成最后的调音工序所致，因为以其中发音最低的21号磬为基准可以发现整套编磬的音都有偏高的倾向，这可能都是为调音所留的余量，最后还会以减薄磬体厚度的方法，逐渐降低磬块的音高，最终达到其设计音高[1]。大云山M1出土的这套汉初玻璃编磬无疑是汉代本土玻璃制作工艺的巅峰，其体量大、数量多、质量高等特点也促使研究者开始重新认识汉代玻璃制造的水平[2]。

平板玻璃的出现也是汉代自制玻璃的重要进步，均发现于西汉南越王墓中，共22件，是一种嵌平板玻璃的铜牌饰。西耳室出土7对，均为长方形，牌饰大小略有差别，最大者长10厘米、宽5厘米。在铸出的铜框嵌一块浅蓝色透明平板玻璃，铜框装饰鎏金穗状纹，平板玻璃底衬麻布一块，再嵌薄木板一片，其上再盖一块铁盖板，盖板当中有半环钮一对（图3-10）。耳室内发现的所有牌饰均成对，以玻璃面两两相对，中间夹以厚叠的细麻纤维或丝绵，然后逐对以丝绢包裹，放入竹筒内随葬。主棺室出土3对，出于玉衣两侧的铁剑上面，或落到棺底为玉衣所压。东侧室出土2件，一件位于铜镜旁，一件位于组玉佩旁，玻璃呈浅蓝色透明状，有少量气泡，长方形平板，边缘磨过，表面有一层白色风化层[3]。西耳室出土的平板玻璃碎块经成分分析，PbO含量为33.73%，BaO含量为12.83%，SiO_2含

图3-10　广州西汉南越王墓出土平板玻璃

1　王子初：《江苏盱眙大云山一号墓出土仿玉玻璃编磬的复原研究》，《艺术百家》2016年第2期，第45—62页；《略论西汉刘非墓出土的仿玉玻璃编磬》，《中国音乐学》2017年第4期，第21—26页。

2　安家瑶：《试探大云山汉墓玻璃编磬》，载中国社会科学院考古研究所编著：《新世纪的中国考古学（续）——王仲殊先生九十华诞纪念论文集》，科学出版社，2015年，第342—348页。

3　广州市文物管理委员会等：《西汉南越王汉墓》（上册），文物出版社，1991年，第20—21、133—134、211—213、251页。根据发掘者的判断，这类牌饰在广州东郊和北郊的南越国时期的墓葬中也成对出土过，均置于铜镜之上，大小与南越王墓所出的牌饰相近，亦装饰动物纹，唯独不见有玻璃装饰。参见广州市文物管理委员会、广州市文物管理委员会等：《广州汉墓》（上册），文物出版社，1981年，第148页。

量为42.64%，属中国本土自制的铅钡玻璃系统。板状玻璃表面平整，又具有一定的透光透视性能，可以镶嵌在窗格上用作采光材料。根据平板玻璃的外观特征判断，小块平板玻璃可能是先浇铸成薄板后再研磨切割进而加工成一定尺寸的平板，可能南越国内生产或从楚地的长沙输入[1]。

研究者多引用文献记载论证汉代用琉璃作为透光材料，例如《洞冥记》中有"元鼎元年起招仙阁于甘泉宫西，编翠羽麟毫为帘，青琉璃为扇，悬黎火齐为床，其上悬浮金轻玉之磬"[2]；《西京杂记》记载"赵飞燕女弟居昭阳殿……窗扉多是绿琉璃，亦皆达照，毛发不得藏焉"[3]。这类书中所记之事颇为荒诞不经，演绎成分较多，据之或可讨论当时的思想观念，一旦涉及具体史实则需要非常谨慎。《四库全书总目提要》认为《洞冥记》"所载尤皆怪诞不极之谈，未必真出宪手，又词句缛艳，亦迥异东京，或六朝人依托为之"，颇疑其为后人伪托[4]。黄伯思《东观余论》称《西京杂记》中事皆刘歆所说，葛洪采之。实则此书初见于《隋书·经籍志》时，不著撰人名氏，《汉书·匡衡传》中颜师古注称其"出于里巷，亦不言作者为何人"，至唐中叶以后才有葛洪撰书的说法，后世亦陈陈相因[5]。两书所记多为小说家言，其时所谓的青琉璃、绿琉璃是否确指人工制造的透光用的平板玻璃，还有很大疑问。

除丧葬用玻璃、玻璃容器和平板玻璃的新出现之外，战国时即已出现的以玻璃制作小型饰件的传统仍然存在并继续发展。西汉时蜻蜓眼玻璃珠已经不再流行，但发现很多单色玻璃珠。南越王墓主棺室墓主玉衣胸部出土了数以千计的玻璃珠，多已散乱，少数排列成串，多呈黄白色或灰黄色，个别青绿色，清洗后呈浅蓝色。扁环形，推测是在高温下拉丝围圈而成（即缠绕法），因而大小相似而不全相同。玉衣腹部的组玉璧上还发现了70件浅蓝色模铸的玻璃贝，原来应该缝缀在织物之上[6]。20世纪50年代广州市郊清理的409座两汉墓葬中也出土了大量玻璃珠饰，个别墓中数量尤为丰富，例如西汉后期的M3012中出土了821枚、M3019中出土了692枚珠饰，多数都为玻璃珠；东汉前期的M4013中出土珠饰2089枚，其中包括玻璃珠1965枚，多流散于双棺之前，呈深蓝色、浅蓝色、紫色等[7]。2001年发掘的广西合浦县九只岭东汉墓M6a出土蓝色琉璃珠3869粒，置于死者胸部[8]。2003—2005年间发掘的广西合浦风门岭汉墓也出土了大量玻璃珠，例如同坟异穴的M23B墓主为女性，出土四串玻璃串珠，总计约1500多颗；M26出土四串共计2439颗玻璃珠[9]。2010—2011年发

1 广州市文物管理委员会等：《西汉南越王墓》（上册），文物出版社，1991年，第423—426页；史美光：《汉代平板玻璃的研究》，《中国建筑材料科学研究院学报》1991年第1期，第20—24页；林冠男：《战国及汉代出土的平板玻璃初探》，《文物天地》2017年第10期，第11—15页。

2 （汉）郭宪撰：《汉武帝洞冥别记》卷二，载《汉魏六朝笔记小说大观》，上海古籍出版社，1999年，第127页。

3 （汉）刘歆撰，（晋）葛洪集：《西京杂记》卷一"昭阳殿"条，载《汉魏六朝笔记小说大观》，上海古籍出版社，1999年，第82—83页。

4 （清）纪昀总纂：《四库全书总目提要》第三册，河北人民出版社，2000年，第3628—3629页。

5 （清）纪昀总纂：《四库全书总目提要》第三册，河北人民出版社，2000年，第3560—3561页。

6 广州市文物管理委员会等：《西汉南越王墓》（上册），文物出版社，1991年，第213页。

7 广州市文物管理委员会等：《广州汉墓》（上册），文物出版社，1981年，第352、507—508页。

8 广西壮族自治区文物工作队等：《广西合浦县九只岭东汉墓》，《考古》2003年第10期，第74页。

9 广西壮族自治区文物工作队等：《合浦风门岭汉墓——2003~2005年发掘报告》，科学出版社，2006年，第39、82页。

掘的合浦县第二炮竹厂 M8出土2131颗玻璃珠，除个别绿色之外，其余均为深蓝色，287颗约置于死者头部，1836颗约置于死者胸部，另有8颗可能置于一件漆容器中[1]（图3-11）。这些集中出土的玻璃珠的性质需要具体分析，除单独使用或与其他材质的珠饰组成串饰佩戴之外，根据具体情况还可以有新的解释。例如广西合浦县廉州爆竹厂 1号墓出土的几百粒玻璃珠，与数百枚五铢钱同置于一漆盒内，似应作为珍贵的财富随葬[2]；又如《汉书·董贤传》记载“及至东园秘器，珠襦玉柙，豫以赐贤，无不备具”[3]，玉柙即是考古发现的玉衣，而珠襦是什么还没有定论，颜师古认为是“以珠为襦，如铠状，连缀之，以黄金为缕”，安家瑶认为所谓珠襦极有可能是以玻璃珠连缀而成，尤其是单个墓中出土超过1000粒玻璃珠就要考虑珠襦存在的可能性了[4]。

图3-11　广西合浦第二炮竹厂M8出土玻璃珠（采自广西文物保护与考古研究所等：《2009—2013年合浦汉晋墓发掘报告》，下册，彩版六四3、5）

玻璃璧在汉代墓葬中也继续发现。大型墓随葬玉璧除反映等级身份之外，还折射出以玉来保持尸身不腐的丧葬观念，为仿玉璧而制造的玻璃璧也多有发现，前述江苏东海尹湾M6出土了蒲纹玻璃璧，镶嵌于面罩内侧[5]。上述20世纪50年代广州郊区清理的两汉墓葬中出土7件，表面饰谷纹或圆涡纹（图3-12）[6]。南越王汉墓椁室外椁的足箱内放置139件陶璧，堆成四摞，还发现了5件玻璃璧，出于西耳室，作用等同于玉璧。色青白，器形较小，且大小略有差异，器表饰蒲纹，内外沿各有一道凹弦纹，表面有少量丝绢压痕，其中一件玻璃璧（C221）经中国科学院南海海洋研究所能谱分析，确定硅含量为34.96%，铅含量为37.72%，钡含量为1.11%，测点似在器表，钡元素受风化影响，流失较为严重，比重很低。建筑材料科学研究测试中心的史美光对另一

图3-12　广州汉墓出土玻璃璧

1 广西文物保护与考古研究所等：《2009—2013年合浦汉晋墓发掘报告》，文物出版社，2016年，上册，第4、85、179页；下册，彩版六四3、4、5。

2 转引自黄启善：《广西古代玻璃制品的发现与研究》，《考古》1988年第3期，第264—265页。

3 （汉）班固：《汉书》卷九三《董贤传》，中华书局，1962年，第3734页。

4 安家瑶：《玻璃器史话》，社会科学文献出版社，2011年，第41页。

5 关善明认为该璧装饰方格纹，似乎仅流行于江苏地区，而罕见于其他地区。查原简报，该玻璃璧上装饰的是蒲纹，而方格纹玻璃璧早在1975年长沙火车站建设工地18号战国墓中就曾出土过一件，一面饰方格纹，一面饰谷纹。1987年湖南省大庸县67号汉墓中也出土了刻画小方格纹的玻璃璧。参见关善明：《中国古代玻璃》，香港中文大学文物馆，2001年，第34页；傅举有等：《湖南出土的战国秦汉玻璃璧》，《上海文博论丛》2010年第2期，第31页，以及第33页图29、第37页图42。

6 广州市文物管理委员会等：《广州汉墓》（上册），文物出版社，1981年，第165页。

件玻璃璧（C192）进行的化学成分分析表明，该玻璃璧PbO含量为38.73%，BaO含量为10.85%，SiO_2含量为42.03%，属中国自制的铅钡玻璃系统，而且颜色、纹样和主要化学构成都与湖南长沙一带战国楚墓出土的玻璃璧相似，因此很可能是由长沙输往广州的[1]。

陕西兴平茂陵附近曾出土一件大型玻璃璧。在茂陵封土堆东南约一公里有一条南北向断崖沟道，因沟中及两旁断层中遗留大量西汉残砖瓦而被当地人称为“瓦碴沟”，沟中还发现了夯土痕迹以及文字瓦当、条砖、空心砖等古代建筑材料。1975年在瓦碴沟西边地深70厘米处发现了叠压在一起的青玉铺首和琉璃璧各一件，青玉铺首以一块完整的青玉制成，高34.2厘米、宽35.6厘米、厚14.7厘米，重10.6公斤；琉璃璧呈深蓝色半透明状，表面有风化层，面饰谷纹，直径23.4厘米、孔径4.8厘米、厚1.8厘米，重1.9公斤（图3-13）。经陕西省地质局实验室光谱分析发现，其主要成分为铅、钡、硅，钠元素亦占一定比重，属于中国本土的铅钡玻璃系统[2]。

图3-13　陕西兴平茂陵附近出土玻璃璧

玻璃耳珰也是两汉时流行的装饰品，似脱胎于战国时的“瑱”。根据《说文解字》的记载，“瑱，以玉充耳也”。《诗经》毛传“瑱，塞耳也”“充耳谓之瑱，天子玉瑱，诸侯以石”，即一种耳饰品。但玉瑱出土极少，一般庶民阶层多使用玻璃瑱，流行于战国晚期至西汉早期，玻璃瑱多呈钉状，有实心和空心两种，铸造成型。山东临淄商王村M1就发现了17件玻璃瑱，呈八棱柱状，分实心和空心两种[3]。关善明藏有数件中空型玻璃瑱，呈蓝色钉状，底部有圆盖，壁非常薄，内部还发现有墨彩描绘的纹饰[4]。

图3-14　河南洛阳烧沟汉墓出土玻璃耳珰

两汉时仿玉玻璃饰品比较流行，耳瑱被更流行的玻璃耳珰代替，汉刘熙《释名·释首饰》记载“穿耳施珠曰珰”[5]，《后汉书·舆服志》“珥，耳珰垂珠也”[6]，即耳珰是挂于耳垂、穿耳施珠的装饰物。最常见的一种呈长鼓形器，两端大，中部束腰，中心有穿孔，多呈蓝色、湖蓝、绿色或墨绿色，通体光滑无纹样，素雅秀美。由于这种

1　广州市文物管理委员会等：《西汉南越王墓》（上册），文物出版社，1991年，第133—134、423—426页。

2　茂陵文物保管所等：《汉茂陵及其陪葬冢附近新发现的重要文物》，《文物》1976年第7期，第51—56页。

3　原简报称之为簪形器，参见淄博市博物馆：《山东临淄商王村一号战国墓发掘简报》，《文物》1997年第6期，第14—26页。

4　关善明：《中国古代玻璃》，香港中文大学文物馆，2001年，第36—37页。

5　（汉）刘熙：《释名》卷四《释首饰》，中华书局，2016年，第69页。

6　（南朝宋）范晔：《后汉书》志三〇《舆服志》，中华书局，1965年，第3676页。

饰件一般每座墓中出土1件，有的墓出土2件，还有的发现3件，并经常与珠玉宝石同时出土，有时也被认为是一种佩饰。在河南、湖南、湖北、四川、甘肃、宁夏、云南、贵州、广东、广西等地墓葬中均有发现，是当时首饰制品的重要组成部分，南北朝之后已经很少发现（图3-14）。

李青会分析了河南、四川和贵州出土的三十多件耳珰，发现从成分上可以分为铅钡硅酸盐玻璃、钾硅酸盐玻璃和铅硅酸盐玻璃三种体系，说明在汉代三种成分体系的玻璃耳珰在大范围内同时存在，而在小范围内的某些遗址中，铅钡硅酸盐玻璃和钾硅酸盐玻璃耳珰共存，不同体系的玻璃耳珰在颜色、造型及成型方法上都有相似之处，在加工定型上有一定的共性。蓝色玻璃耳珰的着色离子主要为Co^{2+}和Cu^{2+}，而绿色玻璃耳珰的着色则与铁离子密切相关。由于分析方法存在局限，因此根据玻璃耳珰的主要化学成分难以判定原料选择和制造产地之间的关系，只能大概推测铅钡玻璃体系的玻璃耳珰跟楚地铅钡玻璃生产技术的分布和传播有关，而钾硅酸盐玻璃耳珰的来源更为复杂，本身即是印度、东南亚以及我国华南和西南等地区特有的一种古代玻璃体系，目前学术界倾向于认为两广地区的钾硅酸盐玻璃有一部分为中国自制，但不排除外来输入的可能性[1]。青海上孙家寨汉晋墓先后出土35件玻璃耳珰，根据有无穿孔可以分为两类，有穿孔者还可以进一步细分为T形、喇叭形、束腰柱形三种，成分分析显示多为铅钡玻璃，该墓地还出土了表面涂有金箔以及两层玻璃间夹有金箔的玻璃珠子，可能是由印度输入的[2]。

玻璃矛是汉代玻璃的新见种类之一。1956年，湖南省博物馆在长沙市沙湖桥一座西汉中期墓葬（M45）中发掘出土了一件玻璃矛[3]，呈翠绿色半透明状。矛脊的两侧有牙形血槽，矛柄作圆柱状，柄的中部凸起成圆球形（图3-15），模铸成形。形制与当时的青铜矛形制相同，并显现出矛的寒光和锐利。长18.8厘米，刺身长9厘米、柄长9.8厘米，两刃之间最宽2.6厘米。以玻璃为原料制作兵器，极为少见且不具备实用性，应为礼仪活动中仪仗之用或为随葬而制作的明器，同时也说明西汉时期玻璃用品的使用范围呈现扩大的趋势。这件玻璃矛保存比较完整，没有进行过成分测试，仅做了密度测定，确定其不属于铅钡或高铅玻璃系统，而与钠钙玻璃的比重接近，再

图3-15　湖南长沙沙湖桥M45出土玻璃矛

1　李青会等：《浅议中国出土的汉代玻璃耳珰》，《广西民族大学学报（自然科学版）》2011年第1期，第17—25页。

2　青海省文物考古研究所：《上孙家寨汉晋墓》，文物出版社，1993年，第164页；史美光等：《青海大通县出土汉代玻璃的研究》，载青海省文物考古研究所：《上孙家寨汉晋墓》，附录二，文物出版社，1993年，第250—254页；任晓燕：《浅谈青海发现的汉代玻璃器》，载干福熹主编：《丝绸之路上的古代玻璃研究——2004年乌鲁木齐中国北方古玻璃研讨会和2005年上海国际玻璃考古研讨会论文集》，复旦大学出版社，2007年，第170—175页。

3　湖南省文物管理委员会：《长沙沙湖桥一带古墓发掘报告》，《考古学报》1957年第4期，第50、56页及图版玖。

图3-16　广州横枝岗M2出土玻璃带钩

加上柄上凸起的圆球形部分在以往并不常见，因此有学者推测这件玻璃矛有可能来自西亚或古罗马，墓主身份是长沙诸侯国中的贵族，生前有获得外来珍宝的可能[1]。不过也有学者持相反的看法，认为矛柄上的圆球可能是仿制汉代铜矛柄上用于固定木柄的两个小耳，但由于玻璃质脆，不易铸出两个小耳，因而用凸起的圆球来代替，从成分上看钠钙或钾钙玻璃均有可能，因此这件矛应该是在中国制造的，但是否在长沙附近制作则有待探讨，因为长沙附近的汉代玻璃多为密度大于3克/厘米^{3}的铅钡玻璃[2]。

汉代还出现了用于系结束腰的革带的玻璃带钩。1954年广州东北郊横枝岗M2发掘出土一件玻璃带钩（图3-16），M2是一座小型竖穴木椁墓，时代为西汉中期。带钩长7.8厘米，呈青绿色透明状，外形采用当时青铜、玉器中带钩常见的样式，器体扁平，钩扣弯圆，尾端齐平，扣部做成一圆纽，整体光素无纹样，模铸成形。带钩多以金属、玉等为材料制成，用玻璃为原料制作则十分罕见，晶莹华美，更富有装饰性，弥足珍贵[3]。

考古发现表明，汉代玻璃制品的影响还曾经远及日本。日本最早的玻璃制品出土于弥生时代中期，即公元前1世纪至公元后初年，相当于我国西汉中期和晚期，分布于九州北部。在九州佐贺县吉野里遗址北部坟丘内的一座瓮棺里出土了一柄铜剑和75件玻璃管饰，反映出墓主的身份较为特殊，因为同一墓地的其他瓮棺中很少发现随葬品。这些管饰一般长3—4厘米，最长达6.8厘米，直径0.5—0.8厘米，尺寸远大于中国发现的玻璃管，佩挂方式也迥异于中国传统，应该是本地碧玉管饰的仿制品。这批玻璃以缠心法制成，化学成分也与中国本土的铅钡玻璃基本一致。种种迹象表明，以吉野里的玻璃管饰为代表的日本时代最早的玻璃制品色泽鲜艳，技术纯熟，推测应该是在中国熔制好玻璃料块，运到日本后加工成型。考虑到徐州北洞山

1　熊传新：《谈中国长沙出土的一件汉代玻璃矛》，载干福熹主编：《中国古玻璃研究：1984年北京国际玻璃学术研讨会论文集》，中国建筑工业出版社，1986年，第72—74页。

2　安家瑶：《玻璃器史话》，社会科学文献出版社，2011年，第42—43页。

3　广州市文物管理委员会：《广州市东北郊西汉木椁墓发掘简报》，《考古通讯》1955年第4期，第40、45页；广州市文物管理委员会等：《广州汉墓》（上册），文物出版社，1981年，第239页。

西汉楚王墓发现了成组的玻璃容器，这些料块的原产地很可能是在江苏[1]。日本学者山崎一雄等也曾介绍日本九州出土的早期玻璃制品，并从成分和铅同位素比率方面分析，认为很可能是进口汉代以前中国制造的玻璃块或玻璃制品在日本制作[2]。后德俊援引史树青关于中国历史博物馆（今中国国家博物馆的前身）馆藏的同时期的柱状琉璃和浅青色琉璃棒的介绍，认为在汉代或更早的时候，中国不仅能生产玻璃制品，也能制造玻璃的半成品，即玻璃料棒，当时输入日本的也很可能就是这类玻璃料棒[3]。

第二节　钾玻璃的繁荣

如前章所述，中国早期古玻璃的生产过程中，由于发展了不同的玻璃助熔剂，从而在战国时期派生出两类古玻璃，即铅钡硅酸盐玻璃和钾硅酸盐玻璃，至西汉时形成以中国中原和长江流域为主的铅钡硅酸盐玻璃和以南方两广为主的钾硅酸盐玻璃[4]。钾硅酸盐玻璃又称钾基玻璃，是指以K_2O为基本助熔剂的玻璃，主要为K_2O-SiO_2体系，两汉以后又出现了$K_2O-CaO-SiO_2$体系。除在我国华南和西南地区集中发现之外，在境外的印度、东南亚等地也有分布。作为主要助熔剂的K_2O含量在10%—20%之间，Na_2O和MgO的含量多低于1%，CaO的含量多低于4%。钾玻璃依据其中CaO和Al_2O_3的含量又可以分为多个亚类。

早在20世纪80年代，美国康宁博物馆的Robert H.Brill就曾报道过中国发现的$K_2O-CaO-SiO_2$玻璃，随后史美光分析来自广东、广西等五省区的两汉时期的数十件钾玻璃样品，包括珠、耳珰、玻璃器皿和玻璃龟等。多数样品的基础成分都可以看作是K_2O-SiO_2系统，而且多数样品的MgO和CaO的含量都很低，在西方中世纪以植物灰作为助熔剂的钾玻璃中，常常含有3%—5%或更高的MgO。这可能意味着中国汉墓出土的钾玻璃采用了与西方古玻璃不同的原料，14世纪山东博山产的钾玻璃中的钾元素系用硝石（KNO_3）做原料而引入，因此汉墓中出土的钾玻璃也可能使用硝石做助熔剂，或者使用草木灰经重结晶提纯除去MgO、CaO等杂质后的K_2CO_3做原料，或者利用其他钾矿石做原料[5]。赵匡华认为以草木灰为原料提纯得到K_2CO_3的可能性很小，而更倾向于认为玻璃中的大量K_2O是因为采用硝石为原料

1　安家瑶：《中国古代玻璃与日本吉野里的玻璃管饰》，载《中国考古学论丛——中国社会科学院考古研究院建所40年纪念》，科学出版社，1993年，第415—421页。

2　（日）山崎一雄等：《中国古代玻璃与日本弥生时代古墓中出土的玻璃之间的关系》，载干福熹主编：《中国古玻璃研究——1984年北京国际玻璃学术讨论会论文集》，中国建筑工业出版社，1986年，第36—45页。

3　后德俊：《中国黄河和长江中下游地区先秦和汉代的玻璃技术》，载干福熹等：《中国古代玻璃技术发展史》，上海科学技术出版社，2016年，第145—148页。

4　李青会等：《一批南方出土古玻璃的化学成分的PIXE分析结果》，载干福熹主编：《中国南方古玻璃研究——2002年南宁中国南方古玻璃研讨会论文集》，上海科学技术出版社，2003年，第80页。

5　史美光等：《一批中国汉墓出土钾玻璃的研究》，《硅酸盐学报》1986年第3期，第307—313页。

而出现的[1]。关于K_2O-SiO_2体系玻璃的产地及技术来源，目前有印度或东南亚传入以及源于战国楚地$K_2O-CaO-SiO_2$玻璃技术两种观点[2]，但均以推测成分居多，钾基硅酸盐玻璃的产地和技术起源问题的最终解决还有赖于对更大时空范围内相关材料的分析研究。

从目前掌握的材料来看，我国的钾玻璃主要出现并流行于公元前4世纪到公元3世纪，相当于战国中晚期至东汉，战国时期的钾玻璃在新疆哈密和云南江川李家山偶有发现，至汉代分布日趋广泛，主要集中在西南和华南地区的广西、广东、贵州、云南、四川等地，在江苏、湖南、甘肃、青海等地亦有少量出土，其中以两广地区数量最多，种类最丰富，公布材料也最全面，尤其是广西地区的汉代玻璃材料，已有系统的考古学和科技分析专著出版，下文的论述也是以这一地区的材料为中心展开的[3]。

广西出土的汉代古玻璃中，$PbO-BaO-SiO_2$系玻璃不多见，钾玻璃占很高比例。20世纪80年代黄启善公布的16件古玻璃标本的成分分析结果中，有12件为钾玻璃[4]，李青会采用PIXE和ICP-AES技术分析了48件广西汉代玻璃器，其中38件属于钾玻璃系统，约占所分析样品总数的81%[5]。熊昭明系统整理了截至2009年底广西地区发现的两汉时期的217批古玻璃并全面分析了发现玻璃制品的墓葬形制、出土位置、墓主身份、玻璃种类及发展演变等问题[6]。出土玻璃的墓葬包括竖穴土坑、竖穴木椁、砖木合构和砖室墓四种类型，西汉出土玻璃的都为木椁墓，种类有各种串珠及串饰、耳珰、璧、杯、环等。出土玻璃的东汉早期墓葬多为砖木合构墓和木椁墓，个别土坑墓也发现了耳珰，新出现的器形有剑璏、盘等。出土玻璃的东汉中晚期墓葬多为砖室墓，另有零星土坑墓、木椁墓和砖木合构墓，器类多为串珠、耳珰、杯等。从出土位置来看，大多数串珠被置于棺内，以墓主头部至胸或腰部之间的位置为主。耳珰、鼻塞之类也应该置于棺内，器皿类或置于棺内，或放于墓室中，其他种类的玻璃制品报道较少，情况不明。以往研究多认为两广地区的大墓很少出土玻璃制品，一些平民小型墓却大量出土，因此玻璃制品有平民化的特点。不过根据对墓葬规模和随葬品的最新综合分析，出土玻璃制品墓葬的墓主多为郡守、县令一类的

1 赵匡华：《试探中国传统玻璃的源流及炼丹术在其间的贡献》，《自然科学史研究》1991年第2期，第149—156页。

2 干福熹等：《中国古代玻璃的起源——中国最早的古代玻璃研究》，《中国科学E辑：技术科学》2007年第3期，第382—391页；李青会等：《关于中国古代玻璃研究的几个问题》，《自然科学史研究》2007年第2期，第114—127页；范世民等：《馆藏部分玻璃制品的研究——兼谈玻璃史的若干问题》，《中国历史文物》1983年第5期，第97—104页；王伟昭等：《广西合浦县出土汉代玻璃器的检测和研究》，载干福熹主编：《丝绸之路上的古代玻璃研究——2004年乌鲁木齐中国北方古玻璃研讨会和2005年上海国际玻璃考古研讨会论文集》，复旦大学出版社，2007年，第205—215页。另外，冯永驱还发现广州地区的玻璃器中，南越国时期出土的各类玻璃品中还不见钾元素，西汉中期以后出土的玻璃器，其化学成分出现钾元素，在同一器物中有钾、铅元素共存，东汉以后，作为助熔剂的钾元素起主要作用。推测烧制玻璃的技术有海外传来的可能。参见冯永驱：《广州发现的汉代玻璃器》，载干福熹主编：《中国南方古玻璃研究——2002年南宁中国南方古玻璃研讨会论文集》，上海科学技术出版社，2003年，第25—30页。

3 熊昭明等：《广西出土汉代玻璃器的考古学与科技研究》，文物出版社，2011年，第1页。

4 黄启善：《广西古代玻璃制品的发现及其研究》，《考古》1988年第3期，第276页表二、表三。

5 李青会等：《一批南方出土古玻璃的化学成分的PIXE分析结果》，载干福熹主编：《中国南方古玻璃研究——2002年南宁中国南方古玻璃研讨会论文集》，上海科学技术出版社，2003年，第82—83页。

6 熊昭明等：《广西出土汉代玻璃器的考古学与科技研究》，文物出版社，2011年，第11—70页。

本地高官或权贵，墓葬规模较大，伴出有相对丰富的随葬品。

广西出土的汉代玻璃，依照其使用性质主要有装饰品和器皿两种，以装饰品为大宗，包括串珠约35000颗，耳珰29件，其他饰件60多件，有少见于其他地区的扁壶形、方塔形、鱼形、蛙形、花冠形饰品，属于丧葬用品的鼻塞也偶有发现。1987年合浦县文昌塔1号西汉晚期墓中出土一件角轮形环，青绿色透明状，椭圆形，中间亦有椭圆形孔，肉面平，边缘尖突，外缘两侧各有三个花芽，花芽三瓣，中间一瓣直上，两侧瓣斜出，往尖收分[1]。长轴5.5厘米、短轴2.1厘米、厚0.95厘米，内圈长轴1.8厘米、短轴1.2厘米（图3-17）。推测可能结合了铸造和热黏合工艺制作而成。成分分析表明氧化硅含量为77.87%，氧化钾含量为16.97%，属于K_2O-SiO_2玻璃系统，着色剂为Fe_2O_3。两汉时的玻璃饰品主要为一些珠、管、璧等，像这种形制特殊、制造工艺较复杂的装饰品较为罕见。

图3-17　广西合浦县文昌塔M1出土角轮形环

这一地区发现的玻璃器还包括玻璃环、璧、剑璏等类型。1985年，合浦县凸鬼岭饲料厂7号西汉晚期墓中出土两件玻璃环形器，呈圆环形，蓝色半透明状，中间隆起并逐渐向边沿变薄，模压成型。外径7.5厘米、内径3.2厘米、中间厚1厘米（图3-18）。经能谱分析含氧化硅73.83%，氧化钾高达17.6%，是已检验钾玻璃中含氧化钾最多的一例[2]。1972年合浦县望牛岭2号西汉晚期墓中出土的一件玻璃璧。正面饰谷纹，内外缘旋刮宽带一周，背平素无纹，较薄。铸造成形。直径12.9厘米、好径3.2厘米、厚1厘米、边缘厚0.2

图3-18　广西合浦县凸鬼岭饲料厂M7出土玻璃环形器（采自熊昭明等：《广西出土汉代玻璃器的考古学与科技研究》，图版五、1）

图3-19　广西合浦县望牛岭M2出土玻璃璧

1　因整体似一有头、尾和四只爪的龟，这件器物以往研究中被称为龟形器，参见黄启善：《广西古代玻璃制品的发现及其研究》，《考古》1988年第3期，第266页。

2　黄启善：《广西古代玻璃制品的发现及其研究》，《考古》1988年第3期，第266页。

厘米（图3-19）。两汉时的玻璃璧已较战国时期数量减少，此璧是当时广西地区玻璃璧中重要的实物之一。广西地区公布的玻璃剑具不多，1990年合浦黄泥岗东汉早期墓（M1）中出土剑璏一件，乳白色，图案由祥云阴线配减地卷云纹组成，长10.3厘米、宽2.8厘米（图3-20）[1]，P-XRF技术分析表明这是一件低铷高锶的铅钡玻璃[2]。

图3-20　广西合浦黄泥岗M1出土玻璃剑璏
（采自熊昭明等：《广西出土汉代玻璃器的考古学与科技研究》，图版六、1）

跟熔制小型饰件相比，容器的出现标志着玻璃制作技术的巨大进步，不管这种进步来自于广西本地抑或是海外贸易，都是非常值得注意的问题。广西地区发现的玻璃器皿只有杯、盘两种，其中杯13件，盘2件。玻璃杯多呈深蓝色半透明状，有凹底和平底两种，外壁腹部多装饰有数道凸弦纹，内、外壁均留有加工留下的细弦纹，壁内有小气泡，外表有小气孔，杯子高度在4—6厘米之间，口径在6—9厘米之间。

图3-21　广西贵县汽车路M5出土玻璃碗

1955年，广西壮族自治区博物馆在贵县汽车路5号东汉墓中发掘出土一件玻璃杯和一件玻璃盘[3]。玻璃杯呈深蓝色，半透明。口部微向外侈，腹上部为直壁，中部有一道凸弦纹，使腹壁形成折棱，腹下部略外弧并内收，圜底。铸造成形。口径7.7厘米、高3.7厘米（图3-21）。经密度测定属于钾玻璃系统。在造型上，腹壁的折棱和圜底较为突出，与广西地区西汉墓中出土的碗类器基本相同，只是腹壁较浅。玻璃呈深蓝色也与合浦发现的玻璃璧、玻璃碗相同，应属广西地区的自产玻璃器皿。玻璃盘口径12.4厘米、高3.4厘米。呈湖蓝色，半透明，胎体内有较多的气泡，表面较光滑（图3-22）。敞口，口沿外部下一周弦纹，浅腹，圜底。铸造成形。经EDAX分析，含氧化硅77.7%、氧化钾16.8%，属于钾玻璃。1988年合浦县母猪岭1号西汉晚期墓中也出土一件玻璃盘。口径12.7厘米、高2.5厘米（图3-23）。亦属钾玻璃，呈青绿色，半透明，

图3-22　广西贵县汽车路M5出土玻璃盘

1　熊昭明等：《广西出土汉代玻璃器的考古学与科技研究》，文物出版社，2011年，第32页。

2　熊昭明等：《广西出土汉代玻璃器的考古学与科技研究》，文物出版社，2011年，第89页。

3　广西省文物管理委员会：《广西贵县汉墓的清理》，《考古学报》1957年第1期，第155—162页。不过简报中并未详细介绍这两件玻璃器，更详细的描述见于黄启善的论文，参见黄启善：《广西古代玻璃制品的发现及其研究》，《考古》1988年第3期，第266页。

表面光滑。直口微敞，圆唇，弧腹，平底。口沿外侧下部有一周弦纹，盘内有数条同心圆磨痕，胎体较厚。铸造成形。此盘的色彩鲜艳，铸造成形后又经过精细打磨，整体比较光滑，反映出当时玻璃制造尤其是冷加工工艺有了较大进步。两件玻璃盘的色彩、造型和制法几乎完全相同，是两汉时期广西地区玻璃盘的典型样式。

1987年发掘的合浦县文昌塔70号西汉墓出土一件玻璃杯（图3-24）。呈淡蓝绿色，半透明，表面光滑。口部向内收，口沿微向外卷，腹上部较直，并向内斜，中部有折棱，并设三道凸出的弦纹，下腹圆弧内收，圆底，底的中部稍向内凹。内外壁有同心圆磨痕。铸造成形。口径7.4厘米、腹径8.3厘米、高5.2厘米。经EDAX分析，含氧化硅79.69%、氧化钾16.22%，属于钾玻璃，其色彩清新淡雅，透明度较高。无论是器形、装饰和颜色都独具特色，脱离中国早期玻璃器仿玉、漆、陶和铜器的模式。碗腹壁中部的折棱，在广西地区出土的两汉时期玻璃碗、杯中常常见到，可视为当地玻璃器皿的造型特征，同墓中还出土有玻璃珠等。

图3-23　广西合浦县母猪岭M1出土玻璃盘

1988年发掘的合浦县红岭头34号西汉墓中出土一件玻璃杯。口径9.3厘米、腹径9.7厘米、高6.8厘米。呈深蓝色半透明状，表面光滑。口部略向内收，口沿微向外卷，深腹，腹的上部较直，中部有折棱，下部略弧，圆底，底的中部稍向内凹。腹外壁设有两道凸出的弦纹。内外壁均有同心圆磨痕。铸造成形，保存较好，色彩鲜艳，有光泽，只是由于胎体稍厚，透明度不高（图3-25）。

图3-24　广西合浦县文昌塔M70出土玻璃杯

1957年发掘的贵县东郊南斗村8号东汉墓中出土一件玻璃托盏高足杯（图3-26）。属钾玻璃，均呈淡绿色，透明，开细小的冰裂纹。杯直口微向外侈，腹上部略向内束，腹中部饰两道弦纹，并形成折棱，杯下部呈外弧状内收，下接圆柱形柄及圈足，圈足有折棱式的立沿。托盏敞口，斜壁，平底，内底有圆形凹槽，可见同心圆磨痕，杯足可套入凹槽，非常稳妥美观。杯与托盏通高9.2厘米，杯口径6.4厘米、足径5.3厘米、高8.4厘米，托盏口径12.4厘米、底径9厘米、高2.4厘米、胎厚0.1—0.4厘米。托盏高足杯

图3-25　广西合浦县红岭头M34出土玻璃杯

图3-26　广西贵县南斗村M8出土玻璃托盏高足杯

的造型独特，不仅在玻璃器皿中前所未见，其他陶、铜质器物中也没有发现。但上部的杯体部分与广西地区西汉时期墓葬中出土的玻璃碗类造型十分接近，应属于同一系统的器物。器物透明光亮，表明东汉时期玻璃生产水平有了较大提高。

尽管两汉时期的西方世界已经普遍应用吹制技术制作玻璃，但以上玻璃器皿应是模压成型，壁厚相对于同时期罗马的吹制玻璃偏厚，而且器物表面均有平行纬线条纹分布，应是先经模压成型之后再采用轮制工具打磨所留下的痕迹。广西带弦纹装饰的玻璃杯，经科技分析均为钾玻璃，已排除从罗马帝国输入的可能性。

近年，德国学者碧姬·博雷尔（Brigitte Borell）综合分析了广西地区发现的包括上述器物在内的16件玻璃器皿，分类细致的讨论之后认为这批玻璃器在地中海世界找不到同类器，器形和凸弦纹装饰均源自中国南方，并引用James Lankton和Laure Dussubieux有关钾玻璃家族的研究成果，认为广西类型的玻璃器皿氧化铝含量适中，石灰含量低，属于钾玻璃的第三亚类，这种以低石灰含量为特征的钾玻璃明确分布在越南北部至华南地区的北部湾地区，强烈暗示这类玻璃原本就是在本土制作完成的。同时泰国东、西部的克拉地峡（Kra Isthmus）和印度东南海岸的阿里卡梅杜（Arikamedu）遗址发现的玻璃残片表明，北部湾区域与南亚之间很早便存在海上贸易关系[1]。

中国学者在成分研究方面也取得了新的突破，结论也更为细化。李青会参照前引学者兰克顿等人对东南亚泰国、越南等地发现的钾玻璃的分类标准，按照其中CaO和Al_2O_3的含量，并结合微量元素铷和锶的重量比，将广西发现的汉代钾玻璃分为三个亚类，即m-K_2O-CaO-SiO_2玻璃（低铝的钾玻璃）、m-K_2O-Al_2O_3-SiO_2玻璃（低钙的钾玻璃）和m-K_2O-CaO-Al_2O_3-SiO_2玻璃（中等钙铝的钾玻璃）。不同亚类的钾玻璃使用了不同的原料配方，助熔剂K_2O应当源自钾长石、硝石等富钾矿物或矿物组合。其中m-K-Ca-Al玻璃是分布最广泛的一类玻璃，中国、印度、泰国、缅甸、柬埔寨都有发现，可能存在多个制造中心。m-K-Ca则主要来自泰国，缅甸也有少量发现；m-K-Al主要来自广西、越南北部、缅甸，泰国该类玻璃所占的比例较小，柬埔寨也仅有少量发现。结合对具体器物的研究，他认为印度传入广西的

1　（德）碧姬·博雷尔(Brigitte Borell)著，刘焱鸿译：《早期北部湾地区的汉代玻璃器皿》，《海洋史研究》第四辑，社会科学文献出版社，2013年，第27—44页；Brigitte Borell, Trade and Glass Vessels along the Maritime Silk Road, Bettina Zorn, Alexandra Hilgner (eds), Glass along the Silk Road from 200BC to AD 1000: International Conference within the scope of theSino-German Project on Cultural Heritage Preservationof the RGZM and the Shaanxi Provincial Institute of Archaeology, December 11th-12th 2008, Schnell & Steiner, 2010, pp.127-142.

钾玻璃主要是中等钙铝的亚类，具有较低的Rb/Sr比例。文昌塔M70出土的淡青色西汉晚期玻璃杯是m-K-Ca-Al亚类的钾玻璃，腹中部饰三道弦纹等特点与阿里卡梅杜发现的玻璃器残片相似，因此这件玻璃杯有可能来自印度。合浦文昌塔M1出土的角轮形环在成分上属于中等钙铝的钾玻璃，器形上与我国台湾、广西、菲律宾、越南等地发现的“有角玦状石环”有密切关系，推测是从越南南部一带输入。合浦黄泥岗M1出土的玻璃杯也属于m-K-Ca-Al亚类，但器形有差异，很可能是东南亚传入。根据考古学和科技分析的结果，广西出土的汉代玻璃器有很大一部分是交州刺史部区域内制作的，主要包括低钙亚类（m-K-Al）的高铷低锶钾玻璃和部分中等钙铝亚类（m-K-Ca-Al）的低铷钾玻璃。合浦红岭头M11出土的蓝色玻璃杯、合浦母猪岭M1出土的玻璃盘、贵汽路M5出土的玻璃杯和玻璃盘均属于m-K-Al亚类钾玻璃，贵县南斗村M8出土的托盏高足杯的承盘也属于m-K-Al亚类，具有较高的Rb/Sr比例，整件器物的器壁薄，透明度高，显示出较高的制作水平[1]。

从广州地区出土并进行过成分分析的汉代玻璃制品的时代可以发现：铅钡玻璃最早为西汉早期，铅玻璃最早为西汉中期，两种玻璃在东汉时期均有发现；钾玻璃最早为西汉中期，但大量出现是在东汉时期。钠钙玻璃数量较少，并都为东汉时期；m-Na-Al玻璃从西汉中期延续到东汉，同样数量较少。这说明广州在汉代首先出现中国自制的铅钡玻璃，随着汉武帝统一岭南并开辟海上丝绸之路，与古代玻璃相关的中外交流逐步密切，来自东南亚、南亚、西亚等地区的玻璃开始输入，并发展出具有岭南特色的钾玻璃。广州汉墓出土的其他与中外交流密切相关的金器、银器、琥珀、香料、玛瑙等制品，也说明了这种远距离贸易是确实存在的[2]。

除集中分布于两广地区之外，钾玻璃容器在其他地区也有发现。例如2002年河南南阳陈棚村一座西汉晚期竖穴土坑墓中（M68）曾出土一件玻璃杯。该墓墓底北部存留大量黑色漆皮，从尚存的灰痕看，为一椁一棺。出土陶器、铜器、铁刀、玻璃杯、玉璜、瓷盒、卵石等共计40余件[3]。蟠龙四花瓣草叶纹镜是汉代流行的镜类之一，其流行的时代在西汉早中期，推测M68夫人埋葬时代应为西汉晚期。该墓规模不大，但出土的玻璃杯却极为罕见。玻璃杯无色透明。直口圆唇，深弧腹，平底。唇外饰两周凹弦纹。口径6.2厘米、底径3

图3-27　河南南阳陈棚村M68出土玻璃杯
（采自河南南阳市文物考古研究所：《河南南阳市陈棚村68号汉墓》，《考古》2008年第10期，图版贰、4）

1　熊昭明等：《广西出土汉代玻璃器的考古学与科技研究》，文物出版社，2011年，第121—126、136、157—158页。

2　付强等：《广州出土汉代玻璃制品的无损分析》，《硅酸盐学报》2013年第7期，第994—1003页。

3　河南南阳市文物考古研究所：《河南南阳市陈棚村68号汉墓》，《考古》2008年第10期，第33—39页。

厘米、高3.4厘米（图3-27）。

采用激光剥蚀电感耦合等离子发射光谱仪（LA-ICP-AES）进行的元素成分分析结果表明，该玻璃杯的成分属钾硅盐（K_2O-SiO_2）玻璃系统，SiO_2含量为82.12%，K_2O含量为12.18%，MgO含量为0.41%，极低的MgO含量表明这件钾玻璃杯是中国自己生产制造的，但这件器物是从南方输入南阳还是从其他渠道流入还需要进一步研究。

第三节　异域玻璃的传入

大约与两汉同时或稍晚的西方，正是罗马玻璃大放异彩的时代[1]。罗马玻璃的制作工艺多样，除继承前代的模压、铸造之外，最重要的发明是公元前1世纪早期吹制技术的诞生并广泛应用，主要包括有模吹制、无模自由吹制等方法，吹制工艺增加了玻璃制品的器类以及器表装饰的表现形式，使生产较大器形的玻璃容器成为可能，同时又加快了玻璃制品的生产速度并降低了生产成本，推动了玻璃器在罗马世界的普及。

罗马玻璃种类丰富，包括浮雕玻璃（Cameo Glass，亦称雕花玻璃、宝石玻璃）、马赛克玻璃（Mosaic Glass，亦称镶嵌玻璃）、釉彩玻璃（Enamelled Glass）、包金玻璃（Gold Glass，亦称夹金箔玻璃）等不同品种。装饰方法上非常流行缠丝、切割、雕刻、彩绘、镀金，尤其是雕镂技艺所创造出的镂空效果更是令人叹为观止，高级玻璃制品多综合不同的工艺和装饰技法，形成精巧华美的艺术效果，影响了后来上千年间的玻璃生产。玻璃制品的种类也非常多样，既有实用的盘、碗、罐、杯、瓶、灯、盒等容器，多用于盛放酒、水、香水、油、骨灰等；还有小巧的饰牌、徽章、垂饰、人像、珠子、戒指、臂钏等装饰品；以及玻璃距骨、刮板、勺、镜子等日常生活和娱乐用品[2]。

两汉时期的外来玻璃制品的甄别主要基于玻璃的化学成分及其造型，依钠钙玻璃及钾玻璃等不同的体系及其亚类的划分，分别有罗马玻璃或印度及东南亚玻璃等不同的推断。其中多数发现仍然是以各类珠饰为代表的装饰品，这类饰品小巧精美，色彩绚丽，易于携带，考古发现也最多，但受保存状况及研究资料匮乏的影响，目前关于玻璃珠饰的综合研究还比较少。以开展较为充分的广西地区为例，熊昭明、李青会等人认为，印度传入广西的钾玻璃主要包括六棱珠、扁壶形等特殊几何造型的串饰，以铜着色的红褐色玻璃珠和以锰着色的紫色珠，以及文昌塔M70出土的淡青色玻璃杯等。从成分判断，低铝钾玻璃（m-K-Ca）应该主要产自东南亚，也是广西地区可能输入的一种钾玻璃。中等钙铝钾玻璃（m-K-Ca-Al）在印度、东南亚和广西广泛分布，说明确实可能存在多个制造中心，为满足日益扩大的需求，从

1　一般是指公元前1世纪到公元5世纪间，参见David Whitehouse: Glass: A Short History, Smithsonian Books, 2012, p.31。

2　这里仅为简单概括，各大类下还有更丰富的小类，例如玻璃杯便有高足杯、大口杯、双耳杯等不同种类，更详细的分类参见康宁博物馆出版的介绍馆藏罗马玻璃的三卷本图录，David Whitehouse: Roman Glass in the Corning Museum of Glass, Vol. 1, 2, 3, Hudson Hills Press, 1997, 2001, 2003.

东南亚输入一部分满足日益增长的消费需求是很可能的[1]。

早期研究多倾向于认为，1954年广州横枝岗西汉中期墓（M2061）中出土的3件玻璃碗可能是中国发现时代最早的罗马玻璃容器，这3件玻璃碗形制、颜色、制法相同（图3-28）。碗体呈紫蓝色半透明状。直口弧壁，口沿下有一周略凸起的弦纹。模制成形。内壁光滑，外壁及口沿打磨呈砂玻璃状。口径10.6厘米、胎厚0.3厘米[2]。同位素X射线荧光分析表明含钾、钙元素，并含微量铅、钡元素[3]。但由于这几件玻璃碗并没有进行成分测定，无法确定是属于钠钙玻璃还是钾玻璃系统。但仅就器形而言，这种玻璃碗并不见于同时代的罗马玻璃，反而在北部湾地区的汉代墓葬出土器物及纹饰中可以找到源头，结合汉代交广地区的海上交通情况，这件器物有在本地制造、由东南亚或印度东海岸传入等数种可能，具体情况还需要综合考虑成分分析结果以及更大范围内的考古材料的比对来解决[4]。

1980年清理的位于江苏邗江甘泉镇双山2号汉墓，封土规模较大，直径为60米，原高13米左右，墓室为砖砌，平面近方形，南北长8.8米、东西宽9.6米，墓顶为多券结构，墓室有双棺室，墓中出土的雁足灯底盘的口沿上阴刻篆体铭文“山阳邸铜雁足长镫建武廿八年造比十二”，盗洞填土中发现了阴刻“广陵王玺”的金印，因此墓主被推定为永平元年（公元58年）由山阳王徙封为广陵王的刘荆。墓中发现了三块玻璃容器的残片（图3-29），玻璃片是紫红色和乳白色相间的透明体，外壁有模印的辐射形竖凸棱作为装饰[5]，应该是一件玻璃钵的碎片，这些玻璃片是目前中国发现的罕见的以马赛克技法制作的古代玻璃，经检测为Na_2O-CaO-SiO_2玻璃。这种带竖凸棱条装饰的玻璃碗是考古发掘中

图3-28 广州横枝岗M2061出土玻璃碗

图3-29 江苏邗江县甘泉镇双山M2出土玻璃残片（采自James C. Y. Watt etc (eds), China: Dawn of a Golden Age, 200-750 AD, Yale University Press, 2004, p.58, fig. 47）

1 熊昭明等：《广西出土汉代玻璃器的考古学与科技研究》，文物出版社，2011年，第124、135—136页。
2 广州市文物管理委员会等：《广州汉墓》，文物出版社，1982年，上册，第239页；下册，图版六七，1。
3 建筑材料研究院等：《中国早期玻璃器检验报告》，《考古学报》1984年第4期，第456页。
4 关于这几件玻璃碗的最新研究，参见耿朔：《汉墓出土古玻璃二题》，《边疆考古研究》第17辑，科学出版社，2015年，第269—271页。
5 南京博物院：《江苏邗江甘泉二号汉墓》，《文物》1981年第11期，第1—10页。

图3-30 洛阳市东郊东汉墓出土玻璃瓶

最容易辨认的产于地中海地区的罗马玻璃容器，通常认为其制作时代在公元前1世纪至公元1世纪之间，在吹制工艺诞生之前。制作方法是先将受热后软化的玻璃毛坯覆盖在圆凸状的模具上，然后置于制陶用的慢轮上修整，简便的制作办法使快捷、大量生产成为可能，因此这类碗在地中海及其以东的红海、波斯湾沿岸地区以及印度东南海岸都有发现。迄今为止，甘泉双山M2中出土的玻璃碗碎片印证了该地是这类器形的最东分布地，但双山M2玻璃碗碎片的特殊之处在于是用马赛克工艺制成，而不是之前大量生产的单色玻璃。这种工艺是将紫红色、奶白色半透明的条纹玻璃棒按照一定次序热熔混合，排成同心圆之后再模压成形，成品有类似大理石花纹的艺术效果。这种技术要求所选的两种不同颜色的玻璃一定要有相同的热膨胀系数，否则成品容易破裂，而且还需要按照一定规律排列，以达到仿大理石纹理的艺术效果[1]，制作工艺更为复杂，也更加稀有而贵重。根据普林尼的记述，这种马赛克玻璃碗很可能是古罗马时期珍稀的默勒石（murrhine）容器的仿制品。据说默勒石是一种产于安息的极其稀有的天然石料（一般认为是不同种类的萤石），色彩透明、多样，有的部位不透明。颜色由紫到蓝，从白到淡黄，不一而足。公元前61年，罗马将军庞培（Pompey）在米特拉达梯（Mithridatic）战争结束后凯旋，这种石料制作的容器被首次引入罗马世界，成为当时最为昂贵的奢侈品，据传罗马皇帝尼禄曾花费一百万塞斯特斯（sesterce）购买一件默勒石杯，如此高昂的价格无疑只有极少数顶级贵族才能支付得起，这也促使人们用更为廉价易得的马赛克玻璃仿制默勒石容器。不过，这种玻璃仿品虽然成本降低，但仍然是当时的高档商品，甘泉双山M2中出土的马赛克条棱玻璃碗最初很可能是来自海上丝绸之路的珍贵馈赠[2]。

1 安家瑶：《玻璃器史话》，社会科学文献出版社，2011年，第58—61页。

2 Brigitte Borell, Trade and Glass Vessels along the Maritime Silk Road, Bettina Zorn, Alexandra Hilgner (eds), Glass along the Silk Road from 200BC to AD 1000: International Conference within the scope of theSino-German Project on Cultural Heritage Preservationof the RGZM and the Shaanxi Provincial Institute of Archaeology, December 11th-12th 2008, Schnell & Steiner, 2010, pp.127-128. 另外，可以参考耿朔：《汉墓出土古玻璃二题》，《边疆考古研究》第17辑，科学出版社，2015年，第271—274页。

1987年由河南洛阳市文物工作队在洛阳市东郊的一座东汉墓中发掘出土一件玻璃瓶（图3-30）。此瓶呈黄绿色半透明状，通体闪耀金属般的光泽，华丽典雅。口沿圆唇外侈，直长颈，垂腹，底部平圆，外形像现代化学实验室中常见的烧瓶。由口及底饰以成组的螺旋形白色大理石状的线纹，线纹以外有相当厚的风化层。风化层呈深褐色，有虹彩。口径4厘米、腹径7.5厘米、高13.6厘米。这件玻璃瓶造型和制法都不见于中国传统容器，是一件吹制而成的外来器物，类似造型的玻璃瓶常见于地中海沿岸的罗马玻璃制品，最早出现于公元30年前后，持续生产至公元1世纪末2世纪初，这件玻璃瓶可能是张骞通西域之后由中亚胡商辗转贩运至洛阳的[1]。

1984年江苏邗江甘泉老虎墩发掘一座带双耳室的前后室汉代砖墓。该墓早年被盗，墓室中出土了一件残碎的玻璃杯，侈口，腹部呈圆柱体，球形底，表面已风化，断面呈翠绿色，口径约7.8厘米、残高9.2厘米，玻璃杯残片经上海硅酸盐研究所分析，发现Na_2O含量为16.01%，CaO含量为4.62%，SiO_2含量为68.37%，属于钠钙玻璃系统，应为外来输入品。该墓时代被推定为东汉中期，墓主被推断为广陵王刘荆以后的某一代广陵侯或其重臣[2]。

通过以上分析可以推知，目前能够确定的两汉时期钠钙系玻璃容器跟先秦中原南方地区的钠钙玻璃的分布情况有些类似，也多出于同时代的高等级墓葬之中，小型玻璃装饰品主要包括钾玻璃和钠钙玻璃两种，反映出汉代政府对西域的经营以及日渐兴起的海上贸易活动的影响。

1 James C. Y. Watt etc (eds), China: Dawn of a Golden Age, 200-750 AD, Yale University Press, 2004, p.113.

2 扬州博物馆：《江苏邗江县甘泉老虎墩汉墓》，《文物》1991年第10期，第62—70页。

第四章
魏晋南北朝玻璃

第一节 欧亚大陆形势与南北朝玻璃

魏晋南北朝时期的欧亚大陆并立数个大帝国，不同族群、政权间的纷争占据了相当比重。公元1世纪末北匈奴西迁之后，东起大漠西至天山的广大地区先后有鲜卑、柔然和突厥三大民族相继游牧其间，匈奴的迁徙、柔然的兴起和突厥的扩张，构成了魏晋南北朝时期欧亚草原民族迁徙的三大浪潮，也成为中西交通和文化交流的三股动力[1]。公元3—6世纪东西方文明世界政治动荡和危机的外部根源主要来自中亚和中国北方游牧民族持续不断的迁徙及其对农耕世界的军事征服。例如北匈奴西迁侵入日耳曼人的领地，引发连锁效应，日耳曼人大批涌入罗马帝国，加速了罗马帝国的分裂和西罗马帝国的灭亡，公元286年戴克里先重组罗马帝国的统治体制，首创四帝共治，公元340年罗马帝国分裂为东西两部，公元476年，在日耳曼人入侵和奴隶起义的联合打击下，西罗马帝国灭亡，东罗马帝国的疆域在查士丁尼统治期间臻于极盛，公元7世纪有所收缩，但政权本身一直延续至1453年。

当罗马帝国陷入3世纪危机之时，帝国的东部边境上出现了比安息更为强大的萨珊波斯，公元226年萨珊王朝取代安息王朝。自公元前1世纪中叶直至公元5世纪初，安息、萨珊与罗马帝国断续进行了多年战争，战事主要集中在美索不达米亚北部、叙利亚、亚美尼亚、高加索山区一线[2]，这些地区也是当时重要的玻璃生产中心，边境地区一直存在文化上的交流，频繁的战争还会导致大规模的人口迁移，这其中就包括玻璃工匠的流动。因此同时期罗马和萨珊的部分玻璃制品在工艺、器形、装饰上会有一定的相似性，这是研究国内出土的外来玻璃器尤其要注意的一点。

同时期的中亚地区，在贵霜和匈奴之后，又经历了乌孙、康居、匈人等不同族群的统治。公元4世纪70年代，游牧于阿尔泰山以南至天山东部地区的嚈哒人开始向西迁徙，占领中亚粟特地区，随后南下灭亡贵霜帝国。公元5世纪中叶，嚈哒人大败萨珊王朝的军队，并南下入侵印度北

1 沈福伟：《中西文化交流史》，上海人民出版社，2006年，第79页。

2 邹书源：《论罗马帝国的东方军事政策》，《南华大学学报（社会科学版）》2014年第2期，第66—70页。

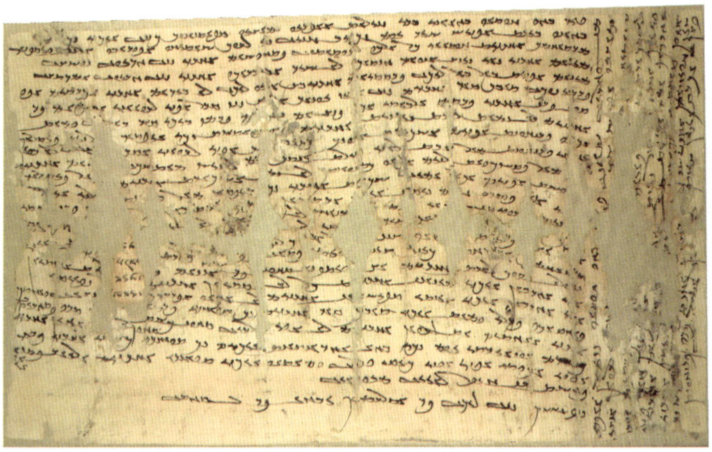

图4-1　大英图书馆藏敦煌长城烽燧遗址中出土粟特文古信札（Or.8212/98）
（采自国际敦煌学项目网站http://idp.bl.uk/database/large.a4d?recnum=12632&imageRecnum=48583）

部，受挫于印度的笈多王朝。公元6世纪中叶，在萨珊王朝与突厥联合夹击下，嚈哒衰亡[1]。东西方文明在中亚地区的交融以及特殊的地理和政治形势，使两汉之后中亚两河流域的粟特人渐趋活跃，出色的商业能力使其成为当时东西方贸易最重要的经手人。粟特人聚落在丝路沿线广泛分布。1907年，斯坦因第二次中亚考察期间在敦煌长城烽燧遗址中发掘出8封粟特文书写的古信札，这些古信札是一起发现的，但却来自不同地方，1、3号古信札是敦煌的同一个人所写，可能寄往兰州，2号古信札写于河西走廊，寄往撒马尔罕，5号古信札发自武威，这些信札反映出粟特聚落内部不同级别的邮传系统的存在（图4-1）。目前释读出的几封信札中列出的交易物品包括亚麻布（？）、织物、麝香、金银、胡椒、酒、樟脑、白铅粉（？）等等，多数都是当时丝路沿线较难寻觅的奢侈品[2]。其中相对完整的第2封古信札是由一位名为那尼槃陀（Nanai-vandak）的在华粟特商人由姑臧（即武威）寄给居住在撒马尔罕的主人拔槎迦（Varzakk）的，报告中国内地的政治形势以及粟特商队的经营状况，1948年，英国语言学家亨宁（W. B. Henning）根据信中涉及的匈奴人烧毁洛阳城、皇帝（即西晋末年晋怀帝）因为饥馑而逃离洛阳城等事件背景，结合语言学方面的分析，认为此信写于公元312—313年，这一断代为学界所广泛接受[3]，信件内容如实反映出当时沿河西走廊直到都城乃至更远地区的粟特人分布、商业组织结构以及沿途贸易状况。

多年来对丝路沿线出土的包括金银器和玻璃器在内的外来奢侈品的研究表明，很多器物都不能单纯以罗马、萨珊或印度风格概括，而更多体现出不同的文化元素的融合，表明这些器物或者制作于文明交汇的中亚地区，或在流经中亚时被改造过，其最终传入中国也跟丝绸之路上西来东去的粟特商人们密切相关。近年西安、洛阳等地发现了安伽、史君、安备等北朝隋代粟特人墓，葬具上刻饰诸多具有异域风情的

1　（俄）B. A. 李特文斯基等编，马小鹤译：《中亚文明史》第三卷《文明的交会》，中国对外翻译出版公司，2003年，第18—20页。

2　（法）魏义天（Étienne de La Vaissière）著，王睿译：《粟特商人史》，广西师范大学出版社，2012年，第22—30页。

3　毕波：《粟特文古信札汉译与注释》，《文史》第67辑，中华书局，2004年，第73—88页。

生活和信仰图景，也为了解流寓中土的粟特人提供了更为具体而充实的资料。长距离转运货物的风险与艰辛不断提高着商品成本，也促使贸易对象的选择更偏向“小而贵重”，反映在魏晋南北朝考古中便是包括金、银、铜、玻璃等不同材质在内的许多异域情调奢侈品的发现，这其中尤其是以剔透易碎、“济流沙之绝险，越葱岭之峻危”[1]而来的异域玻璃器更为珍贵难得。

这一时期的中国中原地区政权更迭尤为频繁。司马炎取代曹魏建立西晋，中国出现短暂的统一局面，随后的4世纪初到5世纪中叶，匈奴、鲜卑、羯、氐、羌等北方游牧民族相继入主中原，建立不同的割据政权，史称五胡十六国。公元439年，鲜卑贵族建立北魏并统一我国北部和西北部的广大地区。南方地区自东晋偏安江南一隅开始，先后有宋、齐、梁、陈四个王朝相继存在，南北分裂的局面一直持续到公元6世纪末隋代再度统一中国。不过频繁的政权更迭并没有妨碍中原与西域的交通，不同政权的统治者非常注重对西域的控制，客观上保持了丝绸之路的畅通。曹魏政权在河西地区设置凉州刺史管理西域各地，公元222年复置戊己校尉，驻守高昌，而后又恢复西域长史，治所在罗布泊以西的海头，西晋武帝遣使至大宛，封蓝庚为大宛王，前凉亦在高昌郡设戊己校尉，前秦苻坚命吕光出征西域，连克焉耆、龟兹，威震西域，诸国贡使相率于道；吕光建立后凉之后，命其子吕覆为都督玉门以西诸军西域大都护，镇守高昌郡。另外，后秦、西秦、南凉、北凉等西北各族政权或在西域屯田驻军，设官置守，或派官兵征讨叛逆，抚慰各地，都或多或少与西域诸国有所交往。北魏大败柔然，太武帝遣使臣董琬出使西域，招抚九国，进一步沟通中原与西域之间的联系，北魏政府在洛阳城外的伊河和洛河之间的御道之东，设有接待外国商人使臣的四馆：金陵馆、燕然馆、扶桑馆、崦嵫馆，其中崦嵫馆接待西方的商人使臣；御道以西设有供外国商人使臣侨居的四里：归正里、归德里、慕化里、慕义里，其中慕义里用以安置西方侨居者，外国商人使臣“乐中国土风，因而宅者，不可胜数”[2]，中原虽乱，但丝路未断，不同政权对于中西交通的维持与开拓是这一时期考古工作中出土外来物品的大背景。

由于保存条件的限制，魏晋南北朝时期的玻璃制品发现不多，仍然呈点状分布，完整的玻璃器皿几乎全部出自高级贵族墓葬和佛寺塔基中，不断流入中国的西方玻璃器因其不菲的价值、新奇的造型、晶莹剔透的外观而被贵族和佛教寺院视为至宝。三国西晋时期的玻璃器很少发现且多已残破。北魏以后的实物出土则相对较多。北魏以后玻璃器的发展，与当时丝绸之路的畅通、中西文化交流息息相关，也与隋唐时期经济、文化的高度繁荣及佛教的兴盛、崇尚奢华的社会时尚等原因密不可分。南方地区出土的玻璃器比较少，东晋南朝墓中的一些玻璃器皿及残件，多为外国输入品。

跟两汉时玻璃器皿多是造型简单的盘、碗、杯不同，这一时期玻璃器种类开始增加，透明度较高，形态也富于变化。佛寺塔基中新出土了钵、小壶、长颈瓶、葫芦形小瓶等前代不见的中国传统的新器形，但器物制作却采用吹制成形及粘贴玻璃条技术，一些器物底部的疤痕（pontil scar），是在制作过程中先把器物底粘在铁棒上进行加工，器物做成之后去掉铁棒而留下的痕迹，这种方法被称为“铁棒技术”

1　（唐）欧阳询：《艺文类聚》卷八四《宝玉部》下“瑠璃”条，上海古籍出版社，1982年，第1442页。

2　范祥雍校注：《洛阳伽蓝记》卷三“宣阳门外四里”条，上海古籍出版社，1978年，第161页。

（pontil technique），使用外来工艺加工出同时代常见的器形，高铅玻璃与钠钙玻璃共存，这都标志着国产吹制玻璃的诞生。《北史·大月氏传》中记载，北魏“太武时，其国人商贩京师，自云能铸石为五色瑠璃，于是采矿山中，于京师铸之，既成，光泽乃美于西方来者。乃诏为行殿，容百余人，光色映徹，观者见之，莫不惊骇，以为神明所作。自此，国中瑠璃遂贱，人不复珍之”[1]，这是一条可能涉及当时玻璃生产的重要文献，关于其指涉历来有不同说法，具体已如本书绪论部分的讨论。与之相对应的是，公元481年奉北魏孝文帝之命瘗埋的定县北魏石函中出土了四种七件玻璃器，是目前可以确认的中国制造最早的吹制玻璃器。作为北魏平城故地的大同地区也出土不少玻璃容器，跟定县的发现类似，器形传统，颜色多呈蓝色半透明状，近年来位于草原深处的内蒙古锡林郭勒盟的伊和淖尔墓群M1也出土了一件玻璃碗，跟大同南郊变电站M6出土的玻璃碗非常相似。

这一时期的外来玻璃器基本可以确定属于罗马和萨珊两大玻璃生产体系。罗马玻璃早在汉代就已传入中国，三国两晋时继续发现，主要包括辽宁北票北燕冯素弗墓出土玻璃器、河北景县北朝晚期封氏墓群祖氏墓出土的网格纹玻璃碗、南京象山7号东晋墓中出土长条磨花纹玻璃杯[2]、南京富贵山M4出土玻璃碗[3]。石门坎六朝早期墓出土多块玻璃残片[4]、南京大学北园东晋墓出土玻璃残片[5]，南京北郊东晋墓出土浅黄、深蓝玻璃片上有圆点、椭圆、弦纹等磨花纹饰，似属两件深腹筒形器，都有可能是罗马玻璃器[6]。这些玻璃制品经过成分测定主要为硅、钠、钙，钾和镁的含量较低，铁的含量更低；原料经过精选，含有微量的锰，采用二氧化锰作为脱色剂和澄清剂。已知的器形有筒形杯、大口杯、碗、钵、鸭形器等，多贴饰玻璃条，或采用磨花技术，无论成分、器形还是装饰技法，都体现出罗马玻璃中常见的特点，属于外国输入的罗马玻璃器。

公元3—7世纪伊朗萨珊王朝时期生产的玻璃器被称为萨珊玻璃，萨珊玻璃在世界玻璃制造中心由西向东转移的过程中做出重要贡献，在继承和发展玻璃工艺上也起到了承前启后的作用。目前已发现的魏晋南北朝时期外来玻璃器中，萨珊制品占据多数。对考古发掘和各类搜集品的综合分析表明，萨珊玻璃的制造和加工中心主要集中在美索不达米亚和高加索地区，而萨珊玻璃器的分布范围更加广泛，西起萨珊西境，东到木鹿、中国、韩国、日本，北起高加索山脉，南到阿拉伯半岛南部都有发现，这些玻璃器在本地的价值高低与其距离原产地的远近成正比。

众所周知，西方早期玻璃制品是钠钙玻璃，并含有较高比重的钾和镁，一般认为是通过草木灰、粉碎的石英或沙子引入，公元前一千纪早期，在幼发拉底河以西地区首先发生改变，草木灰被富钠蒸发盐类也就是常说的泡碱（Natron）所取代，低镁低钾的玻璃开始在美索不达米亚以及欧洲大陆的罗马和拜占庭帝国流行，但是幼发拉底河以东地区在萨珊王朝统治期间仍然使用草木灰做助熔剂，伊朗和伊

1 （唐）李延寿：《北史》卷九七《西域传》“大月氏”条，中华书局，1974年，第3226—3227页。

2 宿白：《中国境内发现的东罗马遗物》《中国境内发现的中亚与西亚遗物》，《中国大百科全书·考古卷》，中国大百科全书出版社，1986年，第676—681页。

3 南京市博物馆等：《江苏南京市富贵山六朝墓地发掘简报》，《考古》1998年第8期，第43页。

4 李鉴昭等：《南京石门坎乡六朝墓清理记》，《考古通讯》1958年第9期，第69页。

5 南京大学历史系考古组：《南京大学北园东晋墓》，《文物》1973年第4期，第44页。

6 南京市博物馆：《南京北郊东晋墓发掘简报》，《考古》1983年第4期，第320页。

拉克的早期伊斯兰玻璃（公元7世纪中叶到10世纪）仍然具有使用草木灰做助熔剂所特有的高镁高钾的特点，因此萨珊玻璃匠人被认为是美索不达米亚古老玻璃制作传统的追随者以及早期伊斯兰玻璃工艺的先驱者。萨珊玻璃依据其中镁、钾和磷的比率差异可以分成两种不同的配方，第一种氧化镁的含量在3%—5%，每克磷含量在900—1800微克之间；第二种氧化镁含量高，在6%—8%之间，但磷含量低，在500—800微克之间，第一种配方在萨珊统治美索不达米亚中部之初（公元3世纪）传承自帕提亚时期及临近的塞琉西亚，而第二种配方出现于公元4世纪，并一直延续到公元7世纪萨珊衰亡。相应的制作玻璃的原材料即二氧化硅的来源也有所变化，公元三四世纪的第一类萨珊玻璃都是由来源混杂、不太纯净的原料制作，随后几个世纪的一些质量稍次的玻璃器亦如是生产，从公元4世纪开始，部分第一类萨珊玻璃以及第二类萨珊玻璃的原材料进一步提纯，生产出绿色、黄绿色以及接近无色的玻璃，标志着某种技术革新的广泛应用，第二类玻璃影响到第一类玻璃的生产，两类玻璃制品种类也出现明显的分化，即第一类玻璃多为普通的日常用品，而第二类则在质量、精细程度上更胜一筹[1]。

萨珊玻璃的主要器形有碗、大口杯、高足杯、瓶以及种类多样的用于盛装液体或粉末的小瓶（unguentarium），跟罗马玻璃传统不同，萨珊玻璃中罕见大型容器。考古发掘揭示出在日常生活或随葬用的一系列自由吹制、不加其他装饰的器形，例如细长颈、圆底或底心上凸的小瓶、侈口短颈鼓腹小瓶、敞口弧壁平底杯、直壁或斜直壁玻璃碗、深腹斜壁大口杯、带足酒杯（chalice）等，有些碗和小瓶的外壁粘有突起（prunt），足部则由夹钳向外牵拉形成尖状突起，以便于持握和支撑，这类特征也见于叙利亚发现的罗马玻璃。瓶类器在制作过程中常使用夹钳套颈，有模吹制会在腹部形成竖向条棱，底部则残有加工过程中留下的铁棒痕迹。有模吹制形成的竖向条棱也见于碗、罐、杯、小瓶等器形；以热玻璃条缠绕、装饰器身的玻璃器并不常见，而且很可能是从罗马治下的叙利亚地区进口；取而代之的是在器身贴饰小圆饼，这种装饰技法一直延续到早期伊斯兰时期。

用冷加工工艺在器物外壁琢磨出成排的圆形或椭圆形的小台面是萨珊玻璃器最重要的特点（图4-2），这类玻璃（cut glass，多译为磨花玻璃）最早出现于约公元4世纪早期，与来自罗马的影响密切相关，可能是模仿当时贵重的水晶之类的宝石容器，随后日趋复杂和精细化，从仅有米粒大小或为单独的圆形（或椭圆形）面，逐渐演变成深切或彼此叠压的圆面或多边形面。敞口碗是磨花玻璃中最常见的器形，在公元4世纪早中期，这类碗的口部多裂口（cracked-off rim），腹部外壁会等距离装饰浅圆形雕饰，随后器壁多斜直，圆形装饰也变为椭圆形，口部依然不加修整，此时的玻璃仍略呈绿色；从公元6世纪开始，这种碗的腹部变为半球形，外壁装饰成排紧靠的小圆面，有的彼此叠压形成蜂巢或龟甲状的多边形，玻璃的颜色也有浅绿色或浅褐色两种，后者一般壁更厚也更重。磨花面多从底向口加工，并在口沿附近消失，磨花面深度和数目的增加会为手部持握带来更为舒适的体验。类似的工艺还被应用到拥有梨状腹的瓶和双耳罐上，公元7世纪早期还见于圆柱形长管上。在全世界范围内，这三类器物数量极少，应该是当时为特定目的而

1 Piero Mirti et alii, Sasanian Glass from VehArdašīr: New Evidences by ICP-MS Analysis. Journal of Archaeological Science 36, pp. 1061-1069.

图4-2　美国康宁玻璃博物馆藏萨珊磨花玻璃
（1、4、6为玻璃碗，2、3为玻璃大口杯或灯，5为玻璃瓶）［采自David Whitehouse etc, Sasanian and Post-Sasanian Glass in the Corning Museum of Glass, The Corning Museum of Glass, 2005,p.42 no.45; p.43 no.46; p.45 no.50; p.51 no.60; p.52, no.61; p.55 no.65.］

设计使用，还有一类外壁装饰双层磨花或圆凸的玻璃碗，更为精美，无疑也更费工费时，所有这类碗均经过仔细抛光，抹去所有热成型所遗留的痕迹，底部有一个凸出的大圆饰，既巧妙掩饰了铁棒加工技术所留下的疤痕，又增加了器体的稳固性[1]。

中国境内发现最早的有明确纪年的萨珊玻璃器当属西晋华芳墓出土的玻璃碗。湖北鄂城公元三四世纪之际五里墩121号墓中出土的圆形磨花装饰的圜底玻璃碗、5世纪中期固原李贤夫妇墓所出的带圆形突起装饰的玻璃碗、南京仙鹤观6号东晋墓出土的玻璃碗、江苏句容春城刘宋墓、大同南郊北魏墓群M107所出的玻璃碗、咸阳北周王士良夫妇墓出土的玻璃碗等都是该时期典型的萨珊玻璃。

外国玻璃通过丝绸之路不仅传入中国，而且还进一步输入朝鲜半岛和日本。同一历史时期的东北亚地区尚未发现明确属于百济和高句丽的玻璃制品，朝鲜半岛的玻璃容器主要集中在新罗都城庆州地区的古坟中，另外在庆州南道陕川玉田古墓群M1中也出土了玻璃容器。庆州地区出土玻璃容器的墓葬包括规模较大的

1　以上关于萨珊玻璃的最新研究成果均参见大英博物馆St John Simpson的系列论文：From San Marco to South Arabia: Observations on Sasanian Cut Glass, Annette Hagedorn et alii (eds)Facts and Artefacts: Art in the Islamic World, Festschrift for Jens Kröger on His 65th Birthday, Brill Academic Publishing, 2007, pp.59-82; Sasanian Glass: An Overview, in Daniel Keller et alii (eds.)Neighboursand Successors of Rome: Traditions of Glass Productionand Use in Europe and the Middle East in the Later 1st Millennium AD, Oxford, U.K., and Philadelphia: Oxbow Books, 2014, pp.200-216; Sasanian Glassware from Mesopotamia Gilan, and Caucasus, Journal of Glass Studies, Vol. 57 (2015), pp.77-96.

图4-3 韩国发现的部分新罗时代玻璃器
（1.庆州皇南大冢出土玻璃凤首瓶；2、3.庆州皇南大冢出土玻璃杯；4.庆州皇南大冢出土玻璃碗；5、6、8.庆州金冠冢出土玻璃杯；7.庆州金冠冢出土玻璃碗）［采自由水常雄等：실크로드와신라: 유리의길 (Silk Road and Silla, the road of glass), Kyungpook National University, 2015, pp.147–149, no.136,137.1,138; p.151, no.141; p.154, no.144; pp.158–160, no.148.1,149,151.1.］

图4-4 日本新沢千塚126号坟出土玻璃盘和玻璃杯
［采自由水常雄等：실크로드와신라 : 유리의길 (Silk Road and Silla, the road of glass),Kyungpook National University, 2015, p.179, no.173, 174］

双圆坟如皇南大冢（南、北坟均有发现）、天马冢等和规模较小的瑞凤冢，以及金冠冢、金铃冢等小规模的积石冢（图4-3），时代为公元5世纪中叶至6世纪初期，数量在二十件左右，器形包括杯、盏、凤首瓶等，颜色有深蓝、浅绿等，多为吹制成形，有的器物外壁贴饰波浪状玻璃条，皇南大冢南坟所出凤首瓶的颈部横向缠饰玻璃条，容器口部多经过二次热加工，烧口、口沿外翻或外侈，有的还在口部贴饰一圈不同颜色的玻璃条，外壁以冷加工技法琢磨成排椭圆形装饰的玻璃杯在庆州皇南大冢的北坟也有发现，该玻璃杯的口部为未经过二次加工的裂口。这些玻璃容器的加工与装饰多数带有罗马玻璃工艺的特点，因此很可能是从地中海东岸地区制作之后经中国传入新罗的。也有学者认为，皇南大冢北坟的浅绿色玻璃碗、瑞宝冢出土的藏青色杯、安溪里4号坟出土的藏青色碗，从器形等方面推断应该是在新罗本地制作[1]。

日本最早的玻璃制品始于弥生时代中期（公元前2世纪），多是被称为勾玉、管玉、丸玉、垂饰之类的小型装饰品，在福冈、佐贺、宫崎、山口、长野、千叶等地都有发现。古坟时代开始出现玻璃容器，其中属于罗马系统的玻璃制品包括大阪大仙陵（传为仁德天皇陵）出土的托盏套件[2]，奈良新沢千塚126号坟（5世纪）出土的蓝色玻璃盘（2—4世纪）、圆形束口玻璃碗（2—4世纪）[3]（图4-4）；萨珊系玻璃制品包括大阪传为安闲天皇陵（6世纪）出土的玻璃碗（4—5世纪）、奈良正仓院藏白琉璃碗（4—5世纪）、福冈冲之岛8号祭祀遗迹（6世纪）发现的圆形凸雕纹玻璃碗残片（4—5世纪）、京都上贺茂神社发现的带圆形凸雕及轮切圆饰的玻璃碗残片（4—5世纪）等[4]（图4-5）。一般认为，这些西方玻璃器是借道新罗传入日本，可能为掠夺而来的战利品，也可能是日本列岛上跟新罗政权保持友好关系的地方豪族通过和平手段获得[5]。另外，玻璃珠继续生产用于装饰，庆州皇南大冢以及日本同时代古坟中出土了大量玻璃珠饰，跟各类勾形玉、金饰等一起组成各种胸饰、钏等装饰品[6]。

图4-5　日本发现的萨珊玻璃
（1.大阪安闲陵出土玻璃碗；4.京都上贺茂神社出土玻璃碗残片；3.福冈冲之岛出土玻璃碗残片；2.奈良东大寺正仓院藏玻璃碗）［采自由水常雄等：실크로드와 신라 : 유리의길 (Silk Road and Silla, the road of glass),Kyungpook National University, 2015, p.180, no.175; p.181, no.176; p.182, no. 177; 奈良国立博物馆《正仓院展六十回のあゆみ》，2008年，第21页，中仓68］

1　朴灿奎等：《介绍朝鲜半岛出土的几件玻璃器》，《北方文物》2007年第3期，第59—60页；国立庆州博物馆编：《国立庆州博物馆》，通川文化社，2010年，第27页；（日）菅谷文则：《从玻璃容器的传入途径所见南北朝时代的东西方交流》，《北京论坛（2004）文明的和谐与共同繁荣："东亚古代文化的交流"考古分论坛论文或摘要集》，2004年，第157—158页；王飞峰：《百济、新罗、加耶地区出土玻璃器及其与丝绸之路的相关研究》，《延边大学学报（社会科学版）》2017年第2期，第18—24页。

2　据黑川真濑记载：明治五年（1872年）九月七日，仁德天皇陵前的台阶被暴雨破坏，露出石室和石棺，其随葬品中有蓝色玻璃小罐、透明玻璃碟，相关随葬品被记录、临摹绘图之后又重新埋葬，因此不见实物照片。根据出土时所绘的图，该古坟中出土的托盏套件与新沢千塚发现的两件玻璃器形状一致，大小相差无几，但碗呈绯红色，器皿呈透明状，如果是绘图者的误差，则这两件器物应该与新沢千塚126号出土品完全一致。参见（日）三上次男：《陶瓷之路》，文物出版社，1984年，第86页；前引菅谷文则文第158页。

3　最新研究成果认为，蓝色玻璃盘为罗马制品，圆形束口玻璃碗可能为萨珊制品，参见阿部善也等：《新沢千塚出土のガラス碗とガラス皿はどこから来たのか—化学分析による起源推定》，《日本ガラス工芸学会2014年度大会要旨集》，2014年11月15日，第8页。

4　由水常雄编：《世界ガラス美術全集》，第5卷，《日本》，求龙堂，1992年，第122—130、192—193页。

5　（日）西谷正撰，侯灿、孙允华译：《丝绸之路的考古学》，《新疆师范大学学报》（哲学社会科学版）1992年第2期，第26—28页。

6　National Museum of Korea, Golden Splendors: The Royal Tomb of Silla Hwangnamdaechong(in Korean), 2010, pp.118-125.

第二节 世家大族墓葬与外来玻璃

世家大族作为魏晋南北朝社会的中坚力量，占有大量社会财富，生活极尽奢华。由南朝刘义庆撰写的《世说新语》中保留了一些当时贵族在生活、待客方面争豪斗富的故事，其中是否使用玻璃器也是衡量财力的重要标准[1]，例如“武帝尝降王武子家，武子供馔，并用瑠璃器”[2]，又如“王敦初尚主，如厕，见漆箱盛干枣，本以塞鼻，王谓厕上亦下果，食遂至尽。既还，婢擎金澡盘盛水，瑠璃盘盛澡豆，因倒箸水中而饮之，谓是干饭”[3]，结果遭到侍女们的嘲笑。《洛阳伽蓝记》记载河间王元琛豪富之状，说他在秦州为官，“遣使向西域求名马，远至波斯国，得千里马，号曰‘追风赤骥’”。另外还“有水晶钵、玛瑙杯、琉璃碗、赤玉卮数十枚，作工奇妙，中土所无，皆从西域而来”[4]，元琛求名马的使节曾远赴波斯，家藏宝器中出现来自西方的玻璃器也在情理之中。与文献记载相对应的是，目前考古发现的魏晋南北朝时期的玻璃制品，绝大多数也都出土于帝陵、高官显贵或世家大族的墓葬之中，下文将综合不同发现的出土情况与历史信息，根据其文化属性的差异逐一介绍。

魏晋南北朝时期考古发现的最重要的一批罗马玻璃出自北燕冯素弗墓。1965年，辽宁省北票县（今北票市）西官营子发现一座条石砌筑的土圹石椁墓，该墓随即被村民破坏，随葬品也被盗拿一空。这座后来被编号为M1的墓最终征集、发掘出土共计470余件文物，包括四枚印章，分别是“范阳公章”“车骑大将军章”“大司马章”“辽西公章”，发掘者结合该墓的时代和地望推测M1为冯素弗之墓，紧靠的M2墓主是冯素弗的妻属[5]。冯素弗之兄为冯跋，冯氏兄弟是成长于昌黎地区的鲜卑化汉人，也是策划政变推翻后燕慕容熙统治的主谋，立高云为帝之后继续执掌内外军政大权，而后干脆设计杀高云，平乱之后众推跋为主，跋欲让与弟素弗，称“范阳公素弗才略不恒，志于靖乱，扫清凶桀，皆公勋也”[6]，冯素弗本传中也有“跋之伪业，素弗所建也”的类似说法[7]，冯跋称帝之后，署其弟冯素弗为侍中、车骑大将军、录尚书事，而后又为大司马，改封辽西公，是北燕政权名副其实的二号人物。冯素弗死于太平七年（415年），应当葬于冯氏家族的祖茔长谷，冯跋曾七临其葬礼，可见其重视程度。

冯素弗墓共发现5件玻璃器，器形包括碗、杯、钵、鸭形注等（图4-6），另外还有7枚连珠式玻璃珠[8]。碗、钵、鸭形注以及残器均呈淡绿色透明状，唯独玻璃杯色

1 安家瑶：《玻璃器史话》，社会科学文献出版社，2011年，第69—71页。

2 余嘉锡：《世说新语笺疏》卷下“汰侈”条，中华书局，1983年，第878页。

3 余嘉锡：《世说新语笺疏》卷下“纰漏”条，中华书局，1983年，第910页。

4 范祥雍校注：《洛阳伽蓝记校注》卷四《城西》，上海古籍出版社，1978年，第207页。

5 根据文献记载，冯氏祖茔在长谷，冯跋死后也葬于龙城附近的长谷陵，冯素弗先于冯跋而死，归葬长谷祖茔应该是比较顺理成章的安排，参见辽宁省博物馆编著：《北燕冯素弗墓》，文物出版社，2015年，第105—106页。

6 （唐）房玄龄等：《晋书》卷一二五《冯跋附冯素弗传》，中华书局，1974年，第3128页。

7 （唐）房玄龄等：《晋书》卷一二五《冯跋附冯素弗传》，中华书局，1974年，第3134页。

8 辽宁省博物馆编著：《北燕冯素弗墓》，文物出版社，2015年，第34—37、68页。

1　　2　　3

图4-6　辽宁北票冯素弗墓出土玻璃器
（1.玻璃碗，2.玻璃鸭形注，3.玻璃杯）

深绿如湖水。均吹制而成，玻璃杯、碗的外底足心残有粘疤痕，反映成型之后使用铁棒顶底进行口沿等部分的再加工。1984年，建筑材料研究院等单位曾对玻璃钵的残片进行化学成分分析，测出其Na_2O、CaO、K_2O、MgO含量分别为16.02%、6.14%、4.43%、2.35%，为普通钠钙玻璃，钾和镁含量略高。2002年中国科学院金属研究所利用扫描电子显微镜和X射线能谱仪对冯素弗墓中出土的鸭形器、玻璃杯、玻璃碗进行了成分分析，可以确定三者均为钠钙玻璃，其中颜色较深的玻璃杯含有氧化铜[1]。

5件器物中工艺最复杂的当属鸭形注，系无模自由吹出玻璃泡之后，以玻璃条、玻璃丝粘贴、盘卷做出各种装饰，最终完成的器物长颈鼓腹，细长尾，颈腹部用玻璃条盘卷装饰，颈部为三角纹，背上贴出双翼，腹下粘出折线的双足，腹底粘一个平整的玻璃饼，使圆腹得以放置平稳。吹制成形之后再缠贴玻璃条是罗马帝国时期成熟并流行起来的装饰技法，伴随着东西方贸易的繁荣，类似方法装饰的鱼形器早在公元1世纪就出现在阿富汗贝格拉姆（Begram）遗址中，该遗址还出土了汉代漆器，反映出跟东方的密切联系[2]。

安家瑶推测鸭形器的制作起码需要一名工匠和一名助手相互配合才能完成。先由工匠用吹管蘸料吹出梨形玻璃泡，然后助手将铁杆黏在玻璃泡底部，拉出细长的尾部之后剪断；第三步由工匠手持吹管转动玻璃器器身，助手手持铁杆挑起熔融的玻璃液拉成玻璃条、丝，缠绕或粘贴在器身作为装饰；第四步将顶底铁杆蘸少量玻璃液顶在腹底正中，手持铁杆进一步加工器口；第五步剪口，使玻璃器脱离吹管，烧出厚唇，用钳子拉出上喙和下喙；第六步分离顶底铁杆和鸭形器，最后经过退火处理才最终完成制作[3]。

同墓中出土的玻璃碗和玻璃钵也是无模自由吹制而成，所不同的是，在后期再次热加工时，口沿部分均向内卷折。在美国康宁玻璃博物馆（Corning Museum of Glass）藏罗马玻璃器中，同一器形的碗、杯类器物口沿内卷并不多见，但在其他器

1　建筑材料研究院等：《中国早期玻璃器检验报告》，《考古学报》1984年第4期，第455页表一；安家瑶：《冯素弗墓出土的玻璃器》，载邓聪等主编：《桃李成蹊集——庆祝安志敏先生八十寿辰》，香港中文大学中国考古艺术研究中心，2004年，第377—379页。

2　Fredrik Hiebert, Pierre Cambon, Afghanistan: Hidden Treasures from the National Museum, Kabul, National Geographic, 2008, Washington.D.C. p.172.

3　安家瑶：《冯素弗墓出土的玻璃器》，载邓聪等主编：《桃李成蹊集——庆祝安志敏先生八十寿辰》，香港中文大学中国考古艺术研究中心，2004年，第378页。

图4-7 美国康宁玻璃博物馆藏鸟形器（采自David Whitehouse, Roman Glass in The Corning Museum of Glass, Volume One, The Corning Museum of Glass, 1997, p.121, no.187;p.122, no. 188-189）

形的器物上有类似的做法。受铁棒顶底加工技术的影响，多数吹制玻璃的底部均有不同程度的内凹，冯素弗墓发现的玻璃钵底部缺失较多，但似可根据周壁弧度确定其底部不平，而且很可能没有铁棒顶底所形成的内凹和疤痕，如果这一判断能够成立，这件器物显然无法立住，其制法和功能有待于进一步探讨。

关于这组器物的功能，最引人注目的当属鸭形器。中国5世纪及以前制造的玻璃器中，没有任何与这件鸭形器相似的器物，但在西方玻璃器中却有一些可比较的线索。西方学者一般称之为鸟形器，这类器物早在19世纪即已引起学者关注，根据发现可以分为两种，一种中空且密闭，用以封存矿石制作的化妆用的各色粉末或者香水，使用时需敲碎。在意大利、瑞士、希腊的克里特岛以及西班牙均有发现，时代在公元1世纪前后。第二种鸟形器有口，在土耳其、塞浦路斯、希腊、意大利均有发现，时代为公元一至三世纪。对其功能有多种推测，可能用于盛放葡萄酒、调酒、喂食婴儿、祭祀时或洗浴之后倒油等等[1]（图4-7）。冯素弗墓所出鸭形器属于第二种，也大概是用以盛放或倾倒液体（例如酒类）的容器，综合成分分析结果及器形，安家瑶认为这批玻璃器很可能是罗马帝国东北行省的产品，具体产地还有待于进一步研究[2]。

冯素弗所拥有的玻璃器很可能由柔然传入。依靠柔然威势与北魏抗衡是北燕统治者的一项基本国策，而且柔然可以为北燕提供急需的战马[3]。斛律可汗与北燕冯跋有姻亲关系，而且曾举家被逐往北燕，其时柔然是漠北草原的霸主，控制北魏平城以北的东西方交流通道，这5件玻璃器很可能未经北魏平城，而是通过草原汗国柔然抵达中国东北地区[4]。

出土罗马玻璃器的还有河北景县封氏墓地。1948年，河北景县的“十八乱冢”被当地群众掘开。出土的墓志表明，这里是当地北朝豪族封氏家族的茔域所在，从封魔奴、封延之、封子绘、祖氏（封隆之之妻[5]）等四座墓中取出三百多件随葬品，

1 David Whitehouse, Roman Glass in The Corning Museum of Glass, Volume One, The Corning Museum of Glass, 1997, pp.120-122.

2 安家瑶：《冯素弗墓出土的玻璃器》，载邓聪等主编：《桃李成蹊集——庆祝安志敏先生八十寿辰》，香港中文大学中国考古艺术研究中心，2004年，第383页。

3 张金龙：《北燕政治史四题》，《南都学坛（哲学社会科学版）》1997年第4期，第22页。

4 刘宁：《北燕、柔然与草原丝绸之路——从冯素弗墓出土的玻璃器谈起》，载辽宁博物馆编著：《北燕冯素弗墓》，文物出版社，2015年，第238—245页。

5 祖氏应为封隆之之妻，祖氏之墓也很可能是封隆之和祖氏的合葬墓，参见周铮：《河北景县封氏墓群丛考》，《文物春秋》1992年第2期，第34—35页。

其中封魔奴和祖氏墓中各出一件玻璃碗[1]（图4-8）。根据史书及墓志记载，封氏家族始终是一个在冀州（今河北地区）具有重要影响力的地方大族，很多成员在北朝出任要职，家族势力非常强大。仅以出土墓志涉及的四人为例[2]，封魔奴为十六国旧族、后燕重臣封懿之孙，这一支在北魏前期因谋乱几乎遭遇灭顶之灾，仅余封魔奴被刑为宦人，但也因此侍奉皇帝左右，并因赴张掖求雨有功而得到统治者重用，拜官晋爵，升入三品高官行列[3]。封魔奴收族子封叔念为后，高祖亲赐其名为封回[4]，封回是封懿一支在北魏后期社会地位上升的决定人物，除在地方任职政绩突出之外，还开始进入中央掌握实权。封回之子封隆之在北魏末协助高欢创立霸业，是高氏政权的元勋重臣，所任皆为权重之职，隆之弟延之也随高氏起兵，虽然在东魏时曾“弃州北走”，激怒高欢，同罪人皆死，但唯独延之“以隆之之故，独得免”[5]，由此可见封氏家族在当时的巨大影响力。封隆之之子封子绘曾亲迎高欢得到重用，并随高欢出征平叛，位列三品以上[6]。文献及墓志记载无不反映出封氏家族在冀州地区的强大影响力，而且值得注意的是，以上四人在死后均获赠官赐谥，不仅生前地位显赫，死后亦极尽哀荣。辗转地方、南征北战阅历丰富并从不同渠道获得馈赠，而身居高位也意味着物质生活的丰裕和多元，被奉若奇珍的玻璃碗出于封氏家族的风云人物封魔奴墓及封隆之夫妇合葬墓中并不奇怪。

封隆之墓中出土的玻璃碗原应为淡绿色透明状，出土时内外壁均覆盖白色风化层，口沿内翻卷成圆唇，外壁腹部以上下三条波浪状玻璃条互相衔接，形成网目纹，底部缠玻璃条形成矮圈足，内有疤痕。内壁光滑，外壁有明显的水平纹理，可能系有模吹制留下的痕迹，这件玻璃碗经X射线荧光定性分析是普通钠钙玻璃，跟罗马玻璃的一般组成相符合。封魔奴墓出土的玻璃碗呈绿色透明状，口沿火烧成圆唇，腹部横饰一道细弦纹，矮圈足，底部有疤痕。系无模自由吹制而成，圈足及腹部的弦纹都是缠绕热玻璃条而成，对外底部进行的同位素X射线荧光定性分析表明是一般钠钙玻璃，但含有较高的锡，祖氏墓出土的波纹碗与韩国庆州瑞凤塚的波纹杯装饰类似，但瑞凤塚波纹杯的颜色更浅，同墓出土的蓝色玻璃碗经X射线荧光分析表明也含有一定量的锡，很可能来源相同，都是罗马

图4-8　河北景县封氏家族墓地出土玻璃碗

1　张季：《河北景县封氏墓群调查记》，《考古通讯》1957年第3期，第28—37页。

2　封魔奴、封延之、封子绘的墓志参见赵超：《汉魏南北朝墓志汇编》，天津古籍出版社，2008年，第125—126、344—346、423—425页。

3　赵超：《中国国家博物馆藏北朝封氏诸墓志汇考》，《中国历史文物》2007年第2期，第29—40页。

4　（北齐）魏收：《魏书》卷三二《封懿附子玄之孙磨奴传》，中华书局，1974年，第761页。

5　（唐）李百药：《北齐书》卷二一《封隆之弟延之传》，中华书局，1972年，第307页。

6　对封氏家族各支的详细分析，可参考梁燕妮：《十六国北朝渤海封氏研究》，山西大学2012年硕士论文，第22—66页。

玻璃[1]。

葬于六朝都城建康附近的世家大族墓中也出土了玻璃器，包括南京北郊的象山M7（王氏墓地）、东郊的仙鹤观M6（高氏家族），其中象山M7出土的筒形玻璃杯被认为也是罗马玻璃器。自20世纪60年代开始，南京北郊的象山陆续发掘了11座墓葬，根据出土墓志、墓位关系和排葬规律可以确定这里是琅琊王氏的一支、东晋尚书王彬的家族墓地。据出土墓志推断王彬可能葬于其子王兴之和女王丹虎之间，但墓葬早已被破坏[2]。M7在已清理的象山王氏诸墓中规模最大，结构复杂，随葬品丰富，年代也较早，综合各种证据，该墓被推定为王彬之兄平南将军、荆州刺史、武陵侯王廙之墓（死于永昌元年，即公元322年）[3]。琅琊王氏是东晋政权的支柱，根据毛汉光的研究，西晋末至东晋，琅琊王氏有八至九人官至一到三品，八九人官拜四至六品，入仕人数每代超过二十人，东晋末至南朝，每代皆有十五人以上官至一到三品，十名以上官至四到六品，每代入仕人数达三十人左右[4]，而且还是东晋南朝时期在军事舞台上活跃时间最长的士族集团[5]。尤其是东晋初年，王敦居外统兵，王导居内掌枢要，宗族子弟布列显要，一度形成了"王与马共天下"的局面。王廙、王彬兄弟与王导、王敦同属王览一支，还是元帝司马睿的姨兄，王廙有才望，且任荆州刺史，荆州是南方最大实州之一，户口殷实，实力强大，是王氏家族在朝外的重要支持力量。王廙病卒之后，"丧还京都，皇太子亲临拜柩，如家人之礼"，并赠官赐谥[6]。象山M7除宏大的规模、丰富的随葬品之外，还出土了同时代墓葬所罕见的玻璃器和镶嵌金刚石的金指环，恐怕就是琅琊王氏在东晋初的显赫地位的反映。

M7共出土两件玻璃杯，完整的一件出土在男棺的前面，泛黄绿色；另一件出在左侧女棺前部的铜鐎斗下，已被压碎，器形与前者类似，只是颜色稍深。完整的玻璃杯口部微侈，筒形圜底[7]，应该是吹制而成，器壁较厚，在0.5—0.7厘米之间。杯身采用轮切（wheel–cut）的方法，在口沿和下腹各加工出两道和一道弦纹，三道弦纹将杯身的磨花装饰分成三段：上部两道弦纹之间磨出环绕一圈的竖向小椭圆形装饰，弦纹至器底的壁面上也磨出一圈竖向的椭圆形装饰；上下弦纹之间的杯身主要部分磨出七个纵向大椭圆形装饰（图4–9）。

这两件玻璃杯都没有进行过成分测试。安家瑶指出南京附近的东晋大墓多次出土过类似的磨花玻璃，例如南京石门坎六朝早期墓出土的多块玻璃残片，南京大

1　建筑材料研究院等：《中国早期玻璃器检验报告》，《考古学报》1984年第4期，第456页表二：10；安家瑶：《中国的早期玻璃器皿》，《考古学报》1984年第4期，第417—418页。

2　李梅田：《中国古代物质文化史·魏晋南北朝》，开明出版社，2014年，第95—96页。

3　南京市博物馆：《南京象山5号、6号、7号墓清理简报》，《文物》1972年第11期，第33—34页。

4　毛汉光：《中古大士族之个案研究——琅琊王氏》，载氏著：《中国中古社会史论》，上海书店出版社，2002年，第403页。

5　毛汉光：《五朝军权转移及其对政局之影响》，载氏著：《中国中古政治史论》，上海书店出版社，2002年，第313—318页。

6　（唐）房玄龄等：《晋书》卷七六《王廙传》，中华书局，1974年，第2004页。

7　原简报未交代杯底的具体情况，安家瑶在《中国的早期玻璃器皿》中简单描述为圜底，但在《玻璃器史话》中附有这件玻璃杯的线图，线图所表现的底部微微内凹，由此推断，这件玻璃杯在吹制成形之后很可能使用了铁棒顶底进行再加工，底部可能还留有移除铁棒后留下的疤痕。参见安家瑶：《中国的早期玻璃器皿》，《考古学报》1984年第4期，第416页；《玻璃器史话》，社会科学文献出版社，2011年，第72页图11。

图4-9　南京象山M7出土玻璃杯
（采自南京市博物馆编：《故都神韵：南京市博物馆藏文物精华》，文物出版社，2013年，第55页，图39、40）

图4-10　大英博物馆藏玻璃杯
（采自大英博物馆网站：http://www.britishmuseum.org/research/collection_online/collection_object_details/collection_image_gallery.aspx?assetId=247017001&objectId=367254&partId=1）

学北园东晋墓出土的玻璃片和南京北郊东晋墓出土的浅黄绿玻璃片，后两者进行过成分分析，两者成分相似，主要为硅、钠、钙；钾和镁的含量都比较低，而且铁的含量也很低，说明原材料经过精选，含有微量的锰，说明可能采用二氧化锰作为脱色剂和澄清剂，这些特征均反映出玻璃制造水平之高。南京出土的这批磨花玻璃的器形、工艺和成分均相似，说明来源可能相同[1]。

这种横饰轮切弦纹并分段装饰磨花的筒形杯并非中国传统器形，美国康宁玻璃博物馆的罗马玻璃藏品中有一类装饰弦纹和磨光的椭圆形磨花的筒形杯，推测生产于公元4世纪罗马帝国的西部和北部省份，但杯子外壁的椭圆形磨花较小且上下成排分布[2]。大英博物馆1966年曾入藏一件据传出自伊朗西北部吉兰（Gilan）省的Amlash地区的玻璃杯（馆藏号134885）[3]（图4-10），器形、大小、装饰均与象山M7发现的玻璃杯高度相似。南京大学北园东晋墓、南京北郊东晋墓、象山M7三座墓出土的玻璃器器形相似，而前两者在成分上属于罗马玻璃，后者却在伊朗高原找到了类似品，这组发现中较完整的两件（象山M7）还没有进行过成分定量测试，以往学者仅根据简报中简略的文字描述，认为前述两座墓中的玻璃残器跟象山M7中出土的完整器相似，现在看来，纵使器形确实相似，其成分差异所反映的生产、仿制、贸易和流通问题也是不可忽视的。

1　安家瑶：《中国的早期玻璃器皿》，《考古学报》1984年第4期，第416页。
2　David Whitehouse, Roman Glass in The Corning Museum of Glass, Volume One, The Corning Museum of Glass, 1997, p.259.
3　参见大英博物馆网站：http://www.britishmuseum.org/research/collection_online/collection_object_details.aspx?objectId=367254&partId=1&page=2&searchText=sasanian+glass&images=true&people=&place=&from=ad&fromDate=&to=ad&toDate=&object=&subject=&matcult=&technique=&school=&material=&ethname=&ware=&escape=&museumno=&bibliography=&citation=&peoA=&plaA=&termA=&sortBy=&view=

图4-11 南京市富贵山M4出土玻璃碗

南京大学北园墓葬时代为东晋早期，据推测系葬于鸡笼山之阳的晋四陵之一，从墓葬所在位置、墓葬形制及出土遗物分析，可能是元帝[1]或成帝[2]的陵墓；南京东郊东晋墓（又称汽轮电机厂东晋墓）属于东晋中期，一般认为墓主为穆帝司马聃[3]。南京附近出土玻璃器的墓主身份极高，或为当朝皇帝或为倾世大族，时代集中于东晋一朝，而且器形具有很高的相似度，反映出东晋皇室与高级贵族之间可能存在因贸易、进献或赏赐而形成的奢侈品流通圈子，玻璃杯形态上的高度相似反映这批器物可能拥有共同的源头，是否如此，尚待更进一步的成分分析验证。

1997年发掘的南京市富贵山六朝墓地在编号为M4的券顶单室砖墓中也出土了一件玻璃碗[4]。该碗呈淡蓝色，胎体匀净透明，圆唇，敛口，束颈，球腹，圜底稍内凹。20条线隐隐隆起从底部延伸到下腹部，似为花瓣装饰（图4-11）。出土时用一件银碗承托，可见当时墓主人对它的珍视。富贵山M4时代为东晋早期，从结构和规模上看并不是东晋帝陵，但出土随葬品种类多、数量大、制作精，不少器物都很罕见，绝非当时一般贵族和官僚所能享用，因此推测墓主为皇室成员或者皇帝身边的重臣[5]。

这件玻璃碗目前公布的资料并不多，仅限于发掘简报中的简短描述，也没有进行过成分分析。从形制类比，富贵山M4发现的玻璃碗很可能是一件罗马玻璃制品。束颈、鼓腹、圜底的造型虽然是萨珊玻璃碗的常见器形，但在公元1世纪左右的罗马玻璃中即已出现并流行，这类碗被研究者称为Zarte Rippenschalen（德语，意为易碎的条棱碗），环绕碗外壁装饰成组的竖向条纹，条纹有三种制作方法，即粘贴竖向玻璃条、以钳具夹起或在吹制时部分使用模具（口沿下或下腹部），最初学者多认为这些条棱是用钳具夹成，但对壁面弧度更进一步的观察后，倾向于认为器物外壁的条棱源于在吹制过程中使用模具，还可以通过旋转在外壁形成螺旋形条纹，一般认为这种装饰技法出现于公元1世纪后半叶。根据简报描述，富贵山M4的这件玻璃碗外壁的条棱并不明显，是“隐隐隆起从底部延伸至下腹部”，可能是蘸料后先使用有条棱纹的

1 王志高：《南京大学北园东晋大墓的时代及墓主身份的讨论——兼论东晋时期的合葬墓》，《东南文化》2003年第9期，第43—52页。

2 吴桂兵：《南京大学北园东晋大墓的形制、墓主及其他——两晋偏室墓研究之一》，《东南文化》2003年第9期，第35—42页。

3 南京市博物馆：《南京北郊东晋墓发掘简报》，《考古》1983年第4期，第315—322页。

4 原简报称其为玻璃罐，但根据其大小以及目前学界对其他类似发现约定俗成的称呼，可称之为玻璃碗。

5 南京市博物馆、南京市玄武区文化局：《江苏南京市富贵山六朝墓地发掘简报》，《考古》1998年第8期，第35—47页。

模具（dip mold）吹制，待去掉模具之后再次吹制直到想要的大小，再吹之后外壁条棱变得不明显，而壁最薄处仅为0.02—0.03厘米，似乎也为这种判断提供了旁证。在美国康宁玻璃博物馆的藏品中，公元4世纪甚至更晚的容器上装饰隐隐隆起的条纹都有发现，这件玻璃碗的具体产地还有待于进一步分析[1]。

在目前已发现的纪年明确的玻璃器中，1965年北京西郊发掘的西晋华芳墓墓室中出土的玻璃碗是传入中国年代最早的萨珊玻璃器。华芳之夫王浚是名臣王沈之后，源出太原王氏，当时社会的巨姓强宗。司马昭平蜀之役，王沈统御有方，大退吴寇，"以才望显名当世，是以创业之事，羊祜、荀勖、裴秀、贾充等，皆与沈谘谋"，司马炎受禅之后，王沈有佐命之勋，死后武帝为之素服举哀，"赐秘器朝服一具、衣一袭、钱三十万、布百匹、葬田一顷"。晋武帝评价其"内著谋猷，外宣威略，建国设官，首登公辅，兼统中朝，出纳大命，实有翼亮佐世之勋"[2]。据本传记载，王浚曾参与谋害太子司马遹，永康元年（300年）都督幽州诸军事，至建兴二年（314年）兵败被杀，长期经营幽冀地区，并逐渐成为该地区的最高行政和军事长官。王浚在进军征讨成都王司马颖之时曾攻克邺城，"士众暴掠，死者甚多"[3]。

华芳是王浚迎娶的第三位夫人，两人相差将近二十岁。平原华氏也是名门望族，在洛京享有崇高的社会声望，从语气上揣摩，华芳墓志应由王浚撰写，志文对华芳的清婉仁贤极尽溢美之词[4]，华芳死于永嘉元年（307年），其时王浚已是河北地区的最高行政长官[5]，完全有能力厚葬爱妻，华芳墓志中有"殡葬之制，事从节约"的遗令，考古发掘表明，该墓在埋葬之后就被盗掘，随葬品所剩无几，节约与否已经无从验证，但该墓墓室南北长5.6米，东西宽2.7米，规模较大，而且墓道中有两道石门和四堵砖砌封门墙。另外，通过王浚为其亲撰的长131厘米、宽57厘米、总字数多达1630字的墓志，也依然可以看出王浚对华芳葬礼的投入和重视[6]。

华芳墓玻璃碗出土时残碎不全，简报称其为料盘。后经修复发现是一件侈口、束颈、球腹、圜底的玻璃碗，外壁有约呈一排排列的10个椭圆形突出的乳钉，一般高出外壁5毫米，底部有7对突起的刺排成椭圆形，刺高2毫米，既是装饰，又能使圜底得以放稳（图4-12）。如上一节所提到的，这类自由吹制成形、外壁粘饰突起、底部以夹钳向外牵拉形成尖突的玻璃碗，应属于萨珊玻璃系统。以熔融的玻璃料在外壁粘接形成突起，玻璃料会软化器壁，并在内壁相应部位形成轻微的隆起。类似的器物在世界各地的博物馆藏品中多有所见，在伊朗北部（吉兰地区的Hassani-mahale，Noruz-mahale）、伊拉克北部（Tell Mahuz）以及阿联酋（ed-Dur，Umm al-Qaiwain）等地相关遗址的考古发掘中均有出土，时代约为公元3—4世纪或稍

1 David Whitehouse, Roman Glass in The Corning Museum of Glass, Volume Two, The Corning Museum of Glass, 2001, pp. 17, 110-124, 202-204.安家瑶从器形及底部凸起的装饰推测这是来自伊朗的萨珊玻璃，参见干福熹等：《中国古代玻璃技术发展史》，上海科学技术出版社，2016年，第157页。

2 （唐）房玄龄等：《晋书》卷三九《王沈附浚传》，中华书局，1974年，第1145—1146页。

3 （唐）房玄龄等：《晋书》卷三九《王沈附浚传》，中华书局，1974年，第1147页。

4 邵茗生：《晋王浚妻华芳墓志铭释文》，《文物》1966年第2期，第41—44页。

5 范兆飞：《两晋之际的士族生态与幽冀形势——以王浚为中心的考察》，《学术月刊》2011年第3期，第138—146页。

6 北京市文物工作队：《北京西郊西晋王浚妻华芳墓清理简报》，《文物》1965第12期，第21—24页。

图4-12　北京西晋华芳墓出土玻璃碗
（采自首都博物馆编：《首都博物馆：二十周年纪念·馆藏精品撷英》，第175页）

早[1]，化学定量分析结果也显示华芳墓所出玻璃碗的成分跟伊朗高原的玻璃产品类似[2]。

近年来的最新考古收获中有一件跟华芳墓玻璃碗极为相似的玻璃碗。2015—2016年，南京博物院等单位在江苏邳州新河镇煎药庙发掘9座西晋墓葬，该墓地保存完整，未受盗掘，发掘者推测是西晋下邳国的贵族家族墓地。其中M1是一座有并列双券顶后室的砖石混合结构墓，东墓室葬一名女性，西墓室葬一名男性，该墓出土随葬品80余件，包括玻璃碗、鹦鹉螺铜扣耳杯、象牙杯等珍贵的外来物品[3]。从已公布的图片来看，墓中出土的玻璃碗跟华芳墓发现的非常相似，可能也是产于伊朗高原的萨珊玻璃制品。

另外值得注意的是，邺城是曹魏之王都，西晋以洛阳为帝都，但邺城依然是五都之一，宗师勋旧大部分集中在邺城[4]，西晋左思的《魏都赋》中用“百隧毂击，连轸万贯，凭轼捶马，袖幕纷半。壹八方而混同，极风采之异观。质剂平而交易，刀布贸而无算。财以工化，贿以商通。难得之货，此则弗容”来描述邺市人烟稠密、商贸繁荣的盛况[5]。故而华芳墓中的玻璃碗除了王浚身居高位有获得珍稀的玻璃制品便利之外，也不排除是当初洗劫邺城时获得的战利品。

除华芳墓玻璃碗之外，鄂城五里墩121号墓磨花玻璃碗、固原李贤夫妇墓所出的带圆形突起装饰的玻璃碗、南京仙鹤观6号东晋墓出土的玻璃碗、江苏句容春城刘宋墓出土的玻璃碗、大同南郊北魏墓群M107所出的玻璃碗、咸阳北周王士良夫妇墓玻璃碗代表了萨珊玻璃中另一类常见类型，即带切面（facet-cut，又称磨花）装饰的玻璃容器。这类容器被认为是萨珊玻璃器中最具代表性的类型，吹制成形之后在器物外壁琢磨出上下成排分布的小凹面（hollow facet），深井晋司对萨珊玻璃冷加工工艺所形成圆凹面（即日语中的“切子装饰”）进行过系统分类，包括线刻切子装饰、圆形切子装饰和龟甲切子装饰三类，圆形切子装饰又可再细分为圆形、浮出、二重圆形切子装饰三种，第一类在外壁表面磨琢出的圆形装饰还可以再细分为三小类；在分析当时能搜集到的资料之后，深井先生认为这三小类玻璃碗的时代有所不同，其中A类（外壁密布成排圆形装饰，底部七个小磨花拱一大磨花）出土数

1 David Whitehouse etc, Sasanian and Post-Sasanian Glass in the Corning Museum of Glass, The Corning Museum of Glass, 2005, p.25.

2 安家瑶：《玻璃器史话》，社会科学文献出版社，2011年，第81页；安家瑶：《北周李贤墓出土的玻璃碗——萨珊玻璃器的发现与研究》，《考古》1986年第2期，第180页表二中考古所的成分测试结果为含Na_2O(16.03%)、CaO(7.25%)、K_2O(4.19%)、MgO(2.45%)，同表之中建材院的测试结果大致相仿。

3 参见马永强：《江苏邳州煎药庙发现西晋高等级家族墓地》，《中国文物报》2017年2月10日，第8版。

4 牛润珍：《古都邺城研究——中世纪东亚都城制度探源》，中华书局，2015年，第39—44、104—107页。

5 （梁）萧统等：《文选》卷六《魏都赋》，上海古籍出版社，1986年，第279页。

量最多，时代为公元1—6世纪，B类（椭圆形磨花且磨花较大，上下两排，底部多为5或6个磨花环拱1个大磨花）出土数量较少，时代为公元1—3世纪，C类（有明显束颈）也发现较少，时代为帕提亚末期至萨珊初期，圆形切子中的另一类浮出切子出土数量较少，时代可以从帕提亚后期延续到伊斯兰初期；二重圆形切子碗时代为公元五六世纪（根据美索不达米亚Kish遗址出土品的年代）；根据意大利学者Negro Ponzi的研究，美索不达米亚Veh Ardashir遗址中出土了早至公元4世纪前期的这类带浅凹圆形装饰的玻璃碗，特征是裂口、斜壁，也有椭圆形装饰，英国的St John Simpson认为公元6世纪开始出现带较深凹圆形装饰的玻璃碗，器形上最明显的特征是球腹，同时圆饰间彼此叠压还形成了蜂巢状的装饰效果；David Whitehouse主编的美国康宁玻璃博物馆藏萨珊玻璃器图录中，将带凹圆形装饰的玻璃碗宽泛地定为公元6世纪之前，将带凸起圆饰的玻璃碗定为6—7世纪，至于龟甲（蜂巢）形凹饰的玻璃碗，受江苏句容春城玻璃碗（439AD）和日本正仓院藏玻璃碗（752AD）纪年的影响，更是将其时代宽泛地定在公元3—7世纪，另外他也强调，不同类型的凹面装饰反映的是时代差异、喜好不同还是不同的生产质量，目前还不清楚[1]。中国发现的萨珊玻璃根据磨花排列方式也可以分为两类，一种小凹面彼此独立，呈椭圆形或圆形，表面凸起的凹面磨花也属于这一类；还有一种磨花分布呈梅花形，彼此相接，以致在器物外壁形成六边形（又称龟甲状或蜂巢状）分布的凹面。总体而言，这种工艺应该传承自罗马帝国公元1世纪末2世纪初的切面加工工艺，可能借鉴自同时期的宝石加工工艺，从那时起这种风格的玻璃器便延绵不绝，一直延续到伊斯兰时代[2]。

江苏句容春城南朝墓发掘于1984年，该墓为券顶砖室合葬墓，发掘时墓葬保存完整，因发现一块刻有“元嘉十六年太岁巳”字样的平砖，因此简报中推测该墓年代为南朝宋元嘉十六年（439年）或稍后。棺床上放置两具木棺，其中位于东侧的1号棺稍大，西侧的2号棺稍小且出土银钗，再结合已发掘的其他墓葬的木棺摆放规律，推测1号棺墓主为男性。玻璃碗跟铜盏托、三足炉、鐎斗、三足砚、碗、盘、勺等铜器一起出土于墓主的脚部。关于墓主人的身份，简报根据元嘉年间铜为稀缺物资，而该墓主人仍然使用铜棺钉而且陪葬多件铜器，推测其身份地位非同一般[3]。

这件玻璃碗侈口、束颈、鼓腹、圜底，肩部环饰一周凸弦纹，凸弦纹下有六排龟甲状凹面装饰，底部也有外缘呈五边形的凹面。这件玻璃碗保存状态极佳，无色透明，几乎不含任何色调，气泡少而小，说明玻璃原料经过精选且熔制温度比较高，碗壁较薄，器形规整，可能是有模吹制而成，外壁及底部的凹面均以冷加工工艺磨琢

1 参见深井晋司等：《ペルシアのガラス》，淡交社，1980年，第156—177页；Negro Ponzi, Glassware from Choche (Central Mesopotamia). In R. Boucharlat et alii (eds.) Arabie Orientale, Mésopotamie et Iran méridional de l'age du fer au début de la periodeislamique. Recherchesur les Civilisations, Mémoire 37,1984, 33-40; From San Marco to South Arabia: Observations on Sasanian Cut Glass, Annette Hagedorn et alii (eds.), Facts and Artifacts: Art in the Islamic World, Festschrift for Jens Kro¨ger on His 65th Birthday,Brill Academic Publishing, 2007, pp.64-65; David Whitehouse etc, Sasanian and Post-Sasanian Glass in The Corning Museum of Glass, The Corning Museum of Glass, 2005, pp.41-57.

2 David Whitehouse etc, Sasanian and Post-Sasanian Glass in The Corning Museum of Glass, The Corning Museum of Glass, 2005, p.41.

3 镇江博物馆等：《江苏句容春城南朝宋元嘉十六年墓》，《东南文化》2010年第3期，第37—43页。

图4-13　江苏句容春城刘宋墓出土玻璃碗
[采自James C. Y. Watt et alii (eds), China: Dawn of a Golden Age, 200-750 AD, Yale University Press, 2004, p.211, fig.117]

抛光而成[1]（图4-13）。日本正仓院也有一件类似的龟甲纹白琉璃碗，一般认为是公元4—5世纪的萨珊波斯制品[2]。不过句容刘宋墓出土玻璃碗的独特性更应该引起重视，首先器形上是束颈球腹，目前见诸各种图录的龟甲状玻璃碗多为直口，鲜有束颈，而束颈鼓腹碗又鲜有装饰龟甲状凹饰；其次，国外同类碗因为需要后期加工的缘故，器壁很厚，这件碗虽然也采用冷加工技术，但碗壁较薄[3]；最后，碗肩上横饰一周凸弦纹的做法并不常见，而且很多萨珊玻璃碗碗底会有多个小圆凹面拱卫居中的大圆凹面，而这件碗的碗底装饰五边形凹面，似有所变通，也是比较罕见的做法[4]。无论如何，这件龟背纹玻璃碗保存完好，质量上乘，特点鲜明，而且还为世界范围内的其他类似风格的玻璃器提供了准确的纪年，应该是目前存世的最精美的萨珊玻璃器之一。

李贤夫妇合葬墓位于固原西南方向的六盘山东北麓坡地，是一座长斜坡墓道三天井三过洞单室土洞墓，地表有高大的封土，墓内各处均绘有壁画。该墓是李贤天和四年（569年）去世之后营建，并将先李贤去世的妻子吴辉（宇文氏）自别处迁来合葬，在墓室西半部发现的葬具也显示，男性居东，一棺一椁，女性居西，仅一棺。该墓早年被盗扰，但仍然出土随葬品300余件，包括陶俑255件。玻璃碗与鎏金银壶因早年塌土掩埋而未被盗走，出土于墓室西壁下部与女棺之间，同墓中的外来风格的物品还包括李贤夫人吴辉所用的一枚嵌青金石戒指以及带银质双附耳的环首铁刀等[5]。

李贤的一生都与宇文氏政权相始终，北魏末投靠宇文泰之后，李贤在戍边和平乱中立下赫赫战功，西道安危一度系于一身。宇文泰曾两幸其第，两个儿子（北周武帝宇文邕和齐炀王宇文宪）还曾在李贤家寄养六年，拥立、战功以及密切的私人关系使李贤成为西魏、北周间的显赫人物[6]。史评李氏兄弟“任兼

1　安家瑶：《玻璃器史话》，社会科学文献出版社，2011年，第83—84页。

2　由水常雄编：《世界ガラス美術全集》，第5卷，《日本》，求竜堂，1992年，第193页。

3　原简报未交代器壁厚度，此处依据对图片的观察以及安家瑶的描述，参见James C. Y. Watt et al. eds., China: Dawn of a Golden Age, 200-750AD, The Metropolitan Museum of Art, 2004, p.211，以及上引安家瑶：《玻璃器史话》，社会科学文献出版社，2011年，第83页。

4　原简报未仔细描述碗底的情况，也不见碗底细部的线图或照片，这里仍然依据对照片投影的观察以及安家瑶的描述，参见James C. Y. Watt et al. eds., China: Dawn of a Golden Age, 200-750AD, The Metropolitan Museum of Art, 2004, p.211，以及上引安家瑶：《玻璃器史话》，社会科学文献出版社，2011年，第83页。

5　宁夏回族自治区博物馆等：《宁夏固原北周李贤夫妇墓发掘简报》，《文物》1985年第11期，第1—20页；孙机：《玉具剑与璏式佩剑法》，载氏著：《中国圣火：中国古文物与东西文化交流中的若干问题》，辽宁教育出版社，1996年，第35—36页。

6　杜玉冰等：《有关李贤的几个问题》，《宁夏社会科学》1984年第4期，第97—101页。

文武，声彰内外，位高望重，光国荣家，跗萼连晖，椒聊繁衍，冠冕之盛，当时莫比焉，自周迄隋，郁为西京盛族，虽金、张在汉，不之尚也”[1]。李贤去世之时，“高祖（宇文邕）亲临，哀动左右”，并赠官赐谥[2]。原州居于长安趋陇右、西域的要冲，是宇文氏的根本，因此与宇文氏关系密切的李贤一家多获陇西西域间重镇敦煌之职爵，李贤墓中出现多件西方器物，可能与此背景密切相关[3]。

李贤夫妇墓发现的玻璃碗呈淡黄绿色，气泡分布均匀，透明度较好，外壁有两排凸起的磨花，上层8个，下层6个，每个磨花可以透视对面的三个磨花，磨花表面下凹，形状并不规整，或呈长椭圆或呈扁椭圆，碗壁厚约4毫米，圆突最厚处为7毫米。底部由一带凹球面的磨花构成足部，碗重245.6克，比重2.46克/厘米^3，经X荧光法无损检测，不含铅钡，从比重和X荧光检测结果来看，这件玻璃碗为钠钙玻璃。外壁圆饰与碗壁浑然一体，且外壁多水平和垂直方向的磨痕，反映出这件碗是有模吹制成形的厚壁碗，外壁经磨琢变薄，留下两排圆形纹饰和底部，形成突起效果，磨琢后的玻璃碗经过通体抛光，但有些部位不易抛光，因此磨痕仍然清晰可见[4]（图4–14）。

安家瑶认为这件玻璃碗是产自伊朗高原的萨珊玻璃器，遗憾的是，在伊朗高原迄今还没有科学发掘过如此完整的玻璃碗，使得这些伊朗前伊斯兰时期的产品以及这件器物的年代和归属地蒙上了一层不确定的阴影。但极为类似的玻璃碗残片确实曾在伊朗南部法尔斯（Fars）的Qasr–i Abu Nasr的考古发掘中发现过，中国新疆巴楚脱库孜萨来遗址的佛寺中曾采集到的两片类似的残片[5]，更远的日本福冈冲之岛8号祭祀遗迹和京都上贺茂神社内北侧土墙遗迹也有发现[6]。类似的完整品还见于意大利罗马东方艺术馆（inv. no. 2705）、日本Miho博物馆、美国康宁玻璃博物馆的藏品[7]，李贤夫妇墓出土玻璃碗除了其完整及精美程度之外，更重要的是为世界范围内的其他同类萨珊玻璃碗的断代提供了重要的年代参考。

图4–14　宁夏固原李贤夫妇合葬墓出土玻璃碗

王士良与董氏、姜氏的合葬墓发

1 （唐）令狐德棻等：《周书》卷二五《李贤及弟远传》，中华书局，1971年，第424页。

2 （唐）令狐德棻等：《周书》卷二五《李贤及弟远传》，中华书局，1971年，第418页。

3 宿白：《宁夏固原北周李贤墓札记》，原刊《宁夏文物》1989年第3期，今据《魏晋南北朝唐宋考古文稿辑丛》，文物出版社，2011年，第143页。

4 安家瑶：《北周李贤墓出土的玻璃碗——萨珊玻璃器的发现与研究》，《考古》1986年第2期，第173—174页。

5 安家瑶：《北周李贤墓出土的玻璃碗——萨珊玻璃器的发现与研究》，《考古》1986年第2期，第175页。

6 由水常雄编：《世界ガラス美術全集》，第5卷，《日本》，求竜堂，1992年，第14页。

7 参见Miho Museum：《古代ガラス》，2001，第123、207页；David Whitehouse etc, Sasanian and Post-Sasanian Glass in The Corning Museum of Glass, The Corning Museum of Glass, 2005, pp. 45–46.

掘于1988年。根据墓志记载，该墓最先是因为王士良夫人董荣晖的去世而建，是一座特殊的竖井墓道、前后双室土洞墓，倪润安认为这座墓之所以采用竖井墓道，与王士良从洛阳来降有关，即竖井墓道是关东旧俗，而后室是王士良开皇三年（583年）入葬时扩建，有北周遗风[1]。王士良起家尔朱兆府参军事，尔朱氏覆灭后转投高欢，并深受重用，即墓志所说的"及魏历归齐，频典枢要，清途近职，罔有不阶"[2]，跟北齐文宣帝高洋的关系尤为密切，史载高洋"自晋阳赴邺宫，复士良为尚书左丞，统留后事"，王士良卧病期间还亲临探视[3]，后因受武成帝高湛猜忌而转投北周，入周后依然仕途平稳，并晋爵为公[4]。王士良虽居高位，但"遗令薄葬从俭，皇情追悼，赗赙累加，丧礼所须，并蒙资获"，获得赠官赐谥[5]，董氏墓志也显示其丧葬"赗赠悉加常礼"[6]。考古发现表明，王士良及其妻妾合葬墓保存完好，前室有两具木棺，一具置于墓室正中，另一具置于靠近东壁之处，后室有木棺一具。发掘者根据墓内遗迹及随葬器物的种类、多寡等综合推断前室正中之棺内的人骨即是墓主王士良。玻璃碗位于"前室正中木棺之内"[7]。该墓除棺内随身佩戴的珠玉、缀饰之外，并没有发现其他贵重随葬品，可能跟士良遗令俭葬有关，但同时也反映出墓主生前对于这件玻璃碗的珍爱。

报告对这件玻璃碗的描述非常简略，"敞口，口沿外有弦纹二周，底向内凹，碗的外表有手指小窝纹，口沿微残，器光发亮，呈绿色，口径10.8厘米、高3厘米、底径2.7厘米"[8]。后来再修复时，杨忙忙做了更加具体而准确的描述，"敞口，平底稍向内凹，底部有一椭圆形磨花，口沿处有二周弦纹。腹部稍呈弧形，有三排磨花，上面一排为15个磨花，间距约为0.5厘米；中间一排为15个磨花，间距为0.3厘米左右；最下面一排为7个磨花，间距为0.7厘米。磨花为内凹的小椭圆，不十分规则，大小相差

图4-15　陕西咸阳王士良夫妇合葬墓出土玻璃浅盘

1　倪润安：《北周墓葬的地下空间与设施》，《故宫博物院院刊》2008年第1期，第62—67页。

2　罗新等：《新出魏晋南北朝墓志疏证》，中华书局，2005年，第346页。

3　（唐）令狐德棻等：《周书》卷三六《王士良传》，中华书局，1971年，第639页。

4　束莉：《中古女性生活图景与才德观之重构——以〈王士良妻董荣晖墓志〉考论为中心》，《古籍研究》2013年第2期，第221页。

5　罗新等：《新出魏晋南北朝墓志疏证》，中华书局，2005年，第346页。

6　罗新等：《新出魏晋南北朝墓志疏证》，中华书局，2005年，第256页。

7　这是报告中交代随葬器物位置时的说法，但随葬器物出土位置图上的玻璃碗位于前室正中木棺的南侧棺外，参见负安志编著：《中国北周珍贵文物——北周墓葬发掘报告》，陕西人民美术出版社，1993年，第111—112页。

8　负安志编著：《中国北周珍贵文物——北周墓葬发掘报告》，陕西人民美术出版社，1993年，第122页。

不多。碗壁厚约0.5—0.6厘米，磨花处厚约0.2厘米。碗内有零星的小气泡，透明度较好。碗沿处缺少一块”[1]（图4-15）。

虽然被称为玻璃碗，然而根据其大敞口、缓斜壁的特点，称之为玻璃浅盘要更合适一些。外壁带磨花的玻璃浅盘是萨珊玻璃器中另一个不同的种类，跟动辄几百件的磨花球腹碗相比，这类玻璃浅盘发现的数量要少很多。根据英国学者St John Simpson的统计，除了王士良墓出土玻璃浅盘之外，目前可以找到类似的七件完整器物，分别来自也门国家博物馆、意大利威尼斯的圣马可宝藏、华盛顿史密松协会下属的赛克勒美术馆、德国柏林的伊斯兰艺术博物馆、日本东京的中东文化中心、深井晋司在《波斯玻璃》中披露的一件日本东京私人藏品以及2004年现身伦敦艺术品市场上的一件。这类厚壁玻璃浅盘通常直径在21—23厘米之间，高度5厘米左右，外壁装饰4—5排经过抛光的磨花。在美索不达米亚的Kish和Nineveh遗址中都曾出土过，其中Kish遗址中的此类玻璃浅盘的碎片出土于被认为是萨珊晚期的小型宫殿或别墅遗迹中。跟以上发现相比，王士良夫妇合葬墓的这件玻璃盘体量不大，在高度和口径上都偏小，相应的外壁成排的磨花数量也较少。盘壁较厚，表示很可能是在开放的模具中吹制而成，随后在外壁磨出凹面圆饰并抛光成器，伊朗和美索不达米亚的类似器物时代多被确定为萨珊晚期（公元6—7世纪）。很多萨珊玻璃碗可以确定是饮器，外壁磨花不仅反映出萨珊朝的审美风尚，也可以增加与手掌的接触，有便于持握的实用功能，但玻璃盘都很浅，不宜当作饮器，根据帕拉维文献的记载，这类玻璃盘可能跟波斯金属器中的船形盘一样，用于盛放新鲜水果或者蜜饯、糖果之类的甜食[2]。

东晋名臣高崧家族墓地发掘于20世纪90年代，位于南京东郊的仙鹤观东南麓，共发现三座墓葬，其中M2出土了高崧及夫人谢氏的砖志，根据六朝家族墓地以长者尊者居右的排葬原则，M6居后居右上首，位置最为重要，身份要高于M2的高崧夫妇，结合文献记载，发掘者认为M6墓主系高崧父母高悝夫妇。高悝其人在高崧本传中有约略记载，生前担任过丹阳尹、光禄大夫，封建昌伯[3]，丹阳尹是京都建康最高地方行政长官，秩两千石，地位十分特殊，位同九卿，实权远远过之。据统计，当时能担任丹阳尹的都不是一般人物，推测高悝的下葬年代当在公元350年左右[4]。M6未发现早年盗扰痕迹，砖室全长7.44米，规模比象山M7都大。玻璃碗出土于墓室西侧的女性棺中，当是高悝之妻的随葬品，出土时碗底还发现了漆托的痕迹，既反映出当时这类圜底碗的放置方式，更反映出拥有者对其的珍视。同墓还出土了一件圆形玻璃片、四件桃形玻璃片，镶嵌在漆器上的柿蒂形铜饰上[5]，另外还有36颗料珠[6]。

1 杨忙忙：《古琉璃器的保护研究与修复技术》，《考古与文物》1998年第6期，第86页。

2 St John Simpson, From San Marco to South Arabia: Observations on Sasanian Cut Glass, Annette Hagedorn et alii (eds.) Facts and Artefacts: Art in the Islamic World, Festschrift for Jens Kröger on His 65th Birthday, Brill Academic Publishing, 2007, pp.70-74.

3 （唐）房玄龄等：《晋书》卷七一《高崧传》，中华书局，1974年，第1894—1895页。

4 邹忆军：《高崧父子生平考——兼谈南方士族墓葬的特殊性问题》，《东南文化》2000年第7期，第53页。

5 简报中仅有文字约略提及，邱晓勇的论文公布了照片，参见邱晓勇：《浅析南京地区六朝墓葬出土玻璃器——兼论古代西域玻璃的输入与影响》，载江苏省博物馆学会编：《致力于社会和谐的江苏博物馆事业——江苏省博物馆学会2012学术年会论文集》，文物出版社，2013年，第90—91页。

6 南京市博物馆：《江苏南京仙鹤观东晋墓》，《文物》2001年第3期，第20—21页。

图4-16　南京仙鹤观M6出土玻璃碗

棺内还发现了罕见的用作头饰的蝉纹金饰[1]，以往曾在南京大学北园东晋墓和冯素弗墓中发现过。南京大学北园东晋墓被认为是东晋早期帝陵之一，冯素弗生前曾担任过侍中，故推测这类金饰可能是当时天子或侍中等高级臣僚所用的貂蝉冠上的“金珰”，高级女官或僚佐妻眷也可以使用[2]。

这件玻璃碗同样束颈、球腹、圜底，不同之处在于外壁上装饰了椭圆形磨花，肩、腹部有三组极浅细的弦纹，腹部及底部有四周磨光的竖向椭圆形磨花，其中第3、4周之间还有一周7个横向椭圆形磨花（图4–16）。这件玻璃碗的独特性还在于，所有成排分布的椭圆形磨花之间都均匀间隔一定距离。这种水平弦纹之间等距离装饰椭圆形浅磨花（又称米粒状磨花，rice facet）的做法，见于罗马帝国中期（下限为公元3世纪中叶至4世纪）和萨珊早期（4世纪早期）的玻璃制品中。美国康宁玻璃博物馆中藏有一件类似器形的球腹圜底玻璃碗，外壁装饰5排竖向椭圆形磨花，被认为可能制造于罗马帝国的东部行省，或者在东部边疆之外的萨珊境内生产[3]，其实萨珊早期的玻璃磨花工艺本来就受罗马帝国的影响，而且其成分都可能属于美索不达米亚地区的玻璃制作配方传统[4]，因此单凭这件玻璃碗的形制及磨花装饰，还不能完全肯定它就是萨珊玻璃制品。

与仙鹤观M6出土磨花玻璃碗类型相似，但保存更为完整的一件来自于大同南郊M107。1988年大同南郊电焊器材厂扩建，发掘北魏墓葬167座，墓群中仅有一座砖室墓被盗，其余均保存完好。M107是一座长斜坡墓道单室土洞墓，墓内有一具前大后小的梯形木棺，棺外前部有马下颌骨，棺内人骨的前中部出土了玻璃碗、银罐等，墓室南壁处出土了一件鎏金錾花银碗。M107所属的大同南郊北魏墓群的族属被推定为拓跋鲜卑，依陶器及墓型推测，M107应属北魏平城期三段遗存，其年代在太武帝占领凉州之后至太和以前，下限年代不应晚于5世纪中叶。鎏金錾花银碗与同墓地M109出土的鎏金錾花高足银杯和大同轴承厂北魏遗址出土的鎏金錾花银碗基本相同，推测源出萨珊波斯，应该是由伊朗东北部的呼罗珊地区输入[5]，马尔沙克认为是巴克特里亚地区输入品，时代为公元4—5世纪初[6]。

1　南京市博物馆：《江苏南京仙鹤观东晋墓》，《文物》2001年第3期，第5—7页。

2　王志高等：《南京仙鹤观东晋墓出土文物的初步认识》，《文物》2001年第3期，第84—85页。

3　David Whitehouse, Roman Glass in The Corning Museum of Glass, Volume Two, The Corning Museum of Glass, 2001, pp. 257-259.

4　St John Simpson, Sasanian Glass: An Overview, in Daniel Keller et alii (eds.), Neighboursand Successors of Rome: Traditions of Glass Productionand Use in Europe and the Middle East in the Later 1st Millennium AD, Oxford, U.K., and Philadelphia: Oxbow Books, 2014, p. 214.

5　孙培良：《略谈大同市南郊出土的几件银器和铜器》，《文物》1977年第9期，第70—74页。

6　James C. Y. Watt et alii. (eds)., China: Dawn of a Golden Age, 200-750AD, The Metropolitan Museum of Art, 2004, p.155.

图4-17 山西大同南郊M107出土玻璃碗

大同出土的这件磨花玻璃碗呈淡黄绿色透明状，微侈口、圆唇、宽沿、颈部略收、球形腹、凹圜底，颈部内收成沟状，腹部外壁颈部之下磨出四排椭圆形磨花，每排35个，跟南京仙鹤观M6相比，排与排之间错落有致，圜底中心为一个圆形磨花，与环绕其周围的六个椭圆形磨花相切，六椭圆相接处的外侧又各有一个椭圆形小磨花。器体颈部以下全部抛光，内壁光洁（图4-17）。报告引用日本学者谷一尚的研究以及日本冈山东方美术馆的相关藏品，认为该墓出土的玻璃器是萨珊前期制品[1]。马艳根据对欧亚草原西部地区玻璃考古发现的整理，认为椭圆形磨花多见于黑海北岸，是切尔尼亚霍夫文化（Chernyakhovskaya Culture）的典型器物，受罗马工艺的影响而产生，但玻璃器形、装饰和颜色上都有不同于伊朗地区的特点，大同南郊M107发现的磨花玻璃碗有可能源于黑海北岸，公元4世纪晚期经由黑海、里海北岸至新疆进入北魏平城[2]。

在磨花装饰的风格方面，湖北鄂城五里墩M121出土的玻璃碗跟仙鹤观M6有些类似，只不过是在外壁等距离装饰圆形磨花，而且M121的时代要早一些。湖北鄂城五里墩M121（报告编号M4021）是一座墓室平面呈“凸”字形的砖室墓，墓长3.9米，宽1.1米，属于已发掘墓葬中的中型墓，随葬品并不丰富，同出的器物有越窑无錾小鸡首壶和侈口双凹弦纹青瓷碗，是西晋前期的典型器，因此推测该墓时代不晚于公元4世纪初[3]。

图4-18 湖北鄂城五里墩M121出土玻璃碗（采自南京大学历史系考古专业等：《鄂城六朝墓》，彩版15，图14）

根据发掘报告中的介绍，M121中总计发现12片玻璃残片。其中11片黏合成一件可复原的玻璃碗，侈口、折沿、球腹、圜底。腹部和圜底外壁均装饰圆形磨花，上下四排，腹部的三排还以三组细凹弦纹相隔（图4-18）。另有一块磨花玻璃碗的上腹部残片，残存成排的三个半椭圆形磨花，其下残有下排三磨花上部圆弧，在现存三个半磨花装饰的

1 山西大学历史文化学院等编著：《大同南郊北魏墓群》，科学出版社，2006年，第224—234、472、496—503、506—510页。

2 马艳：《大同出土北魏磨花玻璃碗源流》，《中原文物》2014年第1期，第96—100页。

3 报告并未公布M4021的墓葬形制和随葬品分布图，也没有具体的文字描述，以上信息是从报告及所附表格归纳出来的。参见南京大学历史系考古专业等编著：《鄂城六朝墓》，科学出版社，2007年，第53—54、61、337、437页以及附录2中M4021条。

上下，也各有一组细凹弦纹。报告中并没有公布残片的照片，但根据文字描述，这块残片的弧度稍缓，不及球腹碗的外壁，椭圆形磨花彼此间距较小，相应的每排的椭圆形磨花数量要更多，据此推测，这块残片可能属于一件器形类似于楼兰、扎滚鲁克及营盘墓地出土的大口杯（或称筒状杯）的器物，只不过外壁装饰成排的椭圆形磨花，并以凹弦纹间隔。如果这一推断成立，意味着以往在其他地区均单独发现的带磨花的球腹碗和大口杯同时出土于同一单位之中，这两件玻璃器的时代以及来源地是否相同，将是非常有趣的问题。

根据意大利学者Negro Ponzi的研究，跟M121玻璃碗的器形、弦纹及磨花装饰非常相似的玻璃碗曾经在美索不达米亚地区的Veh Ardashir发现过[1]，建筑材料研究院等机构进行的化学定量分析表明，送检样本中的Na_2O含量为17.51%，CaO含量为9.19%，K_2O含量为3.59%，MgO含量为3.21%，属于高钾高镁的萨珊玻璃传统[2]，跟日本新沢千塚126号墓的磨花碗的器形、工艺和装饰技法非常相似，因此这件玻璃碗是萨珊玻璃制品当无疑问[3]。王仲殊认为这件玻璃碗的传入路线是从波斯由海路经过以扶南为主的东南亚诸国东北传，由诸外国或中国商人输入吴国南方沿海的交州、广州，然后再传至吴都城建业或武昌（鄂城），也可能经扶南等东南亚诸国的使者乃至孙吴遣往扶南等国的官员之手，直接或间接传入建业或武昌，而且先传入建业，然后再传至武昌的可能性比较大[4]。

这一时期南方地区的玻璃考古发现还有：1991年发掘的湖北鄂州鄂钢饮料厂M1，在棺室东南角发现一片玻璃残片，残片上可见暗弦纹，但器形不明。该墓规模宏大，随葬品丰富，墓主可能为赤乌十二年（249年）去世的东吴将军孙邻[5]；20世纪80年代广东省广州市下塘狮带岗晋墓M5中出土一件玻璃器皿，有的碎片弧壁，壁外有一道凸棱，玻璃呈蓝色。因过于残破，器形不明，经电子探针能谱分析，属于钠钙玻璃，Mg、Al等杂质含量非常高，K、Ca含量极低，跟常见的罗马玻璃、萨珊玻璃都不相同，其具体产地还有待于进一步研究[6]；2001年广东省肇庆市坪石岗东晋墓中出土一件玻璃碗，侈口、束颈、鼓腹、圜底，器形与该时期南京、鄂城、大同等地的出土品非常类似，但外壁没有进行冷加工，该墓出土砖铭有“泰宁三年（325年）”“广州苍梧广信侯”等字样，表明墓葬时代可能为东晋初年，墓主生前曾被封

1 Negro Ponzi, M. M. Glassware from Choche (Central Mesopotamia), R. Boucharlat et alii (eds.) Arabie Orientale, Mésopotamie et Iran méridional de l'age du fer au début de la periodeislamique. Recherchesur les Civilisations, Mémoire 37, 1984, pp. 33-40.

2 需要注意的是，鄂城五里墩的玻璃碗最初是通过安家瑶的论文予以披露的，安家瑶在描述中称可复原的球腹圜底玻璃碗外壁的磨花是椭圆形，而且也没有区分出当时发现的玻璃碎片实际属于两个个体，而正式出版的报告中将可复原玻璃碗的外壁磨花描述为圆形，另一不可复原的玻璃残片外壁的磨花描述为椭圆形。在与安家瑶文同时发表的检验报告中，五里墩M121送检的玻璃残片标本被描述为“外壁有椭圆形磨饰”，根据正式出版的发掘报告中的描述还很难确定送检的样本属于哪个个体。参见建筑材料研究院等：《中国早期玻璃器检验报告》，《考古学报》1984年第4期，第449、455页。

3 安家瑶：《中国的早期玻璃器皿》，《考古学报》1984年第4期，第419—420页。

4 王仲殊：《试论鄂城五里墩西晋墓出土的波斯萨珊朝玻璃碗为吴时由海路传入》，《考古》1995年第1期，第81—87页。

5 鄂州博物馆等：《湖北鄂州鄂钢饮料厂一号墓发掘报告》，《考古学报》1998年第1期，第103—130页。

6 广州市文物管理委员会：《广州市下塘狮带岗晋墓发掘简报》，《考古》1996年第1期，第36—45页。

侯[1]（图4-19）；2005年安徽当涂东晋墓在后室淤土中出土了4片玻璃残片，该墓时代被推定为东晋初年，玻璃碎片应该分属同一玻璃碗的口沿、腹壁及底部，推算该碗口径约13厘米、底径约5厘米，采用X射线荧光光谱法（XRF）分析其化学成分，发现Na_2O含量为19.17%，K_2O含量为3.97%，MgO含量为4.38%，CaO含量为8.92%，不含铅钡。与湖北鄂城M121、日本千塚M126出土的玻璃碗的化学成分最为接近，属于萨珊玻璃[2]。南京北郊郭家山东晋温氏家族墓地M13中，在甬道处盗洞附近的铺地砖上发现玻璃残片，有蓝色与透明两种，后经王志高确认，共出土数十件玻璃残片，但因残片极碎，器形很难辨别，色彩有深蓝色、无色透明、无色透明与绿色相间三种，而且从残片质感及厚度判断，很可能不属于同一件玻璃容器[3]。墓葬时代推测为东晋中晚期，墓主人可能为温峤之孙温嵩之及夫人河内山氏[4]；1965年湖北汉阳蔡甸一号墓中曾出土一件玻璃残片，径约7厘米，壁厚达0.5厘米，通体透明有光泽，微呈黄绿色[5]，简报中称其为料珠，但由于残片较大，安家瑶推测器形可能为玻璃瓶[6]，该墓时代为东晋早期偏晚[7]。1982年建筑材料科学研究院曾对其进行了成分分析，发现Na_2O含量为18.23%、CaO含量为5.45%、K_2O含量为0.51%、MgO含量为1.14%，不含铅钡[8]，表明这块玻璃残片是低钾低镁的钠钙玻璃，可能为罗马玻璃。南京幕府山东晋M4中出土一件蚕豆形玻璃饰件，上贴一金箔小鸟，该墓规格较高，属于中型偏大的墓葬，墓中还出土了4个龙、虎形帷帐座。而南京地区以往出土龙、虎形帷帐座的墓葬，墓主均被推测为皇帝或皇室成员，幕府山M4的墓主很可能也是东晋皇室成员。贴金箔玻璃饰件的发现表明，跟前代一样，玻璃本身同样继续扮演着珍贵装饰材料的角色[9]。另外，王志高还披露2007年在南京东南郊上坊李村岩山南麓发现的一座东晋早期墓，甬道与墓室间发现很多极碎的玻璃器残片，皆为蓝色，应属同一容器。从一些稍大的残片看，其器形为直口平沿玻璃杯，口沿下有一周磨花凹椭圆形纹饰

图4-19　广东肇庆坪石岗东晋墓出土玻璃碗（采自广东省文物考古研究所等编：《华南考古》第1辑，彩版一六，图3）

1　广东省文物考古研究所等：《广东肇庆市坪石岗东晋墓》，载广东省文物考古研究所等编：《华南考古》第1辑，文物出版社，2004年，第248—264页。

2　李军等：《安徽当涂东晋墓发掘简报——兼论出土的玻璃碗残片类别和来源》，《东南文化》2006年第2期，第33—39页。

3　王志高：《六朝墓葬出土玻璃容器漫谈——兼论朝鲜半岛三国时代玻璃容器的来源》，载江苏省六朝史研究会等：《"六朝历史文化与镇江地域发展学术研讨会"论文汇编》，2010年，第223页。

4　南京市博物馆：《南京市郭家山东晋温氏家族墓》，《考古》2008年第6期，第3—25页。

5　湖北省博物馆：《湖北汉阳蔡甸一号墓清理》，《考古》1966年第4期，第193—196页。

6　安家瑶：《中国的早期玻璃器皿》，《考古学报》1984年第4期，第444页，附表一12。

7　王志高：《六朝墓葬出土玻璃容器漫谈——兼论朝鲜半岛三国时代玻璃容器的来源》，载江苏省六朝史研究会等：《"六朝历史文化与镇江地域发展学术研讨会"论文汇编》，2010年，第223页。

8　湖北省博物馆保管部历史文物库：《汉阳蔡甸一号墓出土古玻璃试析》，《江汉考古》1983年第3期，第97—99页。

9　南京市博物馆：《南京幕府山东晋墓》，《文物》1990年第8期，第41—48页。

带，胎厚达0.4—0.6 厘米，器形似与象山M7 出土者比较接近[1]。关于六朝时南方地区出土的玻璃容器，他将其概括分为直口深腹筒形杯和束颈鼓腹圜底杯两大类，并认为前者多为罗马玻璃，而后者多为萨珊玻璃，但在化学成分的定量分析并未充分进行的情况下，尤其是迄今为止六朝时期几件比较完整的玻璃容器几乎都没有进行过定量成分测试，单一的器形比对还很难成为推断这些玻璃器产地的有效方法，而以此为基础的传入路线等问题的探讨也难以深入展开。

北方地区其他比较重要的外来玻璃还有几批玻璃珠。魏晋南北朝时期的高等级墓葬中多件料珠，例如宁夏固原北周李贤墓除出土著名的萨珊玻璃碗之外，还发现了直径0.7—1.24厘米蓝色大料珠118枚，最大直径为0.4厘米的墨绿色玻璃珠119枚，但这些珠子并没有进行过成分测试，还很难判断其到底是本土自制的还是域外输入的[2]。1993年发掘的北周武帝孝陵在第五天井西壁龛中出土玻璃珠300余枚，龛内还出土了铜带具2套、玉佩饰4件、铁饰件11件[3]。成分分析表明，北周武帝孝陵出土玻璃SiO_2的含量为59.84%—68.55%，Na_2O含量为9.61%—17.45%，CaO含量介于2.94%—7.97%，属于典型的钙钠玻璃体系，且K_2O的含量为2%左右，MgO含量介于3.5%—5.78%，是钙钠玻璃体系中的植物灰型玻璃。萨珊玻璃的制作工艺特点主要以植物灰作为助熔剂，MgO与K_2O的含量均大于1.5%。因此推测孝陵出土的植物灰型玻璃珠很可能是萨珊王朝时期的产品传入中原的产品[4]。

1994年发掘的北魏洛阳城永宁寺西门遗址，在台基较窄部分的南侧地层中，清理出大量如绿豆或米粒大小的小珠，皆作扁圆形，中有穿孔，共计15万余枚，除极少数或为水晶珠、玛瑙珠之外，其余皆为玻璃珠，分别呈各种红、蓝、黄、绿及黑色，色彩异常鲜艳[5]（图4-20）。这批珠子中有7枚进行过化学成分测试，确定是钠钙玻璃，但氧化铝的含量特别高，6枚高出10%，根据这些特点，结合学术界对印度洋—太平洋玻璃珠的研究，安家瑶概括地推测这批玻璃珠有可能是印度玻璃珠[6]。1985年以来，中国社会科学院考古研究所汉魏洛阳城队对北魏洛阳西廓城内，阊阖门外御道和西阳门外御道之间的大市遗址进行了较大面积的考古勘探和发掘[7]，其间也发现了玻璃珠，采用原子吸收（AAS）等现代分析手段对其进行成分分析，研究者根据玻璃珠成分中Al_2O_3含量高、CaO含量低的特点，推测这些玻璃珠可能来源于印度[8]。另外，北魏洛阳城大市遗址中还出土过十余片釉下彩釉陶片，最后仅复原出一件釉陶盏，直口、深腹、腹壁较直，底部附圆饼状实足，足底稍内凹。黑灰色胎，胎壁较薄，胎质细腻，外胎壁先以白色粉彩绘出两条带状联珠纹，其间装饰上下两排

1 王志高：《六朝墓葬出土玻璃容器漫谈——兼论朝鲜半岛三国时代玻璃容器的来源》，载江苏省六朝史研究会等：《"六朝历史文化与镇江地域发展学术研讨会"论文汇编》，2010年，第222页。

2 宁夏回族自治区博物馆等：《宁夏固原北周李贤夫妇墓发掘简报》，《文物》1985年第11期，第14页。

3 陕西省考古研究所等：《北周武帝孝陵发掘简报》，《考古与文物》1997年第2期，第10页。

4 成倩等：《北周武帝孝陵出土玻璃珠的科学分析与研究》，《考古与文物》2011年第1期，第107—112页。

5 中国社会科学院考古研究所：《北魏洛阳永宁寺：1979—1994年考古发掘报告》，中国大百科全书出版社，1996年，第11、136页。

6 安家瑶：《玻璃考古三则》，《文物》2000年第1期，第91—93页。

7 中国社会科学院考古研究所洛阳汉魏城队：《北魏洛阳城内出土的瓷器与釉陶器》，《考古》1991年第12期，第1090页。

8 刘壮等：《洛阳北魏大市遗址出土玻璃珠成分分析》，《光谱实验室》1999年第1期，第74—78页。

凸起的圆饰，圆饰大小相近，但间隔不均，通体蘸酱色釉。这件杯子釉色明亮，莹润光洁，口径8.2厘米，高5.6厘米（图4-21）。外壁装饰两排凸起圆饰的做法在同时代的陶瓷器装饰中并不常见，却跟萨珊玻璃的磨花装饰非常相似，可能是一件本土制作的仿萨珊玻璃的釉陶器，反映出繁盛的中外文化交流对北朝陶瓷生产的影响[1]。

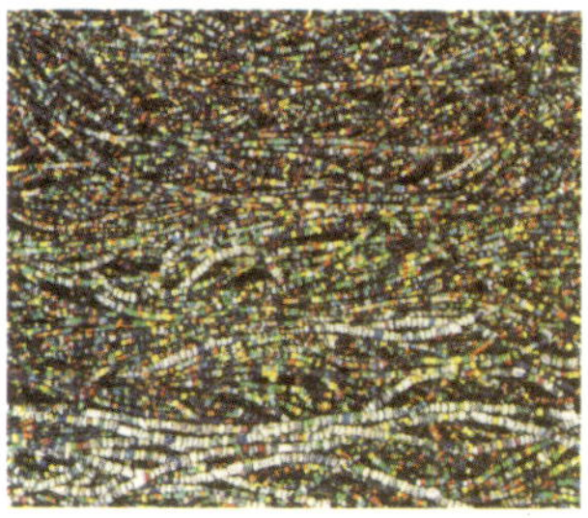

图4-20　北魏洛阳城永宁寺西门遗址出土玻璃珠
（采自中国社会科学院考古研究所：《北魏洛阳永宁寺：1979—1994年考古发掘报告》，彩版三二）

新疆地处欧亚大陆的中部，是周边不同文明的交汇地带，地理、历史、文化状况均独具特色，这里发现的玻璃制品在成分、种类、分布以及使用程度上都有自己的特点，因此有单独讨论的必要。如第二章所述，新疆地区是我国发现最早玻璃制品的地区，考古发现证明，汉晋时期玻璃制品在这里继续流行。

图4-21　北魏洛阳城大市遗址出土釉陶盏
［采自James C. Y. Watt et alii (eds), China: Dawn of a Golden Age, 200-750 AD, Yale University Press, 2004,p.259, fig. 160］

19世纪末20世纪初，西方探险家斯坦因、斯文·赫定、勒柯克、克兹洛夫、伯希和等在南疆地区的遗址中发现了相当数量的玻璃制品，美国康宁玻璃博物馆的罗布特·布里尔（Robert Brill）多年来所进行的成分分析表明，这些早期发现中既有天然泡碱型的希腊或罗马玻璃，也有植物灰氧化钠类型的萨珊和伊斯兰玻璃，既有起源于中亚的植物灰钠钙硅酸盐玻璃，还有起源于中亚的混合的含碱硅酸盐玻璃，只有极个别样本为含铅硅酸盐玻璃[2]。20世纪50年代以后比较集中的几批重要发现包括：新疆博物馆、中日联合考察队等都在尼雅遗址采集、发掘了大量玻璃制品；1995—1999年发掘的尉犁营盘墓地出土了玻璃珠项链、挂饰和玻璃杯；和田洛浦县山普拉汉晋墓地已发掘的68座墓葬中出土各类玻璃珠饰1405枚；1996年且末扎滚鲁克一号墓地M49出土的玻璃杯等。对新疆不同历史时期玻璃制品进行成分测试之后发现，从西周至唐代，新疆地区少见$PbO-BaO-SiO_2$、$PbO-SiO_2$玻璃，而一直是以$Na_2O-CaO-SiO_2$、$Na_2O-K_2O-CaO-SiO_2$为主，尤其是后者，自战国至汉代开始出现，在汉唐宋元时期的样品中都有发现，共性是Al_2O_3含量都较高，

1　中国社会科学院考古研究所洛阳汉魏城队：《北魏洛阳城内出土的瓷器与釉陶器》，《考古》1991年第12期，第1093—1094页。

2　（美）罗布特·布里尔：《抛砖引玉——2005年上海国际玻璃考古“丝绸之路古玻璃”专题研讨会开幕词》，载干福熹主编：《丝绸之路上的古代玻璃研究——2004年乌鲁木齐中国北方古玻璃研讨会和2005年上海国际玻璃考古研讨会论文集》，复旦大学出版社，2007年，第33—40页。

K_2O和MgO的含量也高于一般的钠钙玻璃，这种类型的玻璃在世界其他地区很少见，应该是在熔制时采用了不同的助熔剂，这类玻璃在新疆有较大范围的分布，而且延续了很长时间，应该是在$Na_2O-CaO-SiO_2$玻璃基础上发展起来的一种具有本地特点的玻璃体系，可能采用了新疆本地的土硝（KNO_3）等作为助熔剂[1]。

图4-22　新疆尉犁营盘墓地M45出土人面纹玻璃耳饰（采自中国丝绸博物馆：《古道新知：丝绸之路文化遗产保护科技成果展》，2017年，第110页）

新疆地区发现的古玻璃中绝大多数都是玻璃珠饰，较为引人注目的是营盘墓地（99BYYM45）出土的一件人面纹玻璃耳饰，是一件复杂的马赛克玻璃制品。耳饰呈扁椭圆形，由白、黑、红、蓝四色玻璃制成，正中为人面，边缘一周放射状纹样，有穿孔。出于死者耳边，和其他珠子以及一个草圈共同连缀成耳饰。长径1.05厘米、短径0.8厘米、厚0.5厘米（图4-22）。安家瑶根据国外的发现和研究成果，认为这种人面纹马赛克玻璃珠饰的产地可能是罗马帝国埃及行省的亚历山大城，年代约为公元前1世纪末至公元1世纪中叶[2]。赵德云进一步指出人面纹玻璃珠所表现的形象多是女性，一般认为模仿的原型是希腊神话中的美杜莎（Medusha），因为任何有生命的东西看见她都会变成石头，因此其头像或面具被认为能够抵御邪恶力量。人面纹玻璃饰品大概也蕴含着这种意味，头像边缘的放射状纹样是美杜莎“蛇发”的象征[3]。

目前新疆地区汉晋及稍晚时期发现的玻璃容器有营盘墓地M9出土玻璃杯、扎滚鲁克一号墓地M49出土的玻璃杯、斯坦因在楼兰L.K.地点的一座墓葬中发掘的一件玻璃杯、森木塞姆石窟收集的玻璃杯、尼雅N8遗址出土的玻璃角形杯等几件。前三件器形和装饰都类似，以往多认为是萨珊式玻璃制品，但近年来对扎滚鲁克M49发现的玻璃杯进行的成分测试表明其符合罗马玻璃的典型特征，因此推测这件玻璃杯应该是公元3—4世纪罗马帝国地中海东岸的产品[4]（图4-23）。相应的，与之造型和工艺类似的斯坦因搜集品、营盘M9玻璃杯似乎都有可能是罗马玻璃（图4-24）。不过，林怡娴援引并整合了国外学术界关于此类磨花玻璃杯的最新研

1　李青会等：《新疆不同历史时期玻璃器的化学成分分析报告》，载干福熹主编：《丝绸之路上的古代玻璃研究——2004年乌鲁木齐中国北方古玻璃研讨会和2005年上海国际玻璃考古研讨会论文集》，复旦大学出版社，2007年，第151—169页。

2　李文瑛：《新疆营盘墓地出土的古玻璃器介绍》，载干福熹主编：《丝绸之路上的古代玻璃研究——2004年乌鲁木齐中国北方古玻璃研讨会和2005年上海国际玻璃考古研讨会论文集》，复旦大学出版社，2007年，第141—142页；安家瑶：《丝绸之路上的玻璃器》，载荣新江等主编：《粟特人在中国：考古发现与出土文献的新印证》上册，科学出版社，2016年，第7—8页。

3　赵德云：《西周至汉晋时期中国外来珠饰研究》，科学出版社，2016年，第133—135页。

4　成倩等：《新疆且末扎滚鲁克墓地出土玻璃杯研究》，《文物》2011年第7期，第88—92页；赵永：《新疆且末扎滚鲁克49号墓出土玻璃杯的年代问题》，《考古与文物》2014年第4期，第77—80页。马艳根据黑海北岸的考古发现，推测楼兰、扎滚鲁克和营盘发现的三件形制相似的玻璃杯都源于黑海北岸，论证时引用了大量以往学界所不熟悉的欧亚草原西部地区的考古资料，但多从器形和纹样入手，鲜少涉及出土玻璃器的成分分析，参见马艳：《大同出土北魏磨花玻璃碗源流》，《中原文物》2014年第1期，第96—100页。

究，排除了营盘和扎滚鲁克墓地三件玻璃杯为罗马或萨珊来源的可能，认为应该是欧洲“蛮族”玻璃，其具体产地很可能在黑海北岸地区，时间大致为公元3世纪中期至4世纪中期[1]。

森木塞姆贴圆饼玻璃高足杯是采集品，背景及时代信息都不清楚，一说20世纪80年代采集自库车森木塞姆千佛洞前的水沟中。玻璃呈淡绿色，敞口、鼓腹，腹部外壁贴两排上下交错的圆饼形装饰，共计12个，圈足中部有算珠状突起。该玻璃杯腹部部分应该是吹制成形，圈足及外壁圆饼都是后来贴上去的，圆饼上还有加工工具留下的浅浅的戳痕（图4–25）。安家瑶认为在外壁贴饰小圆饼是伊朗高原早期伊斯兰时期（公元6—7世纪）发展起来的新做法，外壁圆饰虽然跟北周李贤墓玻璃碗相似，但制作方法完全不同，李贤墓玻璃碗是采用冷加工技术，在玻璃厚壁上减地形成突起的圆饰，费工费时；而这件玻璃杯外壁的圆饼依然是采用热加工工艺粘贴，制法较简单，似乎在模仿典型的带圆突的萨珊玻璃杯，伊朗国家博物馆中收藏

图4–23　新疆且末扎滚鲁克墓地M49出土玻璃杯

图4–24　新疆尉犁营盘墓地M9出土玻璃杯（采自新疆维吾尔自治区文物局等：《新疆文物古迹大观》，第199页，图0531）

图4–25　新疆库车森木塞姆千佛洞发现的玻璃高足杯

图4–26　新疆民丰尼雅N8遗址出土玻璃角形杯（采自祁小山等：《丝绸之路·新疆古代文化（续）》，第68页，图④）

1 林怡娴：《来自“蛮族”的饮器——再议新疆所见磨面纹玻璃杯》，《考古与文物》2017年第6期，第82—93页。

了一件时代为伊斯兰早期的带此类装饰的玻璃瓶[1]。

2007年尼雅N8遗址出土一件玻璃角形杯，底部尖状，稍弯曲，玻璃呈无色透明状，稍泛黄，腹部下方缠贴两道波浪纹，腹部上缠贴三道弦纹，口径4.3厘米、外径5厘米、通长19.8厘米（图4-26）。这件玻璃角形杯是一件罕见而珍贵的高档玻璃器，于志勇认为这是一件来通（Rhyton），是通过丝绸之路传入的中亚贵霜时期的产品，来通出土于建筑宏伟的N8聚落遗址，可能是尼雅遗址聚落群北部的一个中心，抑或可能就是精绝国某个阶段（或鄯善国时期的凯度多州）的一处重要的中心聚落[2]。

第三节　本土自制玻璃的新发展

跟出土众多的外来玻璃相比，魏晋南北朝时期中国本土的自制玻璃发现较少，而且先秦两汉时期多见的以铸造工艺制作玻璃器的做法几乎不见。根据文献记载，北魏太武帝时月氏人“商贩京师，自云能铸石为无色琉璃。于是采矿于山中，即京师铸之，既成，光泽乃美于西方来者。乃诏为行殿，容百余人，光色映彻。观者见之，莫不惊骇，以为神明所作。自此，国中琉璃遂贱，人不复珍之”。这条文献可能涉及北魏时的玻璃生产，其具体内涵多有争论，已俱述于本书绪论。但不可否认的是，这一时期的考古工作中确实发现了数批吹制成形的国产玻璃容器，主要包括当时的都城即今大同地区的几批发现，还有河北定州市北魏塔基石函中出土的几件玻璃容器，共性是虽然采用了外来的吹制工艺，但生产出的却是当时社会所常见的器形。

1964年，河北省定县（今河北定州）城内东北隅的塔基遗址中出土了一件石函，函盖盝顶上刻有铭文，记载北魏孝文帝和文明太后太和五年（481年）到此并建“五级佛图”之事。石函内藏有货币和金、银、铜、玉、贝、玻璃、玛瑙、水晶、珍珠、珊瑚等材质的物品共91号，总计5657件。根据原简报的介绍，石函中的玻璃制品包括玻璃钵1件，玻璃瓶5件，器底1件，环饰2件，圆珠状串饰12件，串珠共七式计2621件[3]。夏鼐先生推测石函中的一部分物品可能是孝文帝和文明太后所施舍，应是从皇室贮藏室（御府）中调拨而来[4]。

在很长一段时间里，定州塔基石函中出土的玻璃制品是北魏时期玻璃中最具代表性的一批器物。由于塔基有明确纪年，因此这批玻璃也成为中国古代玻璃器研究中的典型标本。尤其是其中的7件容器，包括1件玻璃钵，2件玻璃瓶，3件葫芦形小玻璃瓶，1件残器底（推测为盂）。玻璃钵天青色，敛口，鼓腹，圜底，高7.9厘米、口径13.4厘米、腹径14.7厘米，器壁较厚，腹部稍薄，厚0.2厘米，底部最厚处厚

1 James C. Y. Watt et alli. (eds)., China: Dawn of a Golden Age, 200-750AD, The Metropolitan Museum of Art, 2004, p.189.

2 于志勇：《近年来新疆古代玻璃器的考古发现、研究与思考》，《新疆文物》2013年第2期，第107—117页。另外还可参考安家瑶：《丝绸之路上的玻璃器》，载荣新江等主编：《粟特人在中国：考古发现与出土文献的新印证》上册，科学出版社，2016年，第7—8页。

3 河北省文化局文物工作队：《河北定县出土北魏石函》，《考古》1966年第5期，第252—259页。

4 夏鼐：《河北定县塔基舍利函中波斯萨珊朝银币》，《考古》1966年第5期，第269页。

图4-27　河北定州北魏石函发现的玻璃瓶和玻璃钵

0.5厘米、口部厚0.3厘米[1]。两件玻璃瓶也呈天青色，器形相似，圆唇，短颈，圆肩，鼓腹，圜底，一件高4.3厘米、腹径4.9厘米，另一件小瓶有玻璃条粘贴的小圈足，高3.6厘米、腹径4.8厘米。3件小葫芦瓶中仅一件保存较好，浅蓝色，下为球形，上有长颈，口部被捏扁，弯成短勾状，高5.3厘米、下部球径2.1厘米。安家瑶认为这些器物应该是无模吹制成形，并采用了粘贴玻璃条等罗马、萨珊时期的传统技术，但掌握的并不纯熟，多数是小型器，器形简单，也不规整，玻璃中含有密集气泡，跟西方玻璃产品有较大的差距，且玻璃钵、鼓腹圜底瓶、葫芦瓶等都是传统器形，这是考古发现中最早的一批国产吹制玻璃[2]（图4-27）。

2002年，安家瑶再次考察了收藏在河北省文物考古研究所的定州市北魏塔基石函中出土的玻璃器，提到了同是石函中发现的玻璃珠，认为其中的柱状玻璃珠应该是由玻璃管切割而成，且发现其中有一件圆柱形管状珠比较特殊，表面卷贴了一层马赛克条纹作为装饰。数量较多的球状玻璃珠应该是缠心法制成，有的珠子两枚连在一起。对四件样品进行的成分分析表明，定州北魏塔基石函出土的玻璃器可以看作为同一组样品，共同点是镁含量较高，同为K-Na-Mg-(Ca)系玻璃[3]。

2009—2010年，河北省文物考古研究所与日本京都大学人文科学研究所合作，重新考察了石函出土文物，并对其中的金、银、铜、玻璃制品进行了荧光X射线无破坏性成分检测分析。对七件玻璃器皿的重新观察有了新收获，提出了一些跟以往不同的认识。玻璃钵和2件玻璃小瓶（文章中称为玻璃小壶）系吹制而成，保存较完好的一件葫芦形玻璃瓶系吹制之后再拉长颈部制成，口沿处的扭曲可能是用剪刀把吹管剪断时弄弯的，之后也未加修整，该器物没有作为容器使用，应属收纳舍利用器具，因为破损的其他两件腹径大小相同，所以球形腹部可能使用了模制。原简报称

1　2009—2010年的中日合作研究发现这件玻璃钵底部厚0.8厘米，向上厚度递减，腹部最大径处厚0.35厘米，口沿下的厚度为0.3厘米。参见韩立森等：《河北省定州北魏石函出土遗物再研究》，《考古学集刊》19，科学出版社，2013年，第290页。

2　安家瑶：《中国的早期玻璃器皿》，《考古学报》1984年第4期，第423—424页。

3　安家瑶等：《北魏玻璃》，载《汉代考古与汉文化国际学术研讨会论文集》，齐鲁书社，2006年，第551—552页。

图4-28　大同南郊七里村北魏墓群出土玻璃碗、泡饰和小瓶
（采自大同市考古研究所：《山西大同七里村北魏墓群发掘简报》，《文物》，2006年第10期，第39页，图四一、四二）

之为圆柱形串饰的十二件玻璃管可以分为两种，其中较细的一种作为随身装饰品比较长（8.4厘米），推测可能是制作玻璃器用的材料，抑或是像隋李静训墓、日本奈良竜田御坊山古坟出土的笔轴之类的物件；原简报中所划定的Ⅵ式串珠，瓜棱形（文章称栀子花形）是在球形珠子上纵向刻压而成，还发现在孔中有插入的褐色的细玻璃管，这种玻璃细管应是代替铁棒卷裹熔融状热玻璃之用。尽管对玻璃钵、小瓶、葫芦瓶及玻璃珠等进行了定量分析，但因为所使用仪器的限制，无法检测出玻璃中的主要元素钠、铝、镁、硅等。检测结果表明，以吹制技术制成的玻璃钵、小瓶、葫芦瓶中，检测出大量的钙和钾，由于含钙比率很高，可以认为是钠钙系玻璃，其他微量元素的含量为，玻璃钵和小瓶含铜和铅约1%，葫芦瓶中几乎不含铅。对于5件玻璃珠的检测也证明其含钙比率都很高，与玻璃容器相同，可以认为是钠钙系玻璃[1]。

大同地区北魏墓葬除了发现具有明显萨珊玻璃特征的玻璃碗之外，还出土不少其他玻璃制品。2001年在大同南郊变电站工程建设中发现的七里村北魏墓群中，在M6中出土了一件玻璃碗，口径13厘米、底径7.7厘米、高5.9厘米，M20中出土了一件小玻璃瓶，一件球形泡饰，已残。玻璃瓶口径2.4厘米、底径2.6厘米、高5厘米。两者均呈天蓝色，吹制成形，玻璃碗圆唇直壁下收，圈足，上腹部饰凸弦纹一周，小玻璃瓶卷沿束颈圆鼓腹，平底[2]（图4-28）。M6、M20均为长斜坡墓道单室土洞墓，M6还设有天井和过洞，墓道长16米、宽1.1米，墓室南北长2.86米，东西宽2.8米，玻璃碗出土于棺外东侧中部，M20规模稍逊，小玻璃瓶出土在塌毁的棺板之间[3]。大同七里村发现的三件玻璃器曾做过X荧光无损分析，结果表明这三件玻璃均为普通钠钙玻璃，含有一定量的钾、镁、铜、铁元素，并含微量铅。

值得注意的是，2010年被盗并被抢救性发掘的位于草原深处的内蒙古锡林郭

1　韩立森等：《河北省定州北魏石函出土遗物再研究》，《考古学集刊》19，科学出版社，2013年，第290—293页。

2　大同市考古研究所：《山西大同七里村北魏墓群发掘简报》，《文物》2006年第10期，第41—42页。

3　关于M6和M20的情况，原简报并未具体介绍，此据安家瑶文，参见安家瑶等：《大同地区的北魏玻璃器》，载张庆捷等主编：《4—6世纪的北中国与欧亚大陆》，科学出版社，2006年，第42页。

勒盟正镶白旗伊和淖尔墓群M1也出土了一件玻璃碗，该墓所在墓地于2014年被评为年度十大考古发现之一。M1是长斜坡墓道长方形洞室墓，经公安机关追缴和抢救清理共出土文物200余件（组），发掘者推测M1的墓主人很可能是公元5世纪末期的高等级鲜卑贵族[1]。跟玻璃碗共出的还包括鎏金錾花人物碗、鎏金三足铜盘等颇具异域风情的器物。玻璃碗保存完整，呈蓝色透明状，直口、弧腹、小圈足，口径10厘米、底径4厘米、高4.1厘米，器形和颜色都跟大同南郊变电站七里村M6出土的玻璃碗高度相似，很可能是由北魏平城流传到这一地区（图4-29）。该墓群还出土过一件鎏金银项圈，上饰卷草纹，呈半月形，长28.3厘米、宽22.8厘米，项圈上原本镶嵌6块圆形玻璃片，其中2块严重破损，如今只留下4块较为完整的玻璃片。最新成分分析显示，伊和淖尔M1出土玻璃碗的氧化钾含量在2.39%—2.88%之间，属于萨珊玻璃；鎏金银项圈上镶嵌的4块玻璃，有一块浅蓝色玻璃片为萨珊玻璃，另外三块玻璃片的氧化钾和氧化镁含量均少于2%，属于罗马玻璃；因此认为鎏金银项圈和蓝色玻璃碗都应该是萨珊波斯传入的器物[2]。如上所述，河北定州和山西大同地区北魏玻璃的发现及成分分析结果表明，当时存在一些造型非常本土化但成分为外来的钠钙玻璃系统的玻璃器，因此仅靠成分分析还无法完全确定这些玻璃器为萨珊王朝输入，而更有可能是文献中所记载的中亚月氏人为北魏皇室制造的玻璃器[3]。

图4-29　内蒙古锡林郭勒盟正镶白旗伊和淖尔墓群M1出土玻璃碗
（采自中国人民大学历史学院考古文博系：《内蒙古正镶白旗伊和淖尔M1发掘简报》，《文物》2017年第1期，封面）

2002年发掘的大同东郊迎宾大道北魏墓群，时代上属于北魏平城时代。其中M16中出土了一件玻璃壶及数件半球形玻璃泡饰件。M16墓道长达26.6米，弧边方形的砖墓室南北长4.04米、东西宽3.99米，规模很大，另外也是这个墓群中唯一一座绘有壁画的墓葬。玻璃壶呈淡蓝色半透明状，喇叭形敞口，细长颈，圆肩鼓腹，近底处内收，平底。肩饰凸弦纹两周，器表粗糙多气泡（图4-30）。半球形玻璃泡饰件也呈蓝色半透明状，凹面以白色画七瓣莲花。M16的玻璃壶无论在器形上还是弦纹的表现方式上，都与墓地同类型陶壶如出一辙，证明此时玻璃制造业已经传入本地，安家瑶等人认为这件玻璃壶似乎是模制而成[4]。

1987年发掘的位于大同市东南的湖东编组站M21出土了一件圆锥体玻璃器（图4-31）。M21也是长斜坡墓道土洞墓，墓室中有一棺一椁，棺上有精致的彩绘漆画。

1　中国人民大学历史学院考古文博系：《内蒙古正镶白旗伊和淖尔M1发掘简报》，《文物》2017年第1期，第15—34页。

2　马丽亚·艾海提等：《内蒙古北魏墓出土萨珊玻璃器及其相关问题》，《文博》2017年第4期，第53—59页。

3　安家瑶等：《大同地区的北魏玻璃器》，载张庆捷等主编：《4—6世纪的北中国与欧亚大陆》，科学出版社，2006年，第44—45页。

4　大同市考古研究所：《山西大同迎宾大道北魏墓群》，《文物》2006年第10期，第50—71页；安家瑶等：《大同地区的北魏玻璃器》，载张庆捷等主编：《4—6世纪的北中国与欧亚大陆》，科学出版社，2006年，第42页。

图4-30　大同东郊迎宾大道北魏墓群M16出土玻璃壶（采自大同博物馆编：《平城文物精粹：大同市博物馆藏精品录》，第60页）

图4-31　大同湖东编组站M21出土圆锥体玻璃器（采自大同博物馆编：《平城文物精粹：大同市博物馆藏精品录》，第60页）

该玻璃器吹制而成，器体中空，蓝色半透明状，薄胎，底部中心有一圆孔，上腹部有一突出圆环，这件玻璃器形制奇特，在同一地区同时代遗物中不见类似器，具体功能还有待于进一步探索[1]。

另外，1997年大同城南智家堡村有一座北魏石椁壁画墓被破坏，出土了仿木构单檐人字坡悬山式顶石椁，由数十块砂岩料石拼合而成。椁内壁四面绘彩色壁画，内容有墓主人夫妇于张有小帐的榻上并坐图、牛车出行图、男女侍从图等。由于墓室发现时文物即被掠走，经多方调查得知墓内原有多件灰陶器、多件黄釉陶器，一件蓝色透明带把玻璃小杯、一件铜鍑和数枚五铢钱，可惜事后只追回一件铜鍑。根据有关现象判断其时代为北魏太和间。智家堡北魏墓是当时北魏平城已发现的二百余座北魏墓中的首座石椁墓，其墓室壁画亦是北魏墓葬中所罕见的[2]。文明太后的方山永固陵还出土一件料环，外径2.2厘米，原简报称其色泽黑亮[3]，安家瑶等重新观察之后确定为紫色透明，外表几乎没有被腐蚀，保持原有光泽，根据其尺寸推测可能是指环[4]。

大同在北魏迁洛之前一个世纪，一直是北方地区的中心，也就是文献中所记载的月氏人为北魏皇室制造玻璃器的地方。大同地区随葬玻璃器的北魏墓葬规模有大有小，结构有砖室和土洞的差别，随葬品也有多寡之别，但从葬具有棺有椁、棺上彩绘漆画、墓葬设置天井与过洞以及随葬品物类齐全等现象综合分析，墓主人绝非一般平民和下级官吏，只有特殊的人物和达官显贵乃至国家最高权威者才能享用。大同地区出土的以上几批玻璃，均为吹制成形，颜色为或深或浅的蓝色，最

1　安家瑶等：《大同地区的北魏玻璃器》，载张庆捷等主编：《4—6世纪的北中国与欧亚大陆》，科学出版社，2006年，第38、42页。

2　王银田等：《大同智家堡北魏墓石椁壁画》，《文物》2001年第7期，第40—51页。

3　大同市博物馆等：《大同方山北魏永固陵》，《文物》1978年第7期，第32页。

4　安家瑶等：《大同地区的北魏玻璃器》，载张庆捷等主编：《4—6世纪的北中国与欧亚大陆》，科学出版社，2006年，第37—38页。

重要的是器形具备本土化的特征，迎宾大道M16出土的玻璃壶，喇叭形敞口、细长颈、圆肩鼓腹、近底内收并在肩部装饰纹饰的做法，跟同墓地发现的陶壶和釉陶壶非常相似，七里村M20出土的小玻璃瓶卷沿束颈鼓腹的做法也跟河北定州北魏塔基出土的小玻璃瓶非常相似，安家瑶等人认为，这几件玻璃器是当地生产无疑，可能有来自外域工匠的现场指导[1]。

以上是目前可以确定的几批中国自制玻璃，器形虽然传统，但成分是外来的钠钙系玻璃，反映出该时期复杂的技术交流情况。另外，宇文泰的股肱重臣、北周时去世的田弘墓中出土了玻璃珠约900颗，可分为大小两种，大珠出于田弘棺内，几乎与玉器、水晶珠出于同一位置，可能是玉佩上的穿饰；小珠最多，数量约为880个，出于主室地面、田弘棺内及夫人棺内，多数是将玻璃棒依次切断之后制成，颜色较为单调，但田弘夫人棺中出土的玻璃珠跟上述南京幕府山M4东晋墓中出土的玻璃饰件类似，在玻璃珠之外包有金箔，因出土于纱冠所在位置，故而推测这应该是装饰纱冠的玻璃珠。

通过采用荧光X线分析法进行无损化学成分分析，研究者发现田弘墓玻璃珠含有大量的铅，进一步的铅同位素比测定暂时还无法确定这些玻璃串珠的产地[2]。田弘墓出土的玻璃残片也利用能量色散X射线荧光光谱仪进行了成分测试，结果确定其主要成分为PbO和SiO_2，含量分别为77.53%—87.79%和7.45%—18.94%，属于高铅硅酸盐玻璃，应该也是中国自制玻璃[3]。

1 安家瑶等：《大同地区的北魏玻璃器》，载张庆捷等主编：《4—6世纪的北中国与欧亚大陆》，科学出版社，2006年，第45页。

2 原州联合考古队：《北周田弘墓》，文物出版社，2009年，第153—156页。

3 宋燕等：《宁夏固原北周田弘墓出土玻璃残片研究》，《玻璃与搪瓷》2008年第2期，第35—42页。

第五章
隋唐玻璃

第一节　隋代玻璃

隋代是中国历史上一个短暂而又十分重要的王朝。隋代创立的各项制度以及开凿运河、沟通西域等重大举措，对后代产生了深远、积极的影响。考古发现与研究表明，作为中国古代较为罕见的玻璃器，也恰好在隋代出现一个划时代的转折。目前发掘出土的隋代玻璃器主要包括以下几批：

1954年发掘的西安郭家滩姬威墓出土一组玻璃器，但全被打破，仅复原出玻璃小杯2件和玻璃小罐1件。从简报所附黑白照片来看，小杯深腹斜壁，器形较小，仅3厘米高，玻璃罐似乎卷沿束颈溜肩，体量稍大，高6厘米。该墓规模较大，天井数目多达七个，另有石墓门、石棺床等[1]。根据墓志记载，姬威家世显赫，而且在平郸之日追齐主于青州，有擒获之功，而后成为太子杨勇的宠臣[2]，但根据《隋书》的记载，隋文帝废太子杨勇时，姬威被晋王收买，暗通杨素，因此在杨勇被废之后依然能够飞黄腾达[3]。

1956—1957年，在西安东郊韩森寨发掘的吕武墓中出土一件玻璃高足杯，呈青绿色半透明状，含有大量气泡，大口深腹，下有喇叭形足，器形不甚规整，口径5.1厘米、足径2.7厘米、通高6厘米。该墓为斜坡墓道单室土洞墓，根据墓志记载，吕武曾是宇文护亲信，而后又辅佐代王宇文达，一直在亲卫系统中任职，并参加过河间王杨弘破突厥之役，开皇十二年（592年）卒于奉使吐谷浑的途中，同年下葬[4]。

1957年陕西西安市发现隋代大业四年（608年）李静训墓，墓主虽为孩童，却拥有显赫的家族背景。曾祖是北周河西郡公李贤，祖父为隋幽州总管李崇，父亲为李敏，隋文帝时养于宫中，及长娶周宣帝之女宇文娥英。李静训的外祖母是隋文帝长女杨丽华，可谓万千宠爱，集于一身。与之相应，其墓葬从形制到随葬品均别具特色，根据墓志记载，李静训九岁夭折之后，在隋大兴城休祥里万善尼寺之中建坟，并在坟上“构造崇阁，遥追宝塔”，采用塔墓结合的形式；随葬品亦极尽奢华，而且还出土了金项链、金手镯、金高足杯等异域奇珍。该墓共出土了24件玻璃器，包括罐、扁瓶、无颈瓶、管状器、杵形器各1件，小杯2件、卵形器2件、长形珠10件、小珠5件。这批器物集中出土于同一座墓中，年代明确，器类较多，是已知的隋代玻璃器的代表作（图5-1）。

1　陕西省文物管理委员会：《西安郭家滩隋姬威墓清理简报》，《文物》1959年第8期，第6页。

2　参见《姬威墓志》，载韩理洲：《全隋文补遗》，三秦出版社，2004年，第248—249页。

3　（唐）魏征等：《隋书》卷四五《房陵王勇传》，中华书局，1973年，第1233—1238页。

4　中国科学院考古研究所：《西安郊区隋唐墓》，科学出版社，1966年，第2、7、83、93页。

图5-1 西安隋李静训墓出土玻璃器
（1.玻璃带盖小罐；2.玻璃卵形器；3.玻璃瓶；4、5.玻璃杯）

多数器物呈绿色，无颈瓶器型较大，厚唇外卷成圆形，无颈，唇下即为向外斜侈之肩，肩以下微内收至底，底中部有一直径1.2厘米的凹窝，深入0.2厘米，出土时内有液体，腹径9.8厘米、高16.3厘米；扁形瓶口、腹部均为椭圆形，圜底，下附短圈足，底部中心有吹烧拉结瘤一个，腹部长径11.1厘米，器高12.5厘米；玻璃盒通体扁圆形，小圆口，圜底，口上有圆形盖，器口及盖口都有磨平痕迹，高4.5厘米、腹径5.2厘米，盖高0.5厘米；两件卵形器形状相同，仅大小各异，中空，较大一段有一孔，大者绕孔有涂金痕迹，小者无涂金；两件玻璃杯形制相仿，与姬威墓出土玻璃杯相似，呈蓝色半透明状，杯口圆形，底部附有矮圈足；管状器已经残断，草绿色，中穿通孔，一端孔径较小，中心处孔径较大，两端有磨平条痕，残长10.9厘米、直径0.9厘米；杵形器呈黄色，较细的一端已经残断；长形珠有四棱，通体近枣核形，黄色透明；小珠似为其他器物的组饰，下部已断[1]。

1969年陕西耀县（今铜川市耀州区）发现一座舍利塔基，内有放置塔铭的石函，在塔铭下的函洞里，放置有装舍利的鎏金盝顶铜盒、装头发的圆铜盒以及一件涂金方铜盒，方铜盒内放置绿色带盖的玻璃瓶一件，瓶高5.8厘米，内装淡红色的浓

1 中国社会科学院考古研究所：《唐长安城郊隋唐墓》，文物出版社，1980年，第22—23页。

稠状液体，另外还有盛骨灰的铜瓶等物品。根据塔铭，舍利塔基所在地为隋神德寺遗址，当是仁寿四年（604年）隋文帝将婆罗门沙门所赠之舍利送至神德寺“奉安舍利”所建的“灵塔”[1]。

1969年，河北定县（今定州）博物馆先后发掘两座宋代塔基，即静志寺真身舍利塔塔基（五号塔基）和净众院舍利塔塔基（六号塔基）。前者在数百年间历经数次递藏供养舍利，内涵较为丰富。综合塔基地宫中发现的碑刻记载，静志寺塔地宫建于太平兴国二年（977年），地宫中的遗物系北魏兴安二年（453年）、隋大业二年（606年）、唐大中十二年（858年）、龙纪元年（889年）、宋太平兴国二年数次供养而成，包括了玻璃器37件（组），其中的一件绿色玻璃瓶，根据塔基内出土鎏金铜函上刻：“大隋仁寿三年（603年）五月廿九日，静志寺与四部众修理废塔，掘得石函，奉舍利有四，函铭云大代兴安二年（453年）十一月五日，即建大塔，更做真金宝碗，琉璃瓶等，上下累叠，表里七重，至大业二年（606年）十月八日内于塔内”，唐代的石刻铭文云：“……至大中二年四月日开两寺，即静志、善心。度僧尼各三十人，明年十月，因发弥勒大像于正面，发旧基，得石函二，一大一小，函内有四珉像，金银钗钏诸多，供具内金函，函中具七珍缭绕。银塔内有琉璃瓶二，小白大碧，两瓶相盛水，色凝结……其塔中小石塔者，本天祐寺隋塔，有舍利两拉，贮瓶四重，琉璃金银漆，安在小塔顶。旧函中盖上四面厦寄之记”，推测此瓶应是隋代制品，这件玻璃瓶跟耀县舍利塔基中出土玻璃瓶形制相似，绿色半透明状，侈口鼓腹，肩部有一条细阳弦纹，玻璃条缠圈足，底部有疤痕，高8.9厘米[2]（图5-2）。

图5-2　河北定州静志寺舍利塔基出土玻璃瓶（采自出光美术馆：《地下宫殿の遺宝：中国河北省定州北宋塔基出土文物展》，平凡社，1997年，图46）

1977年广西钦州久隆发掘的M1中出土一件玻璃高足杯，M1是一座平面呈凸字形的砖室墓，发掘者根据墓葬形制和出土瓷器的特点，认为M1的年代为大业后期或初唐[3]。该玻璃杯呈青绿色，直口微敛、深腹圜底、高足，口径7.5厘米、高8厘米。原发掘简报未公布照片，20世

图5-3　广西钦州久隆M1出土玻璃高足杯

1　朱捷元等：《陕西长安和耀县发现的波斯萨珊朝银币》，《考古》1974年第2期，第126—132页。

2　定县博物馆：《河北定县发现两座宋代塔基》，《文物》1972年第8期，第39—48页；安家瑶：《中国的早期玻璃器皿》，《考古学报》1984年第4期，第426—427页。关于河北定州五号塔基发现玻璃器更加详细的讨论参见本书第六章宋代玻璃部分。

3　广西壮族自治区文物工作队：《广西壮族自治区钦州隋唐墓》，《考古》1984年第3期，第249—263页。

纪90年代日本编辑出版的《中国の金银ガラス展：正仓院の故乡》一书中收入了这件玻璃杯的图片[1]（图5-3）。

1986年西安市东郊发现一座隋代“舍利墓”。在南北长89厘米、东西宽37厘米的砖室内，出土了数量众多的物品，包括陶瓷器、玻璃器、玛瑙、水晶玉石、琥珀、金银饰物、钱币等。发现的玻璃器包括1件玻璃瓶、10颗玻璃彩珠、13枚玻璃棋子、3颗纽扣形玻璃饰、1件枣核形玻璃饰。砖室之上南北两砖之间还发现了一块砖志，记载开皇九年（589年）清禅寺主人德□□圆寂，诸弟子同年将骨灰舍利埋在兴宁坊清禅寺内。这批玻璃器中最重要的一件是小玻璃瓶（图5-4），该瓶晶莹剔透、小巧玲珑，出土时置于瓷瓶口沿上，绿色透明状，瓶体呈圆球状，中空，口部微外侈，颈部下面有一圆形二层台，肩部饰有4个对称凸起的倒置三角形，三角形表面刻出两道凹槽之后在表面形成更小的三角形突起，球体腹部有4个圆凸（凸饰的表面下凹），透过每一个圆饰都可以看到四个圆饰的缩影，玻璃瓶通高8.4厘米，腹径7厘米[2]。玻璃棋子也呈绿色，平底尖顶；另外还发现了大小、形状均相近的玛瑙棋子13枚（图5-5）。根据董理的研究，玻璃子、玛瑙子各12枚，应属24子双陆局用子，其余2子似为原器残损，因质料名贵，故复制，与另一颗较大的玛瑙子同作为配子备用[3]。

图5-4　西安东郊清禅寺舍利塔基出土玻璃瓶
（采自国家文物局等编：《丝绸之路》，第189页）

图5-5　西安东郊清禅寺舍利塔基出土玻璃、玛瑙棋子
（采自杨伯达主编：《中国金银玻璃珐琅器全集·4·玻璃器（一）》，第51页，图八七）

2005年，陕西省考古研究所在潼关县城西北的税村发掘一座被盗的大型隋代壁画墓。墓葬为长斜坡墓道六天井大型砖室墓，墓道壁画绘十八杆列戟，墓室中发现形制巨大、雕刻精美的石棺。发掘者推测墓主人极有可能为隋代第一位太子杨勇，下葬年代在隋代中期偏晚。在墓室中部偏北被破坏的函匣式石棺附近发现至少5件玻璃器，但都无法复原，均呈绿色或浅绿色，其中有四件的器形可能为杯，口径较小，在2.4—4厘米之间，有一组共三件标本残壁弧度较缓，器形无法分辨，另有玻璃串珠28枚，散见于石棺的西侧和南侧，保存较好者呈蓝色，圆饼形，

1 NHK大阪放送局：《中国の金银ガラス展：正仓院の故乡》，1992年，第87页，图71。另外，杨伯达主编《中国金银玻璃珐琅器全集》第4卷《玻璃器（一）》（河北美术出版社2004年版）中，将其时代定为唐代，参见该书第57页以及图版说明第32页。玻璃高足杯的尺寸在简报和日文图录中有所不同，此据简报。

2 参见郑洪春：《西安东郊隋舍利墓清理简报》，《考古与文物》1988年第1期，第61—65页；冀东山主编：《神韵与辉煌：陕西历史博物馆国宝鉴赏·玉杂器卷》，三秦出版社，2006年，第81页。

3 董理：《“隋琉璃、玛瑙围棋子”考辨》，《考古与文物》2001年第5期，第71—75页。

中间有穿孔，直径在0.3—0.6厘米之间[1]。

1980年，山西太原发掘了隋开皇十七年（597年）斛律彻墓，斛律彻是北齐名将斛律光（明月）之孙，父武都尚义宁公主，育自淑房，长于戚里，虽后来被诛杀，但见存子孙，各自随荫叙录，仍然袭祖崇国公，户邑如旧[2]。在墓室西侧的棺床上出土了33枚串珠，包括16颗石英珠、6颗青色琉璃珠、11颗湖蓝色料珠，形状不规则，有圆形和扁圆形两种，均有穿孔，直径在1.2—1.8厘米之间（图5-6）。从报告公布的照片看，其中两枚珠子的表面有明显的纵向拉伸后遗留的痕迹，表明可能是玻璃管牵拉后制作而成，另有一件绿色玻璃珠中空，推断有泥丸，中间穿孔，这里的泥丸可能在制作玻璃珠时被用作内核[3]。

图5-6　山西太原隋斛律彻墓出土串珠（采自山西省考古研究所：《太原沙沟隋代斛律彻墓》，图版三五）

图5-7　湖南长沙隋墓出土玻璃戒指

另外，20世纪50年代，在长沙一座长方形凸字形隋墓中出土了一枚蓝色玻璃戒指，直径2.2厘米[4]（图5-7）。

综上所述，隋代虽仅有三十多年的历史，却出土了数量不菲的玻璃器，为探讨中国古玻璃的发展演变提供了重要线索。隋代玻璃仍然可以概括划分为外国输入和本土制造的两个系统。外国输入玻璃以西安市东郊舍利墓出土玻璃瓶为代表；本土制造的玻璃器又分为两个种类，一种是在中国传统工艺的基础上发展而来，另一种是受西方影响、用新技术生产。第一种玻璃器主要有西安市郊区隋代李静训墓出土的绿玻璃罐、卵形器和管形器，陕西耀县隋代塔基出土的玻璃瓶等，其成分主要是高铅玻璃。第二种玻璃器的成分和工艺技术虽然与外国相近，但器物形态却属中国风格。隋代李静训墓出土的蓝色小杯、绿色小杯、无颈瓶、扁瓶，虽然有的属于钠钙玻璃，在底部有使用铁棒技术留下的疤痕，然而造型特点跟中国传统器物有十分密切的联系，相反在西方却极少见到。因此，尽管带有某些西方工艺特征，也仍然是中国制造的。此外还有河北定县塔基出土的隋代天蓝色瓶，均属于受西方影响在中国制造的器物。

西安东郊清禅寺舍利墓发现的玻璃细颈瓶是隋代外来玻璃器的代表，其最大

1　陕西省考古研究院：《潼关税村隋代壁画墓》，文物出版社，2013年，第6—17、82—84、135—136页，图版七二、七三。

2　参见《斛律彻墓志》，载韩理洲：《全隋文补遗》，三秦出版社，2004年，第164页。

3　串珠的出土位置根据简报中的平面图，参见山西省考古研究所等：《太原隋斛律彻墓清理简报》，《文物》1992年第10期，第3、13页；山西省考古研究所：《太原沙沟隋代斛律彻墓》，科学出版社，2017年，第93页、图版三五。

4　湖南省博物馆：《长沙两晋南朝隋墓发掘报告》，《考古学报》1959年第3期，第98页、第103页表三。

特点是在器腹外壁凸起的圆形和三角形装饰，如前所述，这是萨珊玻璃器上的常见装饰[1]。美国康宁玻璃博物馆收藏的一件玻璃瓶的造型跟清禅寺隋代玻璃瓶尤其相似，均呈绿色，但康宁玻璃博物馆藏品颜色稍浅，球腹外壁也装饰三角形和圆形凸起，大小相仿，高7厘米，腹径5.7厘米（图5-8）。两者均系吹制而成，然后再采用冷加工工艺，在外壁琢磨出凸起的纹饰，根据安家瑶的推测，瓶壁原来厚度超过1厘米，后经过打磨，将瓶壁磨薄，纹饰部分就高出瓶壁，形成高浮雕效果[2]。清禅寺出土玻璃瓶有明确纪年，这也有助于国外类似藏品的断代，关于其产地，有学者推测可能来自于伊拉克[3]。

图5-8　美国康宁玻璃博物馆藏玻璃瓶
（采自David Whitehouse etc, Sasanian and Post-Sasanian Glass in The Corning Museum of Glass, The Corning Museum of Glass, 2005, p.54, fig. 64）

隋代本土生产的玻璃器中有一类是在东汉以后较为流行的高铅硅酸盐玻璃，主要包括李静训墓出土的绿玻璃盒、卵形器和管形器等[4]，这几件器物都应该是无模吹制成形，器物底部没有疤痕，说明加工时没有铁棒加工技术，盒与管形器都采用了冷加工工艺，但未经抛光，磨痕清晰可见；玻璃盒的造型显然是中国风格，敛口，器口上有磨平的痕迹，带扁圆形的盖，鼓腹，圜底，整个器身近似圆形，同墓还出土了一件器形和尺寸相似的白瓷罐。西安开皇十二年（592年）吕武墓也有相同的器物[5]。卵形器也是传统器形，北宋密县塔基也曾经出土过类似品，用途不明[6]。管形器推测应该是玻璃笔杆，玻璃罐及盖的成分经过X荧光分析，含多量铅元素，应该是高铅玻璃[7]。广西钦州市久隆1号隋墓出土的玻璃高足杯，直口外侈，深腹圆底，下部有喇叭形高足，高足的中部带有凸起一周，造型优美典雅。吕武墓出土的玻璃器也是一件高足杯，高足杯是南北朝以后受西方器物影响下出现并开始流行的，在隋唐时期的银、铜、铅、陶瓷器中多有发现[8]，玻璃高足杯无疑也是这种影响下的

1　齐东方、张静：《中国出土的波斯萨珊凸出圆纹切子装饰玻璃器》，《创大アヅア研究》第16号，创价大学アヅア研究所，1995年，第53—61页。

2　安家瑶：《玻璃器史话》，社会科学文献出版社，2011年，第123—124页。

3　David Whitehouse etc, Sasanian and Post-Sasanian Glass in The Corning Museum of Glass, The Corning Museum of Glass, 2005, p.54.

4　安家瑶：《中国的早期玻璃器皿》，《考古学报》1984年第4期，第424—425页。

5　中国科学院考古研究所：《西安郊区隋唐墓》，科学出版社，1966年，图版叁柒：1。

6　马丽亚·艾海提等根据大同南郊变电站M20中发现的玻璃瓶和玻璃残器推测，李静训墓中的玻璃卵形器应该是同墓中出土的玻璃扁瓶器盖，这一结论可能还需要再仔细推敲，因为首先大同南郊变电站M20中出土的玻璃“扁瓶”和李静训墓出土玻璃扁形瓶器形并不相同，前者造型矮胖，后者扁瘦；其次前者被认定成器盖的玻璃尖嘴残器和李静训墓中的卵形器在形态上差异较大；最重要的是，根据李静训墓出土的玻璃扁形瓶的口径，再对比同墓中一大一小两件卵形器的尺寸，很难确定两者或者其中之一为扁形瓶的器盖。具体参见马丽亚·艾海提等：《内蒙古北魏墓出土萨珊玻璃器及其相关问题》，《文博》2017年第4期，第56页。

7　建筑材料研究院等：《中国早期玻璃器检验报告》，《考古学报》1984年第4期，第456页。

8　齐东方：《唐代银高足杯研究》，《考古学研究》（二），北京大学出版社，1994年，第206—218页。

产物。

隋代玻璃器中的第三类玻璃是受西方影响、用新技术生产的。其特征是玻璃成分中含钠、钙较高，主要包括李静训墓出土的蓝色小杯、绿色小杯、无颈瓶、绿扁瓶。这4件器物均无模吹制成形，在底部有使用铁棒技术留下的疤痕。蓝色小杯淡蓝色透明，风化较严重，虹彩现象明显。绿色小杯淡绿色透明，其他造型等特征与蓝色小杯一样。无颈瓶深绿色，透明度不好。绿扁瓶淡绿色透明。两件小杯和无颈瓶的成分经过X荧光分析是钠钙玻璃。河北定县塔基出土的天蓝色瓶，瓶的成分经过X荧光分析也是钠钙玻璃，陕西耀县隋舍利塔基中出土的绿色带盖的玻璃瓶造型与之相似。另外，玻璃扁瓶的口沿和圈足用玻璃条缠贴而成，无颈瓶的口沿也是玻璃条缠绕。粘贴玻璃条为装饰是罗马、萨珊玻璃工艺的做法，中国早期自产玻璃无这种技术，只在域外输入品如北燕冯素弗墓出土的罗马玻璃器中见到[1]，李静训墓玻璃器的发现反映出隋代自产玻璃中已经开始使用这一工艺。

钠钙玻璃、铁棒顶底加工技术、粘贴玻璃条装饰是西方玻璃成分和工艺技术的普遍特征，隋代以前中国本土制作的玻璃器物中很少发现这些现象。这几件玻璃器的原料成分及生产技术虽与外国玻璃相似，在器形方面却属于中国风格。李静训墓的蓝色小杯和绿色小杯，圆口，器壁略斜，深腹，矮圈足。这在隋代其他质料的器物中经常发现，无须举例，是中国传统的器物。玻璃扁瓶呈扁体的造型，在北齐、隋代的墓葬中发现过形制相似的扁壶。陕西耀县隋舍利塔基石函中出土的绿色带盖的玻璃瓶，造型与汉代以来的壶一样，器盖上带宝珠式的纽也是中国特有的风格。河北定县塔基出土的天蓝色瓶造型与耀县塔基出土的玻璃瓶相似，表明它们均应是中国自产的玻璃器皿。隋代姬威墓出土玻璃小罐和杯的介绍比较简单，具体情况不详。

两汉玻璃器基本是造型简单的盘、杯，北魏时新出现瓶、钵等，隋代玻璃的器物种类比以前明显增多，出现了瓶、罐、管形器、卵形器和各种珠饰等。瓶的形制多样，有长颈瓶、无颈瓶、扁瓶和葫芦瓶。杯类器有高足杯和敞口小杯。器类与器形的增加，反映出玻璃器使用范围扩大，而且在器形上多模仿当时的瓷器。还有一些被称为玻璃珠或玻璃果、玻璃球的器物，有的形体较大，有孔，中空，器壁较薄，透明度高。有的小珠与战国至东汉时期的蜻蜓眼式玻璃珠不同，常被称为玻璃子或棋子。仿玉器玻璃璧等基本不见。隋代玻璃产品的透明度较高，李静训墓玻璃多呈淡绿色，光亮透明，玻璃扁瓶的胎体内气泡很少，工艺精细，反映出隋代玻璃制作技术明显提高。

总之，考古发现的隋代玻璃器几乎全部出土于高级贵族墓或塔基里，显然是十分珍贵、受到特别重视的物品，被贵族和佛教寺院视为宝物珍藏。高铅玻璃和钠钙玻璃共存、对西方玻璃制作技术的熟练掌握是隋代玻璃的突出特点，特别是质地为钠钙玻璃、造型为中国特色的器物，表明隋代既能制造高铅玻璃，也能制造出质量较高的钠钙玻璃，器物形态却采用传统样式，中国玻璃制造进入了一个新的发展时期。

隋代文献中还有一段令人感兴趣的记载，粟特人后裔何稠“博览古图，多识

1　奈良县立橿原考古学研究所附属博物馆：《新泽千冢の遗宝とその源流》，明新印刷株式会社，1992年，第39页，图七。

旧物……时中国久绝琉璃作，匠人无敢措意，稠以绿瓷为之，与真不异”[1]。如果说《北史》中的五色琉璃是否为玻璃多少还值得怀疑的话，这里的琉璃确指玻璃应该没有什么大问题，因为“以绿瓷为之，与真不异”，说明已经不是瓷器，更不会是与瓷相类又不如瓷器的釉陶了。瓷器无论多么精致，也难说得上与玻璃无异，目前地下出土的隋代玻璃器多呈绿色便是对文献记载的最好注解。北魏时制作五色琉璃的是月氏人，而隋代恢复琉璃制作的何稠是粟特人后裔，祖父名何细胡，父亲何通善斫玉，叔叔何妥十七岁时以伎巧事南梁湘东王萧绎，何稠更是生性绝巧，擅长各类伎艺。他们都了解西方玻璃工艺技术，故能对中国玻璃生产做出贡献。

关于隋代玻璃生产状况还可以通过隋文帝时敕诸州建舍利塔、塔内供奉舍利来间接推测。根据《广弘明集》卷十七、《法苑珠林》卷四十以及《续高僧传》中各位送舍利高僧的传记记载，隋文帝先后在仁寿元年（601年）、二年、四年三次在全国修建舍利塔，仁寿年间所立的舍利塔在111座以上[2]，这些文献中明确记载了以琉璃瓶盛金瓶，并置舍利其中，储藏舍利的玻璃瓶为朝廷颁下，不可能依赖外国输入器物，自身必然已经具备了大量生产能力。

另一个值得注意的发现是出土多件玻璃器的隋代李静训墓。李静训也与西方有不易察觉的联系。考古发现有其偶然性和局限性，一个家族数代人的墓葬很少同时发现，即便可能是相关的墓葬，如果不借助出土墓志等文字资料，也难以确认他们之间的关系。然而巧合的是，李静训墓与另一座李贤墓之间却有密切关系，李静训墓在陕西西安，李贤墓在宁夏固原，不仅相距遥远，而且朝代不同，李静训是隋代人，李贤为北周人，两墓发掘的时间也相差20多年，不过两者却是格外引人注意的直系亲属。

李贤为李静训的曾祖父，李静训外祖母是隋文帝长女杨丽华，北周宣帝皇后，母亲为北周宣帝之女宇文娥英。其家族世系如下：

杨坚（隋文帝）、独孤皇后 → 杨广（炀帝）、杨丽华（周宣帝皇后）
杨丽华（周宣帝皇后）、周宣帝（宇文赟） → 宇文娥英
李贤 —— 李崇 —— 李敏
宇文娥英、李敏 → 李静训

看到这个家族网，便能明白为什么“未登弄玉之台，便悲泽兰之夭”年仅九岁的李静训，墓中能有如此珍贵的玻璃器随葬了。她的家族隆盛，世代高官、皇族血统的双重身份，决定了这个小女孩的地位非同一般。

李氏家族世代为官是在西北地区，李贤的同辈兄弟李穆，“建德初（572年），出为原州总管，数年，进位上柱国，转并州总管……天和中，进爵申国公”，李贤也在任，李贤之子李询“以军功赐爵平高郡公”[3]。李氏家族长期统治对外联系的西北门户，麾下多有胡人相助。固原发现的粟特人墓群中的史射勿，其墓志记载：“天和元年（566年），从平高公于河东作镇”。这位粟特人追随历代李氏，“建德五年（576年），又从

1 参见（唐）李延寿：《北史》卷九〇《何稠传》，中华书局，1974年，第2985页。
2 冉万里：《中国古代舍利瘗埋制度研究》，文物出版社，2013年，第77—90页。
3 （唐）魏征等：《隋书》卷三十七《李穆传》，中华书局，1973年，第1116页。

中国公击破軹关，大蒙优赏”[1]，申国公即李穆。到隋代开皇二年（582年），史射勿又“从上开府、岐章公李轨出向凉州，与突厥战于城北”，此李轨即李贤之子。

李家与西域建立了密切的联系，很容易从胡人手中获得物品。果然在李贤墓出土遗物中得到反映。李贤墓出土了银壶、玻璃碗和嵌宝石戒指等。作为李贤重孙女的李静训以西方输入的金项链、金银高足杯随葬。两座有家族联系的人的墓都出土外来文物和玻璃器，在考古发掘中是罕见的。如果从家族背景上看，也不会是偶然出现的巧合。

第二节　唐代玻璃

几起几落的中国古玻璃制作，到唐代是一次转折，尽管目前发现的实物不算很多，也没有足够的遗物证实中国玻璃从此发展、普及，但是如果仔细缀合零散的考古发现，参照文献记载，仍可以在断断续续的线索中，勾画出唐代玻璃器的发展脉络，展示当时玻璃制作、使用的大致轮廓。

早在1970年发现的何家村遗宝中就有一件凸纹玻璃杯[2]，可惜大量精美的金银器掩盖了人们对它的关注，在以后很长时间内没有人对此发表意见。1985年陕西临潼庆山寺唐代塔基内出土一件装饰技法相近的网格纹玻璃瓶[3]，似乎再次提醒人们对唐代玻璃的关注。唐代玻璃的状况究竟如何？像是一个无法猜透的谜。后来由于研究“丝绸之路”成为热门课题，地下出土的外来文物引起人们的兴趣，玻璃器自然被纳入重要研究范围，安家瑶对中国宋代以前的玻璃器皿进行了综合研究，提出了这一时期的玻璃有国产和外来两个系统[4]。1987年法门寺唐代地宫又一次出土大批玻璃[5]，令人们惊异地感到，对唐代玻璃的研究不可漠视，其复杂背景中隐含着极为重要的东西文化的交流问题。

本书绪论中已经深入讨论了历代文献中有关玻璃的不同说法，这里需要补充的是魏晋隋唐佛教典籍的记载。其中最重要的无疑是《无量寿经》《智度论》《沙弥陀经》中对佛教的“七宝”的记述，主要包括“金、银、琉璃、颇璨、珊瑚、玛瑙、车渠”，有时珊瑚被“赤真珠”或“赤珠”取代。释玄应在《一切经音义》中有解释过琉璃、瑠璃和吠瑠璃，如“吠瑠璃，扶废反，旧言鞞稠利夜，亦言鞞头梨也，或云毗瑠璃，亦作鞞瑠璃，皆梵音说讹转也。从山为名鞞头梨也。山出此宝，谓远山宝，远山即是苏迷卢山也。此宝青色，一切宝皆不可坏，亦非烟焰所能镕铸，唯鬼神有通力者能破之为物，或云是金翅鸟卵壳。此壳即是此宝，鬼神破之以卖与人也”[6]。依玄应的意思应该是自然的物质，该词来自于印度，是梵语音译。

1 罗丰：《固原南郊隋唐墓地》，文物出版社，1996年，第16—19页。

2 陕西省博物馆、文管会革委会写作小组：《西安南郊何家村发现唐代窖藏文物》，《文物》1972年第1期，第30—42页。

3 临潼县博物馆：《临潼唐庆山寺舍利塔基精室清理记》，《文博》1985年第5期，第12—37页。

4 安家瑶：《中国的早期玻璃器皿》，《考古学报》1984年第4期，第413—448页。

5 陕西省法门寺考古队：《扶风法门寺塔唐代地宫发掘简报》，《文物》1988年第10期，第1—28页。

6（唐）慧琳：《一切经音义》卷七〇《阿毗达摩俱舍论》卷一一，参见徐时仪校注：《一切经音义三种校本合刊》，上海古籍出版社，2008年，下册，第1740页上栏。

解释佛教经典是一个特殊的角度，对解决玻璃的名实问题帮助有限，但佛教经典提到琉璃有时也能带来另一方面的启示。《入唐求法巡礼行记》载："……石门寺，寺中有一僧，长念《法花经》，已多年。近日感得舍利见，倾城人尽来供养。僧俗满寺，不之其数。得舍利之初源者：念经僧于夜房中坐念经，有三道光明来照满房，晖明而遍照寺。寻光来处：从寺西当岩底出来。每夜照室及寺院，其僧数日之后，寻光到岩所，掘地深一丈余，得三瓶佛舍利：青琉璃瓶里有七粒舍利，白琉璃瓶里有五粒舍利，金瓶之中有三粒舍利。"[1]这里指出琉璃瓶是用作在寺院中盛装舍利的容器，特征是带有光亮，颜色各异。可以想象符合这些特点的材质应该是玻璃。琉璃瓶类常在与佛教有关的记录中出现，在出土文书中也能见到，例如编号为P.2567的法藏敦煌文书《癸酉年（793年）二月沙州莲台寺诸家散施状》中提到的施舍于寺院的物品中就有"琉璃瓶子一"[2]。

唐人对"琉璃"具有什么特征、由什么人制作和使用抱有很大的兴趣，但对玻璃的认识仍然有限。既然颜师古、玄应将琉璃解释为天然宝石，佛教故事记录中盛舍利的琉璃器又很像玻璃，通过文献考证很难弄清，因而用考古发现来甄别辨认便十分重要了。河北定县寺院塔基遗址中的北魏石函[3]，陕西耀县隋神德寺舍利塔基[4]，河北定州北宋静志寺塔基地宫[5]，陕西临潼唐庆山寺舍利塔基，甘肃泾川唐大云寺塔基[6]，西安市隋清禅寺[7]、江苏镇江甘露寺[8]等都出土玻璃瓶，有的在同时发现的刻铭中称"琉璃"，因此琉璃器应该是指玻璃。

考古发现可以证实这一推测。目前唐代出土玻璃器皿最多的是在寺院遗址，不少与盛舍利有关，庆山寺出土玻璃瓶3件，其中一件瓶就是盛装舍利的容器。陕西扶风法门寺发现大批宝物，同时出土记录这些宝物的《应从真寺随真身供养道具及恩赐金银器物宝函等并新恩赐到金银宝器衣物账》碑，其中记载"瑠璃钵子一枚，瑠璃茶椀子一副，瑠璃叠子十一枚"[9]。这里的"瑠璃"与文献中的"琉璃"应是一回事，如同"碗"字写成"椀"字一样，不过用字不同。地宫中玻璃是唐皇室赐予法门寺的珍宝，实物和石刻文字可以对应。

琉璃即玻璃在日本奈良正仓院宝物中也有证据。《东大寺献物账》记宝物中有"杂玉双陆子，百六十九"，"水精卅五，琥碧卅五，黄琉璃廿，蓝色琉璃廿，浅绿琉璃十五，绿琉璃十五，白棋子十四，黑棋子十五"，与实物对照，明确是指玻璃（图5-9）[10]。还有一个有力的证据，正仓院藏另一件吹制成形的深蓝色玻璃唾壶，据《东大寺别当次第》治安元年（1021年）条记载，"十月一日前左卫门尉平致经施入

1（唐）圆仁：《入唐求法巡礼行记》卷三，花山文艺出版社，1992年，第323页。

2 参见郝春文：《关于唐后期五代宋初沙州僧俗的施舍问题》，《唐研究》第三卷，北京大学出版社，1997年，第34页。

3 河北省文化局文物工作队：《河北定县出土北魏石函》，《考古》1966年第5期，第252—259页。

4 朱捷元等：《陕西长安和耀县发现的波斯萨珊朝银币》，《考古》1974年第2期，第126—132页。

5 定县博物馆：《河北定县发现两座宋代塔基》，《文物》1972年第8期，第39—51页。

6 甘肃省文物工作队：《甘肃省泾川县出土的唐代舍利石函》，《文物》1966年第3期，第13—15、47页。

7 郑洪春：《西安东郊隋舍利墓清理简报》，《考古与文物》1988年第1期，第61—65页。

8 江苏省文物工作队镇江分队、镇江市博物馆：《江苏镇江甘露寺铁塔塔基发掘记》，《考古》1961年第6期，第302—315页。

9 韩伟：《法门寺地宫唐代随真身衣物帐考》，《文物》1991年第5期，第27—37页。

10 东京国立博物馆：《正仓院宝物》，株式会社便利堂，1981年，图28。

绀瑠璃唾壶有由缘仰藏纳之"[1]，可与实物相印证。可见当时至少在有些人的心目中"琉璃""瑠璃"的质料是清楚的，就是指现代人所称的玻璃。

还有一个问题是，佛教中的七宝为"金、银、琉璃、颇瓈、珊瑚、玛瑙、车渠"，把"琉璃"与"颇瓈"并列。世俗文献中《魏书·西域传》载："波斯国……出金、银……多大真珠、颇瓈、琉璃……"《周书·异域传》载波斯出产"颇瓈、珊瑚、琥珀、琉璃"。《隋书·西域传》也记载波斯出产"颇瓈、兽魄、珊琥、琉璃"。这种将"颇瓈""琉璃"并列的记录，似乎是指两种完全不同的物品。唐代博学多识的段成式在《酉阳杂俎》中说"千年积冰，结为颇黎"，明确把颇黎解释为自然物质。《太平御览》珍宝部将"琉璃"和"颇黎"分条叙述，书中引《天竺记》云："大雪山中有宝山，诸七宝并生，取可得。唯颇黎宝生高峰，难得"[2]，也是指自然物质。

图5-9　日本奈良正仓院藏玻璃棋子
（采自东京国立博物馆：《正仓院宝物》，图28）

五代《释氏六帖》载："《花严经》云欲界六天颜色不同，他化已上皆如金色，化乐赤珠知足如雪，夜摩琉璃忉利玛瑙四天王天如颇璃色。"[3]此条尽管很难理解，但说琉璃颜色是像颇璃，言外之意即琉璃不是颇璃。《大智度论》陈述一个有关布施的故事时说"八万四千车，皆以金银琉璃颇梨宝饰……八万四千金钵盛满银粟，银钵盛金粟，琉璃钵盛颇梨粟，颇梨钵盛琉璃粟"[4]。《阿弥陀经》也记载，"极乐国土有七宝池，八功德水充满其中。池底纯以金沙布地。四边阶道，金银琉璃颇梨合成。上有楼阁，亦以金银、琉璃、颇梨、车璖、赤珠、马瑙而严饰之"[5]。大量的材料可证明当时的琉璃与颇璃仍有区别。

幸运的是，何家村遗宝中发现一件莲瓣纹提梁银罐，此罐的盖内六个莲瓣内有清晰的唐人墨书："珊瑚三段琉璃盃椀各一马脑盃三玉盃一玉辟環四颇黎等十六□"。记录了当时罐内存放物品的种类与数量。出土时罐内有珊瑚2段，凸纹玻璃杯、水晶八曲长杯各1件，玛瑙羽觞，玛瑙长杯，兽首玛瑙杯，白玉忍冬纹八曲长杯，玉臂环4件，宝石16块，与盖内记录几乎不差。"琉璃盃椀各一"，当然指凸纹玻璃杯。水晶八曲长杯看上去和玻璃很难区别，所以一同记录（见绪论图1-1、图1-2）。这一发现的重要意义在于明确了琉璃就是指玻璃，后面又提到"颇黎等十六□"，实物中恰有宝石16块，颇黎是指自然的宝石。如此，不仅古代和现代一直存在争议的琉璃是否为玻璃的问题得到解决，琉璃和颇黎是不同的物质也很明确了。

1　奈良国立博物馆：平成六年《正仓院展》，1994年，图69。
2　（宋）李昉等：《太平御览》卷八〇八《珍宝部》颇黎条引，中华书局，1960年，第3592页。
3　（后周）释义楚：《释氏六帖》卷一七《自在光明部》，浙江古籍出版社，1990年，第351页。
4　（日）高楠顺次郎编：《大正新修大藏经》卷二五《大智度论》卷十一，第142页中，大正一切经刊行会，台北世桦印刷企业有限公司，1998年。
5　（日）高楠顺次郎编：《大正新修大藏经》卷一二《阿弥陀经》，第346页下，大正一切经刊行会，台北世桦印刷企业有限公司，1998年。

虽然我们可以肯定唐朝有很多人能把玻璃与其他物质相区别，但是也反映出玻璃并不是普及常见之物。唐懿宗长女“同昌公主以红琉璃盘成夜光珠，立堂中光如昼”[1]。至少是在夸张中比喻玻璃的神奇。只有当人们没有普遍掌握玻璃制造技术，或玻璃制品极少流行时，质地滑润、光亮透明的玻璃，较之陶瓷、玉石之类，确有特殊之处，羡慕之余，神秘而好奇之心也自然出现。玻璃还是当时有关异域想象的重要构成元素，在唐人眼里精美玻璃的故乡是在外国，那些充满好奇的文献记载会提到：拂菻国“其宫宇柱栊，多以水精瑠璃为之”[2]；还说波斯国出产琉璃[3]，“支汗郡王献碧玻璃”[4]。武德二年（619年）吐火罗遣使献玻璃[5]。开元六年（718年）康国遣使献锁子甲、水精杯、琉璃瓶、驼鸟卵[6]。史书记载不绝的玻璃常常与西方诸国相联系，并明确指出输入的地区，这些玻璃传来后多收藏在唐代宫廷之中和寺院里。

有意思的是，在一些唐传奇中甚至有将玻璃器神秘化的倾向。例如《太平广记》中记载了一个故事：“唐贞元中，扬州坊市间，忽有一妓术丐乞者，不知所从来，自称姓胡，名媚儿。所为颇甚怪异，旬日之后，观者稍稍云集。其所丐求，日获千万。一旦怀中出一琉璃瓶子，可受半升，表里烘明，如不隔物，遂置于席上。初谓观者曰：‘有人施与满此瓶子，则足矣。’瓶口刚如苇管大，有人与之百钱，投之，琤然有声，则见瓶间大如粟粒，众皆异之。复有人与之千钱，投之如前。又有与万钱者，亦如之。俄有好事人，与之十万二十万，皆如之。或有以马驴入之瓶中，见人马皆如蝇大，动行如故。须臾，有度支两税纲，自扬子院，部轻货数十车至，驻观之，以其一时入，或终不能致将他物往，且谓官物不足疑者，乃谓媚儿曰：‘尔能令诸车皆入此中乎？’媚儿曰：‘许之则可。’纲曰：‘且试之。’媚儿乃微侧瓶口，大喝，诸车辂辂相继，悉入瓶，瓶中历历如行蚁然，有顷，渐不见，媚儿即跳身入瓶中，纲乃大惊，遽取扑破，求之一无所有，从此失媚儿所在，后月余日，有人于清河北逢媚儿，部领车乘，趋东平而去……”[7]

媚儿姓胡，手持有神奇的玻璃瓶的形象跟中晚唐扬州城活跃的胡商贸易交相辉映。胡媚儿所表演的显然是一种幻术，可能还杂糅了作者本人的一些想象而显得愈发神奇，其原型可能是印度口中吞人的传统幻术，而通过表演幻术诱夺扬子院度支两税纲数十车轻货，则影射着中晚唐时中央政府与地方藩镇之间的财赋争夺。琉璃瓶在故事中成为媚儿表演幻术时的关键道具，被神化成“圣瓶”，其表里通明的

1 （明）郑若庸：《类隽》卷二三《珍宝类》琉璃条，明万历刻本影印，上海辞书出版社，1991年，第515页下栏。

2 （后晋）刘昫等：《旧唐书》卷一九八《西戎传》，中华书局，1975年，第5313页。

3 （后晋）刘昫等：《旧唐书》卷一九八《西戎传》波斯国条载：“出騣及大驴、狮子、白象、珊瑚树高一二尺、琥珀、车渠、玛瑙、火珠、玻瓈、琉璃、无食子、香附子、訶黎勒、胡椒、荜拨、石蜜、千年枣、甘露桃。”中华书局，1975年，第5312页。

4 （后晋）刘昫等：《旧唐书》卷五《高宗本纪》：上元“二年（公元675年）春正月甲寅，荧惑犯房。壬戌，支汗郡王献碧玻璃。”中华书局，1975年，第99页。

5 （宋）欧阳修等：《新唐书》，卷二二一《西域传下吐火罗》：“武德二年遣使献宝带、玻黎、水精杯”条，中华书局，1975年，第6252—6253页。

6 （后晋）刘昫等：《旧唐书》卷一九八《西戎传》，中华书局，1975年，第5312—5314页；卷五《高宗本纪》，中华书局，1975年，第99页。这些事件也多记录在《新唐书》卷二百二十一《西域传下》，《唐会要》卷九九拂菻国条中。

7 （宋）李昉等：《太平广记》卷二八六《幻术》“胡媚儿”条引河东记，中华书局，1961年，第2278—2279页。

特性也是幻术表演能顺利进行的重要条件，这些因素都暗示出作者选择玻璃瓶作为表演幻术的关键道具并非出于偶然，而是当时人认为玻璃既神秘又珍贵的心态的反映。

从一些唐代诗文也可以看出玻璃对人的行为和观念的影响。例如李贺《将进酒》曰：“琉璃锺，琥珀浓，小槽酒滴真珠红”，元稹《西明寺牡丹》曰：“花向琉璃地上生，风光炫转紫云英。自从天女盘中见，直到今朝眼更明”[1]，即在歌咏生活、比喻事物时，用闪烁明亮的玻璃来形容。玻璃也是高贵华美的装饰，“唐末，京都妇人梳发以两鬓抱面，状如椎髻，时谓之抛家髻。又世俗尚以琉璃为钗钏”[2]。用玻璃制造钗、钏等梳妆用具成为贵族装扮的时尚，很快蔓延到更广泛的社会层面，“庶人女嫁有花钗，以金银琉璃涂饰之”[3]，反映出玻璃与贵族生活的关系和对整个社会生活的影响。

皇室贵族拥有的珍贵玻璃，也作为供奉品转送到寺院，反映了他们对佛教信仰的虔诚。唐朝皇帝不惜兴师动众、耗费巨资迎送佛骨的行为，曾遭到过激烈的反对。唐朝文学家韩愈著名的《论佛骨表》，谈到的就是下文将要论及的与法门寺有关的事情。当唐宪宗皇帝要迎送佛骨时，任刑部侍郎的韩愈冒死上书反对，《论佛骨表》措辞极为激烈，直言迎佛骨、供佛事“伤风败俗，传笑四方”，大胆建议“乞以此骨付之有司，投诸水火，永绝根本，断天下之疑，绝后代之惑”[4]。宪宗皇帝大为震怒，称韩愈“敢尔狂妄，固不可赦”，立即下令处以极刑，经宰相裴度等人力劝，韩愈才保住性命，被贬到岭南潮州任刺史[5]。意想不到的是，在这段真实的历史中，遭到韩愈强烈反对、宪宗令群臣迎于凤翔的佛骨不仅一直保存至今，连后代懿宗、僖宗皇帝的珍宝，包括精美的伊斯兰玻璃也重见天日。

目前考古发现的唐代外来玻璃占很大比例，保存完整，弥足珍贵，即便在世界各地博物馆的藏品中也罕见同类器物。在丝绸之路畅通的唐代，中亚、西亚各国的玻璃输入并不奇怪，要判定每一件器物的确切产地却十分困难，因为即使在西方，交流融合也使各地甚至不同时代的玻璃具有一些共同特征。但通过不同时期唐朝对外交往的情况，再与外来玻璃仔细比较，大体可推断它们来自何方。外来玻璃的确定，主要是根据器物的形制、装饰纹样、制作技术、质地成分以及历史背景来鉴别。

图5-10　西安何家村遗宝中的凸纹玻璃杯（采自冀东山主编：《神韵与辉煌：陕西历史博物馆国宝鉴赏》玉杂器卷，三秦出版社，2006年，第87页）

1 （清）彭定求等：《全唐诗》卷三九三《将进酒》，第4434页；卷四一一《西明寺牡丹》，第4564页，中华书局，1960年。

2 （宋）欧阳修等：《新唐书》卷三四《五行志》，中华书局，1986年，第879页。

3 （宋）欧阳修等：《新唐书》卷二四《车服志》，中华书局，1986年，第524页。

4 （唐）韩愈著，马其昶校注：《韩昌黎文集校注》卷三九《论佛骨表》，上海古籍出版社，1986年，第615—616页。

5 （后晋）刘昫等：《旧唐书》卷一六〇《韩愈传》，中华书局，1975年，第4200—4201页。

西安南郊何家村遗宝中的凸纹玻璃杯，透明度较高，稍泛黄绿色。侈口，直壁，平底。高9.7厘米、口径14.3厘米、底径10.3厘米。口沿下有一周凸起的弦纹，腹部有八组、每组三个圆环纹，呈凸起的效果（图5-10），成分测试显示为高钾的钠钙硅酸盐玻璃。临潼庆山寺玻璃瓶形体较小，瓶口外侈，束颈较高，圆球式腹，小平底。口径3.9厘米、高7厘米（图5-11）。风化较严重，胎色发白，表面好像涂有一层黑色物。器肩有一周凸起的弦纹，腹外壁粘贴不规则的凸起网状纹。器物的表面粘贴玻璃条为装饰，原本是罗马玻璃经常采用的手法，萨珊玻璃兴盛后，工匠们继承发展了这一技术。何家村窖藏遗宝和庆山寺塔基地宫的时代是公元8世纪中叶或稍晚，这是两件器物制作时间的最下限，遗物的制作年代一般要早于窖藏埋藏的年代。何家村的凸纹玻璃杯被推测是制作于7世纪初的萨珊玻璃，具有同样装饰特征的庆山寺玻璃瓶也应该是西亚输入的萨珊器物，成分测试结果显示其很可能是泡碱玻璃[1]。马丽亚·艾海提等人的最新检测和研究认为，何家村遗宝中的玻璃碗是中亚植物灰玻璃，凸环纹玻璃器是中亚玻璃的典型器，并推测该玻璃碗是武德二年（619年）罽宾国的贡品[2]。

河南洛阳关林118号唐墓出土的细颈瓶（图5-12），口沿外展，细直颈，球形腹，圆底内凹，口径3厘米、腹径11.5厘米、高11厘米，淡绿色半透明状，表面有细密起伏的波纹，现器表已出现黄色的风化层，无模吹制而成，经测试分析为钠钙玻璃。这种细颈大腹瓶一般被认为是用来盛香水的器皿，伊朗3—7世纪的玻璃器中多有发现，可能是萨珊玻璃。深井晋司等人编写的《波斯玻璃》中收录了一件收藏于京都私人手中的藏品，据传出自伊朗西北部里海沿岸的吉兰（Gilan）州（图5-13）；美国康

图5-11　陕西临潼庆山寺塔基地宫出土玻璃瓶

图5-12　河南洛阳关林M118出土玻璃瓶

1　有关何家村玻璃碗可参见安家瑶：《中国的早期玻璃器皿》，《考古学报》1984年第4期，第420页。临潼博物馆梁方女士告知玻璃瓶的成分数据，谨致谢忱。

2　马丽亚·艾海提等：《丝绸之路上的中亚玻璃器——兼论中亚玻璃器向中国、朝鲜半岛和日本之传播》，《考古与文物》2017年第6期，第104—110页，主要是依据美国康宁玻璃博物馆的Brill对大英博物馆中的斯坦因收集品的判断，何家村窖藏遗宝中的玻璃碗的成分数据是否具有如此明确的产地特征以及跟武德二年罽宾国贡品之间的直接联系还需要更加具体的分析和更多的证据。具体研究参见林梅村：《唐武德二年罽宾国贡品考——兼论西安何家村唐代窖藏原为大明宫琼林库皇家宝藏》，《考古与文物》2017年第6期，第94—103页；玻璃碗的成分测试结果参见卢轩等：《何家村唐代窖藏宝石及玻璃碗检测报告》，《考古与文物》2017年第6期，第115—116页。

宁玻璃博物馆中也有一件类似的收藏，被定为萨珊玻璃器，时代为公元3—7世纪[1]（图5-14）。

跟前代相比，唐代外来玻璃中新出现了早期伊斯兰玻璃器，以法门寺地宫中的发现为代表。这也跟同时期欧亚大陆西端伊斯兰势力的崛起相吻合。自公元7世纪开始，伊斯兰势力开始在阿拉伯半岛兴起并攻城略地，公元637年，阿拉伯军队攻入萨珊王朝首都泰西封，公元640年占领巴勒斯坦和叙利亚地区，公元642年攻占埃及，公元651年萨珊末代君主耶兹德卡尔德三世（Yazdegerd III，又称伊嗣俟三世）在木鹿被杀，标志着波斯东部直至阿姆河左岸地区的陷落。阿拉伯人随即将目光转向中亚两河流域，经过长期征战，到公元715年，呼罗珊总督屈底波（Qutayba ibn Muslim）已经开始进攻费尔干纳盆地。伊斯兰早期的政权诸如倭马亚王朝、阿拔斯王朝等统治范围非常辽阔，几乎在一个世纪之间已经控制了西至大西洋、东至印度河流域的广大地域。自此之后一直到近代，不同地区先后诞生了不同的伊斯兰政权，伊斯兰化也一直在不同区域断续进行。

图5-13　日本京都私人收藏萨珊玻璃瓶（采自深井晋司等：《ペルシアのガラス》，淡交社，1980年，图34）

早期伊斯兰政权所统治的核心区域，例如叙利亚和巴勒斯坦、两河流域等地区，也是罗马、萨珊时期重要的玻璃制作中心，因此最初两个世纪的伊斯兰玻璃器依然沿袭早期的制作技术和器物种类，大约从9世纪开始，伊斯兰玻璃器形成了自己独特的风格，研究者多将伊斯兰玻璃器划分为公元7—8世纪、9—11世纪、12—15世纪、16—18世纪等几个阶段。在熟练掌握罗马玻璃的吹制技术和萨珊玻璃的冷加工工艺的基础上，伊斯兰玻璃工匠在马赛克（Mosaic）、刻花（Cutting）、刻纹（Engraving）、热塑（Trailing）、模吹（Mold Blowing）、镀金（Gilding）等工艺上均有所发展，而且还独创了金

图5-14　美国康宁玻璃博物馆藏萨珊玻璃瓶（采自David Whitehouse etc, Sasanian and Post-Sasanian Glass in The Corning Museum of Glass, The Corning Museum of Glass, 2005, p. 17,fig.2）

1　深井晋司等：《ペルシアのガラス》，淡交社，1980年，图34以及第208—209页；David Whitehouse etc, Sasanian and Post-Sasanian Glass in The Corning Museum of Glass, The Corning Museum of Glass, 2005, pp. 17-18。另外，马文宽认为这件玻璃瓶跟20世纪20年代加拿大神父怀履光从洛阳掠走的一件玻璃瓶完全相同，都应该是伊斯兰香水瓶，参见阿卜杜拉·马文宽：《中国出土唐五代时期进口的伊斯兰玻璃》，载氏著：《伊斯兰世界文物在中国的发现与研究》第一章，宗教文化出版社，2006年，第16—17页。

图5-15 国外机构收藏的早期伊斯兰玻璃器
（1.有填吹制的玻璃瓶；2.动物形瓶；3.彩色玻璃碗；4.刻纹玻璃瓶；5.磨花玻璃瓶；6.马赛克玻璃瓶）（采自Stefano Carboni etc., Glass of the Sultans, The Metropolitan Museum of Art, New York, 2001, p.88, fig.14; p. 112, fig.29; p.150, fig.63; p.167, fig.73; p.168, fig.74; p. 214, fig. 105.）

属光泽彩绘（Luster）和釉料彩绘（Enameling）工艺，成分构成上也有所不同[1]（图5-15）。重要遗址诸如埃及的福斯塔特（Fustat）、伊拉克的萨马拉（Samarra）和伊朗的内沙布尔（Nishapur）等对于探讨不同玻璃类型的产地和时代非常重要，同时还要考虑当时统一政权控制下的不同区域之间繁盛的贸易情况对于时代和产地判断的可能影响，目前中国考古发现的多是早期伊斯兰玻璃器，时代相当于晚唐至宋辽时期，佛教塔基和纪年墓葬中出土的玻璃器因为有明确的年代下限，为世界各地的考古发现和博物馆藏品的断代提供了重要参考。

法门寺地宫中共发现20件玻璃器，包括1件淡黄色琉璃茶碗、1件淡黄色琉璃茶托、1件盘口细颈淡黄色琉璃瓶、1件罂粟纹黄色琉璃盘、1件八瓣团花纹蓝琉璃盘、1件四瓣花蓝琉璃盘、1件八瓣团花描金蓝琉璃盘、1件枫叶纹描金蓝琉璃盘、1件十字团花纹描金蓝琉璃盘、2件素面蓝琉璃盘、2件素面圈足浅蓝琉璃盘、2件弦纹蓝

1 David Whitehouse, Glass: A Short History, The Corning Museum of Glass, 2012, pp. 51-61；安家瑶等：《南汉康陵出土的伊斯兰玻璃器》，载《考古一生——安志敏先生纪念文集》，文物出版社，2011年，第481—483页。

琉璃盘、1件枫叶纹蓝琉璃盘、1件菱形双环纹深直筒琉璃杯、2件素面淡黄直筒琉璃杯、1件蓝琉璃瓶。安家瑶、韩伟、马文宽等学者已经对这批玻璃器进行了细致的研究，观点略有不同，但基本都认为贴花盘口玻璃瓶、刻纹蓝玻璃盘、釉彩玻璃盘、印纹筒形杯、素面蓝玻璃盘、弦纹蓝玻璃盘和破损严重的蓝玻璃瓶等应该是早期伊斯兰玻璃制品。安家瑶认为贴花盘口玻璃瓶约产自8—9世纪的地中海东岸；刻纹蓝玻璃盘和釉彩玻璃盘产于伊朗的内沙布尔；印纹筒形杯由于分布广、流行时间长，产地难以确定，但应当来自伊朗高原；马文宽则认为玻璃瓶产于拜占庭晚期和伊斯兰早期的东地中海沿岸[1]。

根据刻于唐懿宗咸通十五年（874年）地宫的“监送真身使应从重真寺随真身供养道具及恩赐金银器物宝函并新恩赐金银宝器衣物帐”，地宫中出土器物的制造时代应该不晚于这一时期，不见于《物账》碑记载的器物可能时代更早。《物账》碑提到有“瑠璃钵子一枚，瑠璃茶椀子一副，瑠璃叠子十一枚”。“瑠璃钵子一枚”应指釉彩玻璃盘[2]。“瑠璃叠子十一枚”应该包括六件刻纹蓝玻璃盘、两件素面蓝玻璃

图5-16　法门寺地宫出土刻纹玻璃盘

1　安家瑶：《试探中国近年出土的伊斯兰早期玻璃器》，《考古》1990年第12期，第1116—1118页；韩伟：《法门寺地宫出土琉璃器皿》，《陕西历史博物馆馆刊》第一辑，三秦出版社，1994年，第36—50页，后收入氏著：《磨砚书稿——韩伟考古文集》，科学出版社，2001年，第246—257页；阿卜杜拉·马文宽：《中国出土唐五代时期进口的伊斯兰玻璃》，载氏著：《伊斯兰世界文物在中国的发现与研究》第一章，宗教文化出版社，2006年，第2—26页。

2　安家瑶指出这种工艺一般采用研磨后的矿物颜料加上黏合剂，涂绘在玻璃表面上，然后再放入适当温度的窑室中加热，使颜料与玻璃表面黏附。在伊斯兰釉彩玻璃中，早至9世纪的产品不多，为伊斯兰早期釉彩玻璃器皿中的代表作。

盘、一件弦纹蓝玻璃盘在内。“瑠璃茶椀子一副”，应指茶盏与托。“瑠璃叠子”中的刻纹蓝玻璃盘，形制稍有差异，但基本上是侈口，平沿，浅腹，平底。呈深蓝色，透明。刻纹各不相同，花纹描金（图5-16）。这些玻璃器皿都是无模自由吹制成形，多因使用铁棒技术使盘心内凸。刻纹技术是用坚硬的工具在玻璃表面刻划出的各种线条，主题纹样都是植物的枝叶和几何图案，风格细密繁缛，也都是最常见的伊斯兰装饰纹样。这其中罂粟纹黄色琉璃盘是采用拉斯特（Lustre）彩装饰工艺做出的精品（图5-17），这种工艺是将配制好的色料绘在已经烧好的玻璃器上再次入窑，用还原焰微火烧成，是一种极难掌控、很难烧制成功的技术，一般认为公元8世纪起源于埃及，9世纪传入两河流域之后又被用来制作陶器，形成了著名的拉斯特彩陶器，马文宽认为这件拉斯特彩玻璃盘应该产自伊拉克的巴士拉或某一城市[1]。

图5-17　法门寺地宫出土罂粟纹黄色琉璃盘

在这些外来的玻璃器中，贴花盘口玻璃瓶的年代和产地还可以深入讨论（图5-18）。这件器物与众不同，器形较大，呈淡黄色透明状。盘口，细颈，鼓腹，圈足。肩部缠贴一道与器体相同颜色的玻璃条。腹部贴四排装饰，第一排为8个深蓝色同心圆形饰，第二排为6个不规则的五角星形饰，第三排为6个花芯形饰，靠近底部的第四排为6个深蓝色的水滴形饰。口径4.7厘米、腹径16厘米、高21.3厘米，应为无模吹制成形，底部有加工疤痕。与那些可以肯定的刻纹蓝玻璃盘等伊斯兰作品相比，色彩、造型和制造工艺等完全不同。

图5-18　法门寺地宫出土贴花盘口玻璃瓶

玻璃瓶上的凸起装饰采用的是热加工工艺，将熔融的玻璃料贴压在瓶身上。粘贴装饰早在罗马玻璃中就已经流行，并成为主要的工艺特征，萨珊工匠继承这一技术，也成为萨珊玻璃的特点之一。但如果从造型上看，这件瓶更具有萨珊时期器物的特征，因为有些萨珊银瓶不仅采用完全相同的形态，而且浮雕式的装饰效果也体现出同样的风格。

法门寺《物账》碑文主要记录的是三笔账，分别以“随真身供养”“恩赐”“新恩赐”相区别。“新恩赐”之下的即为唐僖宗的物品，其中记录的“茶槽子、碾子、

1　参见阿卜杜拉·马文宽：《中国出土唐五代时期进口的伊斯兰玻璃》，载氏著：《伊斯兰世界文物在中国的发现与研究》第一章，宗教文化出版社，2006年，第5—6页。

茶罗、匙子一副七事，供重八十两”，与实际出土一套银茶具完全吻合，而且上面有“五哥”文字的划痕，僖宗是懿宗的第五子，在册立为太子前宗室内对他以“五哥”相称，因此是他的用物。瑠璃器记录在“新恩赐”物品的名下，也应该属于唐僖宗，后赐予法门寺。但在这些明确记录的瑠璃器中，没有这件贴花盘口玻璃瓶。

这并不奇怪。法门寺地宫珍宝中，《物账》碑没有记载的物品很多[1]。因为唐代舍利塔一般三十年一开启，作为皇家寺院的法门寺，在唐代地位十分突出，文献记载中唐高宗、武则天、唐肃宗、唐宪宗等都曾迎送过法门寺佛骨于京师礼拜供养，每次送还时都会有物品施舍供奉。法门寺地宫中的两枚银棺、汉白玉双檐灵帐、四铺菩萨阿育王塔、鎏金铜浮屠、盝顶铁函都未记入《物账》碑内，这些遗物有明显的盛唐特征，而且均有被砸损的痕迹，可能是会昌灭法时所为。未被记录的贴花盘口玻璃瓶，就是地宫中有物无账的器物，应属于法门寺原来的遗物，因此没有被记在碑文中，时代当然要早于其他玻璃器。根据器物的造型、工艺和《物账》碑不载等综合分析，或许这是一件萨珊输入的器物，制造的时代也可能略早，约在公元7世纪。

还有三件直筒杯也未见于《物账》碑的记录。一件直筒杯口径7.8厘米、高8.5厘米，浅黄色透明状，尖唇、筒形深腹、平底，杯心微凹，外底部有粘棒疤痕；腹部外壁以一行扁联珠为界隔出四组装饰，应该是有模吹制过程中印上的。中间是以双环为中心的菱形纹，上下各饰三组双环纹（图5-19），另外两件杯子直壁平底，内底有玻璃条缠贴而成的圆环，可能是为了加固底部；杯体呈淡黄色透明状，无装饰，器形较小，高4.2—4.8厘米、口径在9—9.3厘米之间（图5-20）。直筒杯是伊朗高原常见器物，流行时代很长。这种杯在中国少见，唐代陶瓷器造型中没有类似器物，肯定是外来品无疑。但其制造的时代可能略早，即早于那些刻纹蓝玻璃盘。考古发掘表明，法门寺地宫封闭后没再打开，《物账》碑不载的器物应是封闭前法门寺旧藏。直筒杯的时代略早在其他方面也能找

图5-19　法门寺地宫出土直筒杯

图5-20　法门寺地宫出土直筒杯
（采自陕西省考古研究院等：《法门寺考古发掘报告》，彩版一九一、1，2）

1　韩伟：《法门寺地宫唐代随真身衣物帐考》，《文物》1991年第5期，第27—37页。

到旁证。河北定州静志寺塔基地宫中曾发现这种器物[1]，静志寺塔基地宫最后封闭于宋代，里面所藏器物由于有多件石刻及器物铭文记录可参考，能够区分是不同时期放入的。出土玻璃有杯、钵、瓶、珠、环等，其中有大小两件直筒杯，小的高7厘米，浅色无纹，大的高8厘米，蓝色有简单竖线磨纹。经X荧光检测分析，成分为钠钙玻璃，并含有一定量的钾，是外来玻璃。据出土的《唐定州静志寺重葬真身记》记载，唐大中二年（848年）发旧塔基时获得“银塔内有琉璃瓶二，小白大碧，两瓶相盛，水色凝结……”这里提到的“小白大碧”的琉璃瓶可能就是大小直筒杯，年代下限应在大中二年以前。法门寺的两件直筒杯与静志寺的大小直筒杯造型同样，时代也应相仿，产地应该都是伊朗高原。

图5-21　湖南省常德南坪七里桥出土的玻璃碗
（采自杨伯达主编：《中国金银玻璃珐琅器全集·4·玻璃器（一）》，第70页，图一一八）

除了法门寺地宫中发现的伊斯兰玻璃器之外，还有两件伊斯兰玻璃器值得注意。第一件是杨伯达在《中国金银玻璃珐琅器全集》的玻璃器卷中收入的一件玻璃碗（图5-21），根据图录说明的介绍，该碗于1987年出土于湖南省常德市南坪乡七里桥，碗身呈浅黄色，弧腹下收，平底实圈足，口沿与圈足均贴黄色玻璃条，上腹部装饰一周绿色水波纹，下腹部一圈弦纹，口径7.2厘米、底径3.5厘米、高4.2厘米。虽然更加详细的出土信息目前还不得而知，但仅就玻璃类型来看，这件玻璃碗也是目前我国境内非常罕见的发现，其外壁在浅黄色壁面上有绿色装饰，是一件珍贵的浮雕玻璃（cameo glass）容器，在清代多称之为套料雕刻玻璃[2]。这类玻璃最初源自对希腊化时代宝石雕刻工艺的模仿，即在单色玻璃器皿表面覆盖一层或多层玻璃，然后通过雕刻移去部分上层玻璃，露出底层的玻璃，最后打磨、抛光，形成浮雕状且颜色对比强烈的装饰，罗马时代尤其偏好蓝色壁面与白色浅浮雕的组合，例如大英博物馆收藏的波特兰花瓶（Portland vase，图5-22）。这种玻璃容器通过退火技术来消解不同膨胀系数玻璃层之间的应力，还需要高超的雕刻技巧，制作起来费时费力，反映出当时工匠对不同颜色玻璃的材料属性的熟知以及玻璃制作中的密切合作与分工。浮雕玻璃在罗马帝国已经出现，多数制作于两个时期：公元前1世纪晚期至公元1世纪中期，或者公元4世

图5-22　大英博物馆藏波特兰花瓶
（采自大英博物馆网站：
http://www.britishmuseum.org/research/collection_online/collection_object_details/collection_image_gallery.aspx?assetId=251730001&objectId=466190&partId=1）

1　定县博物馆：《河北定县发现两座宋代塔基》，《文物》1972年第8期，第39—51页。关于定州静志寺舍利塔基中各件玻璃器与地宫中碑刻的对应关系以及对直筒杯的分析，参见第六章有关宋代玻璃部分的讨论。
2　详见本书第七章相关讨论。

纪，主要产地可能是在意大利的罗马[1]。目前尚无证据支持这种技术一直延续到伊斯兰时期，但可以确定的是，从公元9世纪开始，浮雕玻璃技术在西亚或埃及复兴，早期伊斯兰浮雕玻璃根据制作方式可以细分为两类，第一类是在容器外壁局部粘贴片状或条状装饰，然后在滚料板上加工至跟原表面平齐；第二类是在透明无色的背景上整体覆盖各色半透明的玻璃层，或者在彩色玻璃容器的内壁吹制附一层无色透明的玻璃，然后通过轮刻、雕刻、打磨等方式去掉部分外层玻璃，形成各种动物、植物或几何装饰。早期伊斯兰浮雕玻璃在从埃及到伊拉克乃至伊朗的遗址中均有发现，在无色透明的壁面上装饰绿色透明玻璃的做法非常常见，美国康宁玻璃博物馆即收藏有多件带绿色装饰的宝石浮雕玻璃残片，推测是采用第一种方法制作而成的。受当时发达的地区贸易的影响，其具体产地并不好确认，一般笼统地推测来自公元9—10世纪的伊斯兰世界[2]。马文宽认为湖南是从中原到两广水陆两途的交通要道，洞庭湖周围是中晚唐胡人舟船常至之地，常德位于洞庭湖西岸，出土舶来的伊斯兰玻璃器正与当时的历史背景相符合[3]。

图5-23　江西吉安永新县下周村舍利塔基出土玻璃瓶（采自李志荣：《永新古墓出土青铜棺及玻璃器》，《江西文物》1991年第3期，封底图3）

另一件来自于江西。1982年，江西吉安永新县文物普查办公室接收了江畔乡下周村村民赠送的一批文物，包括铜棺椁、铜熏炉、铜盒和一件玻璃瓶，经实地踏查，当时认为是一座东汉僧侣象征性的墓葬。玻璃瓶被放置在青铜内棺中，长颈鼓腹，瓶底内凹，内装大半瓶黄色灰烬，高5.2厘米、腹径4厘米（图5-23）。EDX分析显示玻璃瓶的主要成分包括SiO_2占60.14%，Na_2O占17.19%，CaO占6.64%，Al_2O_3占4.52%，MgO占5.88%，K_2O占2.4%，瓶中的黄色灰烬主要成分是二氧化硅和氧化铝，是骨灰的象征物[4]。综合这些信息判断，这里所谓的墓葬应该是一处塔基地宫遗迹，以铜宝帐、铜棺和玻璃瓶的组合方式盛放舍利，时代应该为中晚唐[5]。该玻璃瓶器形较为简单，应该是吹制而成，并采用了铁棒顶底加工工艺；从成分上看是钠钙玻璃，根据美国学者罗布特·布里尔对于两类伊斯兰玻璃成分的划分，K_2O和MgO含量不高于1.5%，Al_2O_3含量在2.5%—3.5%之间的是泡碱玻璃，而以草木灰为助熔剂的伊斯兰玻璃中的K_2O含量大约不低于2.5%，MgO含量在2.5%至6%—7%之

1 David Whitehouse: Roman Glass in the Corning Museum of Glass, Vol.1, Hudson Hills Press, 1997, p.41.

2 Whitehouse, Islamic Glass in the Corning Museum of Glass, Vol. One, The Corning Museum of Glass, 2010, pp.281-282.

3 马文宽：《从湖南常德出土唐代进口伊斯兰贴花玻璃碗谈起》，《中国历史文物》2006年第3期，第14—18页。

4 李志荣：《永新古墓出土青铜棺及玻璃器》，《江西文物》1991年第3期，第78—79页。

5 徐苹芳：《中国舍利塔基考述》，《传统文化与现代化》1994年第4期，第59—74页；冉万里：《中国古代舍利瘗埋制度研究》，文物出版社，2013年，第164—172页。

间，Al_2O_3含量较为多样[1]，所以永新县发现的这件玻璃舍利瓶更有可能是以草木灰为助熔剂的早期伊斯兰玻璃器，综合考虑伊斯兰玻璃器在中国的发现情况，其输入时代更有可能为唐代后期。

在中西交通史上，随着公元651年萨珊帝国的灭亡、751年唐朝与大食在中亚"怛逻斯之战"中的失败、755年唐朝内部爆发的安史之乱等一连串重大事件的发生，当时的中外交流似乎陷入了低谷。然而，法门寺地宫和零星发现逐渐积累的一批早期伊斯兰玻璃器，反映出当时中国与西方世界的密切联系，证明了安史之乱后中西方的交往仍然存在。这在文献中也可以找到不少记录。例如《册府元龟》卷九七〇载"永徽二年（651年）八月，大食国始遣使朝贡"，据统计自永徽二年至贞元十四年（798年），大食遣使39次[2]。朝贡者往往被理解为往还的使者，其实有些是商人冒充的，这些商人有的会留居中国。《旧唐书·田神功传》记载田神功平刘展之乱时，"至扬州，大掠百姓商人资产，郡内比屋发掘略偏，商胡波斯被杀者数千人。……大历三年（768年）三月，朝京师，献马十匹，金银器五十件，缯采一万匹"[3]。下文将要提到的扬州中晚唐城址中出土的波斯釉陶、玻璃器碎片可能便是当时扬州活跃的胡商贸易活动的遗留。

这其中广州的地位尤其重要。根据文献记载，唐玄宗时"……周庆立为安南市舶使，与波斯僧广造奇巧，将以进内"[4]，设立官方机构管理当时的海上贸易，自海路入华并在广州生活的胡人越来越多，唐肃宗乾元元年（758年），一些大食人和波斯人驱逐了广州都督，抢劫商店并焚烧房屋。唐代宗大历八年（773年），循州刺史哥舒晃作乱岭南，大历十年路嗣恭攻克广州，杀哥舒晃，"商舶之徒，多因晃事诛之，嗣恭前后没其家财数百万贯，尽入私室，不以贡献"，大历十三年，唐代宗跟李泌提到"嗣恭初平岭南，献琉璃盘，径九寸，朕以为至宝。及破载家，得嗣恭所遗琉璃盘，径尺"[5]。本意是想说元载独揽朝政，路嗣恭为其所用，但无意间透露了路嗣恭平岭南之后很可能是从胡商手中得到了来自伊斯兰世界的玻璃器，而作为曾经目睹无数奇珍异宝的当朝皇帝，仍然将这种径九寸（约27厘米）的玻璃盘视为"至宝"，可见当时由西方输入中国的大型玻璃器皿的珍贵程度。及至晚唐乾符六年（879年），黄巢也曾经在广州大杀十二万蕃商[6]。唐人对波斯和大食人很难区分，也常常把波斯灭亡后的大食人称作波斯。这表明公元8世纪中叶以后，中亚、西亚仍与唐朝保持着交往，不仅来往不断，还有大量的波斯、大食人居住在广州、泉州、扬州从事商业活动，但值得注意的是，贞元十四年之后至唐僖宗时期几乎没有大食遣使朝贡的记录，故法门寺伊斯兰玻璃被推测通过海路传来的可能性更大[7]。

---

1 Robert H. Brill, Some Thoughts on the Chemistry And Technology of Islamic Glass, See Stefano Carboni & David Whitehouse, Glass of the Sultans, The Metropolitan Museum of Art, New York, 2001, pp.27-28.

2 参见黄时鉴主编：《解说插图中西关系史年表》，浙江人民出版社，1994年，第131—156页。

3 （后晋）刘昫等：《旧唐书》卷一二四《田神功传》，中华书局，1975年，第3533页。

4 （后晋）刘昫等：《旧唐书》卷八《玄宗本纪》，中华书局，1975年，第174页。

5 （宋）司马光编著，（元）胡三省音注：《资治通鉴》卷二二五"上诏江西判官李泌入见"条，中华书局，1956年，第7253页。

6 参见穆根来等译：《中国印度见闻录》，中华书局，1983年，第96页。

7 韩伟：《法门寺地宫出土琉璃器皿》，《陕西历史博物馆馆刊》第一辑，文物出版社，1994年，第42—43页。

唐代城址中经常发现玻璃制品，比较重要的包括唐扬州城出土玻璃碎片、长安城西市、醴泉坊遗址范围内出土的玻璃残块、西明寺遗址出土的玻璃鱼饰件等[1]。20世纪90年代初，江苏扬州市中心区的文化宫遗址发掘唐晚期房屋遗迹，房屋内砖铺地面上发现成堆的玻璃器碎片，共计200余片（图5-24），表面发暗，透明状，颜色有绿色、深蓝色、黄色、黄绿色及无色透明，其中绿色玻璃残片153片，占总数的80.5%。所有残片表面都有风化层，并有虹彩现象，这些玻璃碎片未能复原出完整器，从残片推测器形有鼓腹水瓶、香料瓶、胆形瓶、杯、碗和盘等，选出绿色和浅绿色玻璃各一块进行化学成分分析，结果显示两者均为伊斯兰玻璃中常见的钠钙玻璃，安家瑶认为玻璃残片有可能是从伊斯兰世界运来准备在扬州进一步加工成为成品的玻璃料[2]。该房址中还出土了151件波斯釉陶器碎片，器形有壶、罐两种，釉色以绿色为主；另外还发现了三块黄金，有的有切割痕迹，像是市场流通时切割所致。发掘者认为该基址面向扬州最繁华的南北大街，可能是便于货物买卖、具有邸店性质的商业用房，或为波斯邸胡店[3]。

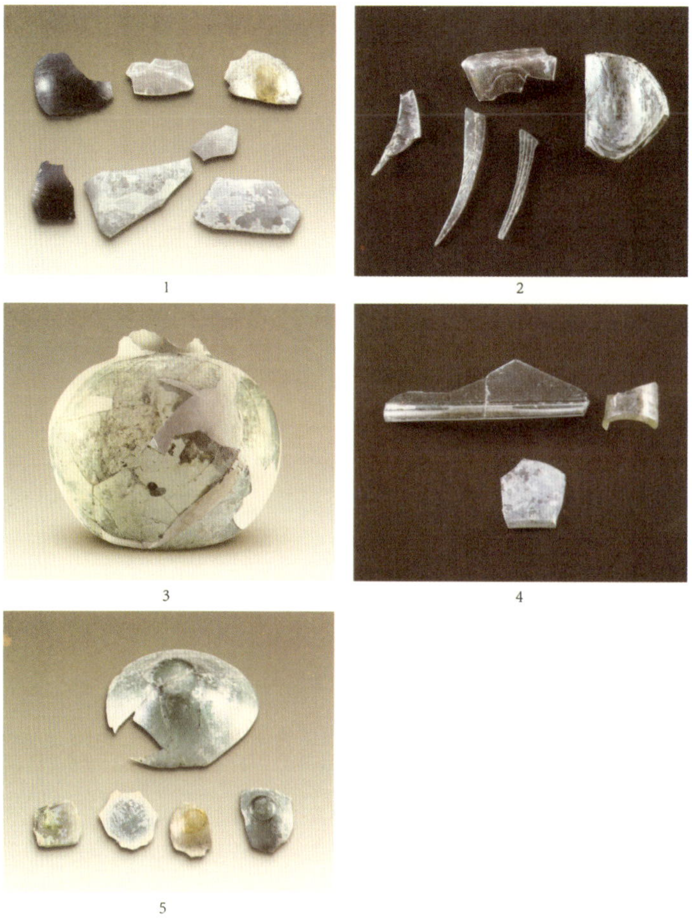

图5-24　江苏扬州文化宫遗址出土玻璃残片
（1.不同颜色玻璃碎片；2.刻花、刻划玻璃碎片；3.鼓腹玻璃瓶YWF1-2: 1；4.玻璃器口残片；5.玻璃瓶底）（采自中国社会科学院考古研究所等：《扬州城——1987～1998年考古发掘报告》，图版一二五）

1　其他零散的发现还包括：隋唐洛阳城白居易故居遗址出土料珠4件、宫城大内遗址出土琉璃棋子1件、宫城东隔城出土琉璃圆环1件；隋唐长安城青龙寺遗址出土玻璃球饰1件、玻璃碗残片1件；广州南越王官署遗址唐代地层出土一些玻璃残片和玻璃珠子，经修复，复原出1件直壁玻璃杯。参见中国社会科学院考古研究所：《隋唐洛阳城：1959~2001年考古发掘报告》，文物出版社，2014年，第一册第127页、第二册第677页、第三册第739页；中国社会科学院考古研究所：《青龙寺与西明寺》，文物出版社，2015年，第111—112页；安家瑶等：《南汉康陵出土的伊斯兰玻璃器》，载《考古一生——安志敏先生纪念文集》，文物出版社，2011年，第484—485页。

2　安家瑶：《玻璃考古三则》，《文物》2000年第1期，第93—95页。

3　中国社会科学院考古研究所等：《江苏扬州市文化宫唐代建筑基址发掘简报》，《考古》1994年第5期，第413—420页；中国社会科学院考古研究所等：《扬州城——1987~1998年考古发掘报告》，文物出版社，2010年，第176—180页。另外，2004—2005年发掘的扬州唐宋城东门遗址（位于东关街口古运河西）也出土2片玻璃残片，可能为瓶类残片，还发现2件大小相仿的坩埚，桶状深腹，一件平底，一件圜底，高均为9厘米，目前还不清楚坩埚的具体出土环境，玻璃残片的时代也不好判断，但观察同出的其他器物，其时代可能要晚至宋代，参见中国社会科学院考古研究所等：《扬州城遗址考古发掘报告：1999~2013年》，科学出版社，2015年，第205—208页。

隋大兴城设都会、利人两市，唐称东、西市，其中西市商胡集聚，繁华程度远超东市，又有“金市”之称。2006年开始，唐长安城西市遗址范围内出土了一些玻璃残块，2014年，有31件样品被交给西北大学文化遗产学院进行相关研究。这些样品呈块状或碎片状，透明度非常好，大部分无色，部分呈翠绿色、深绿色或淡蓝色，部分样品表面明显风化，其中3块样品成锭且具有光滑表面，27件透明样品均为破碎小块，有的表面附有缠绕的玻璃丝，剩余一块样品重达十数斤，为大量玻璃残块与泥土混合烧结而成，其中一角有明显的边角痕迹，部分小体量样品含有气泡，而大体量成锭的样品则少含气泡或没有。根据出土批次和颜色选取九个样品，采用激光剥蚀电感耦合等离子体原子发射光谱（LA-ICP-AES）进行成分分析，结果显示样品的SiO_2含量在62%—72%之间，Na_2O含量在9.66%—12.27%之间，CaO含量在8.76%—10.87%之间，有三件样品含有超过10%的铅元素而且钠元素的含量也不低，属于钠钙玻璃系统的不同类型。样品中有一件大块的玻璃碎渣、黏土、矿石等混合物有规整的边角痕迹，类似于三个平面组成的墙角，且三个表面都带有一部分类似于黏土砖的材料，研究者据此推测这块残渣可能是玻璃池窑的某一个角，反映出当时西市存在着玻璃制造、加工、贸易的整个产业链，是玻璃加工、贸易的中心之一[1]。

位于长安城皇城以东的醴泉坊与南侧的西市仅一街之隔，在1999年、2001年两次考古发掘中均发现过玻璃残块。1999年的发掘中在窑址附近的一处灰坑中（T1H1）发现17块玻璃残块，同出的有单色釉盘口瓶、碗、碟残片，绿釉筒瓦、三彩盂、模具、三叉形支钉及垫圈等窑具、白瓷碗、瓷钵等大量残片。T2H2中还发现了一件坩埚，内壁附着炉渣，外壁也有炉渣和红褐色玻璃态物质附着（图5-25）。玻璃残块可以分为玻璃碎块、半成品或次品残块和玻璃原料碎块等三类。玻璃碎块有棕黄色、浅橙色、淡紫色、浅棕黄色、紫色、翠绿色、透明并略呈淡绿色等几种（图5-26）；半成品、次品或次品的残块包括疑似吹制失败的瓶类器，瓶口沿残块和圆环残块，盖组状和长条状残块等；熔融不彻底的玻璃原料碎块为绿色玻璃质物质，与白色结晶矿物质共存为一体。成分测定结果显示，这批玻璃多数不含铅金属氧化物，总体应该属于钠钙玻璃系统。发掘者认为，醴泉坊三彩窑出土的玻璃碎块是隋唐时期钠钙玻璃能够在国内生产的证明[2]。不过对

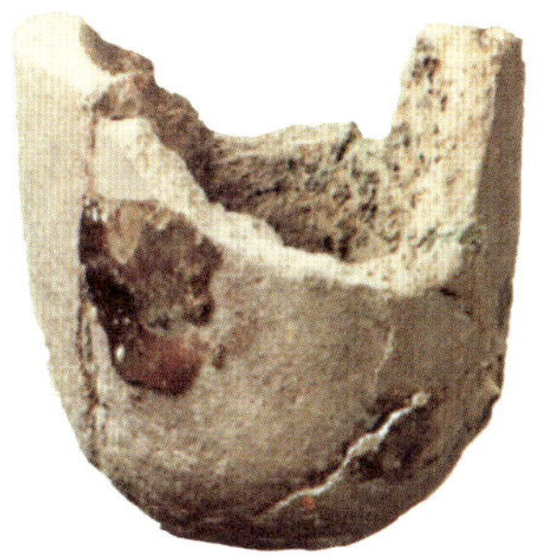

图5-25　唐长安城醴泉坊遗址1999年度发掘出土坩埚
（采自陕西省考古研究院：《唐长安醴泉坊三彩窑址》，彩版一二〇、3）

1　参见温睿等：《唐长安城西市遗址出土玻璃残块初探》，载《中国敦煌吐鲁番学会丝绸之路专业委员会文集》，陕西师范大学出版总社，2015年，第51—61页。在温睿老师的帮助下，笔者有机会仔细观摩这批玻璃残块，令人吃惊的是尽管一直在土中埋藏，玻璃残块的质量和保存状况却都非常好，不同于以往考古发现的玻璃器的表面多风化、胎内多气泡的特点，多数残块表面不见风化层，透明度非常高，少见或几乎不见气泡；另外，玻璃残块的出土背景并不清楚，尤其缺乏原始的层位记录，所以这批材料的性质、工艺和时代等问题还有待于进一步讨论。

2　陕西省考古研究院：《唐长安醴泉坊三彩窑址》，文物出版社，2008年，第61、125、137—139页。

2001年度发现的玻璃碎块的分析似乎并不支持这一推测。2001年度的发掘区在1999年发掘区以北，发掘面积较大，遗迹种类更多，总共发现玻璃碎块12件，分散出土于井、窖、灰坑、火坑等遗迹中，分为褐、灰、绿、蓝、白五种颜色，形状不规则，有的内包石渣块，不够纯净，有的有纹理，有的表面有人工切割痕迹（图5-27）。对11件标本取样进行相关检测分析（共获得15件检测样品），发现这批料块中有8件可能是玻璃，为钠钙玻璃和混合碱玻璃，但存在与当时玻璃成分及微观结构特征不符合之处；其余的可以排除玻璃与冶炼渣的可能性。总而言之，分析人认为，即使此次发掘发现的玻璃料块可能用于加工玻璃器物，目前也还没有在国内发现与之相匹配的玻璃成品，加之数量有限，尚不足以判定醴泉坊有玻璃生产或加工活动的存在[1]。

图5-26　唐长安城醴泉坊遗址1999年度发掘出土玻璃碎块（1.不同颜色玻璃碎片；2.刻花、刻划玻璃碎片；3.鼓腹玻璃瓶YWF1-2：1；4.玻璃器口残片；5.玻璃瓶底）（采自陕西省考古研究院：《唐长安醴泉坊三彩窑址》，彩版一一九）

图5-27　唐长安城醴泉坊遗址2001年度发掘出土玻璃碎块（采自陕西省考古研究院：《醴泉坊遗址2001年发掘报告》，彩版一四、1，2，3）

20世纪八九十年代，长安城西明寺遗址范围内先后进行了三次发掘，出土玻璃鱼饰一件，呈淡蓝色透明状，外附风化层，阴线纹雕刻，鱼头较大，鱼唇上翻，造型颇似印度艺术中的摩羯鱼（Makara），但更加简化。鱼腹部有一孔，可能为了便于配挂，长3.9厘米、厚0.15厘米[2]（图5-28）。日本奈良正仓院也收藏有多件公元8世纪的玻璃鱼形饰品（中仓128），长度在6—8厘米之间，厚约1.2—1.5厘米，保存状况较好，表面透亮但有气眼，可能是铸造后研磨成形。颜色包括浅绿色、绿色、深绿色、黄色、蓝色等[3]（图5-29），并未像西明寺出土品那样雕出鱼唇、眼、鳃、鳞和尾鳍，仅在头部以线刻出眼、嘴以及鱼鳃的大致轮廓，细线内填金漆或银漆，鱼头或鱼身上有穿孔。多数玻璃是铅玻璃，只有一件蓝色鱼形饰是钠钙玻璃。有学者考订其用途是腰间装饰，并进一步认为与唐朝的鱼符有关，唐朝官吏服饰中腰间佩鱼，出入宫中时合鱼符验证，这种做法也传到日本。此外，鱼也

1　陕西省考古研究院：《醴泉坊遗址2001年发掘报告》，陕西科学技术出版社，2014年，第199—200、331—334页。

2　中国社会科学院考古研究所：《青龙寺与西明寺》，文物出版社，2015年，第212页。

3　日本宫内厅网站上公布了6件鱼饰，包括5件玻璃鱼饰（见图5-29），1件石英鱼饰呈无色透明状。参见http://shosoin.kunaicho.go.jp/en-US/Search。

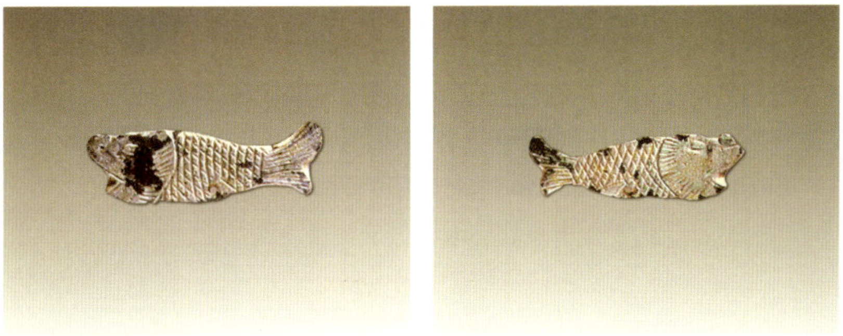

图5-28　唐长安城西明寺遗址出土玻璃鱼饰
（采自中国社会科学院考古研究所：《青龙寺与西明寺》，图版九八、3）

图5-29　日本奈良正仓院藏玻璃鱼饰
（采自日本宫内厅网站http://shosoin.kunaicho.go.jp/en-US/Search）

是吉祥和富贵的象征[1]。正仓院的玻璃鱼饰不仅原料与中国相同，样式、习俗也相同，如果不是中国输入，也应该是仿制品。

中国至迟自战国、汉代就形成了以铅钡为成分特色的玻璃产品，并长期影响着中国的玻璃制造业。根据上一节的讨论，有迹象表明隋代初步掌握了外来玻璃的生产技术[2]。唐代本土自制的玻璃器皿类有一些盘、瓶、碗、杯等，造型、装饰、工艺技术和原料都与外来玻璃相差较大。湖北郧县李泰墓出土了4件玻璃器[3]。据安家瑶介绍，两件矮颈玻璃瓶，黄色透明，无模吹制成形。器形与隋及初唐时期的罐极为相似。经检验过的样品，含氧化铅高达64%；另两件为绿玻璃瓶和绿玻璃杯，均为绿色透明，无模吹制成形，玻璃条缠贴出圈足，打磨后未抛光。残片检验是钠钙玻璃，含较多的镁和钾。陕西三原县李寿墓出土3件残玻璃瓶[4]，发掘简报介绍了玻璃瓶两件，一为淡黄色，一为翠绿色半透明。翠绿色玻璃片经化学分析是高铅玻璃。这些器皿应是唐代本土制造的器物。

1　奈良国立博物馆：昭和六十三年《正仓院展》，1988年，图56；东京国立博物馆：《正仓院宝物》，1981年，株式会社便利堂，图48。

2　参见上节讨论以及齐东方：《隋代玻璃》，《故宫文物月刊》第十六卷第六期，1998年，第124—133页。

3　全锦云：《试论郧县唐李泰家族墓地》，《江汉考古》1986年第3期，第76—81页。

4　陕西省博物馆、文管会：《唐李寿墓发掘简报》，《文物》1974年第9期，第71—88页。

陕西临潼庆山寺上方舍利塔基除了出土外国输入的网格纹玻璃瓶之外，还有2件均作长颈球形体的绿色玻璃瓶（图5-30），壁厚0.1厘米，大瓶高4.5厘米，小瓶高2厘米，瓶下均有铜质莲花座，皆出土在金棺内[1]。唐代塔基遗址出土玻璃瓶较多，据安家瑶介绍，甘肃泾川唐代延载元年（694年）塔基出土的玻璃瓶无色透明，长颈，球腹，凹底，系无模吹制而成；陕西西安东郊唐代塔基出土的玻璃瓶绿色透明，长颈，球腹，无模吹制；黑龙江宁安县（今牡丹江市宁安市）渤海国故都上京龙泉府遗址出土的玻璃瓶呈淡绿色，长颈，球腹，凹底，无模吹制[2]，同一遗址近年还发现了舍利石函，出土时函内有丝织品包裹的淡绿色琉璃瓶，内有白色灰状物，可惜没有保存下来[3]。以上保存较好的玻璃瓶的样式多是中国式的长颈瓶，经过测定的成分主要是高铅玻璃，应是中国传统工艺的延续。法门寺地宫中出土的玻璃器中，玻璃托盏造型采用中国传统器皿的造型，其样式在陶瓷和银器中较为常见（图5-31），在《物账》碑中称其为“瑠璃茶椀柘子一副”，包括1件茶碗和1件茶托，均呈淡黄色透明状，茶碗侈口、斜壁、小平底，外壁经过抛光，造型规整，茶托宽平沿、立口、圆唇、假圈足，内外壁光洁无垢，跟金银器茶托非常相似，应该是唐代本土制造。有趣的是，近年来对这套玻璃茶盏和茶托进行的成分分析表明其“原料来自域外”，是采用西方技术生产的传统玻璃器[4]。郑州西郊唐景龙二年（708年）李文寂夫妇墓，也出土翠绿色透明的瓶类器物和淡黄色透明的杯类器物，可惜均为残片[5]。

图5-30　陕西临潼庆山寺舍利塔基出土长颈瓶
（采自赵康民：《武周皇刹庆山寺》，第87页）

1988年发掘的西安韦曲凤栖原唐墓中出土一组玻璃器，包括4件玻璃杯（其中1件高足杯），1件玻璃盒，1件玻璃瓶（图5-32）。6件器物表面均有不同程度的风化，但都呈现

图5-31　法门寺地宫出土玻璃托盏
（采自陕西省考古研究院等：《法门寺考古发掘报告》，彩版一八二、1，2）

1　赵康民：《武周皇刹庆山寺》，陕西旅游出版社，2014年，第87页。

2　安家瑶：《中国的早期玻璃器皿》，《考古学报》1984年第4期，第413—447页。

3　黑龙江省文物考古研究所：《黑龙江宁安渤海上京城出土渤海国舍利函》，《文物》2015年第6期，第14—16页。

4　赵建兰：《究竟何物，从何而来：法门寺琉璃器皿的背后》，《中国文化报》2014年4月22日第8版。

5　郑州市文物考古研究所：《郑州西郊唐墓发掘简报》，《文物》1999年第12期，第28—34页。

出深浅不一的绿色；器形非常小巧，3件玻璃杯高度不超过3厘米，高足杯高5.2厘米，玻璃盒高2.3厘米。这些器形在当时陶瓷、金属器中都较为常见，但依其大小判断，可能都不是实用器。日本学者土桥理子推测这批玻璃器是铅玻璃，而且认为很可能是铸造而成的[1]。不过从其大小和器壁厚薄来看，似乎是吹制而成的可能性更大一些。

图5-32　西安韦曲凤栖原唐墓出土玻璃器（采自奈良县立橿原考古学研究所附属博物馆：《大唐皇帝陵》，2010年，第118-119页）

1987年，河南省沁阳县（今焦作市沁阳市）山王庄乡张庄村发现一座唐墓，墓主为李洪钧，天宝十四载（755年）下葬，是一位年仅五岁的幼童，出土器物二十余件，多小巧物件，其中就有一件镂空玻璃盘，平沿、弧腹、双圈足，腹部环饰一周镂空的梅花纹装饰，口径4.3厘米、底径3厘米、高1.5厘米。这件玻璃盘玲珑剔透，器形小而简单，很可能是铸造而成的（图5-33）[2]。

图5-33　河南沁阳张庄李洪钧墓出土玻璃盘（采自李志军等：《河南沁阳唐代李洪钧墓发掘简报》，《洛阳考古》2015年第1期，第31页，图九）

在玻璃容器之外，唐代墓葬中还发现了大量小型玻璃饰件，原本多是连缀、镶嵌在其他物件上的装饰品，而后随着木质或织物的朽烂而散布在墓室之中。有一类发现和讨论都比较多的玻璃组合，主要包括六瓣状玻璃碗和一些穿带金属丝的玻璃花饰，在固原显庆三年（658年）史道洛墓[3]（图5-34）、咸亨元年（670年）史诃耽墓（图5-35）以及史铁棒墓[4]、甘肃合水咸亨

1　这组器物虽然很小，但器壁厚度和底部细节不明，仅依据图录中的照片很难判断其制法，在陕西省考古研究院王小蒙老师的帮助下，2016年笔者有幸在陕西省考古研究院泾渭基地见到这批实物，虽然器形完整，但总体感觉保存状况不好，难以分辨出跟制法有关的痕迹，从其小巧的器形和轻薄的器壁推测应该是吹制而成。日本学者的观点参见奈良县立橿原考古学研究所附属博物馆：《大唐皇帝陵》，2010年，第117—119页。

2　李志军等：《河南沁阳唐代李洪钧墓发掘简报》，《洛阳考古》2015年第1期，第30—34页。

3　原州联合考古队：《唐史道洛墓》，文物出版社，2014年，第84—91页。

4　罗丰：《固原南郊隋唐墓地》，文物出版社，1996年，第60—61、82页。

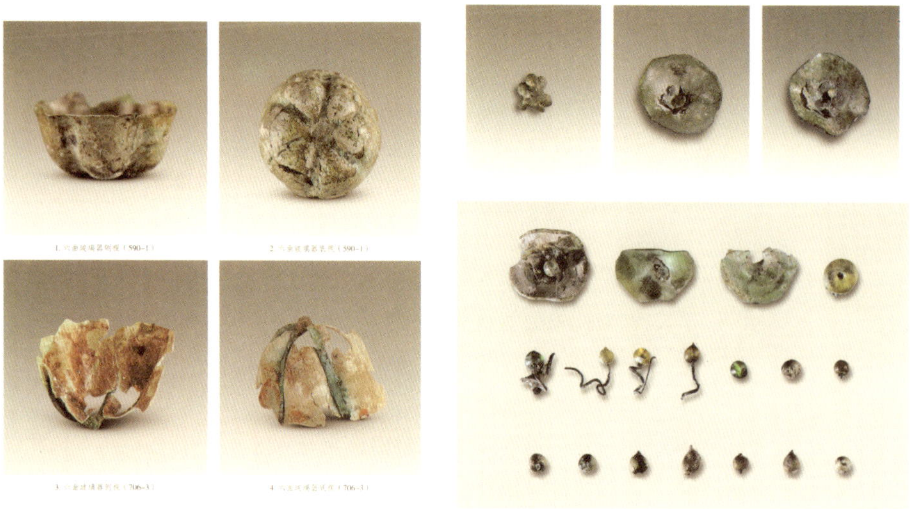

图5-34　宁夏固原唐史道洛墓出土玻璃饰件
（采自原州联合考古队：《唐史道洛墓》，彩版三三、三四、三五）

图5-35　宁夏固原唐史诃耽墓出土玻璃饰件
（采自杨伯达主编：《中国金银玻璃珐琅器全集·4·玻璃器（一）》，第56页，图九四；第57页，图九五）

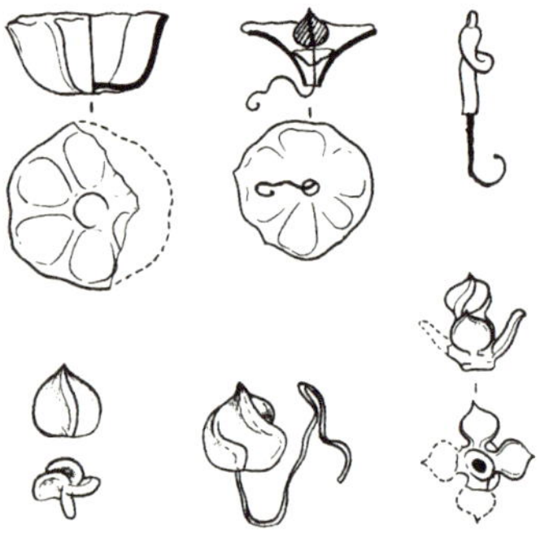

图5-36　西安东郊温绰墓出土玻璃饰件
（采自西安市文物保护考古所：《西安东郊唐温绰、温思暕墓发掘简报》，《文物》2002年第12期，第47页，图三〇）

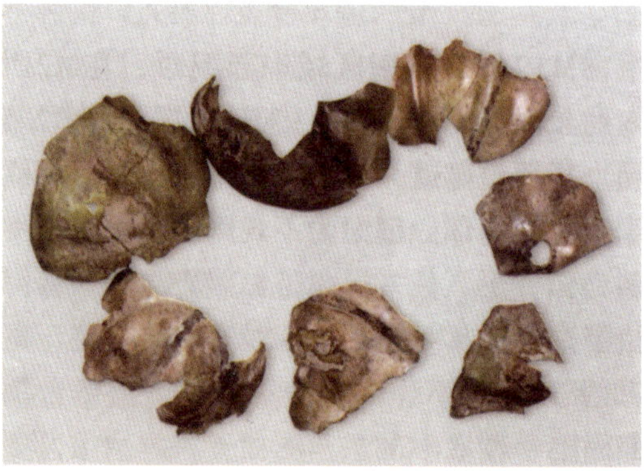

图5-37　山西临汾西赵村何洛墓出土玻璃器残片
（采自山西省考古研究所等：《山西临汾市西赵村唐墓发掘简报》，《考古》2015年第6期，第41页，图七）

元年魏哲墓[1]、西安总章元年（668年）李爽墓[2]、总章二年（669年）刘智夫妇墓[3]以及咸亨元年温绰墓[4]（图5-36）、礼泉龙朔三年（663年）新城长公主墓[5]、山西临汾西赵村永隆二年（681年）何洛墓[6]（图5-37）中均有发现。以往多零散发现，除了分析玻璃花饰的制作工艺，并认为这是世界范围内最早的艺术玻璃之外，资料所限，并没有对其功能进行深入讨论[7]。温绰墓的玻璃器出于墓室东部的淤土中，与木痕夹杂在一起，能分辨并复原出来的包括玻璃球2件，碗形饰1件、花形饰4件、管形饰1件、花结9件、贝珠8件，数量不少，很多饰件上带有铜丝，显然是连缀在其他物件上的装饰品；后来魏哲墓在墓室棺床以东的空地上出土72件六瓣瓜棱状小玻璃器，这些玻璃器器形相同，翠绿色，通体透明，外表面瓜棱相交处镶有鎏金铜条，口径3.4厘米、高1.7厘米，发掘者推测应该是大型帐构上装饰物。有研究者在系统梳理相关发现之后，认为玻璃饰件应该是连缀在木构的帷帐上，即文献中所记载的下帐，跟墓内设奠活动有关[8]。西安西郊小土门村还出土了一件罕见的琉璃镜（图5-38），镜背正中为一桥型钮，外有四道弦纹装饰，电子扫描显微镜和能谱仪分析显示属于高铅硅琉璃系统，尺寸较小，直径3.9厘米、厚0.4厘米，从镜面上的痕迹及尺寸推断，这件玻璃镜不能发光，不具备映像之功能，可能是专用于陪葬的冥镜[9]。

图5-38 西安西郊小土门村出土玻璃镜（采自冀东山主编：《神韵与辉煌：陕西历史博物馆国宝鉴赏》，玉杂器卷，第83页）

呈珠状的玻璃制品在唐代也发现较多，与战国至东汉时期的蜻蜓眼式玻璃珠不同，有的中空，形体较大，被称为玻璃果。例如陕西临潼庆山寺上方舍利塔基地宫出土的圆球形玻璃果，壁厚0.1厘米，中空，半透明，有一个小孔。分别呈乳白色、褐黄色和绿色（图5-39）[10]。

图5-39 陕西临潼庆山寺舍利塔基出土玻璃果（采自杨伯达主编：《中国美术全集·工艺美术编·金银玻璃珐琅器卷》，第120页，图二二八）

1 甘肃省文物考古研究所等：《甘肃合水唐魏哲墓发掘简报》，《考古与文物》2012年第4期，第48—54页。
2 陕西省文物管理委员会：《西安羊头镇唐李爽墓的发掘》，《文物》1959年第3期，第43—53页。
3 陕西省考古研究院等：《陕西西安唐刘智夫妇墓发掘简报》，《考古与文物》2016年第3期，第18—33页。
4 西安市文物保护考古所：《西安东郊唐温绰、温思暕墓发掘简报》，《文物》2002年第12期，第37—49页。
5 陕西省考古研究所等：《唐新城长公主墓发掘报告》，科学出版社，2004年，第66—67页。
6 山西省考古研究所等：《山西临汾市西赵村唐墓发掘简报》，《考古》2015年第6期，第39—53页。
7 安家瑶：《玻璃器史话》，社会科学文献出版社，2011年，第103—104页。
8 何月馨：《隋唐墓葬出土帐构研究》，《中原文物》2016年第2期，第94—100页。
9 冀东山主编：《神韵与辉煌：陕西历史博物馆国宝鉴赏》，玉杂器卷，三秦出版社，2006年，第82—83页。
10 赵康民：《武周皇刹庆山寺》，陕西旅游出版社，2014年，第89页。

这种出土于寺庙遗址中的玻璃果，有人推测可能属于佛教文物中的“七宝”之一。但珠饰在唐代的使用范围可能要更加广泛，装饰类别也更加多元，尤其是在墓葬中经常出土。出土中空的玻璃果或玻璃珠的墓葬还有：前引刘智夫妇墓甬道中出土4件绿色玻璃球，中空，底有一孔。直径4.5厘米、壁厚0.05厘米；开元十二年（724年）金乡县主墓中有1件玻璃球保存较为完整，绿色半透明状，中空，壁很薄，下端有小孔，直径1.7厘米[1]；宁夏盐池窨子梁M3出土墨绿色玻璃球2件，直径3.6厘米、孔径0.7厘米，晶莹透明，上皆有一个小圆孔，圆孔边沿稍有残破[2]；根据发掘简报，李寿墓[3]、李徽和阎婉墓[4]、李凤墓[5]、房陵大长公主墓[6]中也有出土，但报道比较简略。墓葬中出土的果、珠类的玻璃显然和佛教七宝关系不大，更有可能是其他器物或首饰上的装饰，例如阎婉、温绰墓中出土部分玻璃饰件被推测为冠饰上镶嵌物；懿德太子李重润墓出土了20粒玻璃珠，分穿孔圆珠和不穿孔的半圆形嵌珠两种，有黄、绿两种颜色，根据最初发表的发掘简报，有些嵌珠可能是鎏金团花铜马饰上镶嵌的玻璃珠子[7]。

另外，四川万县（今重庆市万州区）永徽五年（654年）永州刺史冉仁才墓，有玻璃珠2枚、玻璃饰件22枚[8]。六顶山渤海贵族墓地出土玻璃珠、管12件，呈蓝色和翠绿色，通体磨光，半透明。形状有扁圆形，中贯一孔。还有六瓣瓜棱形，制作精细[9]；2004—2009年度又发掘出土了67粒，其中ⅠM3中就出土两串蓝、绿、红等颜色的料珠共计59粒，成分分析表明有钠钙玻璃[10]。开元二十九年（741年）让皇帝李宪惠陵在一个小龛内（K1）出土了1300余枚玻璃串珠[11]；吴王李恪妃杨氏出土白色玻璃珠108件[12]；这些各式各样的玻璃珠、花、棒等，也是多用于器物或服饰上的装饰。玻璃珠串、花饰的分布很广，《新唐书·车服志》载：“庶人女嫁有花钗，以金银琉璃涂饰之。”[13]可见当时用玻璃制造梳妆用具。西安东郊韩森寨出土的玻璃梳背[14]，花纹依旧可见（图5-40），与陕西长安唐墓出土的角梳几乎完全相同（图5-41）[15]。唐代有头上插梳为装饰的习俗，这件玻璃梳背虽经侵蚀，仍可遥想当年的光亮透明和精美名贵。还一些用途不清无法定名的玻璃器物也经常出土，例如元和六年（811年）唐

1 西安市文物保护考古所：《唐金乡县主墓》，文物出版社，2002年，第80页。
2 宁夏回族自治区博物馆：《宁夏盐池唐墓发掘简报》，《文物》1988年第9期，第43—54页。
3 陕西省博物馆、文管会：《唐李寿墓发掘简报》，《文物》1974年第9期，第71—88页。
4 湖北省博物馆等：《湖北郧县唐李徽、阎婉墓发掘简报》，《文物》1987年第8期，第30—42页。
5 富平县文化馆等：《唐李凤墓发掘简报》，《考古》1977年第5期，第313—326页。
6 安峥地：《唐房陵大长公主墓清理简报》，《文博》1990年第1期，第2—6页。
7 参见陕西省博物馆、乾县文教局唐墓发掘组：《唐懿德太子墓发掘简报》，《文物》1972年第7期，第30页；陕西省考古研究院等：《唐懿德太子墓发掘报告》，科学出版社，2016年，第389—390页。
8 四川省博物馆：《四川万县唐墓》，《考古学报》1980年第4期，第503—514页
9 中国社会科学院考古研究所：《六顶山与渤海镇》，中国大百科全书出版社，1997年，第41页。
10 成分分析结果表明，这批料珠中有一些是玛瑙，但具体数量不清楚，参见吉林省文物考古研究所等：《六顶山渤海墓葬——2004~2009年清理发掘报告》，文物出版社，2012年，第238—245页。
11 陕西省考古所：《唐李宪墓发掘报告》，科学出版社，2005年，第116—117页。
12 孝感地区博物馆等：《安陆王子山唐吴王妃杨氏墓》，《文物》1985年第2期，第92页。
13 （宋）欧阳修等：《新唐书》卷二四《车服志》，中华书局，1975年，第524页。
14 陕西历史博物馆编：《寻觅散落的瑰宝——陕西历史博物馆征集文物精粹》，三秦出版社，2001年，第79页。
15 陕西省考古研究所：《陕西新出土文物选粹》，重庆出版社，1998年，第123页。

图5-40　西安东郊韩森寨出土玻璃梳
（采自陕西历史博物馆编：《寻觅散落的瑰宝——陕西历史博物馆征集文物精粹》，第79页，图12）

图5-41　西安市长安县风雷仪表厂唐墓出土角栉
（采自陕西省考古研究所：《陕西新出土文物选粹》，第123页，图119）

惠昭太子陵出土玻璃棒1件，直径0.3厘米、长31厘米[1]。这些玻璃可能是器物和服装上的装饰或发饰用品[2]。

晚唐本土自制玻璃器的一次集中发现来自于1995年发掘的陕西乾县唐僖宗靖陵，出土了包括玻璃带具、嵌饰、玻璃璧、玻璃佩饰等在内的玻璃制品（图5-42），均系铸造而成，璧和佩上以流畅的线条刻出龙、凤纹样[3]。上海博物馆收藏一件唐代云龙纹玉璧（图5-43），一面为团龙戏珠，另一面有四朵如意形云纹，采用浅浮雕技法雕出龙的轮廓，然后阴刻出龙身细部[4]。跟这件玉璧相比，靖陵玻璃璧明显是简陋的仿玉替代品。事实上，靖陵在整体营造、墓室结构以及其他随葬品等方面都有简陋与仓促的倾向，这无疑跟晚唐中央政府势力衰微、皇室颠沛流离的历史事实相吻合。

总而言之，唐代本土制作的玻璃器皿和装饰器类多发现于寺院遗址、贵族或中亚移民的墓葬中。寺院是人们为信仰而贡献财宝之处，佛教信仰和膜拜中，佛舍利是极为重要的圣物，盛放舍利的器皿最受重视。除法门寺出土玻璃具有明显的财宝性质外，大多数寺院玻璃都是瓶和珠之类，前者一般用作盛装舍利之用，后者或可作为七宝。出土玻璃的墓葬主人有李寿、李泰、李徽、懿德太子、惠昭太子、新城长公主、房陵大长公主、李凤等，都是皇族，而李爽、李文寂或地位很高，或出身

1　陕西省考古研究所等：《唐惠昭太子陵发掘报告》，三秦出版社，1992年，第5页。

2　20世纪50年代，陕西省文物管理委员会为配合“一五”计划项目建设在西安周边抢救性清理了大量古墓葬、古遗址。近年来这批资料被整理出版，其中也发现了不少玻璃，由于种种原因，多数都没有清楚的图片，录此备查：东郊王家坟附近雷府君妻宋氏墓在出土的114颗珠子中有料珠2枚；东郊韩森寨附近007工地唐墓M14出有数目不详的带孔料珠；东郊郭家滩唐渤海郡君骆氏墓出土料珠2枚；唐抚州南城县令骞思哲夫妇合葬墓出土料珠2枚、料珠残片1、料饰件1、料器残片1；唐守昭陵令姬温墓出土料珠4枚；东郊006工地宋墓M47出土料珠31枚；咸阳底张湾机场唐独孤开远墓出土料器残片1、料珠15枚、料制小杯1件；唐驸马都尉张怙墓出土料石粒（？）1枚。参见陕西省文物保护研究院：《二十世纪五十年代陕西考古发掘资料整理研究》，上册，《西安东郊及关中东部》，三秦出版社，2015年，第235、372、473、487、632、751页；下册，《西安西郊及关中西部》，三秦出版社，2015年，第90、210页。

3　东京国立博物馆：《宫廷の荣华》，大冢巧艺社，1998年，第149—150页；奈良县立橿原考古学研究所附属博物馆：《大唐皇帝陵》，2010年，第106—107页。

4　金维诺主编：《中国美术全集·玉器》第三卷，黄山书社，2010年，第506页。

官宦之家[1]。说明玻璃使用还主要在上层社会。发现玻璃球的宁夏盐池3号唐墓，墓志记载墓主为“都尉何府君”“大夏月氏人也”“终于鲁州”。鲁州为唐代著名的“六胡州”[2]，为“突厥九姓部落所处”，居住着许多中亚移民。何姓即中亚粟特人移民，出土六曲玻璃杯的史诃耽也是中亚粟特人的后裔。无论是寺院或是贵族墓葬、外来移民墓葬的遗物，玻璃虽然保存完好的不多，但仍可看出当时玻璃器有增多的趋势，使用范围扩大，唐代诗句中“去岁左迁夜郎道，琉璃砚水长枯槁”[3]等，也说明玻璃已逐渐出现在人们的日常生活之中。

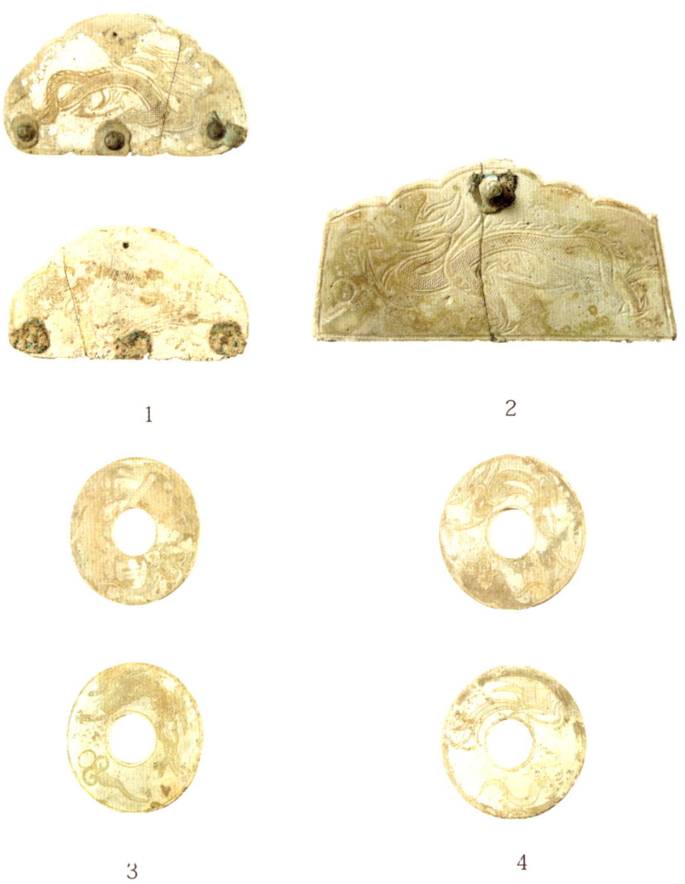

图5-42 陕西乾县唐僖宗靖陵出土玻璃器
（1、2.玻璃佩，3、4.玻璃璧）（采自杨伯达主编：《中国金银玻璃珐琅器全集》第4卷《玻璃器（一）》，第53页，图九〇；第54—55页，图九一、九二；陕西省考古研究所编：《陕西新出土文物选粹》，第114—115页，图112）

玻璃作为实物见证了横跨欧亚的东西交流。西方玻璃不仅传入中国，还转输到海东，同时中国制造玻璃也一同东传。古代朝鲜半岛和日本列岛的外来玻璃十分罕见，受到皇室、贵族和寺院格外珍视。

日本正仓院收藏有不少玻璃器，其中有些产自西方。如淡褐色透明、外表有四层各十八个磨制龟背纹的玻璃碗[4]，用钴料发色呈深蓝色、杯身外粘贴圆环装饰的蓝玻璃高足杯（图5-44）[5]，淡绿色透明带把玻璃瓶（图5-45）[6]等。这些玻璃都是钠钙玻璃，采用吹制技术，应是来自西亚的物品。由于几乎没有当时日本与中亚、西亚

1 李文寂经科举名列前茅，却不仕宦途，以学问、文笔出众为时人所推崇。郑州市文物考古研究所：《郑州西郊唐墓发掘简报》，《文物》1999年第12期，第28—34页。

2 （宋）欧阳修等：《新唐书》卷三十七《地理志》云，“调露元年，于灵、夏南境以降突厥，置鲁州、含州、塞州、依州、契州，以唐人为刺史，谓之六胡州。长安四年并为匡、长二州。神龙三年置兰池都督府，分六州为县”，中华书局，1975年，第974—975页。

3 （唐）李白：《自汉阳病酒归寄王明府》，载（清）彭定求等：《全唐诗》卷一七三，中华书局，1980年，第1775页。

4 东京国立博物馆：《正仓院宝物》，株式会社便利堂，1981年，图60。

5 奈良国立博物馆：《正仓院展》，株式会社便利堂，1994年，图68。玻璃杯下面的鎏金银高足座，是明治时代发现的，上有鱼子地上刻双龙纹，中间有凸带，为中国风格。

6 奈良国立博物馆：《正仓院展》，株式会社便利堂，1984年，图65。

直接交往的文献记载，而中国却发现不少类似的玻璃器[1]，所以这些遗物可能是经中国传到日本的。

中国仿造的西方玻璃也出现在日本。正仓院藏有一件十二曲绿玻璃长杯（图5-46），圜底，采用吹制手法成形。长22.5厘米、宽10.7厘米、高5厘米，重775克。器物外壁刻花草，两侧瓣还刻兔或猪等动物。器物造型与日本自身文化的容器毫无关系。原料成分中含铅高达55%，绿色以铜为呈色剂，与中亚、西亚玻璃不同，却与中国制造的玻璃成分相类，被推测为中国制品[2]。西方的多曲长杯对唐代器物制造有深远影响[3]，类似的萨珊银器已有发现，唐代制造这件绿玻璃长杯的可能性的确很大。

日本正仓院收藏的玻璃高足盘[4]（图5-47），无色透明，稍厚的部分带有淡褐色，吹制成形，高足和盘分别制成然后接在一起。在正仓院宝物中置于中仓的漆柜中，漆柜附属的一件木牌上面墨书“纳

图5-43 上海博物馆藏唐代云龙纹玉璧
（采自金维诺主编：《中国美术全集·玉器》第三卷，第506页）

图5-44 日本奈良正仓院藏蓝玻璃高足杯
（采自奈良国立博物馆：《正仓院展六十回のあゆみ》，2008年，第157页，中仓70）

图5-45 日本奈良正仓院藏带把玻璃瓶
（采自奈良国立博物馆：《正仓院展六十回のあゆみ》，2008年，第32页，中仓69）

1 齐东方等：《中国出土的波斯萨珊凸出圆纹切子装饰玻璃器》，《创大アジア研究》第十六号，创价大学アジア研究所，1995年，第53—59页；齐东方：《略论中国新出土的罗马、萨珊玻璃器》，《历史文物》第九卷第一期，1999年。

2 松本保：《正仓院とシルクロード》，平凡社，1981年，第122页；东京国立博物馆：《正仓院宝物》，1981年，图61。

3 齐东方等：《唐代萨珊式金银器研究》，《考古》1998年第6期，第63—73页。

4 奈良国立博物馆：《正仓院展》，株式会社便利堂，1993年，图49。

玛瑙杯二口，水精玉五枚，白琉璃高杯一口，杂香六裹，练金十一枚”。另一面墨书“天平胜宝四年（752年）四月九日，第一柜”。可知是8世纪中叶前的物品。虽然是钠钙玻璃，但与正仓院的白玻璃碗和白玻璃瓶相比，制造技术不算精湛，气泡较多，而高足盘在隋唐时代陶瓷器中屡见不鲜，应是唐代制品。

图5-46　日本奈良正仓院藏十二曲绿玻璃长杯（采自奈良国立博物馆：《正仓院展六十回のあゆみ》，2008年，第81页，中仓72）

图5-47　日本奈良正仓院藏玻璃高足盘

正仓院还有一件蓝色玻璃唾壶（图5-48）[1]。吹制成形，气泡很多，为用钴发色的钠钙玻璃。口径11.7厘米、高9厘米。据《东大寺别当次第》的治安元年（1021年）条记载，“十月一日前左卫门尉平致经施入绀瑠璃唾壶有由缘仰藏纳之”。平致经是平安中期住在伊势国的豪族，治安元年将玻璃唾壶施舍于东大寺。唾壶几乎是中国独有的器物，魏晋以后一直流行，口大腹小的器形是中晚唐以后的特征，更可能是采用伊斯兰玻璃原料在中国制造并输入日本的器物。

图5-48　日本奈良正仓院藏蓝色玻璃唾壶

日本正仓院的藏品有大量中国隋唐时代文物，是当时遣唐使、留学生、僧人等带到日本的，多为唐皇室和贵族赏赐、馈赠的珍品。日本发现的西方和中国的玻璃，既有可能从中国直接输入，也有可能通过朝鲜半岛间接传播。唐朝及稍早，朝鲜半岛与日本同样没有与中亚、西亚直接交往的证据，因此朝鲜半岛发现的许多玻璃与中国的关系也极为密切。

据菅谷文则统计，朝鲜半岛仅庆州地区的皇南大冢南坟、皇南大冢北坟、金冠冢、天马冢、金铃冢、瑞凤冢等就出土18件玻璃器皿，年代在5世纪中期到6世纪初期，反映出朝鲜半岛与中国的密切交往[2]。皇南洞98号墓南坟和韩国瑞凤冢出土的波纹碗[3]，器身粘贴着优美的玻璃条、玻璃环。类似的器物曾在中国河北景县祖氏墓出土[4]。祖氏墓的玻璃碗外表因风化而呈银白色，腹部粘贴的三根玻璃条呈波浪形，

1　奈良国立博物馆：《正仓院展》，株式会社便利堂，1994年，图69。

2　（日）菅谷文则：《从玻璃容器的传入途径所见南北朝时代的东西方交流》，载《北京论坛（2004）文明的和谐与共同繁荣：“东亚古代文化的交流”考古分论坛论文或摘要集》，第157—158页。

3　（日）小泉显夫：《庆州瑞凤冢の发掘》，《史学杂志》38卷1号，1927年；别册太阳：《ガラス》，NO.42，平凡社，1983年，第77页。

4　张季：《河北景县封氏墓群调查记》，《考古通讯》1957年第3期，第28—37页。

衔接处形成网格纹，经X荧光分析为钠钙玻璃。前面提到的陕西庆山寺的网格纹玻璃瓶也属同一制作技法。皇南洞98号墓北坟的敞口玻璃碗，淡绿色透明，腹部磨有六排椭圆形凹球面装饰，底部为一个较大圆形凹球面。这件敞口玻璃碗与中国新疆营盘9号墓的玻璃碗、大同北魏墓的玻璃碗、日本正仓院龟背纹的玻璃碗制造技术相同。韩国庆尚北道漆谷郡松林寺五层砖塔出土的玻璃杯，淡绿色透明，外壁有十二个环形贴饰（图5-49），年代为公元7世纪。装饰工艺与正仓院圆环装饰的蓝玻璃高足杯、何家村凸纹玻璃杯相同。松林寺五层砖塔还出土了另一件细长颈鼓腹绿玻璃瓶，与玻璃杯构成组合（图5-50），含铅量较高，年代在7世纪末至8世纪初，可能为中国制品[1]。

图5-49　韩国庆尚北道松林寺出土玻璃杯
［采自由水常雄等：실크로드와신라 : 유리의길 (Silk Road and Silla, the road of glass),Kyungpook National University, 2015, p. 165, no. 156］

韩国和日本在相当于唐代以前的遗址中，出土一些钩状的玻璃饰件，这类朝鲜半岛和日本列岛特有的器物，应该是当地能独立制作的。此外，日本正仓院还收藏着大量的玻璃珠[2]，直径在2—3厘米的带孔珠，孔内有的还残留着绢布，被推测是幕布的垂饰。另一类直径在1厘米以下的珠，有黄、褐、浅黄、绿、浅绿、乳白等色，有

图5-50　韩国庆尚北道松林寺出土绿玻璃瓶及舍利容器组合
［采自奈良国立博物馆：《仏舍利と宝珠——釈迦を慕う心》，2001年，第35页；由水常雄等：실크로드와신라 : 유리의길 (Silk Road and Silla, the road of glass),Kyungpook National University, 2015, p. 165, no. 156］

1　奈良国立博物馆：《仏舍利と宝珠——釈迦を慕う心》，2001年，第34—35页。马丽亚·艾海提等的最新研究中将韩国漆谷郡松林寺出土淡绿色玻璃杯、日本奈良正仓院藏蓝玻璃高足杯推定为典型的中亚凸环纹玻璃器，参见马丽亚·艾海提等：《丝绸之路上的中亚玻璃器——兼论中亚玻璃器向中国、朝鲜半岛和日本之传播》，《考古与文物》2017年第6期，第106—109页。另外，关于日本、韩国发现玻璃器的讨论参见第四章第一节。

2　奈良国立博物馆：《正仓院展》，株式会社便利堂，1993年，图50—58。

的孔中残存细线，是璎珞类的垂饰。据研究，大部分是铅玻璃，二氧化硅占25%，氧化铅占75%，铅的原料是日本铅矿石。还有一些各种颜色不规则的残片，被推测是制造玻璃珠的原料，蓝色的是钠钙玻璃，其他是铅玻璃，这些原料有的附着金属铅、铁锈，是熔融、还原时留下的痕迹，大量的玻璃珠及其原料，显示了日本奈良时代生产制作玻璃已经很成熟。

从上文分析的唐代玻璃器的使用状况和生产发展的趋势中可以看出唐代玻璃加工有以下几个特点：首先，对原料的认识加深，制作技术成熟。器皿多是无模吹制成形，还采用玻璃条缠贴技术，器物的透明度较高。其次，产品的种类多样化。出现一批如茶托、高足盘等新的器形，造型采用了独具特色的中国传统器皿的样式。再次，玻璃器的使用范围扩大。除了器皿类之外，装饰附属器件、首饰已逐渐应用于人们的日常生活之中。最后，输入的外来玻璃仍然较多。由于出土遗址常常有纪年遗物可参考，与国外发掘和收藏品相比，更体现出学术价值。外国玻璃的输入，其制作工艺及器物造型、装饰手法也给中国玻璃器的生产发展以深远影响。不过尽管如此，唐代玻璃的制作和使用并不发达兴盛，晶莹光彩、极具观赏性的玻璃主要丰富了贵族的生活和寺院器物的使用，瓷器已经可以满足当时生活用品的需要。朝鲜半岛和日本列岛，很可能间接从中亚和西亚、直接得益于中国学会了制造玻璃，但很快就形成了自己独特的玻璃制作系统。

最后需要介绍的还有五代时期的玻璃考古发现。早年发掘的五代高等级墓葬

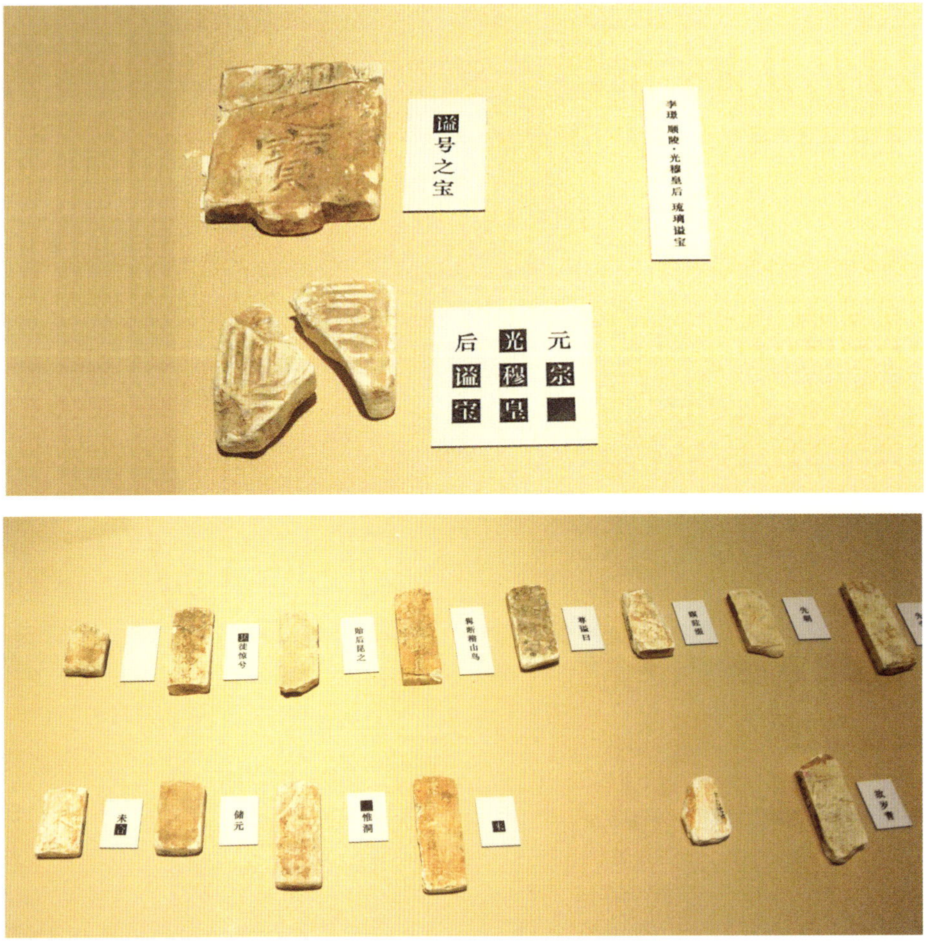

图5-51　李璟墓谥册谥宝

就出有玻璃制品，但囿于条件未能准确辨识。例如1950—1951年南京博物院发掘了南唐二陵，其中顺陵为南唐中主李璟与光穆皇后钟氏的合葬墓。根据发掘报告，该墓曾出土残缺的“石哀册”40片，有字的只有20片，当时认为“哀册系由石灰岩制成，表面作淡黄色。内作粉白色，质很差，容易酥脆”。后被确认应该是玻璃制作的谥册和谥宝[1]（图5-51）。与李昪钦陵所出的玉册相比，这批玻璃谥册窄而厚，刻痕较浅，而且没有填金痕迹。

1981年，福州市文物管理委员会清理了五代闽王王审知夫妇墓，该墓由王审知次子、闽国第三代主王延钧迁葬于后唐长兴三年（932年），凿山为陵，包括并列分布的东、西两墓室，东墓室安葬闽王王审知，西墓室安葬王审知之妻任氏。墓葬被盗严重，玻璃器2件均出土于西墓室左侧的排水沟内，包括1件蓝色橄榄形玻璃珠，1件玻璃残器，仅存口沿部分，敛口、圆唇，弧壁内收，浅黄色泛红，残高2.9厘米、口径17厘米[2]。

《十国春秋》记载明宣德五年（1430年）闽王冢被发，诸偷因分赃不均而讼于台司，有一件水碗，“其底寸许如橄榄，莹如金色，召回回辨之，曰‘此玻瓈碗’”[3]。文献记载王审知夫妇墓在明代被盗掘，收缴的随葬品中有莹如金色的玻璃碗，而该墓经过科学考古发掘恰恰又发现了浅黄色泛红的玻璃残器，这恐怕不仅仅是巧合。同卷文末记载：“太祖虽起盗贼，而为人俭约，常衣绸袴败，乃取酒库酢袋而补之。一日，有使南方回者，以玻璃瓶为献，太祖视玩久之，自掷于地，谓左右曰：‘好奇尚异，乃奢侈之本。今沮之，俾后代无为渐也。’”本意是为了说明闽王俭约，无意中却透露出三点信息，即当时有去“南方”的使者；会带回玻璃瓶以进献；而且对于闽王而言，南方传入的玻璃瓶仍然属于奢侈品。同卷记载中还提到“天佑二年夏四月……佛齐诸国来宾”[4]。两者结合起来考虑，佛齐诸国可能就是前一条文献中所提到的“南方”，双方当时互有往来，因此王审知夫妇墓中发现的玻璃残器很可能是来自五代南洋佛齐诸国，考虑到当时发达的海上贸易，不排除其来自更遥远的西方伊斯兰世界的可能。

2003—2004年，广州市文物考古研究所抢救性发掘了南汉的两座帝陵：开国皇帝刘龑的康陵（大有十五年，公元942年）和其兄刘隐的德陵（可能为贞明三年，公元917年）[5]。其中在康陵出土较大的玻璃残片共141片，颜色分为蓝色、黄色、黄绿色、绿色和无色透明等几类。复原绿色玻璃瓶一件（图5-52），其余均为口沿、底部、腹部残片。玻璃瓶侈口、圆唇、短颈、折肩、收腹；腹部到颈部装饰11个竖棱条；模吹成形，底部上凹，加工过程中有使用顶棒技术的痕迹。口沿不太规整，可以观察出剪口经火烧制成圆唇。高12厘米、口径5.2厘米。这种器形口沿比较完整的出土了5件，残缺不全者1件；另外还可以分辨出直口瓶、侈口长颈瓶等器形，玻璃碎片中有10个样品进行过成分检测，发现全部属于钠钙玻璃。根据安家瑶的研究，康陵中修

1 南京博物院：《南唐二陵发掘报告》，南京出版社，2015年，第154—155页。南京博物院陈列中已将其订正为琉璃谥册和谥宝。
2 福建省博物馆等：《唐末五代闽王王审知夫妇墓清理简报》，《文物》1991年第5期，第1—10页。
3 （清）吴任臣：《十国春秋》卷九〇《司空世家》，中华书局，1983年，第1314—1315页
4 （清）吴任臣：《十国春秋》卷九〇《司空世家》，中华书局，1983年，第1302、1319页。
5 广州市文物考古研究所：《广州南汉德陵、康陵发掘简报》，《文物》2006年第7期，第4—25页。

图5-52　广州南汉康陵出土玻璃瓶

图5-53　浙江杭州雷峰塔地宫出土残玻璃瓶

复的玻璃瓶应该是有模吹制而成，即先蘸料在模具中吹制，在外壁印出11处竖棱，然后脱离范模继续吹大，另一个工匠用棒状物蘸少量玻璃料顶住底部，再用剪刀将玻璃泡与吹管剪开，并趁热加工出瓶的颈部和口沿。已知收藏中还没有发现跟这件玻璃瓶完全一样的，但通过对相似器形和技术的分析可以确定是伊斯兰玻璃，唐五代的广州一直是海上贸易的重要港口，康陵纪年伊斯兰玻璃器的发现不仅是对文献记载的印证，而且还为将来同类器的断代提供了重要参考[1]。

2003年，泉州市文管办等单位在泉州丰泽区招丰村发掘了卒于后梁乾化三年（915年）的唐故泉州司马王福墓。墓中出土玻璃器残片4片，呈深蓝色透明状，包括口沿残片2片，器壁残片2片[2]。采用电感耦合等离子体发射光谱分析仪（ICP-AES）进行成分分析，确认是钠钙玻璃，氧化钾含量为3.46%，氧化镁的含量为4.41%，三氧化二铝含量为2.64%。另外还含氧化钴0.7%，是主要呈色剂。有学者推测很可能是伊斯兰玻璃[3]。

五代十国时期东南沿海的这些外来玻璃器的发现很可能跟当时发达的海上丝绸之路密切相关。2003—2005年，印尼有关机构跟西方水下考古机构合作在爪哇岛北岸井里汶外海打捞出一艘沉船，出土遗物总数达到49万件，包括三十余万件瓷器，大量铅钱铜币、银锭、铜镜、铁锭、漆器等，其产地包括中国、马来半岛、苏门答腊、泰国、斯里兰卡、中东叙利亚或波斯乃至东非地区，几乎囊括了印度洋周边地区贸易圈内的各式货物。该船的时代可能相当于中国的五代十国时期，也发现了数量不菲的完整或残缺的玻璃器，跟北宋、辽代统治范围内出土的一些玻璃器极为相似（详见第六章讨论），再结合上文闽王王审知时佛齐诸国使来华的记载，伊斯兰玻

1　安家瑶等：《南汉康陵出土的伊斯兰玻璃器》，载《考古一生——安志敏先生纪念文集》，文物出版社，2011年，第474—487页。

2　泉州市文物保护研究中心：《泉州北峰五代王福墓》，《福建文博》2005年第3期，第36—43页。

3　范佳平：《福建泉州五代王福墓出土玻璃解析》，《丝绸之路》2015年第6期，第24—25页。

璃器通过海上商路入华的路线和细节变得更加清楚。除此之外，沉船上还有若干形状不规则、体积很大、呈深绿色的玻璃原料，推测可能跟扬州唐城出土的碎玻璃片一样，都是从伊斯兰世界运来，进行熔融再加工的玻璃料[1]。

另外还需要提及的是2000—2002年间浙江省考古研究所发掘的杭州雷峰塔遗址。根据塔砖上的纪年文字以及其他记载，可以推定雷峰塔地宫建于宋太祖开宝五年（972年），竣工于太平兴国二年（977年），时代总体相当于吴越末和北宋初年。地宫中出土玻璃璎珞一串，已断成数截，有珠状和管状两种形制，管状串饰外表呈螺旋纹，显然是用缠绕法做成。玻璃瓶1件，出土时已经残破，葫芦形，器壁极薄，外表呈浅绿色，残高3.2厘米、最大腹径2.9厘米[2]（图5-53）。从器形上推测，这件玻璃葫芦瓶跟宋代多处塔基中发现的用以盛装舍利或供奉的葫芦瓶非常相似，可能是当时本土制作的玻璃器物。

1 齐东方：《玻璃料与八卦镜——井里汶沉船文物札记》，《故宫博物院院刊》2007年第6期，第125—131页。

2 浙江省文物考古研究所：《雷峰塔遗址》，文物出版社，2005年，第179—180页。

第六章 宋辽玻璃

第一节　宋代玻璃

唐代中期的安史之乱在很多方面都可以被视作中古历史的重要转折点，旷日持久的战乱及平叛所带来的中央与地方、胡人与汉人、边疆与内地之间的权力博弈，最终导致在晚唐时原本大一统的帝国疆域之内逐渐发展出全新的权力结构，几乎每个地区都在走向独立割据的道路，自此开始直至蒙古铁骑横扫欧亚大陆，中国历史重新进入长达三个世纪的分裂时代；在河西、雁门关以北、河朔等广袤的区域内，朝廷在安史之乱以后长期的衰弱以及随之而来的纵容导致异族势力在这片区域的发展壮大，经过五代至宋初几十年的短暂整合，形成了北宋（后演变成南宋）、辽（后被金取代）和西夏三足鼎立的局面。

跟疆域辽阔、时局稳定的统一政权治下繁盛的东西方交往有所不同，分裂割据所带来的混乱局面对东西方交往造成了一定影响，丝路贸易的主体、路线和方式都发生了较大的变化，但可以肯定的是，即便在河陇地区吐蕃、党项和回鹘反复较量的背景下，中原政权依然可以通过朝贡贸易的形式从西北诸番获取琳琅满目的外来物品，而这些贡品很有可能通过中转贸易获自更加遥远的西方。根据文献记载，于阗、西州回鹘均曾贡琉璃瓶[1]。安史之乱之后，回鹘逐渐成为陆上丝路贸易的操纵者，据统计，北宋一朝从建立到灭亡的167年间，于阗朝贡43次，回鹘（包括甘、瓜、沙、西州和龟兹等地）朝贡79次，大食朝贡16次，回鹘是当时西域诸番朝贡贸易当之无愧的主角[2]。

另外，宋人善造船、识季风、航海技术有了显著提高[3]，江南地区商品经济繁荣，政府亦有开拓市舶利源的强烈愿望，这都使宋代成为海上贸易的黄金时代。北宋初年在广州设市舶司，到中期设置福建、两浙市舶司，广州、泉州、明州等都是当时外商来华以及中国人下南洋的最重要港口。南宋立国南方，更加倚重市舶之利，以缓解巨大的财政压力，如宋高宗赵构所言，“市舶之利最厚，若措置合宜，所得动以百万计”[4]，有人估计“广、泉二州市舶司南商充牣，每州一岁不下

1 （元）脱脱等：《宋史》卷四九〇《于阗国》、《高昌》，中华书局，1977年，第14106、14110页。

2 杨蕤：《回鹘时代：10—13世纪陆上丝绸之路贸易研究》，中国社会科学出版社，2015年，第47—151页。

3 周运中：《中国南洋古代交通史》，厦门大学出版社，2015年，第237—243页。

4 （宋）李心传：《建炎以来系年要录》卷一一六“辛酉宝文阁学士知广州连南夫条上市舶之弊”条，中华书局，1985年，第1868页。

三五百万计"[1]。宋代帆船可以远达印度洋沿岸各国，尤其以直达阿拉伯半岛南部海上贸易中心的麻离拔（马赫拉）航线航程最长，费时最短[2]。丝帛和瓷器是当时的大宗出口货物，风靡沿线的亚洲和非洲地区，甚至还进入了地中海和欧洲。通畅的航路和远洋贸易所带来的巨额利润也同样诱惑着一批批外国商人满载各种异国情调的物品来华贸易，流光溢彩的玻璃器无疑也是其中的重要组成，被用作盛装其他商品尤其是贵重的香料的容器，剔透的质地更能衬托商品的珍贵。根据文献记载，大食、三佛齐、注辇等国都曾献琉璃器，例如三佛齐在开宝七年（974年）及大食在淳化四年（993年）所贡的方物中都有琉璃瓶[3]，至道元年（995年），大食国海舶到广州所呈上的贡品计有"眼药二十小琉璃瓶，白沙糖三琉璃甕，千年枣、舶上五味子各六琉璃瓶，舶上褊桃一琉璃瓶"[4]，数量不菲的玻璃容器在完成入贡使命之后，势必还会在宫内外继续流传，转作他用，从不同程度改变着人们对玻璃的认识。

外来玻璃的持续涌入，加之本土玻璃制造的源远流长，导致两宋文献中有关玻璃器的记载远比前代丰富，主要涉及玻璃的渊源、制作方法、材料特性、中外差异等方面，也反映出宋人对这种合成材料的认识在不断进步。最著名者当属程大昌在《演繁露》中谈到玻璃时说"中国所铸，有与西域异者：铸之中国，则色甚光鲜，而质则轻脆，沃以热酒，随手破裂。至其来自海舶者，制差钝朴，而色亦微暗，其可异者，虽百沸汤注之，与磁、银无异，了不损动，是名番琉璃也。番琉璃之异于中国琉璃，其别盖如此"[5]，第一次正确指出了番琉璃与中国琉璃在颜色和质量上的差异，认为两者实为同一类材质，纠正了千百年来认为番琉璃是宝石而中国琉璃是药玉的认识。杜绾《云林石谱》中还记载了当时制作琉璃或假玉的配方，"西京洛河水中出碎石，颇多青白，间有五色斑斓，其最白者，入铅和诸药，可烧变假玉，或琉璃用之"[6]，即以洛河石跟铅和其他药物一起烧炼而成，而且还强调要选用洛河石中最白者，似乎已经意识到原材料的纯净程度与玻璃烧成质量之间的关系，这种配方制作出来的玻璃显然是铅玻璃。赵汝适的《诸蕃志》载，"琉璃出大食诸国，烧炼之法与中国同。其法用铅硝石膏烧成，大食则添入南鹏砂，故滋润不烈，最耐寒暑，宿水不坏，以此贵重于中国"[7]，记述了伊斯兰玻璃的优点及与中国在玻璃制造方法和原料上的区别。蔡絛的《铁围山丛谈》记载，"时（北宋政和四年，公元1114年）奉宸中得到龙涎香二，琉璃缶、玻璃母二大篚。玻璃母者，若今之铁渣，然块大小犹儿拳，人莫知其方，又岁久无籍，且不知其所从来，或云柴世宗显德间大食所贡，又谓真庙朝物也。玻璃母，诸珰以意用火煅而模写之，但能作珂子状，青红黄白随其色，而不克自必也"[8]，描述了北宋时大食进贡玻璃原料（即玻璃母）的情况。紧接着在介

1 （宋）曹勋：《松隐集》卷二三《上皇帝书十四事》，景印文渊阁四库全书，第1129册，台湾商务印书馆，1986年，第468页上栏。

2 沈福伟：《中西文化交流史》，上海人民出版社，2006年，第233—234页。

3 （元）脱脱等：《宋史》卷四八九《三佛齐传》、卷四九〇《大食传》，中华书局，1977年，第14089、14119页。

4 （元）脱脱等：《宋史》卷四九〇《大食传》，中华书局，1977年，第14119页。

5 （宋）程大昌：《演繁露》卷三"流离"条，上海古籍出版社，1992年，第88页下栏。

6 （宋）杜绾：《云林石谱》中卷"洛河石"条，丛书集成初编本，第1507册，商务印书馆，1936年，第17页。

7 （宋）赵汝适撰，杨博文校释：《诸蕃志校释》卷下"琉璃"条，中华书局，2000年，第201页。

8 （宋）蔡絛：《铁围山丛谈》卷五"奉宸库者，祖宗之珍藏也"条，中华书局，1983年，第97页。

绍蔷薇水的时候还顺便解释了玻璃缶的用途："旧说蔷薇水，乃外国采蔷薇花上露水，殆不然。实用白金为甑，采蔷薇花蒸气成水，则屡采屡蒸，积而为香，此所以不败。但异域蔷薇花气，馨烈非常。故大食国蔷薇水虽贮琉璃缶中，蜡密封其外，然香犹透彻，闻数十步，洒着人衣袂，经十数日不歇也。至五羊效外国造香，则不能得蔷薇，第取素馨茉莉花为之，亦足袭人鼻观，但视大食国真蔷薇水，犹奴尔。"[1]

琉璃仍然是宋人最常用的对玻璃的称呼，但同时也开始使用玻璃一词指代当时进口的玻璃器。例如《武林旧事》"赏花"条记载"（钟美）堂内左右各列三层，雕花彩槛，护以彩色牡丹画衣，间列碾玉水晶金壶及大食玻璃官窑等瓶，各簪奇品"[2]，上引《铁围山丛谈》中同时出现了"琉璃缶"和"玻璃母"两种称呼，都是指大食进贡的玻璃。由此可见，至迟从南宋开始，在一些记载中"玻璃"已经开始用来部分指代进口玻璃器，而不同于以往认为的玻璃仅是天然宝石。"玻璃"内涵的这一变化在随后的元、明、清时期得以继承并进一步流行，最终成为中国人普遍使用的对人工熔制的硅酸盐类非金属材料的固定称呼[3]。

《营造法式》卷一五《砖作制度》中还保留着北宋官作制作琉璃瓦的方法："凡造琉璃瓦等之制：药以黄丹、洛河石和铜末，用水调匀。冬月以汤"[4]，瓦上刷的琉璃本质上也是玻璃，只不过是附在其他物质上而非独立成器，黄丹即氧化铅（PbO），洛河石是一种非常纯净、二氧化硅含量较高的白石，铜末（CuO）是着色剂，按照这一配方生产出来的显然是一种铅基玻璃[5]。同书卷二七"窑作"条详细记载了三种原料之间的配比："每黄丹三斤，用桐（铜）末三两，洛河石末一斤"[6]，即黄丹与洛河石的比例为3:1，《营造法式》是李诫奉敕而撰，其配方在当时应该有较大的普遍性，而且这一基本比例还一直沿用到明代，例如明代官式建筑黄色琉璃釉料的黄丹（或铅末）和马牙石（石英）的比例也是3:1[7]。

道教外丹文献《铅汞甲庚至宝集成》卷四《白雪圣石经》中保留有多种不同的玻璃工艺，即所谓的"十五变"，基本原料是白垩石（$CaCO_3$）和白石（SiO_2），首先将两种材料混合在鼎中加热生出石花，取出晾干后再放入罐内"以泥固剂烧作火色一日夜"，然后破罐取出状若白雪的团状物，即为圣石，此为第一变，后续其他操作或是在圣石的基础上衍生，或是在前一变的基础上衍生，例如第十五变"母珠砂：（白垩石、白石）同煎取花，入器中烧作火色一伏时，锅中熔为锭子，名为第十五变保生丹，又名玻璃石。法用雌、雄、空青、石碌、水银、朱硫、砂，此七种石，皆得成宝。以上诸石各一斤，别捣为末，以玻璃一两和研，见风便硬，表里光明，火烧不热，即

1 （宋）蔡絛：《铁围山丛谈》卷五"旧说蔷薇水"条，中华书局，1983年，第97—98页。

2 （宋）周密：《武林旧事》卷二"赏花"条，浙江人民出版社，1984年，第36页。

3 安家瑶：《玻璃器史话》，社会科学文献出版社，2011年，第142页；干福熹等：《中国古代玻璃技术发展史》，上海科学技术出版社，2016年，第106—109页。

4 （宋）李诫撰，邹其昌点校：《营造法式》（修订本）卷一五《窑作制度》"琉璃瓦等"条，人民出版社，2011年，第119页。

5 赵匡华：《试探中国传统玻璃的源流及炼丹术在其间的贡献》，《自然科学史研究》1991年第2期，第146—149页。

6 （宋）李诫撰，邹其昌点校：《营造法式》（修订本）卷二七《诸作料例二》"窑作"条，人民出版社，2011年，第196页。

7 李合等：《北京明清建筑琉璃构件黄釉的无损研究》，《中国文物科学研究》2013年第2期，第80页。

是上等美玉，服之固命长生”[1]，“玻璃石”与“七石”炼成上等美玉，大概就相当于基本材料和助熔剂、呈色剂、乳浊剂熔炼成玻璃，这十五变中，有学者认为有九变为铅玻璃，包括铅钙玻璃和铅锡玻璃等[2]，《铅汞甲庚至宝集成》的成书年代有不同说法，大概有唐、宋金和元明等不同的观点[3]。

朝贡和贸易所导致的大量外来玻璃的涌入，不仅修正了以往知识阶层对玻璃的错误认识，还促进了宋代玻璃制品的推广和普及，根据《初寮集》的记载：禁殿“户牖、屏柱、茶床、燎炉皆五色琉璃，缀以夜光、火齐，照耀璀璨”[4]，宫内出现了玻璃窗，如果记载属实，这应该是宋代平板玻璃生产的重大进步；另外一个比较突出的现象是琉璃灯的广泛使用，尤其是苏州工匠制作的多彩琉璃灯非常有名，工匠们充分发挥玻璃的晶莹剔透的特性，并将其跟传统的装饰题材相结合，在上元夜君臣百姓赏灯游乐时，迤逦长街上花灯万盏，如满天繁星，跟朦胧黯淡的普通花灯相比，琉璃灯的多彩透亮想必会给游人留下非常难忘的视觉体验。据《武林旧事》卷二《元夕》条记载，禁中“灯之品极多，每以‘苏灯’为最，圈片大者径三四尺，皆五色琉璃所成，山水人物，花竹翎毛，种种奇妙，俨然著色便面也”；新安还制作一种更加新奇的无骨灯，“虽圈骨悉皆玻璃所为”，精妙绝伦；更有视觉冲击力的是琉璃灯山，“其高五丈，人物皆用机关活动，结大彩楼贮之。又于殿堂梁栋窗户间为涌壁，作诸色故事，龙凤噀水，蜿蜒如生，遂为诸灯之冠”，宫禁之外，“又有幽坊静巷好事之家，多设五色琉璃泡灯，更自雅洁，靓妆笑语，望之如神仙”[5]，不似皇宫富丽壮观，却别有一番雅致。范成大在一首描写上元节吴中风物的诗中写到“映光鱼隐见，转影骑纵横”，两句分别指代两种灯，前一种自注云：“琉璃壶瓶贮水，养鱼以灯映之”[6]，在玻璃瓶中贮水养鱼，配上灯光之后，玻璃的通透使鱼缸一览无余，沉沉暗夜中光影浮动，煞是好看。

花灯非小件，以琉璃制作耗时费工，价值自然不菲，故而姜夔有诗云：“好灯须买不论钱，别有琉璃价百千”[7]，精品琉璃观赏灯的价格是一百贯，在北宋相当于750石粮食的价格[8]，即使在姜夔生活的南宋，也相当于宋孝宗时在鄱阳县城内买一处住宅或淳熙年间在庐山上建造一座卧龙庵的价格[9]；另外，南宋宗室名臣赵汝愚述及汀州守臣赵汝劼不恤百姓、恣为妄费时提到：“今岁上元买琉璃灯至数千盏，所费

1 参见（元）赵耐庵：《铅汞甲庚至宝集成》卷四《白雪圣石经》，载《道藏》，文物出版社、上海书店、天津古籍出版社影印本，1988年，第19册，第268—270页。

2 何堂坤：《中国古代手工业工程技术史》下册，山西教育出版社，2012年，第738页。

3 何堂坤：《中国古代手工业工程技术史》下册，山西教育出版社，2012年，第738页；王家葵认为此书纂著年代为元延祐三年（1316年）或明洪武九年（1366年），参见王家葵：《〈铅汞甲庚至宝集成〉纂著年代考》，《宗教学研究》2000年第2期，第1—8页。

4 （宋）王安中：《初寮集》卷一《睿谟殿曲宴诗并序》，景印文渊阁四库全书，第1127册，台湾商务印书馆，1986年，第9页上栏。

5 （宋）周密：《武林旧事》卷二“元夕”条，浙江人民出版社，1984年，第29—31页。

6 （宋）范成大撰，富寿荪标校：《范石湖集》卷二三《上元纪吴中节物俳谐体三十二韵》，上海古籍出版社，1981年，第325页。

7 （宋）姜夔：《白石道人诗集》卷下《观灯口号十首》，丛书集成初编本，第2261册，商务印书馆，1936年，第27页。

8 张彦晓：《宋代观赏灯述论》，《长江师范学院学报》2016年第5期，第74页。

9 程民生：《宋代物价研究》，人民出版社，2008年，第542—543、595—596、604—605页。

万余缗”[1]，也间接反映出上元节琉璃灯风靡一时的历史事实。

宋人诗文中更为常见的是玻璃杯、瓶之类的容器。杨炎正的“琉璃杯深琥珀浓，新翻曲调声摩空”[2]，柳永的“帘下清歌帘外宴。虽爱新声，不见如花面。牙板数敲珠一串，梁尘暗落琉璃盏”[3]，反映的都是以玻璃杯作为饮酒器；苏门四学士之一的张耒有一首关于琉璃瓶的长诗，即《琉璃瓶歌赠晁二》，中有几句曰：“非石非玉色绀青，昆吾宝铁雕春冰。表里洞彻中虚明，宛然而深是为瓶。”[4]有学者推测诗中描绘的应该是一件从番禺宝市传入中国的伊斯兰刻花玻璃瓶[5]，大食琉璃瓶来之不易，张耒却将这件心爱之物赠予挚友晁补之，可见情谊之深，诗的最后部分“烂然光辉子文章，清明无垢君肺肠。比君之德君勿忘，与君同升白玉堂”，以物喻人，比德于瓶，寄予了深沉的情感。朱熹的叔父朱槔也写过一首名为《大食瓶》的诗：“窳质谢天巧，风轮出鬼谋。入窑奔阏伯，随舶震阳侯。独鸟藏身稳，双虹绕腹流。可充王会赋，漆简写成周”，可见伊斯兰玻璃瓶已经成为当时士人阶层普遍喜爱的收藏品[6]。

宋代商品经济发达，日常生活也渐趋精致，所谓“伎巧则惊人耳目，侈奢则长人精神”[7]，各色玻璃器成为文人雅士闲居生活的重要点缀，南宋名臣吴芾一生徘徊于庙堂江湖之间，“偶得数琉璃瓶，置窗几间，因取小鱼漾其中，乃见其浮游自适”，心生羡慕，因而生发出“闲随野鹤穿花径，静看游鱼戏玉壶，却愧此身犹束缚，未能归去老江湖”的人生感慨[8]。

除了盛水饮酒之外，玻璃器耐腐蚀性的特点也让其用途更加多样。南宋康与之的《昨梦录》记载：“西北边城、防城库皆掘地作大池，纵横丈余，以蓄猛火油。不阅月，池土皆赤黄，又别为池而徙焉。不如是，则火自屋柱延烧矣。猛火油者，闻出于高丽之东数千里。日初出之时，因盛夏日力烘石极热，则出液，他物遇之即为火，惟真瑠璃器可贮之。中山府治西有大陂池，郡人呼为海子。余犹记郡帅就之以按水战，试猛火油。池之别岸为虏人营垒，用油者以油涓滴自火焰中过，则烈焰遽发，顷刻虏营净尽。油之余力入水，藻荇俱尽，鱼鳖遇之皆死。”[9]这里提到的“猛火油”即石油，宋人对其燃烧性能有了初步认识，并将其用于火攻，强化破坏效果，而且还认识到石油有腐蚀性，只能放在玻璃容器中存储，这一认识无疑是在当时玻璃使用

1 （明）黄淮等：《历代名臣奏议》卷一八三《去邪》“时赵汝愚乞按提刑吴宗旦运判张伯垓疏曰”条，台湾学生书局，1985年，第2425页上栏。

2 （清）厉鹗辑撰：《宋诗纪事》卷五七《钱唐迎酒歌》，上海古籍出版社，1983年，第1442页。

3 （宋）柳永撰，薛瑞生校注：《乐章集校注》卷中《凤栖梧》，中华书局，1994年，第86页。

4 （宋）张耒：《张右史文集》卷五《玻璃瓶歌赠晁二》，四部丛刊初编本，上海商务印书馆，1922年，第999册，第68—70页。

5 扬之水：《琉璃瓶与蔷薇水》，《文物天地》2002年第6期，第58—62页。

6 （宋）朱槔：《玉澜集》，四部丛刊续编本，第406册，上海商务印书馆，1934年，第17页。更多关于伊斯兰玻璃制品在宋代日常生活中的讨论参见吕变庭等：《伊斯兰玻璃制品对宋朝经济生活的影响》，《青海民族研究》2009年第1期，第68—73页。

7 （宋）孟元老撰，邓之诚注：《东京梦华录注》之《梦华录序》，中华书局，1982年，第4页。

8 （宋）吴芾：《湖山集》卷七《偶得数瑠璃瓶置窗几间因取小鱼漾其中乃见其浮游自适感而有作》，丛书集成续编本，第128册，新文丰出版公司，1989年，第43页上栏。

9 （宋）康与之：《昨梦录》，载上海师范大学古籍整理研究所编：《全宋笔记》第四编第三册，大象出版社，2008年，第87页。

更加普及的前提下得出的。

《夷坚志》中有一条记载很可能跟中国最早的玻璃暖水瓶有关："徽宗尝以北（陆本作紫）流离胆瓶十，付小珰，使命匠范金托其里。珰持示苑匠，皆束手曰：'置金于中，当用铁篦熨烙之，乃妥帖，而是器颈窄不能容，又脆薄不堪手触，必治之且破碎，宁获罪不敢为也。'珰知不可强，漫贮箧中。他日行廛间，见锡工扣陶器精甚，试以一授之曰：'为我托里。'工不复拟议，但约明旦来取。至则已毕。珰曰：'吾观汝伎能，绝出禁苑诸人右，顾屈居此，得非以贫累乎？'因以实谂之。答曰：'易事耳。'珰即与俱入而奏其事。上亦欲亲阅视，为之幸后苑，悉呼众金工列庭下，一一询之，皆如昨说。锡工者独前，取金锻冶，薄如纸，举而裹瓶外。众咄曰：'若然，谁不能？固知汝俗工，何足办此？'其人笑不应，俄剥所裹者，押于银箸上，插瓶中，稍稍实以汞，掩瓶口，左右澒洞之。良久，金附著满中，了无罅隙，徐以爪甲匀其上而已。众始愕眙相视。其人奏言：'琉璃为器，岂复容坚物振触，独水银柔而重，徐入而不伤，虽其性必蚀金，然非目所睹处，无害也。'上大喜，厚赉赐遣之。"[1]

这条文献完整地记载了北宋后期徽宗命人寻找工匠为玻璃瓶胆内镀金的过程，瓶胆的束颈限制了工具的使用，玻璃又薄脆易碎，后苑工匠都束手无策，后来有人在市井之中找到锡工，先以金箔裹瓶外估算内壁所需金箔面积，然后剥掉所裹金箔，押在银筷子上，插入玻璃瓶中，稍稍再注入水银，掩住瓶口，左右摇动，通过水银涂镀在瓶胆上，形成的镀层可以减缓热量流失，而且锡匠还提醒水银与金箔会形成金汞齐（AU_2Hg），但不在目力所及之处，无伤大雅。这种尝试将玻璃和水银涂镀技术结合颇具后世保温瓶的雏形，因此有学者推测北宋东京和南宋临安冬夜三更之后"提瓶卖茶"的商贩使用的应该就是玻璃制作的暖水瓶[2]。

两宋时期保存较好的玻璃器多出土于寺院塔基地宫，当是作为珍宝供奉于佛塔地宫中，或者专门制造以供寺院使用。保存至今的佛塔在始建之后大多经历多次重修，地宫被多次开启，地宫内文物是不同时代的历次供奉的总和，其中出土宋代玻璃器的塔基地宫主要有河北定县北宋静志寺和净众院塔基地宫[3]、正定天宁寺凌霄塔地宫[4]、河南邓州福胜寺塔地宫[5]、密县北宋塔基[6]、山东兖州兴隆塔地宫[7]、甘肃灵台舍利石函[8]、泾川龙兴寺曼殊院文殊菩萨殿舍利陶棺[9]、山西临猗双塔寺北宋塔

1 （宋）洪迈：《夷坚志》卷一七《丁志·琉璃瓶》，中华书局，2006年，第678页。

2 参见伊永文：《中国最早的暖水瓶》，《中国科技史料》1995年第1期，第79—83页；文史成：《贴金箔不是涂镀水银》，《文史杂志》2008年第2期，第76页。但两文作者都理解有误，最终附在玻璃瓶胆内壁上的是金箔与水银反应形成的金汞齐，而不是镀水银或贴金箔。

3 定县博物馆：《河北定县发现两座宋代塔基》，《文物》1972年第8期，第39—51页。

4 刘友恒等：《河北正定天宁寺凌霄塔地宫出土文物》，《文物》1991年第6期，第28—37页。

5 河南省古代建筑保护研究所等：《河南邓州市福胜寺塔地宫》，《文物》1991年第6期，第38—47页。

6 金戈：《密县北宋塔基中的三彩琉璃塔和其他文物》，《文物》1972年第10期，第63—66页。

7 山东省博物馆等：《兖州兴隆塔北宋地宫发掘简报》，《文物》2009年第11期，第42—62页。

8 秦明智等：《灵台舍利石棺》，《文物》1983年第2期，第48—52页。

9 甘肃省文物考古研究所等：《甘肃泾川佛教遗址2013年发掘简报》，《文物》2016年第4期，第54—78页；简报中简要提及陶棺中有6件玻璃瓶，包括4件球腹长颈瓶和2件长方形玻璃瓶，瓶内装米粒状白色舍利，并附上其中一件球腹长颈瓶的图片，但因为信息简略，故此存而不论。

基地宫[1]、陕西西安铁塔寺内舍利塔基[2]、江苏连云港海清寺阿育王塔地宫[3]、南京大报恩寺遗址塔基地宫[4]、镇江甘露寺铁塔塔基[5]、苏州瑞光寺塔天宫[6]、涟水妙通塔地宫[7]，上海松江兴圣教寺塔地宫[8]、浙江瑞安慧光塔地宫[9]、宁波天封塔地宫[10]、杭州雷峰塔地宫[11]、嘉兴东塔地宫[12]、安徽无为宋代舍利塔基[13]、寿县报恩寺塔基[14]等。

跟前代相比，宋代玻璃考古发现已经相对较多，玻璃造型和种类多样。容器类包括瓶、杯、碗、壶、罐等，以玻璃瓶数量最多，式样最繁复，瓶的尺寸较小，有葫芦瓶、长颈瓶、筒腹瓶、四联瓶、胆形瓶等多种造型，其中长颈瓶和筒腹瓶是外来的伊斯兰玻璃器，葫芦瓶是本土制作器形的代表，新出现玻璃簪、壶形鼎、鸟形器等。这些玻璃器多无模吹制而成，个别小件首饰可能采用了中国传统的铸造法；吹制器物成型之后，多采用贴条或刻花工艺进一步加工。化学成分分析结果也显示存在至少三个不同的系统，其一为外来的钠钙玻璃系统（$Na_2O-CaO-SiO_2$），其二是跟唐代玻璃类型相似的中国本土制作的高铅玻璃系统（$PbO-SiO_2$），其三是从唐代开始出现一直持续到元代的采用氧化钾替代部分氧化铅而形成的钾铅硅酸盐玻璃系统（$K_2O-PbO-SiO_2$）[15]。

宋代传入中国的伊斯兰玻璃的代表器物有河北定州静志寺舍利塔基、浙江瑞安慧光塔基、安徽无为舍利塔基、江苏南京大报恩寺遗址塔基地宫、安徽寿县报恩寺塔基地宫、陕西蓝田吕氏家族墓、江苏仪征许元墓出土的玻璃瓶等；本土制作的玻璃器以小型葫芦瓶数量最多，静志寺出土8件，净众院出土达31件，其他塔基出土的玻璃器亦以葫芦瓶为主。由于这种瓶中有不少内盛装小沙粒状的舍利子，是佛教寺院中专门用来供奉舍利的器形；也有的开盖后散发出香气，原为装香料之用。密县北宋塔基出土的鼎形壶和鸟形器是宋代本土制作玻璃器的上乘之作，鼎形壶先吹制出短颈圆球形的器体，再拉出玻璃条加热粘贴于器腹下部为足，鸟形器的工艺更为复杂，造型奇特，简洁生动；定县北宋塔基出土的玻璃紫葡萄，充分利用玻璃半透明的质感和色彩变幻的特性，晶莹可爱，几可乱真。出土的所有宋代玻璃器

---

1 临猗县博物馆：《山西临猗双塔寺北宋塔基地宫清理简报》，《文物》1997年第3期，第35—53页。

2 安家瑶：《中国的早期玻璃器皿》，《考古学报》1984年第4期，第431页。

3 连云港市博物馆：《连云港海清寺阿育王塔文物出土记》，《文物》1981年第7期，第31—38页。

4 南京市考古研究所：《南京大报恩寺遗址塔基与地宫发掘简报》，《文物》2015年第5期，第4—52页。

5 江苏省文物工作队镇江分队：《江苏镇江甘露寺铁塔塔基发掘记》，《考古》1961年第6期，第302—315页。

6 苏州市文管会等：《苏州市瑞光寺塔发现一批五代、北宋文物》，《文物》1979年第11期，第21—31页。

7 淮安市博物馆等：《江苏涟水妙通塔宋代地宫》，《文物》2008年第8期，第20—32页。

8 上海博物馆：《上海市松江县兴圣教寺塔地宫发掘简报》，《考古》1983年第12期，第1125—1129页。

9 浙江省博物馆：《浙江瑞安北宋慧光塔出土文物》，《文物》1973年第1期，第48—58页。

10 林士民：《浙江宁波天封塔地宫发掘报告》，《文物》1991年第6期，第1—27页。

11 浙江省文物考古研究所：《雷峰塔遗址》，文物出版社，2005年，第179—180页。雷峰塔地宫的时代未出五代，因此在第五章中也曾论及，参见第五章第二节。

12 吴凤珍：《嘉兴东塔及地宫出土文物》，载浙江省博物馆编：《东方博物》第五十九辑，浙江大学出版社，2016年，第32—43页。

13 夏鼐：《无产阶级文化大革命中的考古新发现》，《考古》1972年第1期，第39页。

14 杨伯达主编：《中国金银玻璃珐琅器全集》第4卷《玻璃器（一）》，河北美术出版社，2004年，图124。

15 干福熹：《中国古代玻璃的起源和发展》，《自然杂志》2006年第4期，第191—192页；董俊卿等：《一批河南出土东周至宋代玻璃器的无损分析》，《中国材料进展》2012年第11期，第13页。

中，最受关注的无疑是河北定州静志寺和净众院舍利塔基中出土的两批发现。

北宋静志寺真身舍利塔塔基（五号塔基）和净众院舍利塔塔基（六号塔基）均发现于1969年，两座塔基位于河北定县（今定州市），前者在当时县城内偏东北方，因电力公司挖沟时偶然发现，遂于当年7月由定县博物馆予以清理，共发现金、银、铜、玉、石、木、瓷、玻璃等质地的遗物约700余件，另有战国至北宋的钱币共27000多枚；后者位于县城西南侧城关镇的耕地中，当年12月因平整土地而被发现，共清理出金银器、瓷器和石刻等各类遗物共106件。1972年发表的发掘简报概括介绍了两座塔基内发现的文物[1]，1997年在日本出光美术馆举办定州北宋塔基出土文物展览，并首次出版图录，公布了重要遗物尤其是12件（组）玻璃器的清晰图片[2]，2014年浙江省博物馆与定州市博物馆合作策划展览，并出版《心放俗外——定州静志、净众佛塔地宫文物》图录，详细介绍了两地宫中发现的各类文物，但非常遗憾的是并未系统收入出土的玻璃器[3]。

根据塔基内的铭文和墨书题记，两塔基地宫内文物的最终形成与封闭情况有所差异。静志寺塔历经多次兴废，塔基地宫内的文物系在历次重葬、供养的基础上不断扩充而成。静志寺始建时间可能早至后燕，北魏太武帝时被毁，而后在文成帝兴安二年（453年）重建佛塔，塔基中发现的兴安二年埋入的石函是目前所见的最早的舍利容器；北周武帝时静志寺塔再遭浩劫，隋仁寿三年（603年）修燕、魏废塔，而后在隋炀帝大业二年（606年）舍入了由石函、盖形石志、鎏金铜函、银碗、银塔、绿玻璃瓶、莲花银盖白玻璃瓶“上下累叠，表里七重”的舍利容器组合，不管是隋代还是之前北魏的舍利石函都应该是直接埋入竖穴封闭式的塔基夯土之中；会昌六年（846年）寺院毁废，佛像俱焚，宝塔全除，之后在唐宣宗大中三年（849年）至十二年（858年）间清理隋代塔基，重建新塔，可能正是这次重修将隋代初建的竖穴式地宫改为横穴式可开启式佛塔地宫；大中十一年银塔中发现两件直筒玻璃杯，即是北宋重开地宫时所提到的“于地宫内石函中得银塔子一，琉璃瓶二枚”，一件细颈卵形腹深蓝色玻璃瓶跟法门寺地宫中发现的形制类似，也应该是晚唐时奉入；之后龙纪元年（889年）修盖佛龛掘得石函一所，这件石函北宋时也曾发现，据宋人记称“内有金铜棺二、银棺子一，琉璃瓶子一，水晶合子二，舍利三粒，一大二小”，这里提到的“琉璃瓶子一”所对应的是哪件玻璃器目前还没有讨论。后晋至辽初的战乱中静志寺再次被毁，但建于晚唐大中年间的砖塔仍然存在，紧接着显德二年（955年）周世宗灭佛事件可能也会对静志寺产生影响，直至北宋太平兴国二年（977年）昭果大师可微等定州僧俗重新下葬塔身、地宫及佛龛下的三处舍利，新施了金棺、银塔、玻璃瓶等舍利容器以及众多白瓷和佛像，在唐代壁画、彩画上留下众多墨书题记之后封闭地宫[4]。净众院舍利塔基内遗物的时代则要单纯得多，该寺始建于北宋初年，根据附近出土的宋代石碑的记载，该塔基系至道元年（995年）为葬义演等人而建。

1 定县博物馆：《河北定县发现两座宋代塔基》，《文物》1972年第8期，第39—51页。

2 出光美术馆：《地下宫殿の遗宝：中国河北省定州北宋塔基出土文物展》，平凡社，1997年，图46—56。

3 浙江省博物馆等编：《心放俗外——定州静志、净众佛塔地宫文物》，中国书店，2014年。

4 关于静志寺塔的兴废，参见黎毓馨：《隋代初建、晚唐改造、北宋沿用的定州静志寺塔地宫》，载浙江省博物馆、定州市博物馆编：《心放俗外——定州静志、净众佛塔地宫文物》，中国书店，2014年，第8—23页。

静志寺塔基中发现玻璃器37件（套），包括琉璃缸3件，琉璃盆2件，琉璃葡萄1串，琉璃瓶7件，其他共计24件；有21件器皿进行过成分分析，据成分和器形可分为两类：一类是宋代自产的高铅玻璃，另一类为产于伊斯兰世界的钠钙玻璃。净众院塔基中出土34件，包括琉璃盆1件，琉璃葫芦33件（以上均依简报中的名称）。这些资料目前还没有被完整公布，已经发表且讨论较多的主要是静志寺塔基中的1件天蓝色玻璃瓶[1]、1件莲花铜盖方形小瓶、2件直筒玻璃杯、1件浅绿色透明细颈瓶、1件刻花细颈瓶、1件细颈卵形腹深蓝色玻璃瓶、1件绿色玻璃碗、2件玻璃葫芦瓶（一黄一绿）、1串紫色玻璃葡萄、1件玻璃鸟；净众院塔基中的1件花口玻璃碗、1件玻璃葫芦瓶。另外，安家瑶在《玻璃器史话》一书中曾披露过静志寺塔基地宫中出土的2件长颈瓶、1件细颈瓶、1件墨水盂的线图[2]。

静志寺塔基地宫共出土两具舍利石函、一具鎏金铜函、两具鎏金银塔、两具石棺、两方石志，其上均有铭文，虽然已经有学者尝试去比对出土品与各处铭文中提到的器物，但是将所有出土品还原至最初发现时的位置仍然困难重重。尽管如此，考虑到地宫中的物品是历代数次供奉的累加，确定器物原本被盛放在何处对于器物断代仍然至关重要，对地宫中发现的玻璃器的时代判断尤为关键。铭文中有五处提到了玻璃器，有一处比较具体，即大中十二年《唐定州静志寺重葬真身记》中的“银塔内有琉璃瓶二，小白大碧，两瓶相盛，水色凝结”，黎毓馨认为这里的“小白”即为鎏金莲花铜盖白玻璃瓶[3]，“大碧”指的是模仿壶造型的绿琉璃瓶，而宿白认为“小白大碧”指的是大小两件直筒杯，同一文献中的“其塔中小石塔者，本天佑寺隋塔，有舍利两粒，贮瓶四重：琉璃、金、银、漆，安在小塔顶旧函中”，宿白认为这四重瓶中最里层的琉璃瓶疑即附有莲花铜盖的方形小瓶，并且认为其时代可能跟细颈瓶相近，是静志寺地宫中时代较早的伊斯兰玻璃[4]。

其余三处仅提到了“琉璃”或“琉璃瓶”的数量，例如隋大业二年（606年）鎏金铜函上的铭刻“更作真金宝碗、琉璃等瓶，上下累叠，表里七重”；北宋太平兴国二年（977年）石志“遂于开宝九年岁次丙子三月中旬……又于地宫内石函中得银塔子一，琉璃瓶二枚，又得舍利九粒……旧基取土，又掘得石函一所，内有金铜棺二、银棺子一、琉璃瓶子一、水精合子二、舍利三粒，一大二小，其于缕细旧记并存焉”，宋代石志提到了各色器物的具体数量，目前在比对其中的一些金银器方面有了进展[5]，另外，赵永认为志文中提及的“琉璃瓶二枚”应该是指地宫中出的两件透

1 这件玻璃瓶在安家瑶的《中国的早期玻璃器皿》及《地下宫殿の遺宝：中国河北省定州北宋塔基出土文物展》中均被称为天蓝色或深蓝色（濃青色），但上引黎毓馨文中称其为绿琉璃瓶。

2 安家瑶：《玻璃器史话》，社会科学文献出版社，2011年，第149、159、161页。

3 上引宿白、安家瑶、黎毓馨文中均称其为莲花银盖小瓶，日本出光美术馆的《地下宫殿の遺宝：中国河北省定州北宋塔基出土文物展》一书中称其为“銅製鍍金花形栓付ガラス瓶”，英文为Bottle with Flower—shaped Lid，质地为Gilt Bronze and Glass（鎏金铜制及玻璃），从图片上观察确实为鎏金铜莲花盖的可能性更大，参见出光美术馆：《地下宫殿の遺宝：中国河北省定州北宋塔基出土文物展》，平凡社，1997年，图53及图片介绍。

4 参见宿白：《定州工艺与静志、净众两塔地宫文物》，《文物》1997年第10期，第38—40页；以及黎毓馨：《隋代初建、晚唐改造、北宋沿用的定州静志寺塔地宫》，载浙江省博物馆、定州市博物馆编：《心放俗外——定州静志、净众佛塔地宫文物》，中国书店，2014年，第17页。

5 参见浙江省博物馆等编：《心放俗外——定州静志、净众佛塔地宫文物》，中国书店，2014年，第11、69、73、76、78、80、82、86、90页。

明度较好的浅绿色细颈瓶（目前只公布一件保存完整的）；“琉璃瓶子一”所指应为刻花细颈瓶，但并未交代依据[1]。

安家瑶认为地宫中的天蓝色玻璃瓶很可能是隋代玻璃制品，因为它在器形上与陕西铜川耀州区（原耀县）神德寺隋仁寿四年（604年）塔基地宫中发现的绿色带盖小玻璃瓶相似，似乎都在模仿中国传统器形，工艺和成分上跟隋李静训墓出土的玻璃杯、瓶相似，无模吹制成形，玻璃条缠圈足，可能是一件隋代本土自制的玻璃器[2]。另外，安家瑶还讨论了浅绿色透明细颈瓶（图6-1），这件细颈瓶透明度很高，表面光亮，直颈、折肩、鼓腹，壁厚0.3厘米、底厚0.5厘米，底部有铁棒疤痕，高7.1厘米，同位素X射线荧光分析表明其属于钠钙玻璃，含有一定量的钾。她认为这件细颈瓶跟洛阳关林唐墓出土萨珊玻璃细颈瓶可能有继承发展关系，与日本奈良唐招提寺藏西国琉璃瓶形制相似（图6-2），而这件琉璃瓶系鉴真携带至日本，有浓厚的萨珊玻璃风格，可能是伊朗高原上的早期伊斯兰玻璃产品，静志寺塔基出土的细颈瓶可能与招提寺西国琉璃瓶来源相同[3]。真道洋子认为这件玻璃瓶可能是在公元9—10世纪近东地区制造的伊斯兰玻璃器[4]。

鎏金莲花铜盖玻璃小瓶的时代问题还有必要继续讨论。根据上文的梳理，宿白和黎毓馨虽然依据的文献不同，但都认为这件小瓶也可能是隋代玻璃制品，黎毓馨还认为其造型跟陕西周至仙游寺法王塔唐开元十三年（725年）改造后的地宫内出土的隋仁寿元年（601年）玻璃瓶一致（图6-3）[5]。这件小瓶通高9.1厘米，瓶高约5.7厘米，瓶底截面呈正方形，边长2厘米，瓶身为四棱柱，颈部圆柱形，直径1.4厘米，瓶盖为三层莲花承托宝珠，可能为后加（图6-4）。这件器物经过同位素X射线荧光

图6-1　河北定州静志寺塔基地宫出土玻璃细颈瓶

图6-2　日本奈良唐招提寺藏西国琉璃瓶
［采自由水常雄等：실크로드와신라 ： 유리의길 (Silk Road and Silla, the road of glass), Kyungpook National University, 2015, p. 192, no. 191］

1　赵永：《论魏晋至宋元时期佛教遗存中的玻璃器》，《中国国家博物馆馆刊》2014年第10期，第48页。

2　安家瑶：《中国的早期玻璃器皿》，《考古学报》1984年第4期，第426—427页。参见第五章第一节。

3　安家瑶：《中国的早期玻璃器皿》，《考古学报》1984年第4期，第422页；成分测定结果见建筑材料研究院等：《中国早期玻璃器检验报告》，《考古学报》1984年第4期，表二编号27。

4　出光美术馆：《地下宫殿の遗宝：中国河北省定州北宋塔基出土文物展》，平凡社，1997年，第131页。

5　刘呆运：《仙游寺法王塔的天宫地宫与舍利子》，《收藏家》2000年第7期，第60—64页。

分析为钠钙玻璃，并含一定量的钾。最早由安家瑶推定为伊斯兰玻璃器，认为是西亚所常见的香料瓶，日本学者真道洋子认为这件玻璃方瓶系吹制而成，时代为9—10世纪，产地为近东，可能用来盛放香料或化妆品。

在伊朗的内沙布尔（Nishapur）发现过两件方形玻璃小瓶，颈部圆柱状，直壁平底，瓶身截面方形，跟静志寺玻璃方瓶颇为相似，发掘者认为类似的小瓶在伊斯兰早期被广泛使用，在伊拉克的萨马拉（Samarra）和泰西封（Ctesiphon）、伊朗、埃及等地都有发现，并不能认为是某一地所专有。无独有偶，美国康宁玻璃博物馆收藏了两件完整的玻璃瓶，颈部呈倒锥形，直壁平底，吹制成形，有一件可能为有模吹制，形制大致相似，但颈部和瓶身横截面均呈六边形。康宁玻璃博物馆的这两件藏品来自埃及，有一件是来自福斯塔特（Fustat）的发掘品[1]（图6-5）。除了静志寺塔基地宫的这件之外，江苏涟水妙通塔宋代天圣元年（1023年）地宫中也出土一件类似的玻璃小瓶（图6-6），口部截面呈六边形，瓶身截面呈七边形，高12.5厘米，内装舍利子400余粒，细如芥子[2]。

图6-3　陕西周至仙游寺法王塔地宫出土玻璃瓶（采自刘呆运：《仙游寺法王塔的天宫地宫与舍利子》，《收藏家》2000年第7期，第64页）

图6-4　河北定州静志寺塔基地宫出土鎏金莲花铜盖玻璃小瓶（采自出光美术馆：《地下宫殿の遗宝：中国河北省定州北宋塔基出土文物展》，图53）

考古发现表明，最早伊斯兰风格的玻璃器发现于公元7世纪的地中海东岸，如果中国学者对于时代的推断无误，那么这件玻璃方瓶几乎可以被认为是目前为止传入中国的时代最早的伊斯兰玻璃器，而不是西方同类器所惯常认为的公元9—10世纪；但是成分分析显示，这件玻璃方瓶虽然是钠钙玻璃，但成分中有一定量的钾，一般认为这些钾来自于草木灰，而目前关于伊斯兰玻璃成分的研究显示，大约从公元9世纪开始，伊斯兰玻璃器的助熔剂从泡碱转变为草木灰，因此从这一角度考虑，这件玻璃方瓶的时代似乎又不会太早，很可能是后来放入，那么我们目前根据地宫中铭文给出的断代便很可能有问题，以上分析孰是孰非，还有待于深入讨论。周至仙游寺法王塔地宫内出土的玻璃瓶，溜肩，瓶身较矮，其形制跟静志寺舍利塔基地

1 Jens Kröger, Nishapur: Glass of the Early Islamic Period, The Metropolitan Museum of Art, 1995, p.77; David Whitehouse, Islamic Glass in the Corning Museum of Glass, Vol. One, The Corning Museum of Glass, 2010, pp. 60—61.

2 淮安市博物馆等：《江苏涟水妙通塔宋代地宫》，《文物》2008年第8期，第23、26页。

图6-5　美国康宁玻璃博物馆藏玻璃小瓶
（采自David Whitehouse, Islamic Glass in the Corning Museum of Glass, Vol. One, The Corning Museum of Glass, 2010, p. 61, fig. 87, 88）

图6-6　江苏涟水妙通塔地宫出土玻璃小瓶
（采自淮安市博物馆等：《江苏涟水妙通塔宋代地宫》，《文物》2008年第8期，第26页，图一八）

宫出土的玻璃方瓶其实相差比较大，不能归为同一类器物。

静志寺舍利塔基地宫出土玻璃器中还有两件直筒玻璃杯、一件刻花细颈瓶、一件细颈卵形腹深蓝色玻璃瓶和一件玻璃盂，均被确定为外来玻璃器。两件直筒玻璃杯中，一件稍大，高8厘米，蓝色透明，直壁平底，口部烧成圆唇，底部有疤痕（图6-7）；另一件器形相似但稍小，高7厘米，无色透明（图6-8）。同位素X射线荧光分析表明两件玻璃杯均属于钠钙玻璃，含有一定量的钾。这两件直筒杯跟法门寺地宫出土的一件直筒玻璃杯形制相仿，不同之处在于后者筒壁有五组以菱形为中心的装饰[1]，系有模吹制而成；前者素面，应该是无模自由吹制而成，即吹出玻璃泡之后将底部粘在铁棒上，从吹管上剪下杯子进一步修整杯口。筒状玻璃杯在伊斯兰早期的玻璃器中非常常见，20世纪30年代美国学者在伊朗内沙布尔共发掘十几件直筒杯（Cylindrical Beaker），根据杯底特征可以分为三类，其中占比例最高的就是这类直径和器高相近且平底的筒形杯。很多这种玻璃杯上都有模印、雕刻或夹捏

1　报告中认为有四组，安家瑶认为有五组，两者关于直筒杯的制法也有不同认识，此处以安家瑶论文为准。参见陕西省考古研究院等：《法门寺考古发掘报告》上册，文物出版社，2007年，第219—220页；安家瑶：《试探中国近年出土的伊斯兰早期玻璃器》，《考古》1990年第12期，第1117—1118页。

图6-7　河北定州静志寺舍利塔基地宫出土直筒玻璃杯

图6-8　河北定州静志寺舍利塔基地宫出土直筒玻璃杯
（采自出光美术馆：《地下宫殿の遺宝：中国河北省定州北宋塔基出土文物展》，图52）

出的装饰，部分素面的杯子侧壁较厚，有可能还会有进一步的雕刻加工。筒形杯在伊斯兰早期的埃及、伊拉克、伊朗、叙利亚等地被广泛使用（图6-9），有的杯子上会有库法体阿拉伯文，意思是“开怀畅饮（ishrab haniyyan，英语意为：Drink with enjoyment）”，可以推测其为饮器，也有的被当作灯用。公元11世纪之后，这类直筒杯逐渐消失[1]。静志寺塔基地宫中发现的这两件筒形杯也应该是9—10世纪近东地区输入的伊斯兰早期玻璃器，日本福冈的鸿胪馆遗址也曾发现无色玻璃片，器形跟静志寺塔基中发现直筒杯相似，可能都是在同一时期从近东地区传至东亚的[2]（图6-10）。

同样在法门寺地宫中可以找到类似器的是静志寺塔基中发现的一件细颈卵形腹深蓝色玻璃瓶，深蓝色透明状，爆口，口部未经过进一步加工，细颈，颈部有旋转的回路，长球形腹，圜底，不能直立，未经过进一步加工，似乎是半成品，高18厘米，最大腹径9.6厘米（图6-11）。同位素X射线荧光分析表明其属于钠钙玻璃，含有一定量的钾。伊朗内沙布尔遗址曾发现过类似器形，但不完全一样，相同点是颜色相近，细颈圜底，都无法直立放置；不同点是内沙布尔的发现器身更长，多在20厘米左右，器身最宽在3.5—4.5厘米之间，一侧扁平以利于平放，器壁非常薄[3]。真道洋子曾系统讨论过此类器物（日语称之为“浓青丸底瓶”），她对比了伊朗的内沙布尔、伊拉克的萨马拉、埃及的福斯塔特和Karanis等地的发现，认为这类器物的时代应该为公元9—10世纪，在近东地区广泛制作，而且大约在公元9世纪中叶由伊拉克工匠传入埃及，在此之前埃及从未发现钴蓝玻璃器；有人笼统地认为用于盛放液体，或者推测这类器物是化学仪器，但都没有明确证据，因此其具体功能仍有待于

1 Stefano Carboni and David Whitehouse, Glass of the Sultans, The Metropolitan Museum of Art, 2001, p.129; Jens Kröger, Nishapur: Glass of the Early Islamic Period, The Metropolitan Museum of Art, 1995, pp.56-61, 180-181.

2 出光美术馆：《地下宫殿の遺宝：中国河北省定州北宋塔基出土文物展》，平凡社，1997年，第132页。

3 Jens Kröger, Nishapur: Glass of the Early Islamic Period, The Metropolitan Museum of Art, 1995, pp.74—76.

图6-9 国外机构收藏的筒形玻璃杯
[采自Stefano Carboni etc., Glass of the Sultans, The Metropolitan Museum of Art, New York, 2001, p.129, fig.46;p.138, fig.54; p.163, fig.69; p.193, fig.98]

图6-10 日本福冈鸿胪馆遗址出土玻璃残片
[采自由水常雄等: 실크로드와신라 : 유리의길 (Silk Road and Silla, the road of glass), Kyungpook National University, 2015, p. 186, no. 183, 184]

1 2

图6-11 法门寺和静志寺塔基地宫出土细颈卵形腹玻璃瓶
(采自韩生:《法门寺文物图饰》, 第290页)

进一步探讨[1]。

静志寺塔基地宫中出土的一件刻花细颈瓶（图6-12）跟安徽无为城关宋代舍利塔基出土的玻璃瓶（图6-13）形制非常相似。两者均呈蓝色透明状，直颈稍外撇，折肩，筒形腹稍斜收，平底，器身轮刻（wheel-cut）几何纹饰[2]。前者较小，口径3.5厘米、腹径6.5厘米、高9.8厘米，后者更大，口径4.6厘米、底径7厘米、高12.2厘米。前者进行过同位素X射线荧光分析，发现是钠钙玻璃，安家瑶最早引用了伊朗德黑兰考古博物馆所藏内沙布尔出土的公元10世纪玻璃水瓶，认为器形和几何形刻花纹饰都比较类似，并根据成分判断这件玻璃瓶是公元10世纪伊斯兰玻璃的流行式样[3]。这件器物是伊斯兰玻璃当无疑问，但安氏所引的这件玻璃瓶跟上述两件细颈瓶却不能算是严格意义上的器形相似。实际上，德黑兰藏品跟江苏南京大报恩寺遗址塔基地宫、内蒙古哲里木盟（今通辽市）辽陈国公主墓、天津蓟县独乐寺白塔发现的玻璃瓶是一类器物，器体更大，多为十几至二十多厘米高。

图6-12　静志寺塔基地宫出土刻花细颈瓶

图6-13　安徽无为城关舍利塔基出土玻璃瓶（采自杨伯达主编：《中国金银玻璃珐琅器全集·4·玻璃器（一）》，第76页，图一二九）

日本学者由水常雄在其所编的《世界玻璃美术全集》一书中推测无为塔基出土的高颈磨花玻璃瓶应为大食输入中国的香水瓶[4]；在伊斯兰玻璃研究专家Stefano Carboni出版的图录中也有多件跟河北静志寺和安徽无为城关宝塔地宫中的发现相似的器物，大小相近，形制相仿，这些玻璃瓶有的没有装饰，有的在器表琢磨出彼此相接的磨花，有的则轮刻出各类几何纹样，这都是在伊斯兰早期玻璃器中常见的冷加工工艺；颈部截面有的呈圆形，多数会磨出竖长方形的小立面；一般认为这类小瓶的时代为公元9—10世纪，产地多推测在伊朗地区，但其中呈蓝色的瓶子的产地可能在埃及地区[5]（图6-14）。这类刻花或

1　真道洋子：《初期イスラーム時代の濃青丸底瓶—9～10世紀におけるイスラーム·ガラスの技術と製品の伝播をめぐる考察》，Glass (42)，1998，pp.2-15.

2　这里所说的轮刻，可能就是宋人赵汝适在《诸蕃志》中所提到的“碾花”，参见（宋）赵汝适撰，杨博文校释：《诸蕃志校释》卷上“白达国”“吉慈尼国”“芦眉国”条，中华书局，2000年，第109—110、112、116页。

3　安家瑶：《中国的早期玻璃器皿》，《考古学报》1984年第4期，第421页。

4　由水常雄：《世界ガラス美术全集》第四卷《中国、朝鲜》，求龙堂，1992年，图67；《ガラスと文化—その東西交流》，日本放送出版协会，1997年，第163—164页。

5　Stefano Carboni, Glass from Islamic Land, Thames & Hudson Ltd, 2001, p.101, Cat. 28a-c; p.121, Cat. 2.22a; p.131, Cat. 2.33.

磨花的细颈玻璃瓶在其本土被用于盛放蔷薇水，而以蔷薇水和琉璃瓶入贡在两宋文献和诗歌中也屡见不鲜，这些玻璃瓶很可能来自大食，同时根据佛经记载，供佛也是香水的一大用途，又称阏伽水，因此宋代塔基地宫中发现的蔷薇水瓶原本应是奉佛之物[1]。杨伯达根据《诸蕃志》中的记载，推测浙江瑞安、安徽无为、河北定州发现的三件磨花玻璃瓶应该就是来自书中所记载“白达国”“吉慈尼国”“芦眉国”等地[2]。

图6-14 国外机构收藏的高颈磨花玻璃瓶
（采自Stefano Carboni, Glass From Islamic Land, Thames & Hudson Ltd, 2001, p.101, Cat. 28a–c; p.121, Cat. 2.22a; p.131, Cat. 2.33）

静志寺塔基地宫中还出土一件玻璃盂，无色透明，侈口平底，底部缠圈足，唇外翻，口径7.6厘米、高3.5厘米，推测是西亚输入用于盛放墨水[3]。另外，安家瑶还曾披露静志寺塔基中出土了几百颗珠子，质地有水晶、玛瑙、琥珀和玻璃。玻璃珠除了大量蓝色、黄色和绿色的球形玻璃珠之外，还有仿玛瑙的缠丝玻璃珠、绞胎玻璃珠、蜻蜓眼珠、花形单色珠、瓜棱形单色珠和夹金箔层玻璃珠。顾名思义，夹金箔玻璃珠就是将金箔夹在玻璃中，金箔上下均是玻璃，只要表层玻璃不破碎，这种珠子就会一直闪闪发光，是历史上非常受欢迎的贸易品。静志寺塔基地宫中发现的多数夹金箔玻璃珠都是扁形或圆柱形珠，还有一枚二连珠（图6-15）。经日本学者复原研究，这种珠子可能有缠心法和套管法两种制作方法，前者玻璃的纹理与穿孔方向垂直，后者玻璃的纹理则与穿孔方向平行。从纹理方向判断，静志寺塔基出土夹金箔玻璃珠可能是以套管法制成，时代相当于北宋，是从西亚运到中国的舶来品[4]。

图6-15 静志寺塔基地宫出土夹金箔玻璃珠
（采自安家瑶：《夹金箔层的玻璃珠》，载《宿白先生八秩华诞纪念文集》上册，文物出版社，2002年，第308-39页，彩图一、彩图二）

目前发现的宋代其他伊斯兰玻璃输入品还包括：江苏南京大报恩寺遗址塔基地宫、浙江温州瓯海区（原瑞安所辖）慧光塔基、安徽寿县报恩寺塔基地宫、陕西蓝田吕氏家族墓、江苏仪征许元墓出土的玻璃。其中南京大报恩寺遗址塔基地宫中出土的宽平沿细颈筒腹玻璃瓶在辽墓、辽塔中有数件相似品；同一地宫中发现深蓝色球腹玻璃瓶跟江苏仪征许元墓发现的刻花蓝玻璃天球瓶形制类似。

1 扬之水：《琉璃瓶与蔷薇水》，《文物天地》2002年第6期，第58—62页。

2 杨伯达：《明洁如月的中国玻璃器》，载氏编：《中国金银玻璃珐琅器全集·4·玻璃器（一）》，河北美术出版社，2004年，第8—9页。

3 安家瑶：《玻璃器史话》，社会科学文献出版社，2011年，第160—161页。

4 安家瑶：《夹金箔层的玻璃珠》，载《宿白先生八秩华诞纪念文集》上册，文物出版社，2002年，第307—313页。

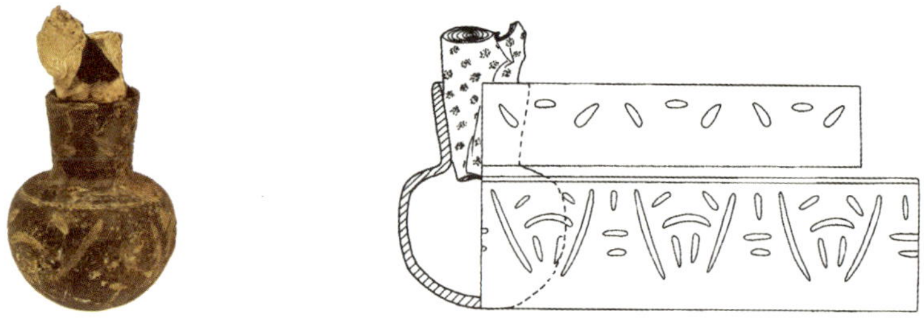

图6-16　南京大报恩寺遗址塔基地宫出土玻璃瓶及线图
（采自南京市考古研究所：《南京大报恩寺遗址塔基与地宫发掘简报》，《文物》2015年第5期，第39页，图七三；第36页，图六九、2）

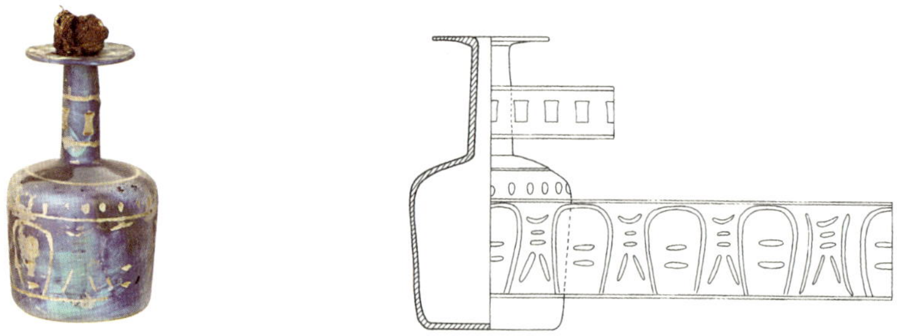

图6-17　南京大报恩寺遗址塔基地宫出土筒腹玻璃瓶及线图
（采自南京市考古研究所：《南京大报恩寺遗址塔基与地宫发掘简报》，《文物》2015年第5期，第39页，图七四；第36页，图六九、3）

根据地宫中出土的纪年材料，南京大报恩寺遗址塔基系北宋大中祥符四年（1011年）高僧可政在宋真宗的支持下率信众在六朝旧址上重建的金陵长干寺真身塔的塔基（后来宋真宗正式赐名为天禧寺圣感塔）[1]，地宫中有一石函，石函内有铁函，铁函内共发现四件玻璃器，其中有两件是外来输入品。一件深蓝色玻璃瓶（DG1：42），颈部圆柱状略斜收，球腹，圜底，颈、腹部刻几何形纹样，瓶内盛乳香，以丝绸封口，最大腹径4.6厘米、高6厘米（图6-16）；另一件蓝色玻璃瓶稍大（DG1：126），宽平沿，长直颈，折肩，筒状腹略斜收，平底，颈部、肩部、腹部均饰几何纹，内盛一丝袋，以丝织品封口，丝袋内盛银色小颗粒和丁香，底径6厘米、高13.8厘米（图6-17）；后者成分分析结果显示其主要成分为SiO_2和AI_2O_3，含量分别为82.2%和12.8%，呈色元素为Fe和Cu，助熔剂流失较为严重，残留情况表明K、Ca、Na应该为主要熔剂，PbO的重量百分比虽然可以达到1.5%，但原子比甚低，基本可以忽略不计，总体来说更接近伊斯兰钾钠玻璃配方[2]。

大报恩寺塔基地宫中出土的平沿筒腹玻璃瓶在世界各地博物馆藏早期伊斯兰玻璃器中较为常见，形制大同小异：宽沿、柱状细颈、筒状腹、平底是其共性，有的素面无装饰，有的在外壁轮刻各类几何、动植物纹装饰。其口部虽宽，但多内倾微呈漏斗状，而南京发现的这件口沿较平。伊朗内沙布尔发掘出数件类似的玻璃瓶[3]，加之很多博物馆藏品也传出于伊朗，因此伊朗是这类玻璃瓶最重要的生产地之一当无疑问；而中国同类器的发现对于器物的断代具有关键作用，内蒙古奈曼旗陈国

1　祁海宁等：《南京大报恩寺遗址塔基时代、性质及相关问题研究》，《文物》2015年第5期，第66—67页。

2　南京市考古研究所：《南京大报恩寺遗址塔基与地宫发掘简报》，《文物》2015年第5期，第25、40—42页；南京市博物馆等：《南京报恩寺遗址地宫文物保护研究》，文物出版社，2014年，第103—111页。

3　Jens Kröger, Nishapur: Glass of the Early Islamic Period, The Metropolitan Museum of Art, 1995, pp. 81-82, 94, 126-128.

公主墓的时代为辽开泰七年（1018年），天津蓟县独乐寺上层塔室石函纪年为辽清宁四年（1058年），因此国外玻璃研究者多依据中国发现的纪年伊斯兰玻璃将这类玻璃瓶时代界定在公元10—11世纪或者更早。

无独有偶，在印尼爪哇岛北岸发现的井里汶沉船中也发现过类似玻璃瓶的深蓝色的颈部残件，该船被认为是在当地建造，运送了来自各地的大量货物，包括可能来自中东的玻璃器和玻璃料、来自中国的瓷器、来自阿富汗和印度的宝石、来自马来群岛的锡质刀具和棱锥等，还有各种穆斯林器物。根据对沉船中的瓷器铭文、南汉钱币、晚唐铜镜以及各类装饰纹样的综合分析，这艘船的失事时间可能在公元968年之后不久。丰富多样的货物表明以东南亚为中心的亚洲贸易网络在公元10世纪已经达到惊人的成熟，连接印度洋和西太平洋的各条航线都在这里汇集[1]。井里汶沉船中伊斯兰玻璃器、穆斯林器物和中国瓷器的发现，勾勒出了晚唐五代以来国内发现的伊斯兰玻璃器的输入路线，很可能是由穆斯林商人在中东装船，自西向东、再向北经历多个贸易圈并由不同地区的不同商团多次转手而最终传入中国的。

南京大报恩寺塔基地宫中出土的深蓝色球腹玻璃瓶保存较完好，并没有采集到玻璃碎片样品进行成分分析。但这类柱状颈部、球腹、圜底、外壁轮刻各类装饰的小瓶也是早期伊斯兰玻璃器中的常见器形，井里汶沉船中也发现过类似的器物[2]。另一件相似的玻璃小瓶来自于江苏仪征化纤工地宋墓，该墓出土的端砚上有十二字铭文："圣宋庚寅岁高阳子春书府记"，经考证墓主应该是北宋名臣许元（989—1057年）。虽然形制相似，但这件玻璃瓶要更大，口径4.5厘米、通高12厘米（图6-18）[3]。已出版的古玻璃图录中有很多类似的玻璃瓶，大小、厚薄有所差异，总体而言，器表磨花的器壁要更厚，而且多数都有小平底以保证能立住，产地推测为伊朗高原、埃及等地，时代为公元8—10世纪[4]。这类小瓶在早期伊斯兰社会中大量生产，显然是当时日常生活所需的实用器，瓶内可能盛装液体或粉末，有人推测原来还应该有棉花或其他材料做成的塞子[5]。

20世纪60年代，浙江瑞安县（今温州瓯海区）发现一批属于北宋慧光塔基地宫中的文物，共69件，年代下限在庆历三年（1043年）以前。包含多件玻璃器，如薄胎小玻璃瓶（已残）、玻璃珠等，其中有一件刻花玻璃瓶保存较好，杂质极少，器身呈浅蓝色透明状，宽平沿，器底厚而呈深蓝色；细长颈，球形腹，喇叭形圈足，小平

---

1 参见David Whitehouse, Islamic Glass in the Corning Museum of Glass, Vol. One, The Corning Museum of Glass, 2010, pp.51, 164-166以及《故宫博物院院刊》2007年第6期关于井里汶沉船的一组论文，李旻：《十世纪爪哇海上的世界舞台——对井里汶沉船上金属物资的观察》，第78—90页；扬之水：《对沉船中几类器物的初步考订》，第115—124页；齐东方：《玻璃料与八卦镜——井里汶沉船文物札记》，第125—135页；Adi Agung Tirtamarta, M.M.撰，辛光灿译，袁旔校：《井里汶海底十世纪沉船打捞纪实》，第151—154页。

2 齐东方：《玻璃料与八卦镜—井里汶沉船文物札记》，《故宫博物院院刊》2007年第6期，第128页，图十一。

3 刘勤：《江苏仪征胥浦宋墓出土文物》，载贺云翱主编：《长江文化论丛》第四辑，中国文史出版社，2006年，第30—36页；刘勤：《茶香袅袅书香氤氲——从许元墓出土文物漫谈北宋士大夫的风雅生活》，《文物鉴定与鉴赏》2017年第4期，第64页。

4 深井晋司等：《ペルシアのガラス》，淡交社，1980年，图79、80以及第218页。

5 Jens Kröger, Nishapur: Glass of the Early Islamic Period, The Metropolitan Museum of Art, 1995, pp. 63-64.

图6-18　江苏仪征北宋许元墓出土玻璃瓶
（采自刘勤：《茶香袅袅书香氤氲——从许元墓出土文物漫谈北宋士大夫的风雅生活》，《文物鉴定与鉴赏》2017年第4期，第64页，图7）

图6-19　浙江瑞安慧光塔地宫出土刻花玻璃瓶
（采自温州博物馆：《白象慧光：温州白象塔、慧光塔典藏大全》，第185页）

图6-20　科威特国家博物馆和原瑞士科夫勒收集品中的刻花玻璃瓶
（采自Stefano Carboni, Glass From Islamic Land,the Al-Sabah Collection, Kuwait National Museum, Thames & Hudson Ltd, 2001, pp.32-35, Cat. 9a, 9d; p.110, Cat. 2.6b）

底。颈、肩、腹部刻花，内贮细珠粒，高9厘米（图6-19）[1]。以往研究多笼统地将其跟安徽无为北宋塔基、河北定州静志寺舍利塔基中发现的刻花玻璃瓶归为一类，实际上两者器形并不一样，区别在于前者口沿外折且宽平，腹部球状，而且有喇叭形圈足。已出版的早期伊斯兰玻璃器图录中可以找到很多器形相似的玻璃瓶，这类细颈球腹的玻璃瓶完全是公元8—12世纪伊斯兰玻璃器的典型器物，但仍然采用萨珊时期开始流行的蜂巢状磨花装饰（honeycomb-cut）。在科威特国家博物馆和原瑞士的科夫勒收集品（Kofler collection）中有几件玻璃瓶跟慧光塔的这件玻璃器器形较为相似（图6-20），但器表刻饰不同，研究者推测其时代为公元8—9世纪，产地为伊朗地区[2]。

1　温州博物馆：《白象慧光：温州白象塔、慧光塔典藏大全》，文物出版社，2010年，第184—185页。
2　Stefano Carboni, Glass from Islamic Land,the Al-Sabah Collection, Kuwait National Museum, Thames & Hudson Ltd, 2001, pp.32-35, Cat. 9b, 9d; p.110, Cat. 2.6b.

1977年安徽寿县北宋天圣五年（1027年）报恩寺塔第三层发现石棺一口，棺内置一漆盒，漆盒中发现数件玻璃瓶，各装数量不等的舍利。其中有一件深蓝色玻璃小瓶，喇叭口，柱状瓶身，圈足，器身缠饰玻璃条，腹径2.5厘米、通高10.3厘米（图6-21）。这类小瓶也在早期伊斯兰玻璃器中非常常见，瓶身有圆柱状、方形、多棱柱状等几种形式，器表会有磨花、刻花、贴条等装饰[1]，寿县这件系先吹制后采用工具加工成形，然后再采用热加工工艺在器表贴上弦纹、波浪纹等，这类广泛发现的小瓶很难推定其具体产地，但大概来自公元9—10世纪伊斯兰世界当无疑问。

图6-21　安徽寿县报恩寺塔石棺发现的玻璃小瓶（采自杨伯达主编：《中国金银玻璃珐琅器全集·4·玻璃器（一）》，第73页，图一二四）

1969年西安西关外铁塔寺的舍利塔基中出土一件玻璃碗，呈深蓝色半透明状，色彩浓郁沉稳，有水平抛光的痕迹。敞口斜壁，圈足，凹底，底部有疤痕。口径17.2厘米、足径4.5厘米、高7.2厘米（图6-22）。碗的造型与当时大量流行的宋代陶瓷碗相同，但稍早的伊朗高原釉陶碗也有这种器形，这件碗应该是无模吹制而成并采用了铁棒加工技术，根据安家瑶的观察，这件玻璃碗的圈足不是通过缠玻璃条的方式粘上的，而是用夹钳直接在碗底夹出圈足，而且技术并不熟练，碗底部明显上凹，这种技法从罗马玻璃开始经常使用，推测该碗是使用伊斯兰玻璃原料在中国制造的[2]。还有疑似该舍利塔基中出土的方形带盖舍利金盒，金盒长宽均为3.7厘米，高7.8厘米，盒体一侧錾刻“女弟子杨氏王氏舍葬释迦佛舍利，愿与一切众生早成佛果”。盒内装一件玻璃瓶，直颈，溜肩，方形直腹，可能为平底但具体细节不清楚，以一枚钉状物封住瓶口，钉头尖状，圆鼓状钉帽卡在瓶口（图6-23），瓶内装有舍利[3]。这件玻璃瓶有可能是在自由吹制的基础上使用工具加工而成，形制上跟产于伊朗、叙利亚的玻璃香精油小瓶相似，其时代一般推测为公元8—9或9—10世纪[4]。

图6-22　西安西关外铁塔寺舍利塔基出土玻璃碗

1 Stefano Carboni, Glass from Islamic Land,the Al-Sabah Collection, Kuwait National Museum, Thames & Hudson Ltd, 2001, p.120, Cat. 2.20b.

2 参见NHK大阪放送局：《正仓院の故乡—中国の金·银·ガラス—展》，1992年，第94、136页；安家瑶：《中国的早期玻璃器皿》，《考古学报》1984年第4期，第431页。同样可能是采用伊斯兰玻璃原料在中国制造的器物还包括日本正仓院藏品中的一件蓝色玻璃唾壶，参见齐东方：《玻璃料与八卦镜——井里汶沉船文物札记》，《故宫博物院院刊》2007年第6期，第125—131页。

3 西安博物院：《金辉玉德——西安博物院藏金银器玉器精萃》，文物出版社，2013年，第59页。

4 （日）由水常雄著，贺晶、黄海云译：《香水瓶》，上海书店出版社，2004年，第31页，图46；Stefano Carboni, Glass from Islamic Land,the Al-Sabah Collection, Kuwait National Museum, Thames & Hudson Ltd, 2001, p. 131, Cat. 2.34a; p. 155, Cat. 3.6a; p. 245, Cat. 3.32; Jens Kröger, Nishapur: Glass of the Early Islamic Period, The Metropolitan Museum of Art, 1995, p.150。

最后需要提及的是，陕西蓝田北宋吕氏家族墓地出土的玻璃器是近年宋代玻璃考古的重要收获。其中吕景山夫妇合葬墓（M4）出土一件绿色圜底刻花玻璃杯，外壁及底部轮刻几何纹样；吕大钧妻马夫人、种夫人合葬墓（M22）出土一件细颈鼓腹玻璃瓶，颈部及肩部浑厚失透，呈黑色，腹部壁薄，呈淡黄色半透明状。这两件玻璃器均修复完整，有可能是当时从外国输入的伊斯兰玻璃器，具体情况还有待于成分分析[1]。山东兖州兴隆塔北宋嘉祐八年（1063年）地宫出土2件玻璃瓶，保存稍好的一件呈球状，口、颈部已残，残高5.15厘米，李翎认为原来应该是一件长颈瓶，初步成分分析表明是钠钙玻璃，结合隋唐以来钠钙玻璃的发现认为也可能产自中国[2]。

宋代本土自制玻璃容器目前发现最多且最有特色的当属亚腰形的葫芦瓶，均出土于佛塔地宫，作为核心舍利容器使用，包括以下几处：

甘肃灵台五代至北宋初舍利石棺中出土白、绿、黄三件玻璃葫芦瓶，器形规整，器薄而匀，透明度大，外口沿是将拉成条状的玻璃丝趁热粘于口部做成的，高7.3—9.8厘米。其中绿色葫芦瓶残片经过成分分析发现二氧化硅含量为36.32%，氧化铅含量为50.31%、氧化钾含量为10.09%，是一种钾铅玻璃[3]。

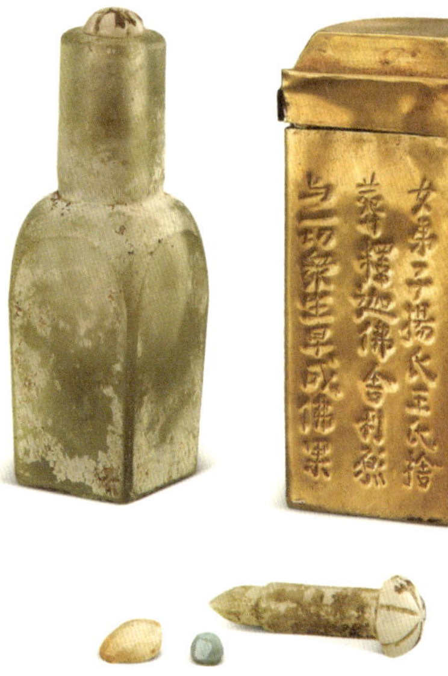

图6-23　西安西关外铁塔寺舍利塔基出土舍利金盒、玻璃瓶及瓶盖和舍利特写
（采自西安博物院：《金辉玉德——西安博物院藏金银器玉器精萃》，第59页）

图6-24　静志寺塔基地宫出土玻璃葫芦瓶
（采自出光美术馆：《地下宫殿の遺宝：中国河北省定州北宋塔基出土文物展》，平凡社，1997年，图54）

1　吕氏家族墓地出土多件玻璃器残片，但修复完整的较少。根据报告，M2、M4、M7、M20、M22均出土玻璃器。除上文提及的两件可能为伊斯兰玻璃器的玻璃碗和细颈瓶之外，可辨器形还有六曲葵瓣玻璃碗、广口玻璃盘、深腹玻璃盘、残棒状玻璃器、钵状玻璃器、长方形玻璃饰品、玻璃围棋子等。其中围棋子、深腹盘、六曲葵瓣碗进行过成分测试，为高铅硅酸盐玻璃，以铁、铜元素为着色剂。参见陕西省考古研究院等：《蓝田吕氏家族墓园》，科学出版社，2018年，第二册，第307-310、339-340、422页；第三册，652-653、696-697页；第四册，第976-983页。

2　山东省博物馆等：《兖州兴隆塔北宋地宫发掘简报》，《文物》2009年第11期，第50、55页；李翎：《兖州兴隆塔地宫出土文物小考二则》，《文学与文化》2010年第3期，第104—106页。

3　建筑材料研究院等：《中国早期玻璃器检验报告》，《考古学报》1984年第4期，第455页。

图6-25 河南新密法海寺塔基地宫出土葫芦瓶（采自杨伯达主编：《中国美术全集·工艺美术编·金银玻璃珐琅器卷》，第125页，图二三六）

图6-26 安徽寿县报恩寺塔石棺发现的葫芦瓶（采自杨伯达主编：《中国金银玻璃珐琅器全集》第4卷《玻璃器（一）》，第74页，图一二五、一二六）

江苏苏州瑞光塔五代至北宋初三层塔心窖穴中出土一件真珠舍利宝幢，幢内置一乳青色玻璃葫芦瓶，内藏舍利九粒，但未见发表图像资料。

河北定州静志寺塔基地宫出土的37件（组）玻璃器中有10件玻璃葫芦瓶，净众院塔基出土的34件玻璃器除1件玻璃盆之外，其余33件全部是葫芦瓶。有蓝、绿、棕、褐、黄等颜色，质地透明或半透明，器壁较薄，无模吹制成形。其中静志寺塔基地宫公布两件（图6-24）。一件黄色透明，表面有光泽，高4.4厘米。一件绿色透明，外壁有白色的风化层，高4.3厘米。口沿部分较粗糙，器壁薄，底部不见疤痕，应该是用很简单的吹制工艺制作而成。两寺塔基的八件葫芦瓶经过X荧光分析发现全部是铅玻璃，其中一块绿色透明的残块经过化学定量分析，含铅量在70%以上[1]。

河南新密（原密县）法海寺北宋咸平二年（999年）塔基下层石函和三彩琉璃舍利匣内、匣盖上出土很多玻璃器，能辨明器形的有五十余件，已发表的图片中有1件葫芦瓶（图6-25）。

江苏南京大报恩寺遗址北宋大中祥符四年（1011年）塔基中出土一件深蓝色葫芦瓶，出土时上部已残，内装舍利，采用激光剥蚀等离子体发射光谱（LA-ICP-AES）分析成分发现PbO含量极高，达到93%，虽然样本风化严重，SiO_2流失严重，但仍然可以推测属于高铅硅酸盐玻璃。

安徽寿县北宋天圣五年（1027年）报恩寺塔石棺出土的玻璃器中有两件葫芦瓶，其一为孔雀蓝葫芦瓶，小敛口，高8.6厘米；其二为淡黄色葫芦瓶，大敞口，高6厘米（图6-26）。同一漆盒内出土翠绿和淡黄色玻璃碎片的成分分析表明PbO含量均在65%以上，属于高铅玻璃[2]。

江苏连云港海清寺天圣九年（1031年）阿育王塔地宫中发现3件玻璃葫芦瓶，分别出土于石函、银精舍、银方匣内，瓶内装舍利子若干。

河南邓州福胜寺北宋天圣十年（1032年）地宫出土紫红色玻璃葫芦1件，高4.5厘米；另外还有1件圆球状玻璃舍利瓶，置于银椁、石函中；2件玻璃葫芦置于一座铁塔内，大的高4.5厘米，小的高4厘米。

山西临猗双塔寺北宋熙宁二年（1069年）地宫石函的银棺内出土两件玻璃葫芦

1 安家瑶：《中国的早期玻璃器皿》，《考古学报》1984年第4期，第429—430页。

2 张福康等：《中国古琉璃的研究》，《硅酸盐学报》1983年第1期，第71页，表2，G9、G10。

瓶，一件是彩色绞料葫芦瓶，以紫、褐、蓝、黄等多色玻璃绞合吹制而成，色彩鲜艳，高5厘米；一件是青色葫芦瓶，以青色玻璃吹制而成，器壁脆薄，清莹透彻，高4.2厘米；两瓶内都盛有舍利子。

尽管单腹长颈的葫芦形玻璃瓶在河北定州北魏舍利塔基中就已经发现，但是亚腰形的玻璃葫芦瓶经隋唐至宋代才较为多见。值得注意的是，葫芦形器在中国古代器物造型中可谓源远流长，从数千年前的新石器晚期开始，有可能是仿葫芦形的陶器就已经大量使用，从汉代开始葫芦有了道教内涵，诞生了壶天、壶公一类的经典道教意象和故事。唐宋以来，葫芦形仿生瓷器大量流行，元代以后，葫芦形宝罐还成为佛教的八吉祥之一[1]。在传统文化中，葫芦具有丰富的象征意义，是多种寓意和观念的集合体，例如多子、福禄、长寿、辟邪等，是地道的本土器物，在外国玻璃器中极为罕见，已有的葫芦瓶的成分检测显示其均为铅玻璃也印证了这一推断。除了玻璃之外，唐宋时期佛塔地宫中经常发现银、瓷、水晶等各类材质的葫芦形器物被用作舍利容器[2]，这其中究竟蕴含着当时僧众的何种观念还有待于进一步探讨。

图6-27 静志寺塔基出土玻璃碗

除了以葫芦瓶为代表的众多玻璃舍利容器之外，宋代国产玻璃的发现零散而多样，以下根据出土单位予以介绍和讨论。

图6-28 净众院塔基出土玻璃碗

河北定州静志寺和净众院出土了大批北宋自制玻璃器。除了数量众多的葫芦瓶之外，引人注目的还有两件玻璃碗。静志寺塔基出土的是一件大平口玻璃碗，淡绿色半透明状，广口外侈，鼓腹，凹底，底部有疤痕，高8.9厘米（图6-27）；净众院塔基出土的是一件花口玻璃碗，翠绿色，口沿外侈，作六出花瓣状，鼓腹，底部内凹，中心有0.5厘米长的疤蒂。口径16厘米，高10厘米，形体较大，器壁较薄（图6-28）。两者都应该是无模自由吹制而成，成型后底部粘在铁棒上加工口部，后者残留疤蒂较长，表

图6-29 静志寺塔基出土玻璃葡萄

1 白化文：《七宝与八吉祥》，《佛教文化》1994年第2期，第29—32页。

2 例如河北正定天宁寺凌霄塔地宫除了出土1件宋代料器之外，还出土白釉彩斑葫芦瓷瓶1件，两者均盛舍利子；江苏连云港海清寺地宫出土银精舍西侧还发现一件青瓷葫芦瓶，内装舍利子若干。

明采用铁棒技术并不纯熟。X荧光分析表明两者都是铅玻璃，是北宋时期中国自产玻璃器皿中的重要作品。其中花口式的造型在玻璃器中罕见，显然系模仿自同时期的瓷器和金银器，从形制上观察可能并非实用器物，应属佛教寺院中的宝物。

静志寺塔基中出土的一串玻璃葡萄是宋代玻璃工匠的卓越创造（图6-29）。葡萄粒大小不一，有圆形、椭圆形，壁很薄，中空。颜色以棕色为多，白色和绿色较少，均半透明。玻璃的料质略显不纯，杂有白色的旋状纹，表面有黄色锈蚀的斑块，直径1.3—1.82厘米、长1.4—2.15厘米。推测采用无模吹制法，从吹管下剪下即成，再用金属丝将葡萄连缀在一起。成分分析显示氧化铅含量为45.93%，氧化钾含量为8.45%[1]。玻璃葡萄巧妙地利用了玻璃质透明、光亮和色彩富于变化的特点，使做出的玻璃葡萄与真正的葡萄大小、颜色高度相似，显示出对玻璃材料特性的深刻理解和对玻璃吹制技术的娴熟把握。最后，静志寺塔基中还有一件玻璃鸟，高仅1.5厘米，造型玲珑而写意，很可能是用制作其他器物时剩下的余料做成的[2]。

1966年河南新密法海寺塔基地宫出土的玻璃器是宋代本土自制玻璃的另一批重要发现。塔基中有上下两层石函，石函中有三彩琉璃方塔、三彩琉璃舍利匣等。据塔基内发现的铭文，其中遗物的年代下限当为北宋咸平二年（999年），塔基内出土各式玻璃器物达百余件，其中能分辨出器形的有50余件，分别放置在下层石函内、三彩舍利匣内与匣盖上，目前公布图片的有壶形鼎、鸟形物、瓶、椭圆形卵状物、宝莲形物等。器物的胎体都比较薄，制作精致。颜色分为白色和淡绿色两种，多有风化。

壶形鼎通体呈三足鼎状，由绿色玻璃制成，器表有一层棕黄色的锈蚀。小口圆唇，颈部很短，圆球状腹，胎体较薄，器腹下部有等距离的三实心足，足向下弯曲。口径3.1厘米、高8.8厘米（图6-30）。制作程序上应该是先吹出球状腹部，然后加工出颈部，再用玻璃料棍做成三足，加热后粘于器腹下部。造型复杂而独特，在北宋时期玻璃器皿中尚无二例。制作时利用玻璃熔融时可根据需要自由变化的特性，制出线条流畅的器足，工艺技术精湛，反映了北宋时期高超的玻璃工艺水平。

图6-30　河南新密法海寺塔基地宫出土壶形鼎

玻璃鸟形器呈翠绿色半透明状，表面有黄白色风化层。整体作鸟形，鸟颈细长，圆眼钩喙，身为圆球状，体内中空，体外中部有一道凸起的弦纹，尾部短小，体的两侧各伸出翅膀，向上弯曲，双翅各套有一个小圆环，通高6厘米（图6-31）。成分分析表明氧化铅含量为47.34%，氧化钾含量为11.45%，

1　史美光等：《一批中国古代铅玻璃的研究》，载干福熹主编：《中国古玻璃研究：1984年北京国际玻璃学术研讨会论文集》，中国建筑工业出版社，1986年，第8页。

2　出光美术馆：《地下宫殿の遗宝：中国河北省定州北宋塔基出土文物展》，平凡社，1997年，第132—133页。

是国产的钾铅玻璃[1]。这件器物造型非常奇特，鸟头高昂，尾略上翘，表示双翅下部的环可自由活动，整体如一只展翅欲飞的鸟，动感强烈，生动可爱。制作过程中采用了吹制、拉玻璃条、粘贴等多种技法，为北宋时期玻璃生产中最为精致的产品之一。

图6-31 河南新密法海寺塔基地宫出土鸟形玻璃器

宝莲形物呈深绿色，表面有棕黄色风化层，整体椭圆状，一端有凹凸的棱状，一端为半圆体，宛若含苞待放的莲花，直径4.5厘米，高6厘米（图6-32）。有可能是有模吹制而成，底部有制作时留下的疤痕，壁薄如纸，制作精良，可能是塔基中的供奉物品。卵形器表面风化严重，椭圆形，一端有圆形小孔，长、短径在4—5厘米左右（图6-33）。这类卵形器在隋李静训墓中曾经发现过，新密塔基有两件卵形器进行过成分分析，一件（深黄色）含氧化钾13.75%、氧化铅41.57%，另一件（深红色）含氧化钾14.78%，含氧化铅40.15%，系钾铅玻璃制品[2]。

图6-32 河南新密法海寺塔基地宫出土宝莲形玻璃器

塔基中出土了多件玻璃瓶，除了上文已经论及的亚腰状葫芦瓶之外，还公布了数件直颈瓶，形制较为相似，均小口、直颈、球腹，口部缠玻璃条，有的瓶颈中部有一周凸起的弦纹（图6-34）。这些小瓶的胎体较薄，形体不大，颈细口小，显然是用来储存舍利子或香料之类的贵重物品的容器。

新密塔基出土的玻璃器数量多，形制多样，部分器物造型虽然比较奇特，但仍然可以认为是中国传统风格的演变。这批器物是北宋时期内容最为丰富的玻璃器物群之一，反映出当时中国本土玻璃制造业较高的发展水平。

江苏南京大报恩寺遗址地宫中出土了一件以往所罕见的玻璃八曲长杯（图6-35），长杯呈墨绿色，扁长形，八瓣葵口，口部镶银扣，器体八曲，器内无纹饰，外表面轮刻对称的装饰[3]，长17.6厘米、宽10厘米、高4厘米，出土时内盛乳香。采用激光剥蚀等离子体发射光谱（LA-ICP-AES）分析其化学组成，结果表明玻璃长杯的主要成分是SiO_2和PbO，含量分别为15.6%和82.6%，是高铅硅酸盐玻璃，呈色元素为Cu或Cu和Fe。

多曲瓣状长杯流行于公元3—8世纪的伊朗高原，是萨珊金银器的代表性器物

1 史美光等：《一批中国古代铅玻璃的研究》，载干福熹主编：《中国古玻璃研究：1984年北京国际玻璃学术研讨会论文集》，中国建筑工业出版社，1986年，第8页。

2 建筑材料研究院等：《中国早期玻璃器检验报告》，《考古学报》1984年第4期，第455页；史美光等：《一批中国古代铅玻璃的研究》，载干福熹主编：《中国古玻璃研究：1984年北京国际玻璃学术研讨会论文集》，中国建筑工业出版社，1986年，第8页。

3 简报称器表装饰为鸟纹，并称冠、眼、尾羽都有表现，但从线图观察很难称之为鸟纹，而更像是一些对称的、图案化程度很高的几何纹样。究竟如何尚待更多细部图的发表。

之一，不晚于公元4世纪时已经传入中国，国内已知时代最早的多曲长杯是出土于山西大同城南轴承厂北魏窖藏的银八曲长杯，唐代金银器中更加流行，这类长杯已经发现了几十件。这件长杯两侧分曲不通器底，曲瓣间的凸棱不明显，内曲较浅，这些特征都暗示出所仿的器物已经相当本土化，时代应该在公元9世纪之后[1]。口沿镶扣的做法在战国漆器上即已流行，玻璃器口沿镶扣在西汉早期的徐州北洞山楚王墓已经出现，瓷器口沿上镶扣的做法目前看可能始于法门寺地宫和钱宽夫妇墓中发现的瓷器，随着定窑瓷器的流行，在宋代更加常见[2]。值得注意的是，虽然经过唐代金银器的大胆创新与普及，多瓣、多曲、瓜棱之类的做法在宋代器物造型中已经非常普遍，但两侧分曲不通器底的作风在宋代却并不常见，考虑到不带圈足的做法很可能是后人在仿制过程中的有意处理，因此我们推测这件八曲长杯所仿器物可能是时代可以早至晚唐的金银器，并进行了适当的改造。这件长杯深度较浅，底部也未见疤痕，推测很可能是铸造而成。

图6-33　河南新密法海寺塔基地宫出土卵形玻璃器
（采自杨伯达主编：《中国美术全集·工艺美术编·金银玻璃珐琅器卷》，第126页，图二三九）

图6-34　河南新密法海寺塔基地宫出土直颈玻璃瓶

地宫中同出的一方黄褐色罗帕上（DG1：250）有墨书：“高邮军左厢招贤坊弟子荀怀义谨舍水晶杯一只，碧琉璃

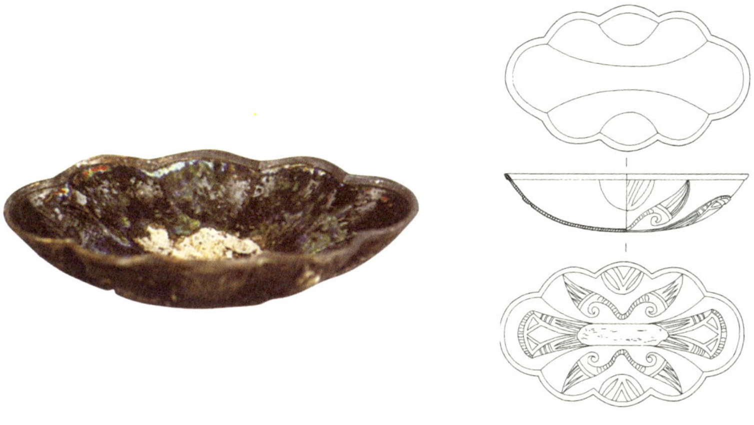

图6-35　江苏南京大报恩寺遗址地宫出土玻璃八曲长杯及线图
（采自南京市考古研究所：《南京大报恩寺遗址塔基与地宫发掘简报》，《文物》2015年第5期，第37页，图七五；第36页，图六九、4）

1　齐东方：《唐代金银器研究》，中国社会科学出版社，1999年，第383—397页。

2　刘芳芳等：《雕镂釦器、百伎千工——古代釦器巡礼》，《收藏家》2017年第2期，第53—60页。

杯一只，白砗磲念珠一串，幸遇皇帝建金陵长干寺阿育王所造释迦佛真身舍利塔，下收葬供养舍利。所愿劫劫生生长承佛护。时大宋大中祥符三年□月□日，弟子荀□记”（图6-36）。综合考虑地宫所出玻璃器的器形和颜色，题记里提到的“碧琉璃杯一只”，应该就是指这件八曲玻璃长杯，“水晶杯一只”指的是同出的蕉叶形水晶杯，出土时也盛有乳香（图6-37）。

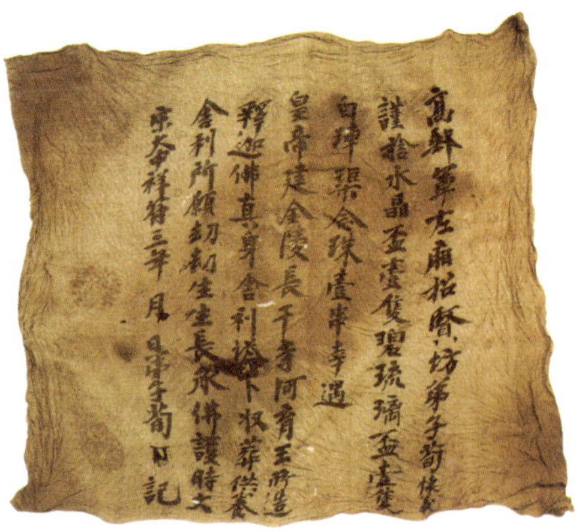

图6-36　江苏南京大报恩寺遗址地宫出土黄褐色罗帕上的墨书
（采自南京市考古研究所：《南京大报恩寺遗址塔基与地宫发掘简报》，《文物》2015年第5期，第40页，图八一）

宋代诗文中经常有人提到一种叫“药玉船”的器物，例如苏轼在《正月三日点灯会客》中有一句“试开云梦羔儿酒，快泻钱塘药玉船”[1]，杨万里的《梅露堂燕客夜归》提到“药玉船中酒似空，水沉烟上雪都融”[2]，舒邦佐的《于尉灯夜招饮酒酣援笔成诗继韵》有“便宜归侍傅柑宴，满泛钱塘药玉船”[3]，牟巘的《宴公孙倅乐语口号》有“药玉船中频送酒，镂金胜畔又行灯”[4]，揣摩其上下文语境均与饮酒有关，应该是当时宴饮时所用的酒船的一种[5]。日本正仓院保存了一件绿玻璃十二曲长杯，成分分析表明铅含量极高，其时代、产地众说纷纭，但更有可能是一件在中国制造的仿萨珊波斯银器的玻璃器，时代在公元八九世纪[6]。安家瑶推测所谓的药玉船应该就是指这类深度较浅的船形玻璃器[7]，更何况船形玻璃器多曲且没有圈足，不易平置，更适合用来饮酒、行酒。如果这一推测不误，大报恩寺遗址地宫出土的这件玻璃八曲长杯应该是宋代药玉船的首次发现。

图6-37　江苏南京大报恩寺遗址地宫出土蕉叶形水晶杯
（采自南京市博物馆编：《故都神韵：南京市博物馆藏文物精华》，第160页，图128）

1982年，宁波市天封塔地宫中发掘出土了两件玻璃瓶（图6-38），根据地宫石函上的铭文，石函中遗物的年代下限当在南宋高宗绍兴十四年（1144年）。一件玻璃瓶敛口，弧腹，平底。盖为圆纽状，由上下两个中空相连的圆球组合，下球中部有一

---

1 （清）王文诰辑注，孔凡礼点校：《苏轼诗集》卷二二《正月三日点灯会客》，中华书局，1982年，第1153页。

2 （宋）杨万里：《诚斋集》卷一一《梅露堂燕客夜归》，四部丛刊初编，第1187册，上海商务印书馆，1922年，第105页。

3 （宋）舒邦佐：《双峰先生存稿》卷六《于尉灯夜招饮酒酣援笔成诗继韵》，载四川大学古籍整理研究所编：《宋集珍本丛刊》第62册，线装书局，2004年，第765页下栏。

4 北京大学古文献研究所编：《全宋诗》卷三五一五《宴公孙倅乐语口号》第67册，北京大学出版社，1998年，第41985页。

5 扬之水：《酒船与槎杯》，《收藏家》2006年第7期，第53—56页。

6 关于这件器物的研究概况，参见王义康：《正仓院藏西方风格玻璃器研究》，《中国历史文物》2007年第6期，第19—20页。

7 安家瑶：《玻璃器史话》，社会科学文献出版社，2011年，第148—149页。

宽边沿，正好盖住瓶口。色呈玉绿。瓶内原装有香料之类，出土时打开盖，还能闻到一些香气，通高6.7厘米。另一件直口，筒颈，弧腹，腹部最大直径偏下，平底。盖纽由三个中空相连的圆或椭圆球组成，下部两球的中部各有一宽边沿，最下球的边沿盖住瓶口。呈白玉色，略带淡绿。开盖时也有香气，通高11厘米[1]。目前这两件玻璃瓶尤其是盖纽造型特殊，未见同类发现，且均未经过成分测试，因此还不好推测其具体产地。

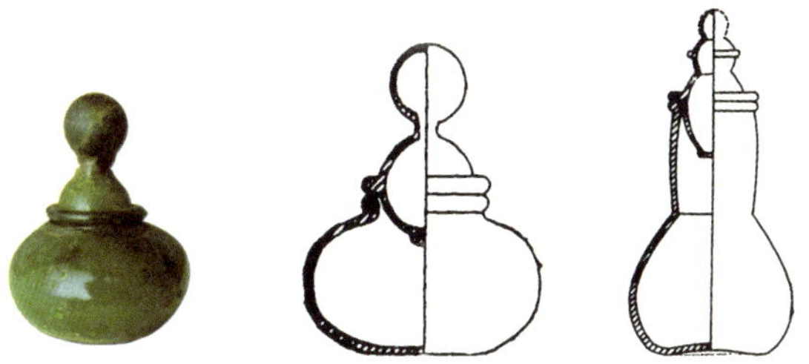

图6-38 浙江宁波天封塔地宫出土玻璃瓶及线图
（采自林士民：《浙江宁波天封塔地宫发掘报告》，《文物》1991年第6期，第25页，图六一、1，9；董贻安：《宁波文物集粹》，华夏出版社，1996年，图112）

2003年，浙江省文物考古研究所主持发掘了位于浙江海宁的智标塔地宫，根据方志记载，该塔始建于东晋，宋代僧人智标重建，发掘者推测地宫系明代重建时构筑，光绪十年（1884年）最后一次重建该塔。地宫石函内出土了由唐代至明代的各类供养物，其中包括4件玻璃器：一件碗，一件钵、一方砚台、一块半环状器。玻璃碗侈口、折收腹、高圈足、素面，器壁呈半透明状，口径13.4厘米、底径5.8厘米、高4.6厘米（图6-39）。发掘者认为该碗造型仿自瓷器，器形跟陈国公主墓所出瓷盒相似，因此时代也相仿；玻璃钵直口深腹，腹壁下端内收成浅圜底，器壁也是素面半透明状，口径12.6厘米、高9.8厘米（图6-40）。发掘者认为钵的造型跟无锡元墓中发现的银碗相似，因此其年代也应该近似。砚台推测时代为明代，半环状器环径10厘米，时代、用途不明[2]（图6-41）。这件所谓的玻璃碗跟宋代常见的盏托颇为相似，而直口深腹且带圈足的瓷杯在宋代也非常常见，因此这两件玻璃器的时代有可能是宋代[3]。这其中玻璃碗带圈足，其制作工艺稍显复杂，推测应该是先吹出上下两个玻璃泡，将其黏合之后，将下部玻璃泡剪开移走吹管，并将剩余部分加工成圈足，然后以铁棒顶底，再将上部玻璃泡剪开移去吹管，烧软后加工成最终器形，最后移开铁棒。因此这件玻璃

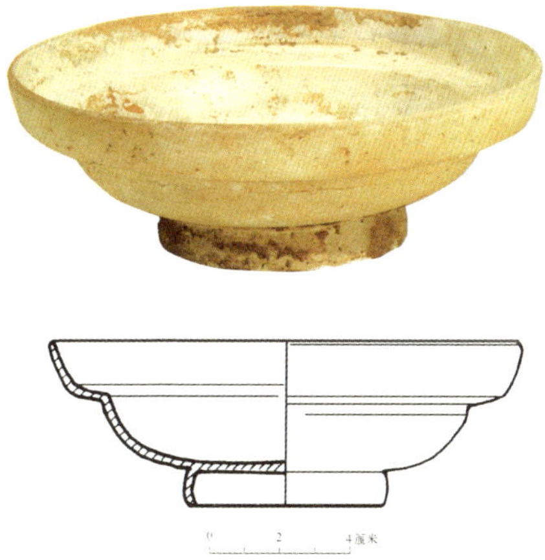

图6-39 浙江海宁智标塔地宫出土玻璃碗及线图
（采自浙江省文物考古研究所等：《海宁智标塔》，第99页，图九一、九二）

图6-40 浙江海宁智标塔地宫出土玻璃钵
（采自浙江省文物考古研究所等：《海宁智标塔》，第100页，图九三）

1 林士民：《浙江宁波天封塔地宫发掘报告》，《文物》1991年第6期，第1—27页。
2 浙江省文物考古研究所等：《海宁智标塔》，科学出版社，2006年，第98—102页。
3 张柏总主编：《中国出土瓷器全集》第9册浙江卷，科学出版社，2008年，第192页。

碗的圈足中心应该有移除铁棒后留下的疤痕，推测同样是吹制而成的玻璃钵的圜底外心也应该有疤痕。

图6-41　浙江海宁智标塔地宫出土半环状器
（采自浙江省文物考古研究所等：《海宁智标塔》，第102页，图九七）

1968年浙江嘉兴拆除东塔，在地宫中发现年代从宋至明的28件（组）文物，现收藏于嘉兴博物馆中。其中有一件玻璃盘时代被定为宋代，该盘乳白色不透明，表面有大量褐黄色沁斑，敞口、浅弧腹、大平底，口径18.7厘米、高2.7厘米。这类浅盘器形相对简单，从图片上观察，该盘颜色仿玉，平底无疤痕，很可能是铸造而成的本土玻璃制品（图6-42）。

图6-42　浙江嘉兴东塔地宫出土玻璃盘
（采自吴凤珍：《嘉兴东塔及地宫出土文物》，载浙江省博物馆编：《东方博物》第五十九辑，第37页，图十七）

玻璃饰品的外观光亮又不失润泽，可以和美玉之类的宝石相媲美，根据文献记载，至少从唐代开始民间便开始广泛使用玻璃制作首饰，例如唐末“世俗尚以琉璃为钗钏，近服妖也”[1]。南宋初“绍熙元年，里巷妇女以琉璃为首饰”，南宋末“咸淳五年，都人以碾玉为首饰，有诗云：‘京师禁珠翠，天下尽琉璃’。”[2]关于这次禁珠翠，俞德邻的《佩韦斋辑闻》中有更为详细的记载：“咸淳末，贾似道以太傅平章军国重事，禁天下妇人不得以珠翠为饰，时行在悉以瑠璃代之，妇人行步，皆琅然有声，民谣曰：‘满头多带假，无处不瑠璃。’假谓贾，瑠璃谓流离也。”[3]可见在宋人心目中，玻璃依然是珠翠替代品的不二之选。

很多宋墓中都出土了玻璃首饰，多数是钗、簪、笄之类的挽发用具。例如安徽潜山县太平村北宋乾德四年（966年）潘景唐墓出土玻璃簪[4]、潜山彰法山北宋晚期M2出土玻璃簪[5]、江西南丰桑田北宋晚期墓出土玻璃簪[6]、福建南平大凤南宋早期墓出土玻璃钗[7]、江苏南京南郊M17南宋早期墓出土玻璃簪[8]、镇江五洲山南宋墓出土白料笄[9]、江西临川南宋庆元四年（1198年）朱济南墓出土的玻璃钗和玻璃笄[10]、江西瑞

1 （宋）欧阳修等：《新唐书》卷三四《五行志》，中华书局，1975年，第879页。
2 （元）脱脱等：《宋史》卷六五《五行志》，中华书局，1977年，第1430页。
3 （宋）俞德邻：《佩韦斋辑闻》卷三，丛书集成初编本，第323册，中华书局，1985年，第25页。
4 李丁山：《安徽潜山县太平村北宋潘氏墓》，《考古》2008年第10期，第94—96页。
5 李丁山：《安徽潜山彰法山宋墓》，《考古》1994年第4期，第382—383页。
6 江西省文物工作队等：《江西南丰县桑田宋墓》，《考古》1988年第4期，第318—328页。
7 南平市博物馆：《福建南平大凤发现宋墓》，《考古》1991年第12期，第1143—1145页。
8 南京市博物馆等：《南京南郊宋墓》，《文物》2001年第8期，第31—38页。
9 镇江博物馆：《江苏镇江五洲山宋墓发掘简报》，《文物》2015年第5期，第53—59页。
10 陈定荣等：《江西临川县宋墓》，《考古》1988年第4期，第329—334页。

昌李洋湖南宋咸淳八年（1272年）黄氏墓出土玻璃簪[1]、浙江衢州南宋咸淳十年（1274年）史绳祖夫妇合葬墓出土玻璃簪[2]、湖南长沙南门广场M54出土玻璃钗[3]等（图6-43）。根据这些墓葬的规模、随葬品及纪年墓墓主人的情况估计，当时玻璃首饰的使用可能较为广泛，因此不排除以往发现中存在实际出土玻璃首饰但未辨识出来的情况。

图6-43　湖南长沙南门广场M54出土玻璃钗（采自杨伯达主编：《中国金银玻璃珐琅器全集·4·玻璃器（一）》，第77页，图一三一）

目前出土的琉璃饰品中以簪居多，钗较少；簪体截面一般为圆形，也有的较扁，簪头有平头、蘑菇头、花朵形、直头、弯头等不同种类。钗也有弯头的做法，江西临川朱济南墓中出土一件玻璃钗，钗头弧部呈竹节状，显然是在模仿同时代流行的竹节钗[4]。这些首饰应该是模铸而成，或者在玻璃条的基础上进行简单的热加工，最后经过打磨、抛光处理；南京南郊M17南宋早期墓中出的一件玻璃圆簪呈较为罕见的蓝白双色，即半边淡蓝色半边为纯白色，中间的界线笔直分明，应该是用两根不同颜色的玻璃条加热黏合之后再打磨抛光而成。同样是首饰，使用琉璃要比金银、玉石手感轻盈；色彩方面除了具备玉的温润莹泽之外，还能够做到鲜亮纯正，经久不褪，翠蓝色的玻璃首饰可能是在模仿当时因浪费大量财富而遭到朝廷禁毁的翠羽之色，十分鲜艳夺目[5]；玻璃饰品的制作成本显然要低于金、银、宝石一类的贵重材料，然而装饰效果却没有丝毫逊色，这些因素共同导致了宋代玻璃首饰的流行。

根据以上论述，不管是宋代文献记载还是考古发现的玻璃制品都不在少数，因此也一定存在生产玻璃器的作坊遗迹，但跟其他时代的情况相似，这类遗迹一直不容易被发现。不过难能可贵的是，1995年镇江市区解放路大地大厦考古工地清理了一座宋代灰坑及玻璃炼炉遗迹，并发现了四枚宋代玻璃象棋子，棋子呈圆形，直径2.5厘米、厚0.4厘米，文字阴印，其中泛蓝色棋子三枚，为两卒一士，泛白色棋子一枚，为一枚士。象棋子所在的灰坑口部略近长方形，距地表深约2.1米，长4.8米、宽4.1米、深0.55米，文化内涵丰富，出有各式文物标本133件，其他遗物碎片2480片，根据简报公布的瓷器推测，灰坑的时代下限似应在南宋[6]。灰坑南侧发现残存的一座砖砌玻璃炼炉，内径约1.2米，炉壁内外附着硬结的红烧土层，并出有多件炼制玻璃的小型坩埚及炼渣块。其中坩埚为陶质，埚内大都留有玻璃附着层，直口，方唇，斜腹下收，圆弧底，口径5.5—6.5厘米、高6.2—7.2厘米。外底有戳印方框，内刻“小尹”字样。这表明这里很可能是一处宋代生产玻璃的手工业作坊遗迹，灰坑所出玻

1　瑞昌县博物馆：《江西瑞昌县李洋湖南宋墓》，《考古》1986年第11期，第1051—1053页。

2　衢州市文管会：《浙江衢州市南宋墓出土器物》，《考古》1983年第11期，第1004—1011页。

3　杨伯达：《中国金银玻璃珐琅器全集·4·玻璃器（一）》，河北美术出版社，2004年，第77页，图一三一。

4　扬之水：《中国古代金银首饰》第一卷，故宫出版社，2014年，第154—161页。

5　陆锡兴：《宋代以来的琉璃簪和琉璃钗》，《上海文博论丛》2009年第1期，第32—36页。

6　张柏总主编：《中国出土瓷器全集》，科学出版社，2008年，第7册江苏、上海卷，第133页；第14册江西卷，第81—85页。

璃象棋子及玻璃发簪，即是其炼制的产品[1]。

有学者根据报道和简报中提供的信息，推测这是一座采用已经制造好的玻璃料块为原料生产玻璃制品的作坊遗址[2]，而不是以石英砂等原料烧成玻璃液，再进一步制作玻璃制品的作坊遗址。原因在于砖砌玻璃窑的内径只有约1.2米，出土坩埚更小，仅六七厘米高，这种小型坩埚显然无法进行玻璃原料生产。窑炉内径小利于维持窑内高温，坩埚较小可能跟生产小件器物有关。同时由于坩埚体积小，窑内可以同时加热多个坩埚，便于多人流水作业，提高了生产效率，降低了成本。推测其生产过程可能是先将现成的玻璃料块破成碎末放在坩埚里，然后置于砖窑内加热融化，融化后将坩埚从窑内取出，将已融化的玻璃液浇入预先制好的模子内，采用模铸技术生产玻璃象棋、发簪等小型器物[3]。

第二节　辽代玻璃

关于辽代玻璃器的考古发现，已有多位学者进行了系统的梳理[4]，根据出土单位的不同可以大致分为出于墓葬和塔基两大类，其中出土辽代玻璃器的墓葬主要包括以下几处：

1974年发掘的辽宁法库叶茂台辽早期墓葬（M7）中出土一件玻璃方盘[5]。

1976—1977年发掘的辽宁朝阳市姑营子辽开泰九年（1020年）耿延毅夫妇合葬墓（M2）出土玻璃器2件，包括玻璃杯1件，玻璃盘1件[6]。

1986年发掘的内蒙古哲里木盟奈曼旗辽开泰七年（1018年）陈国公主和驸马合葬墓（M3）出土玻璃器7件，包括玻璃瓶4件，带把杯2件，玻璃盘1件[7]。

1993—1994年，辽宁省文物考古研究所、凌源市博物馆在凌源小喇嘛沟发掘11座辽墓，墓葬时代从辽圣宗一直延续到辽代晚期，墓主推测是节度使一级或高级贵族，其中有7座出土了数量不等的玻璃饰品，数量最多且成套的是玻璃带具[8]。

1　本报讯：《镇江发现宋代炼制琉璃遗迹　出土我国最早的琉璃象棋子》，《中国文物报》1996年1月7日第1版；镇江古城考古所：《镇江市解放路宋代灰坑清理简报》，《南方文物》1996年第1期，第25—31页。

2　这里提到的玻璃料块，可能就是本章一开始所引《铁围山丛谈》中提到的“玻璃母”。

3　后德俊等：《中国古代日用化学工程技术史》，山西教育出版社，2011年，第248—250页。

4　马文宽：《辽墓辽塔出土的伊斯兰玻璃——兼谈辽与伊斯兰世界的关系》，《考古》1994年第8期，第736—743页；黄雪寅：《散落于内蒙古草原上的古玻璃器》，《内蒙古文物考古》2005年第1期，第50—53页；傅宁：《内蒙古地区发现的辽代伊斯兰玻璃器——兼谈辽时期的对外贸易和文化交流》，《内蒙古文物考古》2006年第2期，第78—88页；张桂霞等：《辽宁地区出土的古代玻璃器》，载干福熹主编：《丝绸之路上的古代玻璃研究——2004年乌鲁木齐中国北方古玻璃研讨会和2005年上海国际玻璃考古研讨会论文集》，复旦大学出版社，2007年，第192—201页；蒋飞飞：《辽代玻璃制品初步研究》，内蒙古大学硕士学位论文，2014年。

5　辽宁省博物馆等：《法库叶茂台辽墓记略》，《文物》1975年第12期，第26—36页。

6　朝阳地区博物馆：《辽宁朝阳姑营子耿氏墓发掘报告》，《考古学集刊》3，社会科学出版社，1983年，第168—195页。

7　内蒙古自治区文物考古研究所等：《辽陈国公主墓》，文物出版社，1993年，第55—59页、彩版一四、图版一四。

8　辽宁省文物考古研究所：《凌源小喇嘛沟辽墓》，文物出版社，2015年。

2003年发掘的内蒙古通辽市科尔沁左翼后旗吐尔基山辽早期墓葬出土1件玻璃杯[1]。关于墓主的身份，王德恒认为是辽世宗之妹阿不里公主，王大方认为是辽太祖之女质古公主，李宇峰认为是辽太祖之妹余卢覩姑公主，冯恩学认为是来自于皇族、服务于皇室的大萨满，无论是谁，墓主是出身辽皇室的一位高贵的公主则是学界的共识[2]。

2007年发掘的内蒙古巴林左旗辽祖陵一号陪葬墓（辽代早期）中出土玻璃器5件，复原出玻璃碗1件[3]。

2010年辽宁省文物考古研究所等单位发掘了辽宁阜新八家子乡乌拉木图山墓群辽平原公主墓（XM3），公主卒于辽兴宗重熙二十年（1051年），与驸马萧忠合葬于兴宗末年，该墓出土玻璃器6件，可复原5件，包括碗1件、盆1件、杯1件、盘3件[4]。

2015年内蒙古多伦县小王力沟辽圣宗统和十一年（993年）萧贵妃墓（M2）出土玻璃器4件，包括玻璃杯2件，瓶2件[5]。

以上墓葬中均出土了保存较为完整的玻璃容器或成套的玻璃饰件，另外还有为数不少的辽墓中出土了玻璃器碎片、玻璃珠饰、管饰等，例如辽宁建平大西沟JSM1、法库叶茂台M2和M13、义县清河门西山村辽墓、双山口羊彪沟M1、新民巴图营子辽墓、北票泉巨涌辽墓、阜新萧和墓、内蒙古赤峰古都河辽墓、赤峰花根塔拉辽墓、巴林左旗桦杆子沟村辽墓、巴林右旗床金沟M5、阿鲁科尔沁旗温多尔敖瑞山辽墓、耶律羽之墓、陈巴尔虎旗西乌珠尔辽墓、罕苏木苏木朝克图东山辽墓、喀喇沁旗上烧锅辽墓、锡林郭勒盟正蓝旗桑根达赉辽墓等[6]。其中不乏重要收获，但这些发现或者过于残破，或者比较零散，或者没有系统公布，暂不作为本节讨论的重点。

出土玻璃器的辽塔地宫主要包括：

20世纪八九十年代，辽宁朝阳北塔在进行维修加固工程时，在第十二层塔檐中部、塔心室顶部之上发现天宫，天宫中出土玻璃执壶1件、七棱柱状玻璃瓶1件、玻璃钵1件，另外还有许多小件玻璃制品，如玻璃管、玻璃棒、纺轮形坠饰、彩色玻璃

1　内蒙古文物考古研究所：《内蒙古通辽市吐尔基山辽代墓葬》，《考古》2004年第7期，第50—53页；郑承燕：《辽代玻璃高足杯》，《中国博物馆》2010年第3期，第82—83页。

2　参见王大方：《吐尔基山辽墓墓主人身份的推测——兼述契丹古代社会的“奥姑”》，《中国文物报》2004年7月30日第7版；李宇峰：《吐尔基山辽墓墓主身份商榷》，《中国文物报》2004年9月3日第7版。王德恒：《吐尔基山辽墓主人究竟是谁？》，《内蒙古日报》2004年9月10日第5版；冯恩学：《吐尔基山辽墓墓葬主人身份解读》，《民族研究》2006年第3期，第67—71页。

3　中国社会科学院考古研究所内蒙古第二工作队等：《内蒙古巴林左旗辽祖陵一号陪葬墓》，《考古》2016年第10期，第3—23页；安家瑶：《辽祖陵1号陪葬墓出土玻璃器》，载中国考古学会编：《中国考古学会第十四次年会论文集》，文物出版社，2012年，第500—508页。

4　辽宁省文物考古研究所等：《辽宁阜新县辽代平原公主墓与梯子庙4号墓》，《考古》2011年第8期，第46—65页。

5　内蒙古文物考古研究所等：《内蒙古多伦县小王力沟辽代墓葬》，《考古》2016年第10期，第55—80页。

6　参见张桂霞等：《辽宁地区出土的古代玻璃器》，载干福熹主编：《丝绸之路上的古代玻璃研究——2004年乌鲁木齐中国北方古玻璃研讨会和2005年上海国际玻璃考古研讨会论文集》，复旦大学出版社，2007年，第197—198页；蒋飞飞：《辽代玻璃制品初步研究》，内蒙古大学硕士学位论文，2014年，第7—17页。

珠、蜻蜓眼玻璃珠等[1]。根据题记，天宫重葬于辽重熙十二年（1043年）四月初八佛诞日。

1983年天津蓟县独乐寺塔在进行拆除重修时发现被包砌的辽塔，塔内部的上层塔室中出土玻璃器四件，包括刻花玻璃瓶1件、葫芦瓶1件、绿玻璃瓶2件。根据塔室内棺形石函上的题刻可知，辽塔的建成年代应该不晚于清宁四年（1058年）[2]。

1992年内蒙古巴林右旗辽庆州白塔修复过程中在塔刹内发现一批佛教文物，出土墨绿色玻璃瓶1件，内装舍利子。根据建塔碑铭的记述，该塔系辽章圣皇太后特命建造，重熙十八年（1049年）完工[3]。

2004年辽宁朝阳新华路清理一座石宫，出土题刻表明是辽统和二年（984年）霸州刺史姚汉英夫妇建造的塔庙下藏佛舍利的石宫。出土的玻璃器包括2件葫芦瓶和1件小玻璃瓶[4]。

另外，1954年内蒙古宁城武官营子发现辽重熙十四年（1045年）石函，石函中发现装舍利的小玻璃瓶，还有玻璃葫芦瓶和玻璃珠等[5]；1977年清理的河北易县辽天庆五年（1115年）净觉寺舍利塔地宫出土玻璃管、玻璃珠和玻璃壶等[6]；1988年清理的北京密云辽冶仙塔塔基出土残碎蓝色玻璃小瓶1件，还有玻璃串珠等发现[7]；内蒙古巴林左旗辽上京北塔天宫中发现玻璃舍利瓶1件[8]。还有的虽然材质不明，但极有可能也是玻璃器，例如1963年北京顺义清理辽净光舍利塔基发现的银盒中有装舍利用的葫芦瓶，原简报称“葫芦瓶不知是用什么质料做的，稍动即成粉状”，推测是玻璃器的可能性很大[9]。以上塔基中的发现或是介绍过于简略，或是过于残破，也不作为本节讨论的重点。

通过上文梳理可以发现，辽代玻璃器目前已经有一定数量的积累。其中最引人注目的是其中数批伊斯兰玻璃器的发现，包括天津蓟县独乐寺塔、辽宁法库叶茂台M7、阜新平原公主墓、朝阳市姑营子耿延毅墓和北塔天宫中出土的玻璃器皿、朝阳新华路石宫出土小玻璃瓶、内蒙古哲里木盟辽陈国公主和驸马合葬墓、通辽吐尔基山辽墓、多伦县小王力沟萧贵妃墓出土玻璃器等等。这些器物大都十分精美，保存完好，年代下限清楚，为世界各国的伊斯兰玻璃器藏品研究提供了重要参考。辽境内是否有玻璃生产还没有深入研究过，但目前也有一些明显的非外来传统的玻璃发现，例如辽宁朝阳新华路石宫、内蒙古宁城武官营子石函出土的玻璃葫芦瓶；辽宁凌源小喇嘛沟辽墓出土的多套玻璃带具等，这些玻璃器具显然是本土制造，但究竟是宋境内制作输入辽，还是在辽境内制作还有待于进一步探讨。

1 辽宁省文物考古研究所等：《朝阳北塔——考古发掘与维修工程报告》，文物出版社，2007年，第79页、图版四九、五九。

2 天津市历史博物馆考古队等：《天津蓟县独乐寺塔》，《考古学报》1989年第1期，第83—119页。

3 德新等：《内蒙古巴林右旗庆州白塔发现辽代佛教文物》，《文物》1994年第12期，第4—33页。

4 辽宁省文物考古研究所：《辽宁朝阳新华路辽代石宫发掘简报》，《文物》2010年第11期，第42—54页。

5 郑绍宗：《内蒙古宁城县武官营子发现的辽代石函》，《考古》1964年第11期，第594—596页。

6 河北省文物管理处：《河北易县净觉寺舍利塔地宫清理记》，《文物》1986年第9期，第76—80、83页。

7 王有泉：《北京密云冶仙塔塔基清理简报》，《文物》1994年第2期，第58—61页。

8 傅宁：《内蒙古地区发现的辽代伊斯兰玻璃器——兼谈辽时期的对外贸易和文化交流》，《内蒙古文物考古》2006年第2期，第83页。

9 北京市文物工作队：《顺义县辽净光舍利塔基清理简报》，《文物》1964年第8期，第49—54页。

辽代域外输入的玻璃制品最集中的一次发现莫过于陈国公主和驸马萧绍矩合葬墓。根据墓志的记载，陈国公主为“景宗皇帝之孙、秦晋国王皇太弟正妃萧氏之女”，系秦晋王耶律隆庆之女，正妃萧氏所生，是“六叶帝王之族”。耶律隆庆曾从其母萧后南征，力战有功，拜南京留守，加秦晋国王，又拜尚书令，赐铁券，追封皇太弟。根据当时曾出使契丹的宋人路振在《乘轺录》中的记载，耶律隆庆是“契丹国母萧氏之爱子也，故王以全燕之地而开府焉。其调度之物，悉侈于隆绪”[1]。其奢侈程度过于其兄辽圣宗耶律隆绪，难免有夸大之词，但陈国公主的父辈与身份均尊贵无比，想必其成长环境也应该极为优裕。驸马萧绍矩的祖父萧思温尚太宗长女，而自己的女儿燕燕又是景宗睿智皇后，即陈国公主之祖母；萧绍矩是景宗睿智皇后之侄，同时也是齐天（追尊仁德）皇后之兄，官为泰宁军节度使、检校太师、驸马都尉，担任辽对南朝前哨阵地的军政要职。总之，萧绍矩家族从太宗到圣宗的百多年间可谓荣宠尊贵至极[2]。

该墓是一座中型多室壁画墓，全墓由墓道、天井、前室、东西耳室和后室构成，未被盗掘，随葬品精致而丰富，共出土3227件，44组（副），其中用金约1700余克，用银有1万余克，充分反映出墓主人生前的豪华奢侈和显赫地位。墓葬后室紧靠后壁有砖砌尸床，前沿连接着长方形供台。玻璃器共发现7件，均放置在后室，发掘者推测随葬时可能置于供台上，由于后室木护壁塌落，多数玻璃器被砸碎，清理时在尸床、供台及后室地面随处可见玻璃碎片，包括1件乳钉纹高颈玻璃瓶、1件刻花高颈玻璃瓶，2件高颈玻璃瓶，2件带把玻璃杯，1件乳钉纹玻璃盘。其中只有1件带把杯和1件乳钉纹玻璃盘保存完好，另外有4件可复原，高颈玻璃瓶中有1件无法复原。

陈国公主与驸马合葬墓中出土的刻花玻璃瓶，跟江苏南京大报恩寺塔基遗址出土的玻璃瓶非常相似，但体量上要大很多，其明确的年代下限也为世界各地类似玻璃器的断代提供了重要参考。该瓶无色透明，略含气泡，表面有风化层。方唇，宽折沿，喇叭口，细高颈略外撇，折肩，筒形腹，平底微内凹，腹壁较薄，底部较厚，底部外心有粘棒疤痕。颈、腹磨刻几何形纹饰。底外部有疤痕。口径7.4厘米、腹径13.3厘米、底径11厘米、高24.5厘米（图6-44）。经成分测试，发现其SiO_2含量为66.55%，CaO含量为6%，Na_2O含量为13.48%，是钠钙玻璃，日本学者谷一尚发现其跟伊朗内沙布尔、Siraf、Takht-i-Sulaiman等地发现的玻璃器成分相似[3]。美国康宁玻璃博物馆中也有两件形制较为相似的藏品，一件呈绿松石色，颈部分层刻花、肩部环饰一周磨花的做法跟蓟县独乐寺刻花玻璃瓶尤为相似，这件玻璃瓶据传出自伊朗北部的戈尔甘（Gorgan），时代为公元10—11世纪。另一件呈深绿色半透明状，颈、肩、腹部刻满几何纹样[4]。天津蓟县独乐寺发现的类似玻璃瓶，腹部刻花稍显筒

1 贾敬颜：《五代宋金元人边疆行记十三种疏证稿》，中华书局，2004年，第44页。

2 张郁：《辽陈国公主墓志考释》，载内蒙古文物考古研究所编：《内蒙古文物考古文集》第一辑，中国大百科全书出版社，1994年，第489—503页；刘珊：《辽陈国公主家世考释》，《考古与文物》2007年第3期，第98—101页。

3 Takashi Taniichi, Islamic Glass Vessels Excavated from Tombs Dated 1018 and 1020 of the Liao Dynasty, Orient, 2004, Vol. XXXIX, p. 44.

4 David Whitehouse, Islamic Glass in the Corning Museum of Glass, Vol. One, The Corning Museum of Glass, 2010, pp. 51, 164-166.

单，器形更大，通高26.4厘米，成分分析表明也是钠钙玻璃[1]。安家瑶对比了以色列、美国、沙特阿拉伯等博物馆中的藏品，发现陈国公主墓发现的这件玻璃瓶跟耶路撒冷收藏的一件玻璃瓶在器形和纹饰上几乎完全相同，很可能都是10世纪末或11世纪初的伊朗产品[2]。

该墓中发现的2件带把玻璃杯器形相似，完整的一件（H56）呈深棕色透明状，含气泡，外表有风化层。直口微敛，颈部呈圆筒状，鼓腹，内底隆起，假圈足。口部与腹部连接扁圆柱形把手，把手整体呈倒L形，上端接近口沿处有一个扁圆状突起，便于持握。底外部有粘棒疤痕。口径9厘米、腹径10.4厘米、底径5.4厘米、高11.4厘米（图6-45）。另一件（H167）虽已破碎但可以复原，形制、大小基本相同，不同之处是在口沿下缠贴八周深褐色的玻璃丝，这件玻璃杯进行过成分测试，发现其SiO_2含量为63.66%，CaO含量为6.25%，Na_2O含量为15.58%，是钠钙玻璃。

图6-44　内蒙古哲里木盟奈曼旗陈国公主与驸马合葬墓出土的刻花玻璃瓶

辽宁朝阳姑营子耿延毅墓也出土了一件类似的玻璃带把杯（图6-46），深绿色，青翠透明，间有气泡。杯底有棕色薄膜状沉淀，似为凝结后的茶垢。体量稍小，口径8.2厘米、底径5厘米、高10.2厘米[3]。耿延毅出自三代将门，是辽代上谷耿氏家族第三代的代表性人物，其家族数代隆盛，并与豪族联姻，长期左右辽朝的政治和军事。祖父耿崇美跟辽太祖、太宗关系密切，祖父、父亲直到耿延毅一直担任户部使、刺史、节度使之类的官职，并有功臣号和赠官。掌握辽军政大权的韩德让是耿延毅之舅，齐天章德皇后是其姨妹，死后辽圣宗“闻之震悼，有加制赠，特赐白金二十斤、布帛三百段、钱二十万、衣三袭，充赙赗焉”[4]，更从另一侧面反映出其生前备受皇帝垂爱。耿延毅葬于开泰九年，稍晚于陈国公主及驸马合葬墓。

图6-45　内蒙古哲里木盟奈曼旗陈国公主与驸马合葬墓出土的带把玻璃杯

安家瑶认为这种带把杯不是中国的传统器

1　天津市历史博物馆考古队等：《天津蓟县独乐寺塔》，《考古学报》1989年第1期，第108页。

2　安家瑶：《陈国公主与驸马合葬墓出土的玻璃器皿及有关问题》，载内蒙古自治区文物考古研究所等：《辽陈国公主墓》，文物出版社，1993年，第180—181页。

3　朝阳地区博物馆：《辽宁朝阳姑营子耿氏墓发掘报告》，《考古学集刊》3，社会科学出版社，1983年，第185页。

4　苗霖霖：《耿延毅墓志考释》，《唐山师范学院学报》2012年第3期，第67—70页。

形，杯形尤其是上部的扳手带有浓郁的西亚、中亚色彩，并对比了德国、沙特的馆藏品，认为陈国公主和驸马合葬墓及耿延毅墓出土的这三件带把杯很可能都是伊朗高原9世纪的产品。除此之外，深井晋司等在《波斯玻璃》中公布过东京、大阪、冈山等地收藏的3件[1]、Jens Kröger整理的内沙布尔出土玻璃器中的3件类似玻璃杯[2]、美国康宁玻璃博物馆藏伊斯兰玻璃器中的5件类似品[3]以及英国伦敦拍卖过的Eliahu Dobkin收集品中的一件玻璃杯[4]；这些玻璃杯的时代多被认为是9—11世纪，产地为伊朗或中亚地区。但这些玻璃杯跟中国发现的这三件带把杯的形制仅为大致相似，具体细节上还有较大差异，尤其是颈部形态上，中国的三件颈部呈直筒状，国外搜集品多为敞口，内底凸起的做法也并不常见，形制上跟中国发现最接近的还是安家瑶所引的德国杜塞尔多夫艺术博物馆藏的带把杯以及英国伦敦的一件拍卖品（图6-47）。另外，笔者曾在乌兹别克斯坦国立历史博物馆中见到另外一件跟中国发现非常相似的带把杯，根据展览说明系发现于塔什干地区，时代为公元10—11世纪（图6-48）。马文宽认为这种带把杯不仅是当时很流行的玻璃器式样，在陶器中也大量存在[5]；谷一尚认为陈国公主墓出土的带把杯（H167）跟摩洛哥Qsar-es-Seghir发现的玻璃器成分相似[6]。

图6-46 辽宁朝阳姑营子耿延毅墓出土玻璃带把杯
（采自朝阳地区博物馆：《辽宁朝阳姑营子耿氏墓发掘报告》，图版叁叁、1）

图6-47 英国伦敦Bonhams拍卖行拍卖的玻璃带把杯
（采自Stefano Carboni, Glass From Islamic Land,the Al-Sabah Collection, Kuwait National Museum, Thames & Hudson Ltd, 2001, pp.149, Cat. 36b）

乳钉纹高颈玻璃瓶是陈国公主和驸马合葬墓中出土的另一件伊斯兰玻璃珍品。该瓶无色透明，含气泡，表面有风化层。双唇，侈口，漏斗形细高颈，宽扁把，球形腹，喇叭状高圈足。把手是用10层玻璃条堆成花式镂空状。口沿处涂一周淡蓝色颜料，腹壁饰五周小乳钉纹。底外部有粘棒疤痕。

1 深井晋司等：《ペルシアのガラス》，淡交社，1980年，图68、69、70。

2 英文著作中多将这类带柄的大口容器称为Pitcher，而不是Beaker或Cup，参见Jens Kröger, Nishapur: Glass of the Early Islamic Period, The Metropolitan Museum of Art, 1995, pp. 101-102, 125-126, 174-175.

3 David Whitehouse, Islamic Glass in the Corning Museum of Glass, Vol. One, The Corning Museum of Glass, 2010, pp. 72-73, 91-92, 100-101, 142-143.

4 Stefano Carboni, Glass from Islamic Land,the Al-Sabah Collection, Kuwait National Museum, Thames & Hudson Ltd, 2001, pp.148-149, Cat. 36b.

5 马文宽：《辽墓辽塔出土的伊斯兰玻璃——兼谈辽与伊斯兰世界的关系》，《考古》1994年第8期，第737页。

6 Takashi Taniichi, Islamic Glass Vessels Excavated from Tombs Dated 1018 and 1020 of the Liao Dynasty, Orient, 2004, Vol. XXXIX, pp. 39-51.

口径6厘米、腹径9.5厘米、底径8.7厘米、高17厘米（图6-49）。经成分测试，SiO_2含量为59.78%，CaO含量为4.56%，Na_2O含量为20.66%，也是钠钙玻璃。

图6-48　乌兹别克斯坦国立历史博物馆藏玻璃带把杯
（李雨生供图）

跟其他常见的早期伊斯兰玻璃瓶相比，这件玻璃瓶的特殊之处有三点，其一是口沿贴一周蓝色玻璃条；其二是把手系玻璃条堆砌呈镂空状；其三是腹部装饰乳钉。这三点特征集于一身显得尤为难得。玻璃加热之后拉成丝，装饰在尚未冷却的玻璃器表面，是热加工工艺的一种，在口部装饰不同颜色的玻璃条较为常见。内沙布尔曾发掘出数件口部装饰蓝色玻璃条的盘、碗、瓶，伊拉克萨拉玛也发现了一些类似的残片，表明这是阿拔斯时期所广泛使用的装饰方法。同样在内沙布尔还曾发现过一件玻璃瓶，口部及腹部装饰不尽相同，把手则采用玻璃条堆叠而成，成分分析结果的比对也表明陈国公主墓出土的玻璃瓶跟内沙布尔及阿富汗的样品相似[1]。在科威特国立博物馆及美国康宁玻璃博物馆中也有类似把手的玻璃瓶，一般称这种工艺为网状细工（openwork），需要在能熟练控制热玻璃条的基础上一气呵成，体现出非常娴熟和高超的热加工技巧，这类器物一般被认为来自于伊朗地区[2]。器壁装饰乳钉的做法在埃及和叙利亚的玻璃器上较为常见[3]，仔细观察这件玻璃瓶腹部的乳钉大小不一，间距大致相同，可能是用玻璃条烧软后粘上并加工而成。马文宽根据土耳其西南海岸的沉船以及福斯塔特的发现推测这件乳钉纹玻璃瓶应该产自埃及或地中海东岸某地[4]。

同样是带乳钉纹，陈国公主墓中出土的另一件玻璃盘则采用了完全不同的加工方法（图6-50）。这件玻璃盘保存完好，清理时盘上覆盖一件银器盖，无色透明，表面有风化层。圆唇，敞口，弧腹，圈足。腹壁饰一周四棱锥状乳钉，共28个，棱缘锐利。这些乳钉系采用砂轮打磨而成，大小不一，底边长约1厘米，高约0.8厘米，腹壁还有凹形圆坑，每3个一组。据观察，盘壁虽经过抛光，但仍残有砂轮打磨的痕迹、圈足也是用砂轮打磨出来的。盘体较大，盘壁较厚。口径25.5厘米、底径10厘米、高6.8厘米。该盘没有进行成分分析，但器皿颜色和器表风化情况及质地等情况跟该墓中已分析的几件玻璃器相似，故推测仍属于钠钙玻璃。这件玻璃盘大而厚重，使用冷加工工艺琢磨出外壁乳钉和圈足的做法在早期伊斯兰玻璃器并不常见。根据安家瑶的分析，这件玻璃盘跟意大利圣马科（St. Mark）的两件镶有金属口沿作为吊灯

1 Takashi Taniichi, Islamic Glass Vessels Excavated from Tombs Dated 1018 and 1020 of the Liao Dynasty, Orient, 2004, Vol. XXXIX, p. 44.

2 Jens Kröger, Nishapur: Glass of the Early Islamic Period, The Metropolitan Museum of Art, 1995, pp. 104-106, 108, 111-112; Stefano Carboni and David Whitehouse, Glass of the Sultans, The Metropolitan Museum of Art, 2001, pp.120-122.

3 转引自安家瑶：《陈国公主与驸马合葬墓出土的玻璃器皿及有关问题》，载内蒙古自治区文物考古研究所等：《辽陈国公主墓》，文物出版社，1993年，第181—182页。

4 马文宽：《辽墓辽塔出土的伊斯兰玻璃——兼谈辽与伊斯兰世界的关系》，《考古》1994年第8期，第737页。

使用的玻璃盘较为相似，其腹部刻有许多小圆盘和小圆锥，推测陈国公主墓发现的玻璃盘外壁的凹坑很可能也是为了装配金属口沿而特意磨制的，是公元10或11世纪拜占庭玻璃制品，而且根据中国纪年辽墓中的发现还可以反推出圣马科玻璃盘的时代当在公元10或11世纪[1]。

陈国公主墓中还出土了两件形制相似的高颈玻璃瓶，发现时已经破碎，只复原了其中一件（H90，图6-51），呈淡黄绿色透明状，含较多气泡，器表有风化层，圆唇，侈口，细高颈，鼓腹，平底内凹，有粘棒疤痕。口沿上压印5个椭圆形装饰，颈部有两道凸弦纹，器壁厚薄不均，口沿部厚0.5厘米、底部厚0.2—0.3厘米；腹部最薄，不足0.1厘米；器体较大，口径8.5厘米、腹径20厘米、底径10厘米、通高31.2厘米。经成分测试，SiO_2含量为68%，CaO含量为6.4%，Na_2O含量为12.35%，K_2O含量为4.11%。

细长颈、鼓腹的玻璃瓶制作工艺较为简单，在伊斯兰早期的遗址中非常常见，吹制并加工成形后通常还会对口部进行烧口处理，或加工成侈口，在颈部缠饰玻璃条，更讲究的会在腹部装饰玻璃条、磨花或浮雕，这类颈部拉长并趋向大型化的玻璃瓶从公元11世纪开始变得极为常见，跟当时社会上香水（蔷薇水）的流行息息相关，而之前的小型球腹或柱形腹部的玻璃瓶主要用于盛装香精油[2]。安家瑶认为这两件高颈瓶跟伊斯兰玻璃中的薄壁水瓶很接近，但玻璃质量不如典型的伊斯兰玻璃，该瓶的器形跟新疆瓦石峡玻璃作坊遗址（详见第六章的元代玻璃部分）出土的玻璃瓶有相似之处，但质量要好一些，成分分析结果表明该瓶系钠钙玻璃制成，但既不同于地中海东岸的典型伊斯兰玻璃，也不同于新疆瓦石峡发现的玻璃，根据美国康宁玻璃博物馆Brill的研究结论，K_2O含量超过4%很可能是中亚玻璃制品，而不是来自中东，因此推测这件高颈瓶是伊斯兰玻璃生产由西向东传播

图6-49　内蒙古哲里木盟奈曼旗陈国公主与驸马合葬墓出土乳钉纹高颈玻璃瓶

图6-50　内蒙古哲里木盟奈曼旗陈国公主与驸马合葬墓出土乳钉纹玻璃盘

1　马文宽：《辽墓辽塔出土的伊斯兰玻璃——兼谈辽与伊斯兰世界的关系》，《考古》1994年第8期，第737页。

2　（日）由水常雄著，贺晶、黄海云译：《香水瓶》，上海书店出版社，2004年，第25—32页。

过程中在中亚制作的地方产品[1]。针对同样的成分分析结果，谷一尚却认为其跟来自伊朗西北部Takht-i-Sulaiman的两个成分数据相近[2]。因此关于其产地还有待于进一步讨论。

朝阳耿延毅墓发现的玻璃器除了以上讨论的带把杯之外，还有一件玻璃盘，器体呈淡黄色透明状，叠沿外卷，腹壁陡直，内底隆起，腹壁做出凹凸均匀的编织纹（暗花），酷似柳条箩筐纹样，口径18.8厘米、底径7.4厘米、高4.4—5.4厘米（图6-52）。从描述看，该玻璃盘应该是有模吹制成形，然后采用铁棒顶底进行再加工。谷一尚梳理以往发现，认为类似的玻璃盘在伊朗的Takht-i-Sulaiman、内沙布尔、Tureng Tepe等地都有发现，因此这件玻璃盘也应该是一件自伊朗高原传入的早期伊斯兰玻璃器[3]。

图6-51　内蒙古哲里木盟奈曼旗陈国公主与驸马合葬墓出土高颈玻璃瓶
（采自杨伯达主编：《中国金银玻璃珐琅器全集·4·玻璃器（一）》，第84页，图一四〇）

辽宁朝阳北塔天宫中发现的玻璃器较多，以小件玻璃制品为大宗，目前虽然还没有进行成分测试，但七宝塔中发现的一些玻璃珠，例如马赛克玻璃珠和蜻蜓眼玻璃珠等（图6-53），均有可能是外来玻璃珠。前者在清代之前从来都没有在中国本土自制玻璃中形成传统，后者虽然在战国之后在考古发现中已经不常见，但在西方世界各个历史时期一直都非常流行，因此不排除这两类玻璃珠是域外输入品的可能[4]。

图6-52　辽宁朝阳姑营子耿延毅墓出土玻璃盘
（采自朝阳地区博物馆：《辽宁朝阳姑营子耿氏墓发掘报告》，图版叁叁、3）

除此之外，天宫中发现的玻璃器中还有三件值得注意，包括1件玻璃瓶、1件七棱柱状小玻璃瓶、1件玻璃钵。玻璃瓶又称玻璃执壶，保存完整，经吹制、捏塑、粘接而成，器体较轻薄，呈淡绿色，晶莹透明。平口，一端出尖，子母式金盖，细颈，颈部缠一道玻璃条；卵形腹，最大径在下部，腹中部至口沿有扁形把手，把手的上部立一短柱，圈足外撇，凹底。该玻璃瓶造型的奇特之处在于瓶内还立有一个小瓶，长颈，弧腹，厚底，有执柄，呈淡蓝色。腹

1　安家瑶：《陈国公主与驸马合葬墓出土的玻璃器皿及有关问题》，载内蒙古自治区文物考古研究所等：《辽陈国公主墓》，文物出版社，1993年，第182—183页。

2　Takashi Taniichi, Islamic Glass Vessels Excavated from Tombs Dated 1018 and 1020 of the Liao Dynasty, Orient, 2004, Vol. XXXIX, p. 44.

3　Takashi Taniichi, Islamic Glass Vessels Excavated from Tombs Dated 1018 and 1020 of the Liao Dynasty, Orient, 2004, Vol. XXXIX, pp. 43-45.

4　郎成刚引用杨伯达的考证结果认为，天宫中发现的蜻蜓眼玻璃珠系腓尼基制造，但又推测可能是"战国中期中国的能工巧匠利用当地原材料进行仿制的产物"；认为其中的天蓝色管形珠是印度玻璃器，单色、彩色玻璃珠及玻璃坠饰为国产玻璃器，但未交代依据，参见郎成刚：《朝阳北塔发现的古玻璃器》，载辽宁省文物考古研究所编：《辽宁考古文集（二）》，科学出版社，2010年，第455—459页。

径8.5厘米、通高16厘米（图6-54）。

以往的器物描述中倾向于认为这件玻璃瓶在造型上像昂首蹲鸟，包括鸟首状流和柄部的鸟尾状扁柱。这种印象的产生其实跟玻璃瓶在造型上的三个特点密不可分：流状口、梨形腹和把手上的立饰，这都反映出其造型应当源自萨珊至伊斯兰早期的金属器，所谓的鸟尾实际上是在模仿当时金属器柄上立起来的棕叶饰（palmette）。从玻璃颜色判断，瓶身、柄部以及颈部缠饰的玻璃条并不是采用同一批料，瓶口的金盖也很可能是后加的，玻璃瓶系吹制而成当无疑问，但其制作过程还需要仔细推敲，尤其是考虑到瓶内还有一件带柄的小瓶，其宽度应该已经超过了大瓶的口宽，再加上大瓶底部有圈足，推测其制作过程当是先吹出两个玻璃泡并粘接，下部玻璃泡修成圈足后以铁棒顶底，然后剪断上部玻璃泡的铁管，扩大断口后放入小瓶粘接在底部，再将大瓶的口部修成流状，最后再添加柄部和柄上的立饰[1]。

图6-53　辽宁朝阳北塔天宫发现的马赛克玻璃珠和蜻蜓眼玻璃珠
（采自辽宁省文物考古研究所等：《朝阳北塔——考古发掘与维修工程报告》，图版四九、1，2）

这种瓶中瓶的造型非常奇特，目前还没有见到类似的发现，其具体功能也不清楚。不过跟大瓶造型相似的玻璃瓶却并不少见，马文宽认为这件玻璃瓶跟英国维多利亚和阿尔伯特博物馆藏的来自伊朗的一件玻璃瓶相似，一般认为其年代为公元10世纪末[2]。日本正仓院遗宝中也有一件类似的玻璃瓶，时代可以早到公元8世纪中叶，这一器形在公元10—11世纪时仍然流行，在美国康宁玻璃博物馆、大英博物馆中均有类似藏品，据传来自伊朗，其中有些采用浮雕工艺的玻璃瓶显然是在模仿当时社会上流行的同类型的水晶瓶，根据瓶子上的铭文可以确定这些水晶瓶制作于公元10世纪末至11世纪初[3]。

图6-54　辽宁朝阳北塔天宫发现的玻璃执壶

天宫中发现的另外两件玻璃容器都比较残破。一件为小玻璃瓶（图6-55），瓶身淡黄色透

1　这仅是依据照片做出的简单推测，具体可行与否还有待于观摩实物时加以验证。安家瑶曾简单提及制作这种瓶中瓶的技术在公元三四世纪的罗马帝国的两个玻璃生产中心叙利亚和莱茵河流域出现过，罗马帝国衰亡之后，这种技术被认为失传了，而辽宁朝阳北塔出土的玻璃瓶说明瓶中瓶技术在伊斯兰时期并没有完全失传。参见安家瑶：《玻璃器史话》，社会科学文献出版社，2011年，第168页。

2　马文宽：《辽墓辽塔出土的伊斯兰玻璃——兼谈辽与伊斯兰世界的关系》，《考古》1994年第8期，第738页。

3　David Whitehouse, Islamic Glass in the Corning Museum of Glass, Vol. One, The Corning Museum of Glass, 2010,pp.236-237, 296-300.

明，作七棱柱状，弧肩平底，口残，内藏沙粒（影身舍利）百余枚，残高7厘米；类似的盛舍利用的小玻璃瓶在朝阳新华路辽代石宫中也发现1件（图6-56），装饰稍显复杂。平口，长颈，口和颈内为圆形，外为六边形，瓶体为方形。瓶身有两种纹饰，一种纹饰呈凸起的柳叶形，一种在两侧有4道、瓶底有2道纵向凹槽，呈波浪状，且瓶身第二、四个波峰平面上刻有斜线纹。口径0.85厘米、瓶体宽2.4厘米、通高6.2厘米。

图6-55　辽宁朝阳北塔天宫发现的小玻璃瓶
（采自辽宁省文物考古研究所等：《朝阳北塔——考古发掘与维修工程报告》，图版五九、4）

这两件小玻璃瓶都应该是从公元9世纪开始广泛流行于伊斯兰世界（埃及、伊拉克、伊朗）的装化妆用的香精油、香水的小瓶，前文已多有讨论，此不赘述。器形颇具特色的是后者，为以往考古发现所罕见，其形状接近于一种被称为“臼齿形瓶”（Molar Flask）的早期伊斯兰香精油瓶，即在常见的长方体状瓶身外壁刻槽构成各种纹样，最明显的特征是器底雕刻出四枚尖柱支撑瓶身，就像臼齿齿面上的尖状隆起，有学者认为这种小瓶系模铸之后再钻孔、打磨出内腔，腔体多呈水滴状，外壁也需要经过雕刻、抛光处理后才能成型，也有人认为系有模吹制后再雕刻、研磨、抛光而成[1]。朝阳新华路发现的这件小玻璃瓶的外壁加工工艺显然跟臼齿形瓶有渊源，而且瓶腔呈水滴状，因此不排除是早期伊斯兰世界所常见的臼齿形瓶的一种，流行时代为公元9—11世纪。

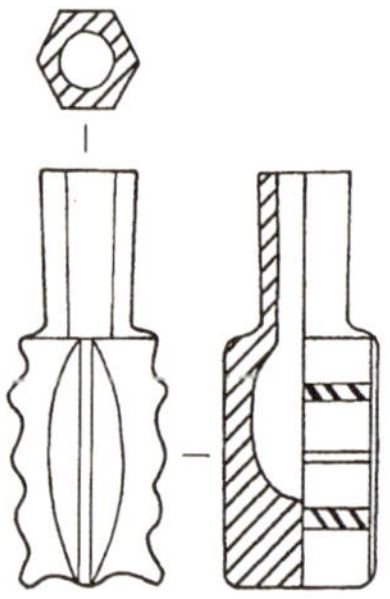

图6-56　辽宁朝阳新华路辽代石宫出土小玻璃瓶及线图
（采自辽宁省文物考古研究所：《辽宁朝阳新华路辽代石宫发掘简报》，《文物》2010年第11期，第43页，图三、3；第45页，图八）

朝阳北塔天宫中还发现一件玻璃钵残片（图6-57），仅存部分口、腹部，无色透明，微泛淡黄色，内含横向气泡，圆唇、深腹、上腹部有一周醒目的蓝色纹带，带下浮雕出数组椭圆形装饰[2]。复原口径约18厘米、高约15厘米、壁厚0.1—0.35厘米。这件玻璃钵虽然比较残破，但却是继湖南常德伊斯兰玻璃碗之后，中国境内宝石雕刻

1　Jens Kröger, Nishapur: Glass of the Early Islamic Period, The Metropolitan Museum of Art, 1995, pp. 135-137; David Whitehouse, Islamic Glass in the Corning Museum of Glass, Vol. One, The Corning Museum of Glass, 2010, pp. 133-142.

2　该玻璃残片描述简略，此处系笔者根据图版中的照片推测玻璃钵的外壁装饰应该是浮雕后抛光，而不是模吹成形。具体情况还需要通过观摩实物确认。

玻璃（cameo glass）的重要发现，其重要性主要体现在两方面：其一，以往发现宋代或辽代玻璃器，器表多不见装饰，即使是有装饰，也多以缠热玻璃条或轮刻各种线条构成的纹样为主，极少见以浮雕为主的装饰技法；其二是钵的上腹部缠绕一周蓝色玻璃装饰带，从工艺上看，虽然颜色不同于钵体，但需要跟构成钵体的无色透明玻璃料具备相近的膨胀系数和黏度，保证退火时不至于崩裂，反映出对不同玻璃材料特性的熟练掌握，推测蓝色的装饰带可能是先粘到坯体并滚料之后再吹制而成的，美国康宁玻璃博物馆收藏有一件玻璃大口杯，杯身中部环饰一周蓝色的装饰带，时代为公元9—10世纪，不过这件杯子可能在退火时产生了裂痕，因此没能最终制作完成（图6-58）[1]。在中国，这种工艺被学习并大量制作是在清代，通常称之为套料雕刻玻璃（详见第七章的相关讨论）。

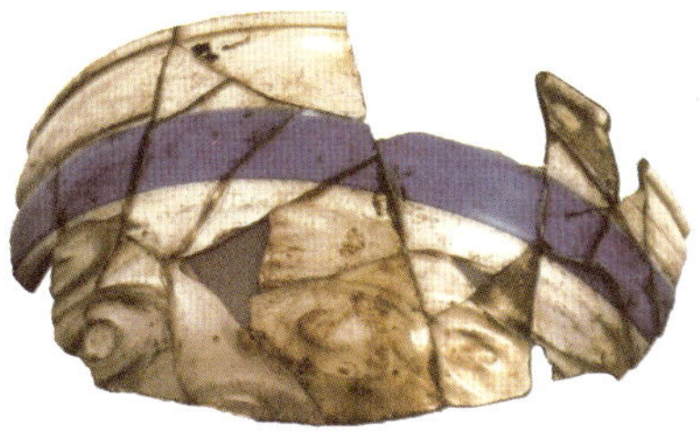

图6-57　辽宁朝阳北塔天宫发现的玻璃钵残片（采自辽宁省文物考古研究所等：《朝阳北塔——考古发掘与维修工程报告》，图版五九、1）

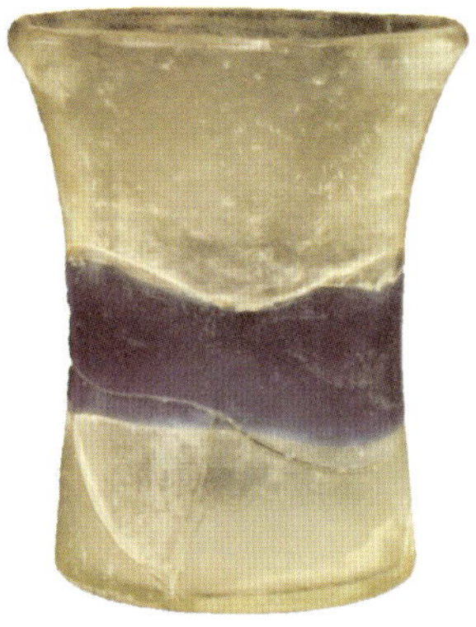

图6-58　美国康宁玻璃博物馆藏玻璃大口杯（采自David Whitehouse, Islamic Glass in the Corning Museum of Glass, Vol. One, The Corning Museum of Glass, 2010, p. 283, fig. 492）

1974年辽宁法库叶茂台发掘一座辽代早期墓葬（M7），该墓由一主室、一前室、两耳室构成。墓中出土三百多件精美随葬品，包括缂丝金龙纹尸衾、绣花锦袍、“官”字款鎏金银扣白瓷碗、口径达63厘米的鎏金银扣花式漆盘等，墓主推测是一位契丹贵族妇女。主室角落中放置木桌椅，桌上有漆勺、碗、玛瑙杯等器物以及一件罕见的玻璃方盘（图6-59）。玻璃方盘呈翠绿色，平面正方形，中心有一圆形凹坑，周围向四角方向各有一叶形凹坑，四叶间均刻两道横纹，下部有四个锥形足，色调深沉典雅，形体厚重平稳，原裂成三块，外缘镶一周银扣，裂纹处加三道银锔将其锔合在一起，铸造成型，成型后经过打磨，打磨痕迹很清楚。出土时置于木桌上，上承玛瑙杯，可能是用作盏托。边长9.9厘米、高2厘米[2]。

图6-59　辽宁法库叶茂台M7出土玻璃方盘

这件玻璃方盘在原简报中仅被简单提及，后来安家瑶描述了器形，认为其工艺

1 David Whitehouse, Islamic Glass in the Corning Museum of Glass, Vol. One, The Corning Museum of Glass, 2010, pp. 282-283. 郎成刚认为这件玻璃钵是一件萨珊玻璃器，但未提及依据，参见郎成刚：《朝阳北塔发现的古玻璃器》，载辽宁省文物考古研究所编：《辽宁考古文集（二）》，科学出版社，2010年，第455—459页。

2 杨伯达主编：《中国金银玻璃珐琅器全集》第4卷《玻璃器（一）》，河北美术出版社，2004年，第80页，图一三六以及图版说明第46页。

比较简单，我国玻璃生产水平能够胜任，但囿于当时的条件，名称、功能、产地等均无法确认[1]。马文宽发现大英博物馆藏的一件伊斯兰黄绿彩釉陶调味方盘跟叶茂台M7出土的绿色玻璃方盘极为相似，两者区别仅在于前者盘面上多了四个圆形浅盘，盘面上还印有浅浮雕几何纹和阿拉伯铭文，意为“来自巴士拉的阿卜·纳赛尔在埃及制造”，时代为公元9世纪。由此可见，叶茂台M7出土的绿色玻璃方盘可以定名为玻璃调味盘，产地为伊拉克或埃及[2]。还有一组可以比对的类似器物来自于著名收藏家Nasser David Khalili的伊斯兰艺术收藏，包括一件承托的玻璃小方盘和放置在盘上的小瓶，小瓶形状比较特殊，带碗状底部。两者颜色、质地相似，显然来自同一作坊，小瓶可能用来装香脂之类的化妆品，承托方盘的中心、四角以及四角之间有圆形、椭圆形共计9个小凹坑，研究者推测可能是用来调制化妆品的，不过仍然不排除其仅被用作底座的可能性，推测其产地为埃及或美索不达米亚，时代为公元9—10世纪[3]（图6-60）。

以上几批玻璃器都是根据国外藏品可以判定是西方输入品，有的发现因器形简单，加之未进行成分测试，很难断定是本地生产抑或域外传入，例如内蒙古巴林右旗辽庆州白塔塔刹中发现的玻璃小瓶，呈蒜头状，小口，圆腹，圜底，壁薄膛大。色泽墨绿透明，器表光滑无装饰，瓶内装有四粒白色洁净的石舍利，口径0.8厘米、腹径3.3厘米、高3.3厘米。这件小玻璃瓶器形小巧，只需简单吹制即可成形，不排除在本土制作的可能性。

近年发掘的辽墓中也出土了一些新的玻璃器，为深入了解辽代玻璃提供了全新的资料。首先是内蒙古通辽发掘的吐尔基山辽墓中发现的玻璃杯（图6-61）。该墓是一座长斜坡墓道石室墓，墓室棺床前漆案上放置的器物中有一件玻璃高足杯，透明微泛绿光，侈口，斜腹微弧，圜底下接圆柱，圆柱下接圆形底盘。杯体轻盈，是目前辽墓出土玻璃器中保存状况最好的一件，口径9.4厘米、底径3.9厘米、高12.5

图6-60 Nasser David Khalili藏品中的玻璃瓶和方盘
（采自Sidney M. Goldstein, Glass: From Sasanian Antecedents to European Imitations, The Nour Foundation, 2005, p.163, fig. 190）

1 安家瑶：《中国的早期玻璃器皿》，《考古学报》1984年第4期，第431—432页。

2 马文宽：《法库叶茂台早期辽墓出土的伊斯兰玻璃调味方盘》，《中国历史文物》2002年第3期，第46—48页。

3 Sidney M. Goldstein, Glass: From Sasanian Antecedents to European Imitations, The Nour Foundation, 2005, pp.161—162.

厘米。

这件玻璃杯的杯底是否有铁棒痕迹目前还不清楚，推测可能是先吹制成杯身，然后将一端预留的料坯加工成杯梗和盘状杯座，然后再利用铁棒技术加工出杯口。与之形状相似的发现较多，例如美国康宁玻璃博物馆收藏有一件高足杯（图6-62），研究者认为这类杯子在公元4世纪即已出现并流行，首先在地中海东岸及罗马出现，随即在整个地中海世界流行，时间一直持续到公元六七世纪，在地中海中部迦太基的汪达尔、拜占庭时期的堆积中、在意大利北部、法国南部等6—7世纪的遗址中都有发现，是当地最为常见的饮器。而来自约旦的一些发现表明，直到伊斯兰早期叙利亚—巴勒斯坦地区仍然在继续生产这种杯子[1]。值得注意的是，这些高脚杯的杯梗部分常常是中空的，而吐尔基山辽墓的这件从照片上观察可能是实心的玻璃小圆柱，因此也不排除是另外制作并粘附上的可能，具体情况如何还有待于更加详细信息的公布。

2010年辽宁省文物考古研究所等单位发掘在阜新县八家子乡解家烧锅发掘一座辽墓（XM3），根据出土墓志，墓主平原公主是辽圣宗长女。该墓是一座长斜坡墓道砖砌双室墓，多次被盗但仍然出土较为丰富的遗物，其中在甬道内出土6件玻璃器（复原5件），因被扰乱，原始位置不明，包括玻璃碗1件，盆1件，盘3件，杯1件。简报中仅公布了线图，并未发表实物图片（图6-63）。

图6-61　内蒙古通辽吐尔基山辽墓出土的玻璃杯
（采自深圳博物馆等：《契丹风韵——内蒙古辽代文物珍品展》，文物出版社，2011年，第59页）

玻璃碗呈白色透明状，圆唇、敞口、斜腹、平底，外壁及器底轮刻几何纹和植物纹样，口径18厘米、底径11.5厘米、高5厘米。根据外壁尤其是器底的六瓣植物纹样装饰，这件玻璃碗应该是伊斯兰玻璃器。

玻璃盆呈紫色透明状，器壁较薄，内壁平滑，壁面上有一层类似螺钿的物质，绝大多数已经脱落，外壁遍布椭圆形凹坑，器底较厚，不透明，颜色近紫黑色，中心位置是三道凹槽构成的圆形，内部饰花形图案，外部是大小不一的凹坑构成的图案，底径11.4厘米、残高7.2厘米。这件器物残损较为严重，外壁和底部均有凹坑（可能为磨花），内壁壁面上装饰类似螺钿的物质的做法不见于以往，具体情况如何还需要更加详细的资料。

图6-62　美国康宁玻璃博物馆藏高足杯
（采自David Whitehouse,Roman Glass in the Corning Museum of Glass, Vol. One, The Corning Museum of Glass, 1997, p. 104, fig. 154）

二件玻璃盘形状基本相似，白色透明，敛口，尖唇，鼓腹，圜底近平。器壁较厚，内壁平滑

1 David Whitehouse, Roman Glass in the Corning Museum of Glass, Vol. One, The Corning Museum of Glass, 1997, pp. 103—104.

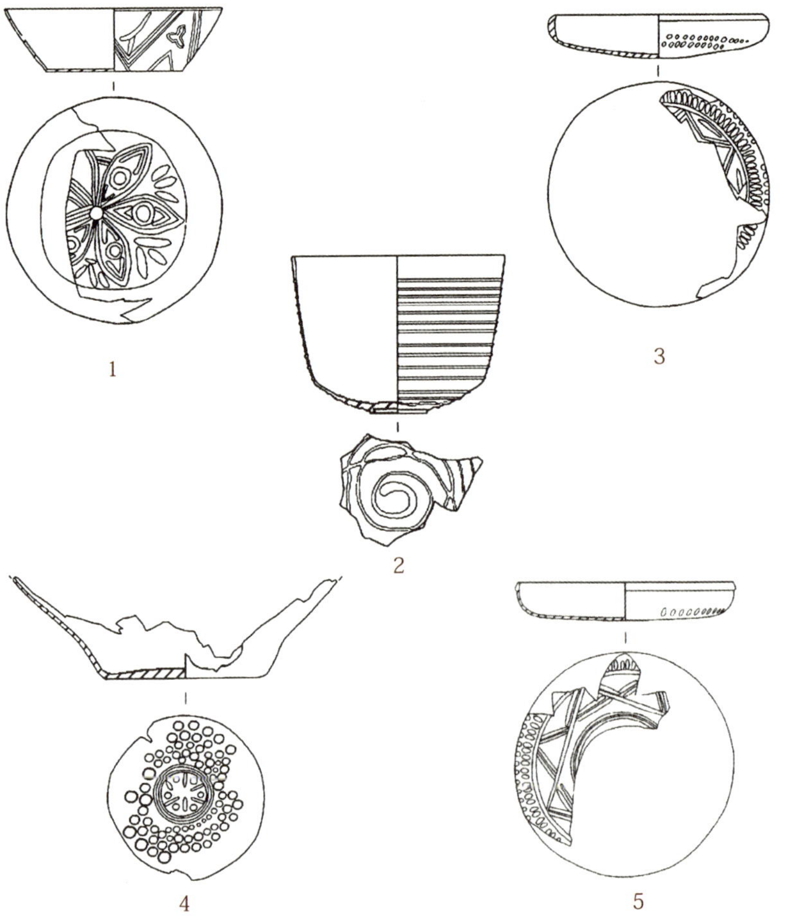

图6-63　辽宁阜新八家子乡辽平原公主墓出土玻璃器
（1.玻璃碗；2.玻璃杯；3、5.玻璃盘；4.玻璃盆）（采自辽宁省文物考古研究所等：《辽宁阜新县辽代平原公主墓与梯子庙4号墓》，《考古》2011年第8期，第56页，图一五：1、8、9、11、15）

无装饰，腹部有竖向凹槽，成排环绕器壁一周，三件玻璃盘的口径在22—23厘米之间，底径为17—18厘米，高约3—4厘米。这三件玻璃盘的器形和装饰风格类似，都属于大口的浅盘，盘壁装饰成排的椭圆形凹槽，外底则轮刻出几何形纹饰，而且已经公布资料的两件玻璃盘的底部几何形装饰可能相似，都是在圆圈中刻八角形，所谓八角形其实是两个正方形叠加并错位旋转45°而成，是伊斯兰艺术中常见的装饰题材，与之非常相似的是美国康宁玻璃博物馆中收藏的一件据传来自德黑兰的玻璃盘，时代为公元9—10世纪，保存较为完整，外壁横饰两排椭圆形磨花，底部在圆圈刻饰八角形，八角形中再刻一圆形，圆中刻出十字形，十字形的四个端点有斜向凹槽相连（图6-64），平原公主墓出土的玻璃盘（XM3:79）底部残存的纹样几乎跟这件玻璃盘完全一样。器形相似、外壁同样装饰成排的椭圆形磨花但底部几何纹样略有不同的玻璃盘在埃及福斯塔特也曾出土过[1]。

玻璃杯呈蓝色透明状，圆唇、直口、斜直腹、小圜底，器身装饰11道玻璃条，底部也粘有呈旋转状的玻璃条，自底部螺旋向上并相互交接，口径12厘米、高8.5厘米。这件玻璃杯斜直腹的做法跟外国玻璃器所常见的大口杯颇为相似，不同之处在

1 David Whitehouse, Islamic Glass in the Corning Museum of Glass, Vol. One, The Corning Museum of Glass, 2010, pp. 93-95.

于底部为圜底，而且采用热加工工艺在底部以及外壁缠饰细玻璃条，既能使杯子立住，也便于持握，而且还很好地装饰了外壁。以上仅是基于线图对于平原公主墓出土玻璃器的观察，受信息及其他因素的限制，除了特征比较鲜明的玻璃盘之外，其他玻璃器的产地及工艺等方面的研究还无法进一步展开。

2015年内蒙古锡林郭勒盟多伦县清理两座大型辽墓，其中M2出土一方墓志，从志文可知墓主为辽圣宗贵妃萧氏，葬于辽圣宗统和十一年（993年），为归德军节度使、同政事门下平章事萧宁长女，次女为秦晋国妃，下嫁圣宗之弟、秦晋国王耶律隆庆，即前文陈国公主之父，萧氏所属的家族曾先后出了4位皇后，是辽代后族中最为显赫的一支。墓中随葬品众多，包括制作精美的鎏金银冠、金花银靴、大批金银扣器等。

该墓中出土玻璃器4件。包括2件玻璃杯，一件残碎，一件可大致修复（M2:29），深绿色半透明状，直口，圆筒状腹部，近底处弧收，底部残。下腹部饰有三重花瓣纹，呈半浮雕状。有扁圆形环状把，上端有圆球状突起，便于持握。口径8.8厘米、残高8厘米（图6–65）。这件玻璃杯的底部已经残损，因此并不清楚其完整形态，腹部的多重花瓣很可能是有模吹制而成，把手上部短柱上的圆球状突起也不见于以往国内发现的玻璃器。

玻璃瓶发现2件，一件呈深褐色（M2:9），方唇，侈口，漏斗形细高颈，平肩，扁鼓腹下部外侈，底内凹。口径3.8厘米、底径7.2厘米、高12.2厘米（图6–66）。另一件呈浅蓝色（M2:10），圆唇，口部略似椭圆状，一侧有尖状流，束颈，斜腹外侈呈上小下大的锥状，底内凹。口部下方有凸棱并饰两道凸弦纹。口长6厘米、宽1—2.4厘米、底径11厘米、高17.6厘米（图6–67）。跟同墓出土的玻璃杯一样，两件玻璃瓶的把手上部的短柱上也都有相似的圆球状突起，除此之外，前者的特色在于圆口和接近半球状的腹部，后者虽然是流状口，但口部尖细向上，腹部呈锥状，两者底部均内凹而不见圈足，这些特征所构成的组合均不见于以往国内发

图6–64　美国康宁玻璃博物馆藏玻璃盘（采自David Whitehouse, Islamic Glass in the Corning Museum of Glass, Vol. One, The Corning Museum of Glass, 2010, p. 95, fig. 145）

图6–65　内蒙古锡林郭勒盟多伦县萧贵妃墓出土玻璃杯及线图（采自内蒙古文物考古研究所等：《内蒙古多伦县小王力沟辽代墓葬》，《考古》2016年第10期，第70页，图三七、7；第73页，图四六）

图6–66　内蒙古锡林郭勒盟多伦县萧贵妃墓出土玻璃瓶及线图（一）（采自内蒙古文物考古研究所等：《内蒙古多伦县小王力沟辽代墓葬》，《考古》2016年第10期，第70页，图三七、14；第73页，图四七）

现的外来玻璃器，其域外特色当无疑问，从工艺上看都是吹制而成并采用铁棒技术加工处理，后者尖细的口部可能是用钳具向上牵拉而形成的。材料所限，目前笔者还没有找到与之完全相似的器物，但玻璃杯直筒状的杯身、玻璃瓶斜壁细高颈或锥状瓶身都是伊斯兰早期玻璃器的常见特征[1]，因此可以大致推测这批玻璃器也很可能是外来的早期伊斯兰玻璃器。

图6-67　内蒙古锡林郭勒盟多伦县萧贵妃墓出土玻璃瓶及线图（二）（采自内蒙古文物考古研究所等：《内蒙古多伦县小王力沟辽代墓葬》，《考古》2016年第10期，第70页，图三七、16；第73页，图四八）

位于内蒙古巴林左旗的辽祖陵是辽代开国皇帝耶律阿保机的陵寝，一号陪葬墓位于辽太祖陵园内的一个簸箕形小山坳内的高地上，三面山岭环抱，东北与辽太祖陵仅隔一道山陵，南侧山岭上发现大型墓上祭祀性建筑。该墓规模庞大，墓主人地位较高，推测是辽太祖第三子、辽太宗的皇太弟、天下兵马大元帅耶律李胡[2]。墓中出土5件玻璃器，但仅复原出1件玻璃碗，蓝黑色半透明状，胎内含气泡，圆唇、侈口，斜腹，平底稍上凹，外底中部有一坑，底径11.1厘米、高6.7厘米（图6-68）。其余玻璃残片有蓝色、褐色、无色透明等几类，六十余片，可以观察出的器型包括平底侈口碗、直颈瓶等。这批玻璃器不见纹饰，玻璃碗器形较大，制作工艺较高，安家瑶认为跟伊朗内沙布尔生产的玻璃碗有相似之处，因此推测为公元10世纪输入的伊斯兰玻璃器[3]。

图6-68　内蒙古巴林左旗辽祖陵一号陪葬墓出土玻璃碗（采自中国社会科学院考古研究所内蒙古第二工作队等：《内蒙古巴林左旗辽祖陵一号陪葬墓》，《考古》2016年第10期，第17页，图四五）

辽代本土能否自制玻璃器目前还不清楚，但目前考古发现已经能够提供一些线索，主要包括一些小件玻璃饰品以及玻璃带具。虽然在很多情况下还缺乏成分分析结果的支持，但这类器物形体较小，制作工艺并不复杂，器形上又不见于西方玻璃体系，应该是当时所常见的装饰品和生活用品，因此推测这类器物很可能是本土制作的玻璃器，当然也不排除是从宋代统治区域内输入的可能。这其中又以玻璃带具最为典型，《中国金银玻璃珐琅器全集》的玻璃器卷中曾收录1949年辽宁义县清河门水泉沟辽墓出土的11件玻璃带銙，出土时共15块，部分已粉碎，失去原形。呈白色，表面有较厚的

1　例如在内沙布尔就曾发现过瓶身呈上小下大的锥状玻璃瓶，不过带圈足，且外壁贴饰复杂的玻璃条，时代推测为公元11世纪上半叶，但这一时代判断是基于陈国公主墓中乳钉纹高颈玻璃瓶，参见Jens Kröger, Nishapur: Glass of the Early Islamic Period, The Metropolitan Museum of Art, 1995, pp. 135–137。

2　中国社会科学院考古研究所内蒙古第二工作队等：《内蒙古巴林左旗辽祖陵一号陪葬墓》，《考古》2016年第10期，第21—23页。

3　安家瑶：《辽祖陵1号陪葬墓出土玻璃器》，载《中国考古学会第十四次年会论文集》，文物出版社，2012年，第500—508页。

侵蚀粉化层，形状有云形、馒头形、方形和桃形銙以及圭形蛇尾，背面有固定于带上的小孔和因带具腐蚀留下的铁锈痕迹，云形、馒头形銙有穿孔（俗称古眼）以系物，是蹀躞带的构成部分[1]（图6-69）。

图6-69　辽宁义县清河门水泉沟辽墓出土玻璃带銙
（采自杨伯达主编：《中国金银玻璃珐琅器全集·4·玻璃器（一）》，第78页，图一三三）

另一批发现集中出土于辽宁凌源小喇嘛沟墓地，该墓地共发掘11座辽墓，有7座出土了数量不等的玻璃饰品。M2出土了玻璃管状饰1件，另有长方形、心形、环形、柳叶形、纽状饰件共6件，皆呈扁平状，白色。M4中出土带具一套（图6-70），共70余件，扁平状，原本应为青白色半透明，如冰类玉，出土后因受潮而局部呈乳白色粉末状，形状分马蹄形、心形、长方形、圆角长方形、圆角方形、圭形等几类，上穿铁质铆钉；M5出土带具一套，共40多件（图6-71），包括带銙、牌饰、横栓等，形状大致跟M4发现的差不多，均有铁质铆钉，不见带扣；M7出土4件玻璃节约，平面近弧边三角形，底座呈花边状，中间为半球状凸起，三角顶端各有一个穿孔（图6-72）；M8墓室前部出土多套带具，共计132件，部分器物上残存彩绘痕迹，带铁质铆钉，根据其用途和形状差异可以分出11种类型（图6-73），女性墓主的头颈位置出土1套项链，由水晶、琥珀、玻璃、玉、银、铜等不同材质的小饰件构成，其中包括2件心形玻璃吊坠和1件T形玻璃坠（图6-74），腰部出土一组并排的8件带具，平端向下，弧端向上，总长49厘米，高6—7厘米，仅一件保存较为完整，白色扁平状，一端平直，一端圆弧，两侧边近直，四角近边缘处有4个钉孔；M9出土7枚串珠，原报告认为是石器，但根据其质地疏松、外表呈螺丝状推测，更大的可能是以缠绕法制作的玻璃珠。

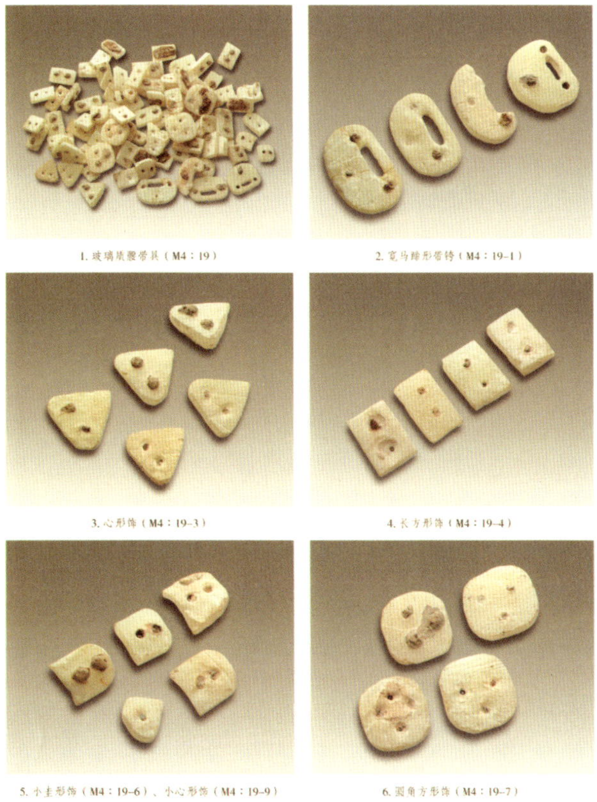

图6-70　辽宁凌源小喇嘛沟墓地M4出土玻璃带具
（采自辽宁省文物考古研究所：《凌源小喇嘛沟辽墓》，彩版六六）

1　杨伯达主编：《中国金银玻璃珐琅器全集》第4卷《玻璃器（一）》，河北美术出版社，2004年，第78页，图一三三以及图版说明第45页；简报参见李文信：《辽西省义县清河门西山村“辽佐移离毕萧相公”族墓发掘工作报告》，《文物参考资料》1951年第9期，第111—119页。

图6-71 辽宁凌源小喇嘛沟墓地M5出土玻璃带具
（采自辽宁省文物考古研究所：《凌源小喇嘛沟辽墓》，彩版七〇、3）

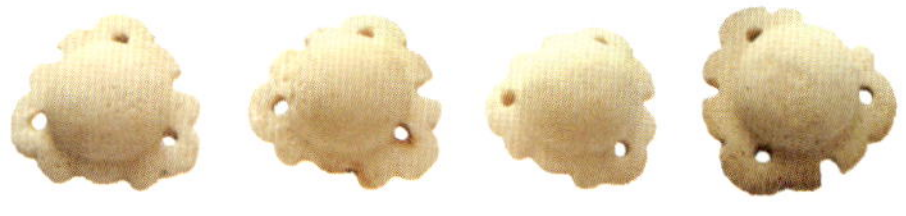

图6-72 辽宁凌源小喇嘛沟墓地M7出土玻璃节约
（采自辽宁省文物考古研究所：《凌源小喇嘛沟辽墓》，彩版八一、4）

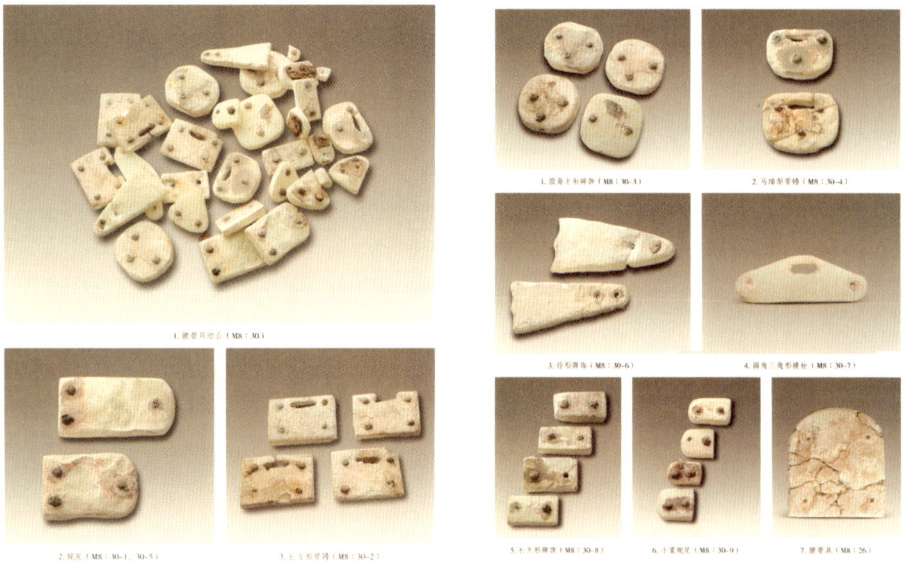

图6-73 辽宁凌源小喇嘛沟墓地M8出土玻璃带具
（采自辽宁省文物考古研究所：《凌源小喇嘛沟辽墓》，彩版八九、九〇）

M11出土的带具最为完整，包括铜、玻璃复合带具2套。一套出土于男性墓主头部左侧（M11:47），由带扣、带箍、心形带饰、菱形带饰、圭形带饰、马蹄形带饰、圆形有孔带銙、铊尾、小带扣、小带箍、豆荚形横栓、双环接头等组成，其中带扣、带箍和双环接头等连接件为铜制。带銙、铊尾、横栓、牌饰等装饰件皆为玻璃质，但背板和铆钉为铜制，共22件（图6-75）。玻璃质带具表面加工圆滑，受侵蚀后呈乳白色，表层局部脱落，素面。另一套出土于男性墓主腰部，由带扣、带箍、方形带銙、铊尾、小带扣、小带箍、葫芦形带头、心形带饰（分大小两种）、圭形带饰、转轴等组成。方形带銙、铊尾、心形带饰、圭形带饰为玻璃质，背板和铆钉皆为铜质；葫芦形带头为玻璃质，无背板，共34件（图6-76）[1]。

蹀躞带是带蹀躞的腰带，蹀躞即腰带带銙穿孔上引出的下垂小带。《旧唐

1 辽宁省文物考古研究所：《凌源小喇嘛沟辽墓》，文物出版社，2015年，第53—54、63—65、68—70、80、87—90、98、115—118页。

书·舆服志》中记载“武官五品已上佩蹀躞七事，七谓佩刀、刀子、砺石、契苾真、哕厥、针筒、火石袋等也”。《辽史·仪卫志》也有武官七事的记载，跟唐代文献完全相同[1]。蹀躞带在辽代文献中还常常被称为鞊鞢带，两者可能都是突厥语称呼的汉语译写[2]。不同场合、不同情况下会使用不同质地的鞊鞢带，例如《契丹国志》记载：“国母与蕃官皆胡服，国主与汉官即汉服……服紫窄袍，加义襕，系鞊鞢带，以黄红色绦裹革为之，用金、玉、水晶、碧石缀饰”；又如《辽史·仪卫志》记载：“臣僚戴毡冠……服紫窄袍，系鞊鞢带，以黄红色绦裹革为之，用金玉、水晶、靛石缀饰，谓之‘盘紫’。太宗更以锦袍、金带。”[3]可见文献中的鞊鞢带上的装饰有不同的质地，但唯独没有以琉璃为装饰的记载。

图6-74　辽宁凌源小喇嘛沟墓地M8出土项链
（采自辽宁省文物考古研究所：《凌源小喇嘛沟辽墓》，彩版九一）

受保存状况的限制，玻璃带饰原先是否有纹饰及其细部已经很难探究，更难据之探讨玻璃带饰的文化属性及产地，但带心形坠饰和T形坠饰的项链多在契丹人墓葬中发现，具有鲜明的契丹文化特色，因此凌源小喇嘛沟墓地是契丹贵族家族墓地当无疑问。该墓地所出的玻璃带具色白温润，具有明显的仿玉倾向，目前所知的高

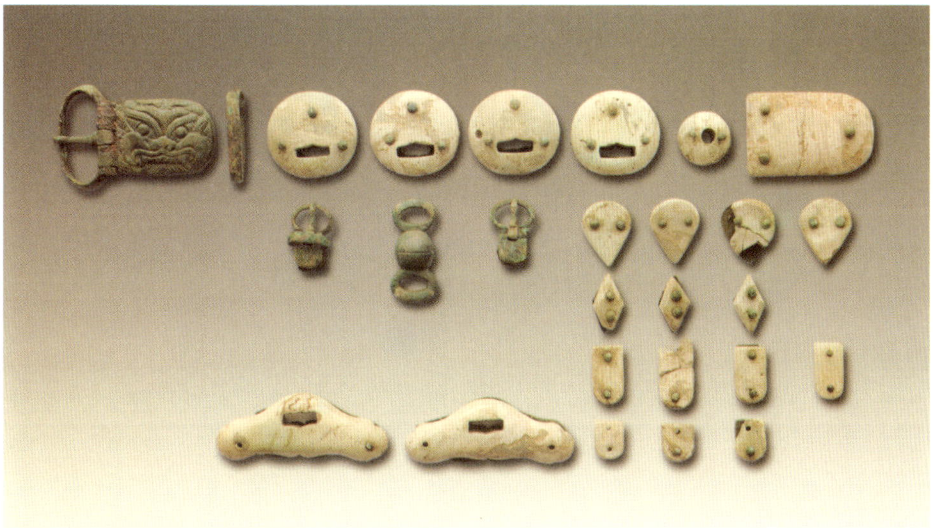

图6-75　辽宁凌源小喇嘛沟墓地M11出土玻璃带具
（采自辽宁省文物考古研究所：《凌源小喇嘛沟辽墓》，彩版一一八、1）

1 （后晋）刘昫等：《旧唐书》卷四五《舆服志》，中华书局，1975年，第1953页；（元）脱脱等：《辽史》卷五六《仪卫志》，“武官鞊鞢七事：佩刀、刀子、磨石、契苾真、哕厥、针筒、火石袋。”中华书局，1974年，第910页。

2 冯恩学：《蹀躞带——契丹文化中的突厥因素》，《文物季刊》1998年第1期，第65—69页。

3 （宋）叶隆礼撰，贾敬颜等点校：《契丹国志》卷二三《衣服制度》，中华书局，2014年，第252页；（元）脱脱等：《辽史》卷五六《仪卫志》，中华书局，1974年，第906页。

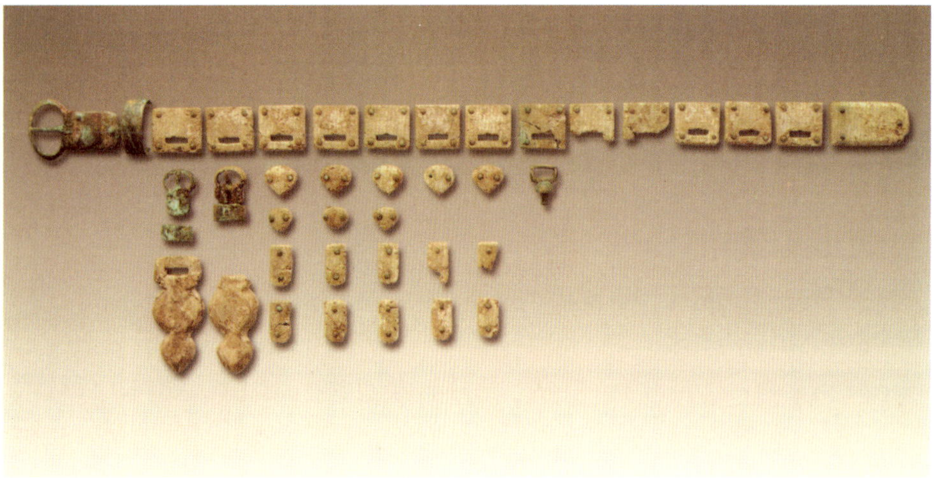

图6-76　辽宁凌源小喇嘛沟墓地M11出土玻璃带具
（采自辽宁省文物考古研究所：《凌源小喇嘛沟辽墓》，彩版一一九、1）

等级辽墓诸如陈国公主与驸马合葬墓多出金银带具，凌源小喇嘛沟墓地中出土玻璃带具的墓葬的墓主虽非最高等级的贵族，但身份应该不低。发掘者推测个别墓主（M1）生前身份和地位略低于公主，但高于一般节度使或普通契丹贵族，应该相当于重要节度使一级或高级贵族家族的重要成员；其余墓主身份推测为一般节度使或高级贵族家族的普通成员。从他们墓葬出土随葬品的情况推测，这些人至少不太可能是因为生活贫困而将玻璃带具作为玉带具的替代品，这其中到底蕴含着契丹人对于玻璃这种材料的何种认识非常耐人寻味。

通过以上梳理、分析可以发现，域外输入的早期伊斯兰玻璃器仍然占了目前发现的辽代玻璃器的绝对多数，仅有少数装饰品和日常生活用具有可能为本土制作，与晚唐一样，辽代玻璃出土地点同皇室、贵族和寺院有关，玻璃是地位显赫的高级贵族生活中重要的奢侈品，例如《乘轺录》中就曾记载辽统和二十六年、宋大中祥符元年（1108年）耶律隆庆设宴招待“国信使”路振，所用器皿“皆颇璃、黄金扣器”[1]。

值得注意的是，在一些墓葬中玻璃器并不是唯一的外来物品。例如陈国公主及驸马合葬墓中出土的内底錾刻六角形的铜盆，内壁口沿还刻一周阿拉伯文，是一件特征比较鲜明的伊斯兰铜器[2]；多伦县小王力沟萧妃墓中发现三件铜盆，内壁口沿和内底都錾刻纹样，应该也是伊斯兰铜器[3]。另外，辽墓、辽塔中还经常发现琥珀装饰品，根据许晓东的研究其很可能来自波罗的海沿岸，至少可以经过三条路线辗转进入辽境内[4]。这些发现连同外来玻璃器，无不反映出辽代昌盛的中西交流

1　贾敬颜：《五代宋金元人边疆行记十三种疏证稿》，中华书局，2004年，第43页。

2　内蒙古自治区文物考古研究所等：《辽陈国公主墓》，文物出版社，1993年，第48页；阿卜杜拉·马文宽：《伊斯兰世界文物在中国的发现与研究》，宗教文化出版社，2006年，第132—133页。

3　简报中提到铜盆出土3件，公布了1件器物的线图（M2:16），但线图较小，口沿和底部的纹饰看不清细部，但就其大致轮廓推测器物描述里提到的口沿及内底的几何纹很可能是风格化的阿拉伯文装饰，这在伊斯兰世界的建筑和手工艺品的装饰上非常常见，具体情况还有待于更多信息的公布。参见内蒙古文物考古研究所等：《内蒙古多伦县小王力沟辽代墓葬》，《考古》2016年第10期，第70、72页。

4　许晓东：《辽代琥珀来源的探讨》，《北方文物》2007年第3期，第38—44页。

状况。

如果综合晚唐、宋、辽伊斯兰玻璃的出土情况，会发现一个明显的现象，即主要都出土在北方地区，特别是成批的发现及墓葬中的物品多在北方，而且辽代的遗物数量较多。新出土材料的不断积累已经表明这一情况不是偶然现象，也很难都解释成是由海路输入再辗转传到北方的。很多文献记载都反映出辽政权跟西域各邦有非常密切的往来，例如《辽史》中的《属国表》有波斯、大食、党项、回鹘、西北诸蕃等遣使来贡的明确记载[1]，《契丹国志》中也记载："高昌国、龟兹国、于阗国、大食国、小食国、甘州、沙州、凉州，已上诸国三年一次遣使，约四百余人，至契丹贡献：玉、珠、犀、乳香、琥珀、玛瑙器、宾铁兵器、斜合黑皮……契丹回赐，至少亦不下四十万贯"[2]。《辽史·圣宗本纪》记载：开泰九年（1020年）十月，"大食国遣使进象及方物，为子册割请婚"，太平元年（1021年）三月，"大食国王复遣使请婚，封王子班郎君胡思里女可老为公主，嫁之"[3]。与西方来往不断，甚至互通婚姻，当然会直接或间接得到大食所产的伊斯兰玻璃。另外，地处伊斯兰和辽政权之间的回鹘人无疑是当时东西方贸易的重要角色，很多外来物品可能都是经过回鹘商人之手流入辽代疆域之内的[4]。

辽墓壁画常绘表现通商的骆驼和车，似乎很重视对外交往。辽代之前自西域经河西走廊入中原的路线以北，一直存在着一条连通东西方的交通路线，北魏平城（今山西大同）、唐代营州（今辽宁朝阳）的若干外来器物、钱币以及胡人形象的壁画、陶俑的发现都是这条路线曾经繁荣昌盛的明证。辽朝控制中国北部后，避开中原王朝独自发展了与西方的贸易，多次成批出现伊斯兰玻璃器，已并非孤立现象，说明辽代中国北方草原通往中亚、西亚的交通路线仍然较繁荣[5]。玻璃是极易破碎的物品，很难长久保存，晚唐、宋、辽发现的伊斯兰玻璃，都属于9—11世纪伊斯兰早期的产品，应是当时的新产品传入中国。十分有趣的是，天宝十载（751年）的怛逻斯之战产生的一个后果就是大食人从中国战俘中学到了造纸技术，并把它传入西方；而在当时繁盛的东西方贸易的大背景下，大食人又把大量玻璃传到中国，几起几落的中国玻璃制造，终于在此之后逐渐走向成熟[6]。

---

1 （元）脱脱等：《辽史》卷七〇《属国表》，中华书局，1974年，第1125—1194页。

2 （宋）叶隆礼撰，贾敬颜等点校：《契丹国志》卷二一《诸小国贡进物件》，中华书局，2014年，第230—231页。

3 （元）脱脱等：《辽史》卷一六《圣宗本纪》，中华书局，1974年，第188—189页。

4 许晓东：《辽代琥珀来源的探讨》，《北方文物》2007年第3期，第38—39页。

5 关于辽代东西方交通路线的讨论，参见贾敬颜：《五代宋金元人边疆行记十三种疏证稿》，中华书局，2004年，第43页；马文宽：《辽墓辽塔出土的伊斯兰玻璃——兼谈辽与伊斯兰世界的关系》，《考古》1994年第8期，第740—741页；钟焓：《辽代东西交通路线的走向——以可敦墓地望研究为中心》，《历史研究》2014年第4期，第34—49页。

6 辽之后的金代玻璃目前发现和研究都还比较少，比较重要的发现有朝阳重型机器厂院内的金墓出土的1件蓝料小盖罐，呈天蓝色，盖中空，附带球状子口，外顶有圆形球状小钮。圆唇，斜肩，袋式鼓腹向下内收，小平底。色泽艳丽，造型小巧美观。通高5.6厘米、口径2.7厘米、腹径5.3厘米、底径3.2厘米。成分不明，尚晓波认为是古代西亚传入之物，但就造型来看似为北魏以来所常见，参见朝阳市博物馆编：《朝阳历史与文物》，辽宁大学出版社，1996年，第208页；朝阳市博物馆编：《龙城宝笈：朝阳博物馆馆藏文物精品》，辽宁人民出版社，2011年，第141页；张桂霞等：《辽宁地区出土古代玻璃器概述》，《东北史地》2014年第3期，第21—25页。

第七章 元明清玻璃

第一节 元明玻璃

公元12—14世纪的蒙元时代，成吉思汗及其子孙率领的蒙古铁骑横扫了整个亚洲大陆和东欧，建立起东起太平洋，西达地中海，北尽北冰洋，南至印度和东南亚的大帝国，其疆土之广，超过了地理大发现之前人类历史上的任何世界帝国。蒙古人频繁的征服活动，动员了大量人力物力，客观上促进了各族群在不同地区之间的流动，并且几乎在一夜之间打破了过去长期限制人们交往的疆界，东西方世界的交往终于在蒙元时代迎来了空前繁荣的鼎盛时代[1]。

元代文献中依然有较多有关伊斯兰玻璃的记载，也有外国学者系统梳理了十几件14世纪产于埃及、叙利亚的马穆鲁克（Mamluk）朝描金釉彩玻璃输入中国的历史[2]，但遗憾的是，根据目前积累的考古资料，东西方世界的直接交流似乎并没有为蒙元时期中国的玻璃生产带来质的飞跃。根据文献记载，当时的皇宫中有可能使用了玻璃窗，例如《马可·波罗行纪》一书描述忽必烈所住的元大都时提到"窗上玻璃明亮有如水晶"[3]，推测元代宫廷建筑已经开始使用玻璃窗。另外，元朝政府在将作院下设立官办作坊"瓘玉局"，秩从八品，等级较低，且并未交代其具体职掌，但将作院"掌成造金玉珠翠犀象宝贝冠佩器皿，织造刺绣段匹纱罗，异样百色造作"，其下有专掌玉、金银、玛瑙等质地器物的生产部门，这里的瓘玉，很可能就是稍晚的明代文献中的罐子玉[4]，亦即当时人对于玻璃的别称，瓘玉局也很可能是专门生产仿玉玻璃器的官办作坊[5]。纽约大都会艺术博物馆藏《仕女图》、纳尔逊艺术馆藏《柳瓶观音像》等元代绘画作品中可以发现玻璃碗、杯和玻璃净瓶，有较高的透明度，似乎反映出当时除宗教画关于琉璃的想象之外，确实已经存在并使用着透明度较高的玻璃容器[6]。

1 刘迎胜：《丝绸之路》，江苏人民出版社，2014年，第223—238、450—477页。

2 参见马文宽：《中国传世的埃及和叙利亚马穆鲁克描金釉彩玻璃》，载氏著：《伊斯兰世界文物在中国的发现与研究》，宗教文化出版社，2006年，第52—83页。

3 不过这段译文似有不同理解，参见冯承钧译：《马可波罗行纪》，上海书店出版社，1999年，第201、203页。

4 《格古要论》曾提到："雪白罐子玉，系北方用药于罐子内烧成者，若无气眼者，与真玉相似，但比真玉则微有蝇脚，久远不润，且脆甚。"参见（明）王佐：《新增格古要论》卷六《珍宝论》"罐子玉"条，浙江人民美术出版社，2012年，第199页。

5 参见（明）宋濂等：《元史》卷八八《百官志》，中华书局，1976年，第2225—2227页。

6 很多绘画中透明的容器是否一定是玻璃器，还可以继续讨论。参见安家瑶：《玻璃器史话》，社会科学文献出版社，2011年，第176页。

图7-1　江苏苏州张士诚父母合葬墓出土玻璃圭

目前墓葬中发现的元代玻璃器还比较少，比较重要的有苏州张士诚父母合葬墓中出土的玻璃圭板、甘肃漳县汪世显家族墓出土的玻璃盏托。

1964年，苏州市文管会等单位发掘了张士诚父母合葬墓[1]。张士诚在元末起兵抗元，攻陷泰州高邮，割据姑苏，自称吴王，其父早年去世，母亲死于至正二十五年（1365年），同年其父由泰州迁葬与其母合茔。与之相应，男棺内仅发现数段尸骨，在胸部发现一件木盒，以香楠木制成，盒内放一件玻璃圭，最初曾被误认为是玉圭。圭呈涅白色[2]，长条形，系浇铸而成。顶部作尖状，下端和两边平齐，通体光亮无纹样。下段有提花织锦套，以便执手。玻璃圭长42.6厘米、宽6.5厘米、厚1厘米，洁白光滑，晶莹如玉，是目前发现的形体较大的玻璃制品之一（图7-1）。

1972—1979年，甘肃博物馆、漳县文化馆清理漳县汪世显家族墓地中的墓葬27座，其中漳县文化馆在1975年清理了汪惟贤及其夫人祁氏墓（M20），该墓中出土了一套玻璃莲花托盏[3]（图7-2）。玻璃托盏由托、盏两部分构成，均模铸成形。托盘深蓝色半透明状，胎内含气泡较多。托盘平折口，边沿作八瓣莲花形，腹壁略向外撇呈正八边形，平底。盏胎内含气泡较托少，微透明。口、腹呈七瓣莲花形，假圈足，底心略凹。造型新颖美观，色彩稳重浓郁，完好无损。巩昌汪氏是元明时期陇右著名军功世家，金末元初汪世显降蒙古之后助其平西南多地，拜便宜都总帅，领二十余州事，汪惟贤是汪世显之孙，位列三公，权倾一时，身份极高。以上两件墓葬中出土的玻璃制品不但制作精美，而且墓主身份都比较特殊，因此有学者推测这两件玻璃制品有可能是当时瓘玉局的产品[4]。

安家瑶曾介绍美国大都会艺术博物馆藏的一件元代玻璃碗，这件碗呈天蓝色半透明状，侈口，小圈足，高7.5厘米，口径16厘米，据称购自埃及开罗的古董市场，器形类似于中国宋元时期的瓷碗，成分分析也表明跟山东博山元末明初的玻璃成分相似，因此这件玻璃碗应该是元代玻璃制品，经由海路贸易到达埃及[5]。

明代文献中有关玻璃的记载多了很多对制作工艺的描写，说明随着玻璃制品行

1　苏州市文物保管委员会等：《苏州吴张士诚母曹氏墓清理简报》，《考古》1965年第6期，第289—300页。

2　发掘简报称其“色泽青翠”，但根据《中国美术分类全集·中国金银玻璃珐琅器全集·4·玻璃器（一）》中的图片及文字描述，这件玻璃圭板的颜色似为涅白色，参见杨伯达主编：《中国金银玻璃珐琅器全集·玻璃器》，河北美术出版社，2004年，图版第87页图一四三，图版说明第48页。

3　漳县文化馆：《〈甘肃漳县元代汪世显家族墓葬〉简报之二》，《文物》1982年第2期，第13—18页。

4　尚刚：《中国玻璃三千年》，《装饰》2001年第1期，第39页。

5　安家瑶：《玻璃器史话》，社会科学文献出版社，2011年，第175—176页。

图7-2 甘肃漳县汪世显家族墓地M20出土玻璃莲花托盏

销各地，明代士大夫阶层对玻璃的认识也有所提高。例如宋应星的《天工开物》卷末记载：“合化硝铅写珠铜线穿合者，为琉璃灯；捏片为琉璃瓶袋（硝用煎炼上结马牙者）。各色颜料汁，任从点染。凡为灯、珠，皆淮北齐地人，以其地产硝之故”[1]，表明对玻璃的材料特性、制法及产地皆有相当程度的认识，而且还反映出齐地的玻璃产业在当时已经非常有名。方以智《物理小识》记载“三保太监曾携西洋烧玻璃人来，外纪曰：勿搦祭亚国玻璃极佳。今山东益都颜神镇烧琉璃采诸石以礁化之即臭煤也，慢礁三日不熄，紧礁五日不熄，煮石为浆，重滤而凝，即玻璃也。西玻璃镜近亦取此”[2]，表明郑和下西洋曾带西方的玻璃工匠回国，引入外国玻璃制作技术，勿搦祭亚国即文艺复兴时期欧洲著名玻璃产地威尼斯，以生产各种高档玻璃制品（水晶玻璃以及带镀金、珐琅装饰的彩玻璃）而闻名于世[3]。另外，根据《明史》的记载，明代海外的巴喇西、古里、榜葛剌等国来朝都进贡过玻璃器[4]。

明代宫廷中是否设有官办的玻璃生产机构，目前还没有直接证据，比较重要的一条旁证来自稍晚的清代孙廷铨写的《颜山杂记》。正如方以智和宋应星所记载的，明代最重要的玻璃器产地在青州府益都县颜神镇，位于今山东省淄博市博山区，清雍正十二年（1734年）设博山县，是明清以来非常有名的民间玻璃生产中心之一。博山地区的琉璃生产究竟起于何时，目前还没有明确的结论，但至少可以确定从明初开始博山的玻璃生产工艺已经十分成熟并开始为朝廷供应玻璃制品。

成书于清康熙年间的《颜山杂记》是一部关于颜神镇的地方志，书中的“琉璃”

1 杨维增编著：《〈天工开物〉新注研究》，江西科学技术出版社，1987年，第377—379页。

2 （明）方以智：《物理小识》卷七“玻瓈琉璃”条，参见景印文渊阁四库全书本，第八六七册，台湾商务印书馆，1986年，第889页下栏、第890页上栏；文后双行夹注认为“往日所烧有泡星，以不知重滤也”，反映出明代人对玻璃制作过程的认识还比较笼统，对玻璃中的气泡的形成原因还不是特别清楚，甚至还认为过滤可以使玻璃净化。

3 David Whitehouse, Glass: a short history, British Museum Press, 2012, pp. 65-68.

4 （清）张廷玉等：《明史》卷三二五《外国列传》“巴剌西”条，卷三二六“古里”“榜葛剌”条，中华书局，1974年，第8430、8441、8447页。巴喇西，一般认为是波斯语Pārsa的音译，又作波斯、波剌斯，即今伊朗地区，也有人认为是指今美洲的巴西或哥伦比亚，还有待于进一步探讨；还有人认为来自今大洋洲地区，但具体难以深究。古里指印度喀拉拉邦北岸卡里卡特（Calicut）；榜葛剌指今孟加拉（Bengal）国及印度西孟加拉邦地区。以上均参见陈佳荣等：《古代南海地名汇释》，中华书局，1986年，第233、244、546、828—829页；毕全忠：《郑和航海新说》，《人民日报》2002年4月16日第10版；林贻典：《关于美洲由郑和船队发现的见解》，《海交史研究》2002年第2期，第12—13页；霍友光：《〈职方外纪〉的地理学地位及当时地理知识的中西对比》，《中国科技史料》1996年第1期，第23页。

条是中国古代文献中对玻璃制造的最详细记录，包括熔炼玻璃所用的原材料、熔炼过程、不同颜色的玻璃的配方、当时的玻璃作坊的主要产品以及制作这些产品的技术要领等等。作者孙廷铨曾官至内秘书院大学士，根据他的记载，其九世祖孙克让自洪武初年由冀州枣强迁来颜神镇为明朝廷监制琉璃，孙氏家族作为内官监的匠役，虽然不是在炉前亲自操作的工匠，但熟知当时玻璃生产制作的各个环节，孙廷铨生于琉璃世家，从小耳濡目染，因此他关于博山玻璃生产的记载也有极高的史料价值（详细讨论见下文清代玻璃部分）。孙氏先祖既领内官监青帘业，说明明代内官监内应该有管理、生产玻璃制品的机构，晚清朱一新的《京师坊巷志稿》在“内官监胡同”条下注明北安门内黄瓦西门之里为内官监（今景山西街，西板桥，恭俭胡同一带）。《日下旧闻考》记载：内官监今废，其地犹名内官监胡同。内有大佛堂，其碑记备列黄瓦门营造库……米盐库、油漆作……琉璃局、外冰窖等名目，这里的琉璃局跟隶属于工部的生产琉璃砖瓦等建筑材料的琉璃厂有所不同，应该是与宫廷玻璃制作密切相关的机构[1]。

考古发现表明，至迟到元末，颜神镇已经拥有规模较大且分工明确的成熟的玻璃生产工场。1982年底，淄博市的考古工作者在博山第一百货商店大楼基建工地发掘了时代为元末明初的玻璃作坊遗址，这也是国内迄今为止唯一能够确认的考古发现的玻璃作坊遗迹[2]。清理范围约400平方米，分布于三条南北向的地槽之中。所揭露的遗迹主要包括玻璃炉炉底和石砌围墙，遗物主要包括硝罐、坩埚、模范、炉壁砖等玻璃炉炉具，玻璃料、料条、玻璃原料（矿石）一类的原材料或半成品，以及玻璃器和瓷器等成品，玻璃器主要为簪、簪花、珠、环等小件，瓷器包括盘、盆、缸、瓶、罐等容器。

玻璃炉分布密集，排列整齐，地槽范围内共发现大炉一座，小炉二十一座。大炉炉底呈方形，平底直壁，东西长2米，推测其功能是把矿石融化成玻璃汁以生产玻璃料条；小炉炉底平面有亚葫芦形和凸字形两种，长度都在1米以下，推测其功能是制作玻璃成品，从小炉遗迹中出土的遗物分析，每座小炉主要生产一种产品，分别是不同颜色的玻璃串珠或空心玻璃簪等。

根据出土的瓷器及钱币，发掘者比定该遗址主要遗迹（即第二层）的时代是从元末延续到明代，认为是一处工匠集中、分工较细的大型手工工场，工场内各炉的生产分工也较为明确，基本上是一座炉主要生产一种或一类产品。该工场的产品种类主要是簪、珠、环等社会消费量大、制作工艺简单的小件，出土的玻璃器有半透明和不透明两种，有的实心、有的空心，多为单色，有蓝、红、绿、黄、白、黑、琥珀、影青等多种，白色可分为乳白和牙白两种，红色分为鲜红和豇豆红两种，各种颜色鲜亮纯正，说明当时已经较准确地掌握了各种呈色剂的比例、配方和火候，可以根据需要制作各色玻璃。对玻璃成品和半成品的成分分析表明其不含氧化钡或氧化铅，氧化钾的含量高，氧化钠含量远低于地中海沿岸的古代玻璃，可能跟当时使用硝石（主要成分为KNO_3）作为助熔剂密切相关。

1 王和平：《康熙朝御用玻璃厂考述》，《西南民族大学学报（人文社科版）》2008年第10期，第232页。
2 淄博市博物馆：《淄博元末明初玻璃作坊遗址》，《考古》1985年第6期，第530—539页。

除博山玻璃作坊之外，目前考古发现的明代玻璃制品还不是很多[1]。1974年南京市博物馆发掘了位于南京市中华门外将军山南麓的明沐氏祖茔中的一座墓葬（编号为74JJSM3），1999年发表的简报中发掘者根据墓志中残泐的字句推测墓主为万历三十七年（1609年）死于狱中的沐睿[2]，而后有学者重新释读墓志并综合其他信息认为墓主应该是死于崇祯元年（1628年）的沐睿之子沐启元[3]。墓中出土一件“碧玉碗”，口沿呈六瓣花状，微内敛，弧腹，圈足，口径8.3厘米、高5.2厘米（图7-3）。这件碗后来被发现是玻璃碗，可能是受保存状况的影响颜色不纯，白色、褐色驳杂，在《中国金银玻璃珐琅器全集》的玻璃器卷中被断为宋代玻璃器[4]。一般认为花口的做法在宋元瓷器上更为流行，明代瓷器中确实已经少见，但这毕竟是在较晚的时代用另外一种质料仿制瓷器，其选择与意匠可能都要自由得多，因此其时代到底是早于明代还是明末，还有待于进一步探讨。首都博物馆收藏了一组出土于北京护国寺西塔院西舍利塔内作为供器的白料菊瓣碗、盘，碗高4.4厘米、口径11.3厘米，盘口径19.5厘米。两件器物色白如玉，菊瓣间脊线清晰，是存留至今的明代玻璃珍品（图7-4）[5]。

1978年江苏扬州市梅花岭史可

图7-3　江苏南京市将军山南麓明沐氏祖茔M3出土玻璃碗（采自杨伯达主编：《中国金银玻璃珐琅器全集·4·玻璃器（一）》，第73页，图一二三）

图7-4　北京护国寺出土白料菊瓣碗

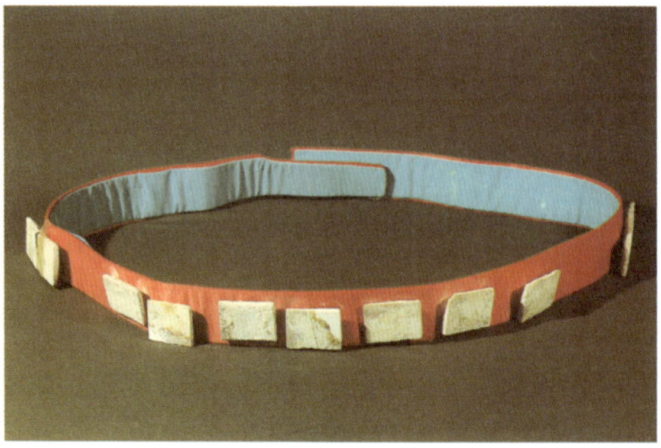

图7-5　江苏扬州市梅花岭史可法衣冠冢出土玻璃带板（采自杨伯达主编：《中国美术全集·工艺美术编·金银玻璃珐琅器卷》，第129页，图二四四）

1　在冯乃恩编著的《古玻璃鉴赏与收藏》一书叙及明代出土玻璃器时提到成都梁家巷的玻璃珠，山东梁山的玻璃杯，北京护国寺西舍利塔和天宁寺出土的玻璃盘、碗等，可惜没有进一步介绍，也没有公布图片，参见冯乃恩：《古玻璃鉴赏与收藏》，吉林科学技术出版社，1996年，第99页。

2　南京市博物馆：《江苏南京市明黔国公沐昌祚、沐睿墓》，《考古》1999年第10期，第45—56页。

3　力子：《明黔国公沐睿墓辨讹》，《东南文化》2012年第4期，第81—88页。

4　杨伯达主编：《中国金银玻璃珐琅器全集》第4卷《玻璃器（一）》，河北美术出版社，2004年，第73页，图一二三。

5　邢鹏：《深沙大将沙僧与玻璃盏——用文物解读〈西游记〉系列》，《收藏家》2018年第7期，第74页。

法衣冠冢出土一套玻璃带板，带板为长方形片状，长9厘米，宽6厘米，涅白色，腐蚀较严重[1]（图7-5）。辽宁锦州北镇明墓出土套玻璃带板，包括六节桃形、十节长方形光素无纹带板，三件铊尾和一幅带钩扣。其中带钩为龙首方形，采用高浮雕和透雕相结合的技法雕琢螭龙纹，制作十分精美[2]（图7-6）带板是钉在革带上的配件，也象征着人的身份地位，根据文献记载，明代舆服制度中依然有使用药玉的传统，三品以下皆佩药玉[3]。杨伯达主编的《中国金银玻璃珐琅器全集》中玻璃器部分，收入了南京中华门外出土、现今收藏于南京市博物馆的两件明代玻璃碗。似青玉色质，有沁痕，直口、深腹、矮圈足，高5厘米，口径9.2厘米（图7-7）。碗外壁似采用轮刻技术加工出纹饰，口沿为一周几何纹，腹部装饰海棠花、芍药、萱草、石榴等花卉纹，并有一只展翅飞舞的凤凰穿行于花叶之中[4]。

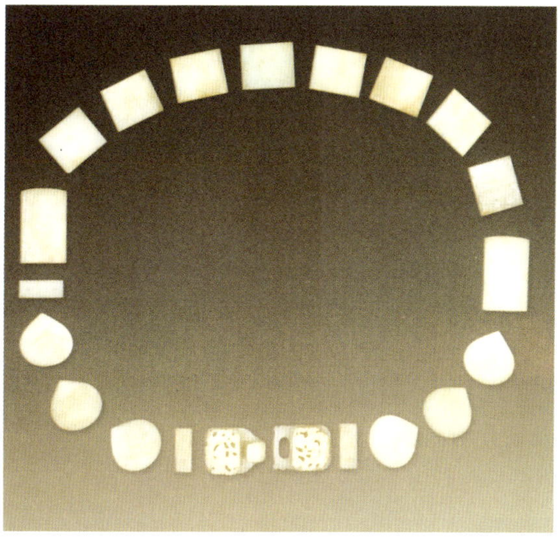

图7-6　辽宁锦州北镇明墓出土套玻璃带板

图7-7　江苏南京中华门外出土的玻璃碗
（采自杨伯达主编：《中国金银玻璃珐琅器全集》第4卷《玻璃器（一）》，第88页，图一四五）

图7-8　山东邹城明鲁荒王墓出土玻璃围棋子
（采自山东博物馆等：《鲁荒王墓》，文物出版社，2014年，下册，图版一三二）

“文革”期间，位于山东曲阜、邹县（今邹城）交界九龙山一带的明鲁荒王朱檀和鲁荒王妃戈氏两座墓都遭到不同程度的破坏，1970—1971年，山东博物馆等单位组队发掘了这两座墓。鲁荒王墓在石圹中砖砌前后双室墓，带斜坡墓道。墓内共出土器物1116件（套），其中包括玻璃珠一串共计463粒（计1件），玻璃圆形有孔器1件，玻璃围棋子一套，包括白子181枚，黑子176枚（共计1件），分别盛放在两个戗金山字纹黑漆卷木胎罐中，原应放在棺床旁边的桌上，后散落在后室地面上，是墓主生前所使用的文房用品（图7-8）。墓中未发现能明确墓主具体身份

1　杨伯达主编：《中国美术全集·工艺美术编·金银玻璃珐琅器卷》，文物出版社，1988年，图版部分，第129页，图二四四；图版说明部分，第75页。

2　辽宁省博物馆：《古代辽宁》，文物出版社，2017年，第268页。

3　（清）张廷玉等：《明史》卷六七《舆服志》，中华书局，1974年，第1634页。

4　杨伯达主编：《中国金银玻璃珐琅器全集》第4卷《玻璃器（一）》，河北美术出版社，2004年，图版第88页，图一四五，图版说明第49页。

的证据，但同一墓园中另一座规模较小的附葬墓出土鲁王妃圹志，再结合墓里的其他出土物可以推定墓主为朱元璋第十子鲁荒王朱檀，服金石药致毒伤目，薨于洪武二十二年（1390年），是明代第一位去世的就国亲王[1]。

第六章曾讨论过的浙江海宁智标塔地宫中出土一方玻璃砚（图7-9），该砚的砚面呈长方形，一侧有长条状蓄墨池，其余的砚面平直，推测应该是调色砚。长8.4厘米、宽4.4厘米、厚0.9厘米，发掘者认为其形状跟明鲁荒王朱檀墓中出土的青玉砚颇为相似，可能是明代之物[2]。说文解字里释砚字为"石滑也"[3]，其本义为石性滑利，这里使用玻璃制作砚台很可能也是在仿石砚，而且应该是模铸而成。

图7-9　浙江海宁智标塔地宫出土玻璃砚
（采自浙江省文物考古研究所等：《海宁智标塔》，第101页，图九六）

新疆地区也有年代下限可能在元代的玻璃考古的重要发现。1978—1979年，新疆维吾尔自治区博物馆文物工作队曾先后两次试掘位于南疆若羌县的巴什夏尔遗址（突厥语，意为首府、中心城镇）。遗址大部分已经被毁，且多为沙丘所覆盖，从散露的遗迹遗物分析，整个遗址约呈长条状分布于巴什夏尔河故道西岸，遗址范围内明显可见居住区、冶炼区和烧窑的作坊遗迹，出土了一批相当丰富的玻璃器皿和大量玻璃残片及废料。遗憾的是，由于种种原因，此次发掘并没有公布相关遗址和遗物的图像资料，仅有较为详细的文字介绍[4]。

图7-10　新疆若羌巴什夏尔遗址出土玻璃瓶
（采自杨伯达主编：《中国金银玻璃珐琅器全集》第4卷《玻璃器（一）》，第77页，图一三二）

玻璃器皿残片主要散布在遗址的中部和南部，最初曾被误认为玉质器皿的残片，随着广泛的采集和口、颈、器底以及废料熔块等残片的发现，才确定是早期的玻璃制品。作坊遗址位于遗址的东南部，范围约二百平方米，主要遗迹是一处存有数间房址相连的建

1　山东省博物馆：《发掘明朱檀墓纪实》，《文物》1972年第5期，第25—36页。山东博物馆等：《鲁荒王墓》，文物出版社，2014年，上册，第5—7、20、114、125、196—204页；下册，图版一一六、一三二。

2　浙江省文物考古研究所等：《海宁智标塔》，科学出版社，2006年，第98—100页。山东博物馆等：《鲁荒王墓》，文物出版社，2014年，上册，第119—120页；下册，图版一二一。

3　（汉）许慎：《说文解字》卷九下，中华书局，1963年，第195页下栏。

4　张平：《若羌县巴什夏尔遗址出土的古代玻璃器皿》，《新疆社会科学》1986年第3期，第87—92页。

筑遗迹，因风沙剥蚀已很难分清其建筑结构和布局，墙基土筑，墙垣附近残留大量红烧土块和木炭。地表散露着玻璃罐残片和熔块废料等，清除流沙之后，玻璃器皿就出土于残垣房墙内。

经修复整理，较为完好的玻璃器皿共发现10件，包括小口细颈凹底瓶6件和罐形器残件4件。两者均系无模自由吹制。凹底瓶的口部较平齐，自吹管上切割下来之后又经过火烧成圆唇，细长直颈，微鼓腹，近圆肩部分向下收敛与凹底部相接，有的长颈也呈葫芦形束腰状。通高约为10—17厘米，凹底直径约为4.5—5.5厘米，圆唇和凹底部分较厚，剖断面厚度可达5毫米左右，腹壁较薄，不足1毫米，通体呈绿色半透明状，内含细小砂粒等杂质和小气泡（图7-10）。罐形器的完整器形不明，仅发现带钮的器盖残部，残器盖的上部为圆形钮的把手，端部尚存切割的痕迹。残器也呈浅绿色半透明状，同样也含有细小的砂粒等杂质和小气泡。

出土遗物中有较为原始的带网格纹的红陶片，表明该遗址沿用的时间相当久远，发现了隋、五代以及喀喇汗王朝的钱币，另有北宋钱币二十余枚、元初忽必烈时代的文书以及具有宋元时代特点的各类瓷器残片。尤其值得注意的是，在玻璃器皿出土的遗址范围内采集到两枚北宋咸平、元祐年间的铸币，表明宋元时期这里仍然是一处非常重要的居住遗址，因为遗址中并没有发现元代中晚期或更晚时代的遗物，因此发掘者推测遗址的下限应该到宋—元初，这批玻璃器皿的时代也大致相仿。

发掘者选取六块玻璃残片进行了成分分析，结果表明均属钠钙系玻璃，而且各类标本中的氧化物含量十分接近，应属于同一钠钙玻璃系统。氧化硅和氧化钠的含量较低，氧化钾、氧化铝和氧化镁的含量又明显高于一般的钠钙玻璃，表明其使用的助熔剂既不同于罗马的自然纯碱，又有别于欧洲中世纪的草木灰，应该是使用新疆本地的土硝为助熔剂熔制而成。这批玻璃器皿透明度不高、含有一定数量的杂质、气泡密集等现象表明，当时选料、净料、化学配方、熔炼温度和工艺技术等方面还不是很高，其易碎而不耐用的特征不仅跟原料等方面有关，也跟当时未能使用退火技术有关。

种种迹象表明，生产玻璃制品很可能是巴什夏尔遗址中作坊的重要功能之一。新疆地区因其交通东西的特殊地理位置，是历来古玻璃研究的重点关注区域，这里不仅出土了已知中国境内最早的玻璃制品，还发现了源自罗马、萨珊等不同传统的玻璃制品。考古发掘中出土的元代的玻璃制品还不是很多，但巴什夏尔遗址的发现提示我们，蒙元时期新疆地区玻璃制品的制作和使用或许都已经达到了较高的程度，这在当时人撰写的各种西行记中也可以得到印证。

蒙古太祖十五年（1220年），长春真人丘处机以七十三岁高龄西行觐见成吉思汗，后由随行弟子李志常写成《长春真人西游记》一书，记载沿途山川道里，风土人情，其中提到中亚河中地区“皆以鍮石铜为器皿，间以磁，有若中原定磁者，酒器则纯用琉璃，兵器则以镔”[1]，表明在当时的中亚地区，玻璃是制作酒具的基本材料。宪宗蒙哥九年（1259年）正月，彰德府宣课使常德前往西亚觐见皇弟旭烈兀。常德由和林出发西行，于中统二年（1261年）三月自西域返回，往返共14个月，后由同时代人刘郁笔录而成《西使记》，留下了当时远至西亚地区地理、民俗等方面的宝贵记载[2]。其中记载常德途经今天山北麓地区，“行渐西，有城曰业瞒，又西南行，过孛罗

1 （元）李志常：《长春真人西游记》下卷，河北人民出版社，2001年，第76页。

2 杜成辉：《〈西使记〉作者刘郁事迹考》，《北方文物》2009年第4期，第64—68页。

城，所种皆麦稻，山多柏不能株，络石而长，城居肆囿间错，土屋窗户皆琉璃”[1]。业瞒即叶密立城（位于今新疆额敏），系蒙古四大汗国之一的窝阔台汗国建都之地[2]。孛罗城应该在今博尔塔拉河谷，可能是博乐市东南达勒特乡发现的宋元时代古城，1900年，美国学者William Woodville Rockhill在译注《鲁布鲁克东行记》一书中，认为蒙哥即位之后将不里（察合台之孙）所掠条顿（日耳曼）人迁至此城居住，在此挖掘金矿和制作兵器，而常德所见此城居屋“窗户皆琉璃”很可能是这些日耳曼人传入的[3]。同书又记载过锡尔河之后见到“邮亭客舍甃如浴室，门户皆以琉璃饰之”[4]，再次印证了玻璃在中亚地区的广泛使用。

第二节　清代玻璃

有清一代是中国古代玻璃生产的集大成时期，在种种因素的合力之下，断续千年的玻璃制造终于在清代迎来最终的辉煌。繁荣局面主要表现在两大方面：首先是清宫造办处玻璃厂的设立，在充分吸收外国技术的基础上，仿制并发展了多个玻璃品种，生产出符合中国审美的独具特色的皇家玻璃。这跟清前期尤其是康、雍、乾三朝皇帝对于玻璃制品的浓厚兴趣和大力支持密切相关，同时西方来华传教士又为造办处玻璃厂提供了技术支持。其次，清代出现了广州和博山等不同的区域性玻璃制造中心，玻璃制品尤其装饰品大量生产，行销海内外，再加上清末民国初外国玻璃的大量进口，使玻璃在民间最终普及。

清王朝是中国历史上最后一个封建王朝，晚近的历史对于该时期玻璃研究带来两点影响：首先是研究对象多为传世品，尤其是造办处玻璃厂制作的玻璃器，主要收藏于故宫博物院或承德避暑山庄[5]，因为皇帝赏赐而流出宫外的那些则散布民间，另外清末战乱也导致很多珍贵的玻璃器流落海外，如今收藏于国外博物馆中。其次是研究可供依据的文献资料极为丰富，除前代所常见的正史、笔记中关于玻璃的描写之外，造办处玻璃厂还留下了历次承旨制作活计的档案，详细记载了每次烧造玻璃器的时间、缘起、数量、种类等信息，为追踪了解清代皇家玻璃的制作、流通状况提供了很大的便利[6]。

---

1 （元）刘郁：《西使记》，景印文渊阁四库全书本，第四六〇册，台湾商务印书馆，1986年，第924页下栏。

2 笔者曾于2015年5—8月间在新疆塔城地区额敏县也木勒遗址发掘，该遗址出土了少量玻璃碎片和玻璃珠，而且还了解到2014年度在该遗址另一地点的发掘中出土了相当数量的玻璃容器碎片。也木勒遗址从地望、出土遗物（尤其是钱币）及其时代等方面来看，都很有可能是文献中叶密立城的所在，目前这些发掘资料尚在整理之中。

3 陈得芝：《刘郁〈（常德）西使记〉校注》，《中华文史论丛》2015年第1期，第76—78页。

4 （元）刘郁：《西使记》，景印文渊阁四库全书本，第四六〇册，台湾商务印书馆，1986年，第925页上栏。

5 周云平：《避暑山庄博物馆馆藏玻璃器概述》，《文物春秋》1992年第4期，第87—88页；裴玲玲：《避暑山庄博物馆馆藏玻璃器鉴赏》，《河北旅游职业学院学报》2011年第1期，第104—105页。

6 中国第一历史档案馆保存有《造办处各作成做活计清档》，是造办处记载日常承领各项活计的档案，始于雍正元年（1723年），迄于宣统三年（1911年），其中就包括这段时间内玻璃厂制作玻璃的情况。参见张荣：《清宫造办处玻璃器综论》，载故宫博物院编：《光凝秋水：清宫造办处玻璃器》，紫禁城出版社，2005年，第14页。

一、清宫造办处玻璃厂

关于清宫造办处玻璃厂的沿革，已有多位学者对其进行了仔细的梳理[1]。造办处源于养心殿的造办活计，管理大臣官员无定额，设监造四人，笔帖式一人，康熙三十年（1691年）多数匠作奉旨移出养心殿，迁往慈宁宫茶饭房，改称造办处。造办处属于清宫内务府下属机构，专门负责制造、修缮和存储帝后及宫廷需用的各项器物，下设各种“作”“处”“厂”，例如金玉作、鞍甲作、弓作、珐琅作、铸炉处、造钟处、炮枪处、玻璃厂等。

造办处玻璃厂负责为皇室制作御用玻璃。不同文献均记载，玻璃厂位于蚕池口的法国传教士天主教堂边。1693年康熙大病，后服用法国传教士进献的金鸡纳霜痊愈，作为赏赐，康熙将西安门内蚕池口前辅政大臣苏克萨哈旧府赐予法国传教士张诚（Joannes-Franciscus Gerbillon）等，命工部修葺，命名为“救世主堂”。康熙三十五年（1696年），德国传教士纪里安（Kilian Stumpf）奉旨在其居所即蚕池口天主堂附近成立玻璃厂 。美国学者Emily Byrne Curtis在北京的天主教遣使会文献目录中发现了中文版的造办处玻璃厂的平面图，平面图下有文字记载“玻璃厂图样共计房十二间，抱厦五间，每图样一分计地面一尺，北面界官街东至西计十丈零八尺，南面界天主堂西至东十二丈五尺，东面界天主堂南至北十一丈六尺，西面界邻居住户北至南二十六丈”，按比例计算，该玻璃厂占地约2280平方米（近3.5亩），房屋32间，建筑面积约430平方米，具体而生动地展示了玻璃厂的组成、规模与风貌（图7-11）[2]。

根据清代典章记载，玻璃匠役多来自山东，由山东巡抚移送，一般经由大运河抵京。因为北京夏天天气炎热，匠役的工作时间都在秋凉以后，工作至次年五月止窑退回。清宫档案资料显示，至迟在雍正年间，博山的工匠已经被招募到京城玻璃厂工作[3]。雍正年间曾传命将玻璃厂迁往圆明园六所，但蚕池口的玻璃厂也没有停止生产，有研究者推测圆明园内的玻璃作坊似应集中于较精细的活作，六所内玉匠和其他工匠很多，随时可以得到技术支持，因圆明园玻璃作坊应该以“碾匠”为主，着重于玻璃冷却之后的二次加工，而皇城蚕池口玻璃厂应该偏重于烧制或吹制粗坯，即以窑房为主，对应的是档案资料中的“玻璃厂”，而“玻璃作”应当是指圆明园内的玻璃作坊，蚕池口玻璃厂的鼎盛期是在耶稣会传教士主持时期，其时在康熙至乾隆中期之前，乾隆中叶之后逐渐衰落，这时候的宫廷玻璃活计可能主要由圆明园内的玻璃厂承担[4]。

清宫造办处玻璃厂的成立跟外国传教士密切相关。传教士是明清时期推动西

---

1 张荣：《清宫造办处玻璃器综论》，载故宫博物院编：《光凝秋水：清宫造办处玻璃器》，紫禁城出版社，2005年，第14页；林业强：《清宫玻璃厂三题》，载故宫博物院编：《光凝秋水：清宫造办处玻璃器》，紫禁城出版社，2005年，第28—43页。

2 薛吕编著《中国清代玻璃艺术》中，由Emily Byrne Curtis撰写的第二章《清廷造办处玻璃厂》，上海大学出版社，2014年，第20—24页；张秉旺等：《清代皇家御用“玻璃厂”的确切地址小考》，《东方收藏》2013年第4期，第34—35页。

3 林业强：《清宫玻璃厂三题》，载故宫博物院编：《光凝秋水：清宫造办处玻璃器》，紫禁城出版社，2005年，第33页。

4 林业强：《清宫玻璃厂三题》，载故宫博物院编：《光凝秋水：清宫造办处玻璃器》，紫禁城出版社，2005年，第39—40页。

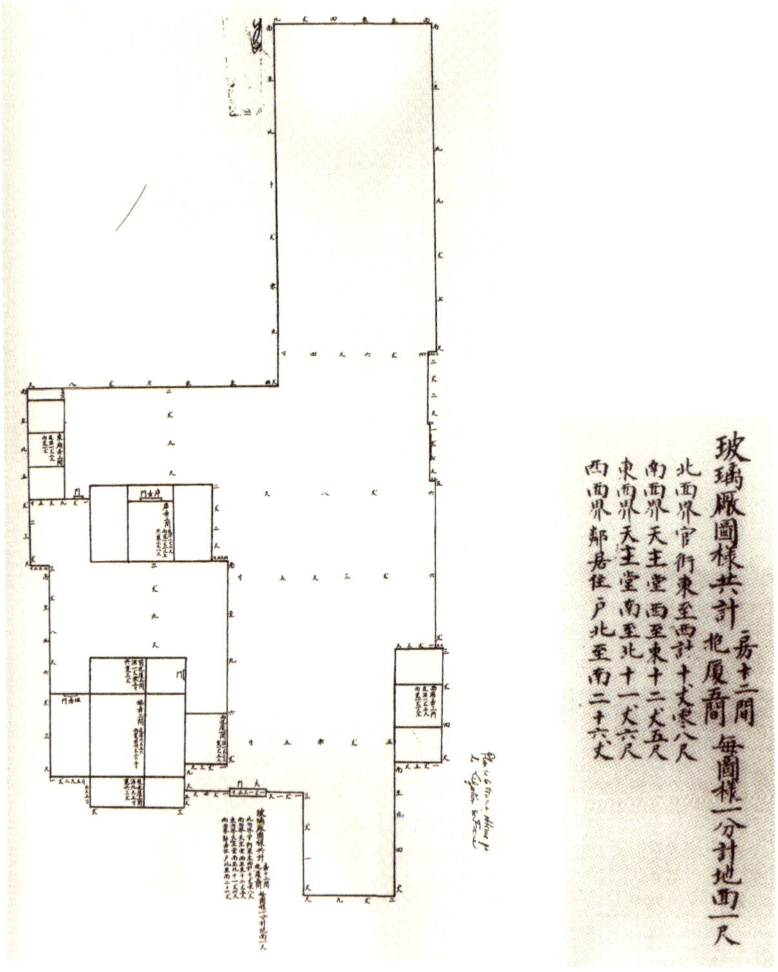

图7-11　清宫造办处玻璃厂平面图及底部文字细节
（采自薛吕编著：《中国清代玻璃艺术》，第21页，图2-1、图2-2）

学东渐的主力军，为方便在中国传教，被教廷派往中国的传教士都要有宗教知识以外的其他知识背景，掌握不同技能，例如数学、天文、机械、建筑或绘画，精通与科学和艺术相关的某个或多个领域，清代统治者也非常重视传教士所掌握的科学知识或艺术才能，将传教士吸收到内廷有关机构工作[1]。在造办处玻璃厂最为兴盛的康、雍、乾三朝，正是以张诚、纪里安、戴进贤（Ignatius Koegler）、陈忠信（Jean Baptiste Gravereau）、多马策励（Niccolo Tomccelli）、巴德明（Domonique Paremin）、纪文（Gabriel-Leonard de Brossard）、汤执中（Pierre D'incarville）为代表的一批传教士，在皇室的资助下通过反复试验，在欧洲玻璃工艺的基础上探索出玻璃胎画珐琅、套料雕刻玻璃、描金玻璃、金星玻璃等独具东方审美特色的清代宫廷玻璃。同时，由博山和广东等地赴京在玻璃厂工作的玻璃匠，在协助西方玻璃技师的过程中不断接受指导，想必也会逐渐掌握西洋先进的玻璃制作技术，并将其带回故乡，这也推动了西方及清代皇室玻璃制作技术的民间化。

在当时逐渐频繁的对外交往活动中，康熙皇帝有很多机会接触到来自欧洲的玻

1　薛吕编著：《中国清代玻璃艺术》，上海大学出版社，2014年，第6页；杨伯达：《清代玻璃概述》，《故宫博物院院刊》1983年第4期，第3页。

璃制品，主要包括工艺品和光学玻璃两大类，精于天文的意大利籍耶稣会士闵明我（Claudio Filippe Grimaldi）曾在宫中向康熙皇帝介绍过光学仪器的原理与功用，引起了皇帝的浓厚兴趣，而这些物理现象的展示显然与仪器中的光学玻璃密切相关，有学者认为在造办处玻璃厂成立之前，宫中已经能制作光学玻璃，用以制作观测天象用的天文仪器，但远未形成规模。康熙二十五年（1686年），供职钦天监的闵明我奉旨出使俄国和欧洲，返回中国时以挑夫百余人运送带回的物品，其中天文历算仪器占有很大比例。其他法国传教士诸如白晋和洪若翰也曾因为同一原因出使欧洲，带回大量礼物，洪若翰带着从欧洲招回的8名传教士抵达广州之后，向京城转运礼品的船只达9艘之多，其中与玻璃有关的礼品便有望远镜、显微镜、眼镜、多面体玻璃、凸透镜、镜子以及瓶、烛台、温度计等，与科技有关的玻璃制品占据了大部分。这些礼物很可能是按照康熙的旨意和需要选择的，也从客观上证明了当时宫廷存在对光学玻璃的需求[1]。根据《熙朝定案》的记载，康熙二十八年（1689年）康熙南巡时抵达杭州，接受了殷铎泽（Prospero Intorcetta）等传教士进奉的玻璃球、望远镜、梳妆镜和玻璃花瓶，据传康熙对这些玻璃礼物大加赞赏，Curtis认为也许就是这次进贡导致了康熙为了建立御用玻璃工厂而向传教士寻求帮助[2]。清宫内务府造办处各项活计档案始于雍正元年（1723年），没有留下康熙朝玻璃制作的系统档案记载，这一时期流传下来的造办处玻璃厂制作的玻璃制品也极为少见，研究者综合文献记载和传世品，认为这一时期的玻璃厂制作了单色玻璃、玻璃胎画珐琅器、套玻璃、刻花玻璃、金星玻璃、洒金玻璃等不同的品种，除了单色玻璃之外，其余均为康熙时期的独创，虽然多数种类鲜有传世，但根据文献依然可以从侧面了解其制作情况[3]。

目前传世玻璃器中能确定为康熙朝的仅有六七件，器形主要是水丞和瓶。单色玻璃有两件，一件为北京故宫博物院收藏的玻璃水丞，水丞是书案上的文房用品，腹内储水，以备调墨研墨之用，这件康熙款的水丞无色透明，质地纯净，仿水晶制作。小口，带器盖，斜壁，平底。器盖琢磨成六棱多面状，器体琢磨出八瓣微有凸凹起伏的花瓣。口径2.8厘米、高7厘米（图7-12）。制法是先将熔融的玻璃料吹成扁圆形，然后琢磨而成，后期的冷加工更多借鉴了德国的宝石研磨技术，几何状的器形和纯净的质地反映出明显的西方影响，器物底部阴刻“康熙御制”四字篆书款。除此之外，香港李氏收藏家藏有一件西瓜水色玻璃水丞，圆口鼓腹，红润明亮，晶莹剔透，器底正中阴刻“康熙御制”篆书款（图7-13）。

2005年出版的《光凝秋水：清宫造办处玻璃器》中收入了两件透明的玻璃器，也被推定为康熙时期制作，一件为玻璃花盆，吹制而成，外卷唇口，口内涂金为饰，深弧腹，以玻璃条围成圈足，足底中央有吹制成型后切断时留下的脐痕，通体无色透明，表面略有泛碱，高11.6厘米，口径达21.5厘米，器大壁薄且厚度均匀，唇口外

1 参见E.B.Curtis, The Kangxi Emperor's Glasshouse（《康熙皇帝的玻璃厂》），此处转引自王和平：《康熙朝御用玻璃厂与西方传教士》，载中国中外关系史学会等主编：《新视野下的中外关系史》，甘肃人民出版社，2010年，第151—153页。

2 E.B.库尔提斯撰，米辰峰译：《清朝的玻璃制造与耶稣会士在蚕池口的作坊》，《故宫博物院院刊》2003年第1期，第62—63页。

3 张荣：《清康熙朝御制玻璃》，载朱诚如等主编：《明清论丛》第二辑，紫禁城出版社，2001年，第539—543页。

图7-13　香港李氏收藏的康熙朝玻璃水丞

图7-12　北京故宫博物院藏康熙朝玻璃水丞（采自故宫博物院编：《光凝秋水：清宫造办处玻璃器》，第114—115页）

图7-14　北京故宫博物院藏康熙朝玻璃花盆（采自故宫博物院编：《光凝秋水：清宫造办处玻璃器》，第117页）

卷，这些特点都表明玻璃厂的匠师已经掌握了相当高的玻璃再加工技术，很有可能是在西方技师的指导下完成的，根据玻璃质和泛碱程度推测其为康熙时期的作品（图7-14）。另一件器物为十二棱大罐，制作难度系数更高。大罐系吹制而成，直口，丰肩敛腹，外底心凹入，有使用铁棒技术留下的明显的脐痕，通体透明，腹部有凸起的十二道棱线，由上旋转而下，直至底部。这种旋转棱状的装饰技法在欧洲有悠久的装饰传统，故而这件罐子的制作可能与当时在玻璃厂就职的西方传教士有关，从泛碱程度推测这件十二棱大罐也应该是康熙时期作品[1]（图7-15）。

香港李氏藏品中还有一件玻璃胎珐琅彩小杯（图7-16）。圆形，直口，底略内凹。杯身由白色不透明玻璃制成，有四个圆形开光，内绘四季花卉，依次为月季、牡丹、菊花及荷花；开光外深红色珐琅地上绘有团花。口沿处绘有环带菊花纹。杯底署有蓝色“康熙御制”楷书款，款外有内细外粗的双栏框[2]。台北“故宫博物院”收藏一件珐琅彩胆式瓶，以白色玻璃为胎，上绘蓝地牡丹纹，器形与装饰图案皆与康熙朝金属胎珐琅瓶和红釉瓷瓶相似，再者，与乾隆朝的珐琅玻璃器相比，重量要轻得多。底部造型弯曲的样式与雍正、乾隆朝的皆不相同。因为这件玻璃器的底部既

1　故宫博物院编：《光凝秋水：清宫造办处玻璃器》，紫禁城出版社，2005年，第116—119页。

2　张荣：《康熙朝御制玻璃赏析》，《收藏家》2001年第9期，第35—36页。

没刻年款也没有涂挂珐琅。奶白色的表面不像乾隆朝的那样平滑有光彩，且有网状的槽坑，根据这些特点，有学者将其推定为康熙朝器物[1]。另外，荷兰海牙博物馆还收藏一件白玻璃黄地牡丹纹粉盒，底部有蓝色"康熙御制"四字楷书款[2]。

以上三件玻璃器是造办处玻璃厂制作的另一种玻璃，即画珐琅玻璃。珐琅是一种外来工艺的音译，又称佛郎、拂郎、发蓝，指以调制好的特定釉料填嵌或绘制在不同材质的胎体之上，经烘烤即可制成珐琅制品。按胎骨材质可分为金属胎珐琅、瓷胎画珐琅、玻璃胎画珐琅等，金属胎珐琅器又包括掐丝珐琅器、錾胎珐琅器、画珐琅器、

图7-15 北京故宫博物院藏康熙朝十二棱大罐
（采自故宫博物院编：《光凝秋水：清宫造办处玻璃器》，紫禁城出版社，2005年，第119页）

图7-16 香港李氏收藏康熙朝玻璃胎珐琅彩小杯及展示图
（采自张荣：《康熙朝御制玻璃赏析》，《收藏家》2001年第9期，第37页，图3、4）

透明珐琅器、锤胎珐琅器等。珐琅料呈粗细不等的粉末状，不能单独成器，必须附着于金、银、铜等金属或陶、瓷、玻璃器表之上，以石英、瓷土、长石、硼砂以及金属矿物（主要作用为呈色）为原料按照适当比例混合，烧炼成固态之后，再研磨成粉状物质，与瓷釉、玻璃等相似，均为玻璃态物质[3]。玻璃胎画珐琅工艺从十三四世纪

1 王和平：《康熙朝御用玻璃厂考述》，《西南民族大学学报（人文社科版）》2008年第10期，第237页。

2 王和平：《康熙朝御用玻璃厂的技术发展——以画珐琅玻璃与金星玻璃为例》，《收藏家》2008年第9期，第78页。

3 杨伯达：《唐元明清珐琅工艺总叙》，载氏主编：《中国金银玻璃珐琅器全集·第5卷·珐琅器（一）》，河北美术出版社，2002年，第1—2页。

开始流行于意大利威尼斯的玻璃制作行业，十六七世纪之间的法、德等国也能生产精美的画珐琅玻璃器。这种器物最初被传教士作为礼物带入清代宫廷，1687年8月25日，法国耶稣会士洪若翰（Jean de Fontaney）在写往巴黎的信中提到，给康熙皇帝的礼物已随他一起抵达皇宫，礼物中的画珐琅制品极受欢迎，洪若翰在信中要求送更多的画珐琅制品进京[1]。

以铜胎或瓷胎画珐琅，其胎体熔点均比珐琅釉料高出数百摄氏度，绘彩后的焙烧技术较容易掌握，而玻璃熔点在800℃左右，珐琅的熔点在750℃左右，二者熔点非常接近，绘彩之后焙烧时，温度低则珐琅料溶解不充分，色不正不美，温度偏高则会使玻璃胎体变形，故而焙烧技术是关键。而珐琅釉料又有20多种颜色，不同的色料又有高低不同的熔点，熔点高的要先画先烧，熔点低的后画后烧，一件作品往往要焙烧三至四次才能完成，当时焙烧的燃料是木炭，又缺乏科学仪器测量温度，只能依靠眼力和经验判断，因此为了准确控制温度以及出炉便捷，只能烧造小件器物，即便如此，失败的比例也很高。所有这些都决定了即便对当时水准最高的宫廷玻璃厂工匠而言，玻璃胎画珐琅器的制作也较难把控，因而也是非常珍贵的。造办处活计档案显示，当时对于玻璃产品的工期和质量都有严格的要求，奖惩分明，但玻璃胎画珐琅制品是个例外，对于烧造不成功或者未按时完成的情况少有追究责任或惩罚当事人的记录，似乎反映出皇帝也知道玻璃胎画珐琅器制作之艰难[2]。

关于玻璃胎画珐琅器的制作时间，中外史料记载略有不同。中文史料中记载，康熙五十五年（1716年），广西巡抚、吏部左侍郎陈元龙称康熙帝赐其“御制珐琅五彩红玻璃鼻烟壶一”，而且前“从未颁赐臣僚”，因此“心惕感圣德而泪零”；西文史料中记载，1706年，教皇特使多罗（Maillard de Tournon）受邀观看焰火表演，席间多罗得到一只御赐的珐琅玻璃鼻烟壶，因此可以得出至迟在1706年，内廷玻璃厂即已能够生产画珐琅玻璃，到康熙朝晚期，宫内画珐琅水平已经令康熙比较满意，至康熙五十八年，法国擅长制作珐琅的传教士陈忠信进宫，康熙在相关奏折上批道“会珐琅者不及大内所造，还可以学得”，说明造办处玻璃厂珐琅器的制作水平已经能跟欧洲比肩，而陈忠信惊叹宫内画珐琅的水准已经几乎和他一样好也印证了这一判断[3]。

除上述单色和玻璃胎画珐琅玻璃之外，对康熙朝玻璃厂生产的其他类型玻璃的讨论目前还只停留在文献层面和推论阶段。例如，传教士寄往欧洲的信件中提到康熙的长子胤禔曾在自己府中试制金星玻璃并呈送康熙皇帝。还有的传教士在寄往罗马的信件中要求回寄制造金星玻璃所需的化学原料锑。这都从侧面反映出康熙朝曾试制过金星玻璃。雍正元年（1723年）造办处活计档中提到“正月初九日，怡亲王交金星五彩玻璃鼻烟壶二件，王谕，照此样烧玻璃的，亦烧珐琅的”，推测这两件金星五彩鼻烟壶应该烧成于雍正之前的康熙年间[4]。金星玻璃又称金星料，在档案

1 王和平：《康熙朝玻璃厂画珐琅玻璃与金星玻璃的制造》，载邹爱莲主编：《清代档案与清宫文化——第九届清宫史研讨会论文集》，中国档案出版社，2010年，第368—369页。

2 夏更起：《玻璃胎画珐琅考析》，《故宫博物院院刊》2003年第3期，第18页。

3 王和平：《康熙朝玻璃厂画珐琅玻璃与金星玻璃的制造》，载邹爱莲主编：《清代档案与清宫文化——第九届清宫史研讨会论文集》，中国档案出版社，2010年，第369—372页。

4 王和平：《康熙朝玻璃厂画珐琅玻璃与金星玻璃的制造》，载邹爱莲主编：《清代档案与清宫文化——第九届清宫史研讨会论文集》，中国档案出版社，2010年，第375—378页。

中又称“温都里那石”，是一种仿制砂金石效果而制成的玻璃，因玻璃体内金光闪闪，犹如满天繁星而得名，颜色多褐黄、棕红，约17世纪中叶出现于意大利，配方保密，制作工艺复杂，成功率较低，因之这种玻璃在清代也数量稀少，非常珍贵。金星玻璃的真正流行要到乾隆时期，乾隆六年（1741年）在传教士纪文和汪执中的参与和指导下正式烧制成功了中国自己的金星玻璃[1]。另外根据文献记载，康熙四十四年（1705年），康熙皇帝在苏州赏赐巡抚宋荦18件玻璃制品，其中包括洒金蓝玻璃瓶两个[2]，洒金蓝玻璃是仿造青金石而制造，与仿造砂金石制作的金星玻璃有所不同，康熙将其作为礼品赏赐下属，说明当时的玻璃厂已经掌握了洒金玻璃制作技术，而且很可能已经有了不少的产量。

套玻璃的制作成功也是康熙时期玻璃生产的重要成就。所谓套玻璃即以两种以上的不同玻璃相套并经过后期雕刻制作而成的玻璃，主要有两种方法，其一是在玻璃胎上满套与胎色不同的另一色玻璃，然后在外层玻璃上雕琢纹样；其二是用经过加热半熔的色料直接在胎体上绘制花纹。成品既有玻璃色泽，又有浮雕效果。除对雕琢工艺有较高的要求，套玻璃制作的难点在于要对内外两层不同颜色玻璃的膨胀系数要非常熟悉，如果二者相差过大则很容易“炸坏”。关于套玻璃经常引用的一条文献来自赵之谦的《勇庐闲诘》，“时天下大定，万物殷富，工执艺事，咸求修尚，于是列素点绚，以文成章，更创新制，谓之曰套。套者，白受彩也，先为之质，曰地，地则玻璃、砗磲、珍珠，其后尚明玻璃，微白，色若凝脂，或若霏雪，曰藕粉。套之色有红有蓝，有绿黑白，白者或蓝绿地，或黑地，无红地者，套蓝有红地，然不多见。更有兼套，曰二彩、三彩、四彩、五彩或重叠套，雕镂皆精绝。康熙中所制，浑朴简古，光艳照烂若异宝。乾隆以来，巧匠刻画，远过詹成，矩凿所至，细入毫发，扪之，有棱。龙凤盘螭、鱼雁花草、山川彝鼎，千名百种，渊乎清妙，凡所造作，或称曰皮，最著者曰辛家皮、勒家皮、袁家皮……”[3]系统介绍了康乾时期的套料种类及差异，套一色应该是当时的主流产品，而且还指出康熙朝套色玻璃的特点是“制浑朴简古，光照艳烂若异宝”。另外雍正时期的造办处活计档中记载雍正三年（1725年）有雨过天晴刻花套杯一套十二个，后查明是广东匠人程向贵做的，于康熙四十八年（1709年）正月初八日丁皂宝进献，再次印证了康熙时确实已经可以生产套色玻璃[4]。

根据文献记载，康熙时已经能生产玻璃胎鼻烟壶。鼻烟壶用来盛装鼻烟，系烟草制品的一类，烟叶经烘烤、去茎、磨粉、发酵之后加入香料或中药便可制成鼻烟，闻嗅有治疗气喘、头疼、鼻塞、驱寒的疗效。鼻烟起源于北美的印第安部落，之后传入欧洲，明代晚期随传教士传入中国，赵之谦认为“鼻烟来自大西洋意大里亚国，明万历九年，利玛窦泛海入广东，旋至京师献方物，使通中国”[5]。随后闻嗅鼻烟的

1 张荣：《清宫御制金星玻璃》，《紫禁城》1998年第3期，第40—41页。

2 （清）李铭皖等修，冯桂芬等纂：《苏州府志》卷首一《巡幸上》，《中国方志丛书》华中地方第五号，成文出版社有限公司，1970年，第50页上栏。

3 （清）赵之谦：《勇庐闲诘》，载《丛书集成新编》第47册，新文丰出版公司，1985年，第765页。

4 张荣：《清康熙朝御制玻璃》，载朱诚如等主编：《明清论丛》第二辑，紫禁城出版社，2001年，第541页。

5 （清）赵之谦：《勇庐闲诘》，载《丛书集成新编》第47册，新文丰出版公司，1985年，第763页下栏。

风气逐渐从皇家宫廷扩大到士庶百姓，以至于“近日贩夫牧竖，无不握此”[1]，鼻烟壶虽小，但在制作上却能集雕刻、绘画、书法、制瓷、镶嵌等工艺于一身，成为风靡朝野的馈赠佳品，其胎体材料多样，包括瓷、铜、象牙、玉和玻璃等，玻璃胎鼻烟壶因为有宝石般的光泽而特别为皇室和大众所喜爱。目前故宫藏品虽未见康熙时的玻璃胎鼻烟壶，但根据同时期人的记载，康熙朝玻璃厂制作的玻璃鼻烟壶在种类和质量上都已经有了很高的水准，例如王士禛在《香祖笔记》中谈到“近京师又有制为鼻烟者，云可明目，尤有避疫之功，以玻璃为瓶储之。瓶形象种种不一，颜色亦具红紫黄白黑绿诸色，白如水晶、红如火齐，极可爱玩，以象齿为匙，就鼻嗅之，还纳于瓶，皆内府制造，民间亦或仿而为之，终不及”[2]，由此可见康熙时期已经能制作多种单色玻璃胎的鼻烟壶。

玻璃种类的丰富与创新都离不开传教士的帮助，在造办处玻璃厂的早期发展历史中，德国传教士纪里安是一位关键人物。他从进京之始直至去世在宫中行走共计25年，对于玻璃厂的建立、管理以及制作技术的革新均贡献至巨。纪里安出生于福尔斯堡（Wurzburg），是德国耶稣会势力很强的城市，离盛产玻璃的斯佩萨特（Spessart）不远，在十六七世纪，当地的玻璃制作技术已经非常成熟。根据相关研究，纪里安在来华之前曾在斯佩萨特做过牧师，也曾参加美因茨（Mainz）教会的学习，教会中有一位老师Christoph Diem精通玻璃制作，尤其是当时的水晶玻璃和红宝石玻璃，这些因素都导致纪里安对玻璃制作技术非常熟悉。这些优势使纪里安后来在清宫玻璃厂中有能力亲自辅导和训练玻璃技师，教授制作玻璃和珐琅两种技术，妥善组织并管理玻璃厂的正常运转[3]。

虽然康熙一朝造办处玻璃厂流传下来的玻璃器很少，但国外的档案资料中保留下康熙帝赠予葡萄牙国王、罗马教皇、俄国沙皇的礼物清单，根据这三份清单，仅在康熙六十一年（1722年），造办处玻璃厂生产的玻璃器中就有264件赠予了不同国家的来使，可见康熙末年造办处玻璃厂生产玻璃器的数量已经相当可观[4]。

康熙朝晚期（1720年），主持造办处玻璃厂工作的纪里安病逝，之后直到乾隆五年（1740年），玻璃厂再也没有受到传教士的支持和帮助，雍正朝的活计档案中也不见玻璃厂有传教士任职的记录，这意味着整个雍正时期的内廷玻璃制造很可能都是由中国工匠完成的。另外，1726年德国传教士戴进贤在写往慕尼黑的信中曾询问有没有懂玻璃制作并知道如何给各种玻璃着色的人，这一事实表明当时的玻璃厂处于一种不稳定的状态，因此戴进贤认为如果能获得具备技能的欧洲玻璃制作

---

1 （清）赵之谦：《勇庐闲诘》，载《丛书集成新编》第47册，新文丰出版公司，1985年，第765页上栏。

2 （清）王士禛：《香祖笔记》卷七“吕宋国所产烟草”条，景印文渊阁四库全书本，台湾商务印书馆，1986年，第870册，第469页下栏。

3 参见王和平：《康熙朝御用玻璃厂与西方传教士》，载中国中外关系史学会等主编：《新视野下的中外关系史》，甘肃人民出版社，2010年，第157—159页以及他的另一篇论文：《与康熙朝御用玻璃厂有关的几位西人》，载清代宫史研究会编：《清代宫史探析》下册，紫禁城出版社，2007年，第443—453页。Emily Byrne Curtis:《清廷造办处玻璃厂》，载薛吕编著：《中国清代玻璃艺术》第二章，上海大学出版社，2014年，第27页。

4 Emily Byrne Curtis:《清廷造办处玻璃厂》，载薛吕编著：《中国清代玻璃艺术》第二章，上海大学出版社，2014年，第26页。

者的帮助效果会更好[1]。尽管如此，雍正时期的内廷玻璃生产仍然维持了较高的水准，在继承康熙朝玻璃品种的基础上稳步发展，虽不及乾隆时期的鼎盛，却有自己独特而鲜明的时代特色。

据统计，北京故宫博物院仅藏有21件带雍正款的玻璃器，故宫之外各地收藏的雍正玻璃器也不会超过百件。但雍正朝的活计档案中留下了大量跟玻璃制作有关的记载，据之可以了解造办处玻璃厂的具体情况。单色玻璃是雍正时期制作数量最多，器形最丰富的玻璃，也是雍正朝玻璃的特色。故宫收藏的21件雍正玻璃器中，绝大多数都是单色玻璃[2]，颜色有黄色、淡黄色、深黄色、雄黄色、亮蓝色、亮紫色、白色、红色、蓝色、葡萄色等，器形包括八棱瓶、直颈瓶、水丞、渣斗、圆盒、罐、花觚、碗、水注等（图7-17）。档案中记载的色彩更加丰富，经常引用的两条档案资料是对同一件器物的仿制记录：

> 雍正五年，玻璃厂。五月十六日据圆明园来帖内称，五月十五日郎中海望持出菊花瓣式中心填漆金龙碟一件，底刻大明嘉靖年制。奉旨：到冬令时着烧造玻璃处照此碟款式，不必刻花，或比此样式大些，或比此样式小些，成一桌十五件或二十件，烧做几份，其玻璃色不要一样，每色只做一件。钦此。
>
> 雍正六年，三月二十二日据圆明园来帖内称，本月十九日郎中海望奉旨：照先做过的玻璃菊花碟子样收小些再做三十件，烧十五色，每色二件，摆在万字房西一路第七间屋内小洋漆书格上，分摆六落，每落五个。钦此。

这两条档案表明雍正时已经可以制作出15—20种颜色的玻璃器。档案中记录的单色玻璃种类要丰富得多，总计有红色、大红色、亮红色、绿色、涅绿色、豆绿色、淡绿色、松绿色、假松石色、翡翠色、白色、月白色、亮白色、葡萄色、黄色、亮黄色、金黄色、橘黄色、酒黄色、蓝色、涅蓝色、亮蓝色、天蓝色、雨过天晴色、紫青色、天青色、金珀色、黑色、蜜蜡色、琥珀色等30种颜色[3]，丰富程度已经大大超过康熙朝，成为雍正时期玻璃器的最显著特点。

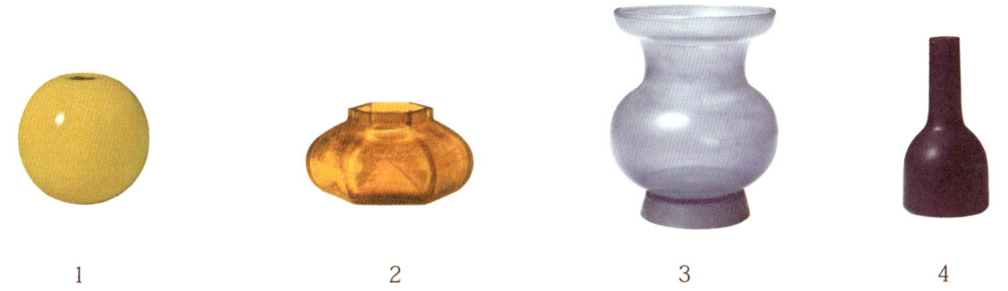

图7-17　北京故宫博物院藏雍正朝单色玻璃器
（1.黄色玻璃水丞；2.黄色透明玻璃六方水丞；3.蓝色透明玻璃尊；4.紫色玻璃马蹄式瓶）（采自故宫博物院编：《光凝秋水：清宫造办处玻璃器》，第126、129、135、137页）

1 Emily Byrne Curtis：《清廷造办处玻璃厂》，载薛吕编著：《中国清代玻璃艺术》第二章，上海大学出版社，2014年，第27—28页。

2 仅有一件马蹄式瓶通体为白色玻璃内有搅丝及斑点，是一件罕见的搅胎玻璃，参见故宫博物院编：《光凝秋水：清宫造办处玻璃器》，紫禁城出版社，2005年，第138页。

3 张荣：《清雍正朝的官造玻璃器》，《故宫博物院院刊》2003年第1期，第73—74页。

目前传世的雍正时期有代表性的单色玻璃器有透明玻璃球腹瓶、黄色玻璃直径瓶、蓝色透明玻璃八棱瓶、蓝玻璃包铜镀金镂空凤纹罐、紫色玻璃马蹄式瓶、蓝色透明玻璃尊、黄色玻璃菊瓣式渣斗、黄色玻璃水丞等。其中黄色器多呈不透明状，温润光洁，鲜嫩欲滴，有如新鲜的鸡油，故称之为鸡油黄。这种颜色的玻璃是以氧化铁为着色剂烧炼而成，为清代首创。从传世实物看，鸡油黄也有色调的差别，有的明艳，有的要暗淡一些，显然是与着色剂的配比以及烧成温度有关，对技师的制作经验和技术都有非常高的要求。在所有这些鸡油黄玻璃器中，菊瓣式渣斗堪称雍正时期玻璃器的精品[1]（图7-18）。该渣斗系有模吹制而成，呈十六瓣菊花式，撇口、束颈、鼓腹、圈足，表面磨光，口部似盛开的菊花，腹似倭瓜，足似圆瓣伏菊，底部阴刻“雍正年制”双竖行楷书款。雍正皇帝非常喜欢菊花，对菊瓣式造型亦情有独钟，曾先后下旨仿造多件菊瓣形器物，包括前述的菊花瓣式中心填漆金龙碟。这件玻璃渣斗表现了雍正皇帝独特的审美情趣。有模吹制而成的精品器物还有一件八棱瓶，呈宝蓝色透明状，通体光素无纹，细长颈、鼓腹、薄壁，由口至腹有八道突出的棱线，圈足亦随形呈八棱状。圈足中心阴刻双方框，双框之间经过打磨形成宽边，内刻“雍正年制”双竖行楷书款（图7-19），字体隽秀工整，雍正以后的乾隆、嘉庆、道光、咸丰等朝都曾制作过类似的八棱瓶，但胎体厚重且棱线非曲非直，都无法与之相媲美[2]。另有一件球腹瓶，小撇口、细长颈，鼓腹似球，高圈足，圈足上敛下丰，预制好之后黏合在器底之上，足底中央有明显的脐痕。通体透明，足边阴刻“雍正年制”横行楷书款，这件球腹瓶通高44厘米，是目前雍正款玻璃器中体量最大的，形制规整，非常珍贵（图7-20）。

除了单色玻璃之外，雍正时期的活计档案中也有玻璃厂制作珐琅彩玻璃、刻花玻璃、套玻璃、描金玻璃等的记载，但数量不多。例如雍正六年（1728年）七月十二

图7-18　北京故宫博物院藏雍正朝菊瓣式玻璃渣斗

图7-19　北京故宫博物院藏雍正朝八棱玻璃瓶（采自故宫博物院编：《光凝秋水：清宫造办处玻璃器》，第125页）

1　故宫博物院编：《光凝秋水：清宫造办处玻璃器》，紫禁城出版社，2005年，第132—133页。

2　林姝：《雍正皇帝与玻璃制品》，《中国历史文物》2007年第4期，第71页。

日珐琅作做得玻璃胎烧珐琅节节双喜烟壶一件，恰好在台北“故宫”收藏有一件带“雍正年制”款的玻璃胎珐琅彩竹节式鼻烟壶，三段竹节形，淡绿色地，绘碧竹二枝，衬以棕色斑纹及两只蜘蛛，底饰灵芝，竹节和两只蜘蛛寓意节节和双喜，所以这件鼻烟壶很可能就是档案中记载的玻璃胎烧珐琅节节双喜烟壶。到雍正十年（1732年）正月初九，首领萨木哈交涅白玻璃胎泥金地画珐琅花卉水丞一件，雍正认为这件水丞款式甚好，但口子上白线宽了，要改画成细线，然后将周身花卉也改画好花卉烧造几件，然而最终却没有仿造成功，说明当时在缺乏传教士帮助的情况下还难以熟练掌握玻璃胎珐琅器的烧制工艺[1]。其他的诸如套玻璃在雍正朝也能制作，活计档案中有烧做涅黄玻璃小盅的记载，但还没有发现实物，而刻花和描金两类玻璃在香港李氏收藏中各有一件，总之这些品种的玻璃在雍正朝都有生产，但都不是主要品种。根据档案记载，在雍正朝制作的生活用品、陈设用器、文房用品、宗教用器等几大类玻璃器之中，数量最多的应该是鼻烟壶，有人推测雍正朝制作的玻璃器中近一半数量都是鼻烟壶，这一方面跟闻嗅鼻烟的盛行有关，另一方面皇帝的喜爱以及赏赐臣工的需求也都刺激了鼻烟壶的大量生产，而雍正皇帝本人尤其喜欢葡萄色的鼻烟壶[2]。

图7-20　北京故宫博物院藏雍正朝球腹玻璃瓶（采自故宫博物院编：《光凝秋水：清宫造办处玻璃器》，第121页）

雍正朝玻璃以单色器为主要品种的特点跟雍正皇帝独特的个人审美品位密切相关，据研究，雍正帝堪称清代皇帝中的完美主义者，对各式各样的工艺品都有自己的要求，基本标准便是“文雅”“秀气”“素静”“精细”[3]。对于玻璃器的材质、器形、纹样、配色、摆放等都有独到的理解和严格的要求，对一些不满意的器物也会提出非常具体的修改意见。雍正帝曾写过一首咏玻璃鼻烟壶的诗，“全体琉璃静发光，顶门具眼岂寻常。等闲嗅破其中味，谁道壶中日月长”[4]，静谧之中颇有几分禅意。因为时常伏案批阅的缘故，雍正帝对诸如水丞、笔架、笔筒之类的文房用具尤为关注，何种颜色的水丞搭配何种颜色何种材质的座都有很具体的要求。另外，雍正朝的玻璃器基本看不到外来文化的影响，恐怕也跟雍正皇帝的旨意息息相关。雍正五年（1727年），雍正皇帝曾下旨“朕看从前造办处所造的活计好的虽少，还是内廷恭造式样。近来虽其巧妙，大有外造之气，尔等再做时，不要失其内廷恭造之式。

1　雍正朝奏折中记载，雍正二年（1724年）二月九日雍正赐予年羹尧等将领珐琅管双眼翎和单眼翎，年羹尧谢恩之余求赐新制珐琅物件，雍正朱批道“珐琅之物，尚未暇精制，将来必造可观”。可见在雍正二年时珐琅彩的研制还没有成功。参见林姝：《从造办处档案看雍正皇帝的审美情趣》，《故宫博物院院刊》2004年第6期，第118页。

2　张荣：《清雍正朝的官造玻璃器》，《故宫博物院院刊》2003年第1期，第74—78页。

3　林姝：《从造办处档案看雍正皇帝的审美情趣》，《故宫博物院院刊》2004年第6期，第90—119页。

4　（清）世宗撰：《御选语录》卷一二《鼻烟壶》，载故宫博物院编：《故宫珍本丛刊》第521册《御选语录等三种》，海南出版社，2001年，第277页上栏。

钦此”，反映出他对本土传统风格的坚持[1]。

乾隆时期是造办处玻璃厂的全盛时期。除了局势安定、经济发展以及来自皇帝本人的兴趣和支持之外，也跟乾隆五年（1740年）传教士纪文和汤执中受雇于玻璃厂密切相关，内廷的玻璃制造重新得到来自欧洲的技术支持，迅速发展了单色玻璃、套玻璃、玻璃胎画珐琅器、金星玻璃、刻花玻璃、戗金玻璃、描金玻璃、搅玻璃、缠丝玻璃等品种。据统计，乾隆朝玻璃厂制作的玻璃器在几万件左右，是目前存世量最多的皇家玻璃，这其中仅玻璃鼻烟壶的数量就有数万件以上，每年的重要节日下属都要向皇帝呈进大量鼻烟壶，而且乾隆帝经常下旨让玻璃厂制作鼻烟壶作赏赐之用。乾隆二十二年（1757年）、二十三年（1758年）汤执中和纪文先后去世，从此造办处玻璃厂的制作水平开始下降，据传乾隆二十五年（1760年）当皇帝得知在清廷任职的传教士中已经没有精通玻璃制作的人的时候非常失望，乾隆三十五年（1770年），水法灯上的玻璃挑头被损坏，乾隆得知后下令由玻璃厂补配，但这件挑头原系大窑烧造，由西洋传教士制作，造办处工匠无法复制，同年乾隆命玻璃厂烧造“极乐世界”玻璃水法两座，在看过小样之后，竟问郎中金辉“做得来，做不来？”金辉勉强回答，“巴结着成做”，九个月之后做成，乾隆看后并不满意，报销时命玻璃厂赔补。这说明在纪文去世之后，玻璃厂已经找不到合适的传教士继续指导生产，无法保持乾隆前期的技术和水准，皇帝本人也无可奈何了[2]。

应该明确的是，乾隆朝的多数玻璃品种在之前的康熙或雍正朝均已试制成功，不同之处在于技术的成熟、色彩的丰富、器形的多样化和制作数量的增加[3]。在雍正一朝审美上坚持本土主义之后，玻璃厂还能迅速制造种类和数量都如此丰富的玻璃器，传教士的技术指导显然至关重要，例如汤执中便成功研制了蓝宝石玻璃和金星玻璃。旺盛的需求促使皇帝下令在玻璃厂建造大窑，竣工之后从乾隆十七年（1752年）十一月二十日至次年三月十三日烧大窑共113日，每日用草木柴4500斤，共享买办草木柴508500斤，每万斤银22两，用银1118两7钱……共买办物料工价银3349两1钱2分7厘。即传教士和中国工匠共同烧制了22件玻璃器，共花费3349两银子，有学者将其折算为现今货币的购买力，每天运行造办处玻璃厂的开销为5927元，每件玻璃器的制作成本为3万元人民币，皇家玻璃的生产成本之高可见一斑[4]。

单色玻璃仍然是乾隆朝生产最多的玻璃品种，器形和颜色都更加多样化，传世品的颜色有蓝色、宝蓝、孔雀蓝、豆绿、天蓝、雄黄、红色、黄色、浅黄、豇豆红、紫红、紫、暗红、茶色、粉红、粉色等颜色（图7-21），而文献中记载的颜色更多。单色玻璃之外还出现了多种单色组合的多色玻璃，而且随着玻璃吹制技术的日趋成熟，大型器的数量也在增加。蓝色透明方觚，有模吹制而成，撇口，鼓腹，平底，外底中心阴刻“乾隆年制”双竖行楷书款，仿青铜器制作，因为绝大多数吹制玻璃都是圆形器，所以这件器物的最大特色在于是一件方形器且上口和下底都不同程度地外

1 张荣：《清雍正朝的官造玻璃器》，《故宫博物院院刊》2003年第1期，第80页。

2 杨伯达：《清代玻璃概述》，《故宫博物院院刊》1983年第4期，第12页；Emily Byrne Curtis：《清廷造办处玻璃厂》，载薛吕编著：《中国清代玻璃艺术》第二章，上海大学出版社，2014年，第28—30页。

3 林业强：《清宫玻璃厂三题》，载故宫博物院编：《光凝秋水：清宫造办处玻璃器》，紫禁城出版社，2005年，第39页。

4 薛吕编著：《中国清代玻璃艺术》第一章“玻璃发展史中的中国清代玻璃”，上海大学出版社，2014年，第15页。

图7-21　北京故宫博物院藏乾隆朝单色玻璃器
（1.豆绿色玻璃长颈瓶；2.孔雀蓝色玻璃直颈瓶；3.雄黄色玻璃马蹄式瓶；4.红色透明玻璃马蹄式瓶；5.浅黄色玻璃马蹄式瓶；6.豇豆红色玻璃马蹄式瓶）
（采自故宫博物院编：《光凝秋水：清宫造办处玻璃器》，第145、147、156、157、158、159页）

撇，制作难度较大，方觚迎光透视，空心小，壁厚，显得沉稳而敦实，其清澈的质地和完美的造型反映出乾隆朝高超的玻璃制作技艺（图7-22）；故宫藏多色玻璃高足瓶，由瓶和高足两部分组成，瓶吹制而成，撇口，细颈，溜肩，腹部弧收，瓶体色白如玉，口部装饰红色弦纹一周，座为七层束腰，以不透明的玻璃模压成大小不同的七个圆饼，最后粘接而成，通体以吹、套和模压三种技法做成，色彩由上而下分别是浅棕、天蓝、白、宝蓝、白、天蓝、深棕，座的最下层表面上阴刻"乾隆年制"楷书款，外底中心有明显的脐痕。这件高足瓶虽然光素无纹，但以独特的造型和不同色彩的组合呈现出别具一格的工艺效果（图7-23），另有一件撇口瓶也是集吹、套、模制三种技法于一身，喇叭口、长颈、凸肩、圆腹、高圈足，口内外为天蓝色，口沿外套一周深橘黄色玻璃，肩部和下腹为宝蓝色，上腹为豆绿色，足部为墨绿色，平底内凹，底部刻有"乾隆年制"楷书款，造型非常规整[1]（图7-24）。

兴起于康熙朝的套玻璃在乾隆时期也得到了充分的发展，在烧造技术、雕琢工艺和色彩搭配上都取得了很高的艺术成就[2]。乾隆时期的套玻璃占目前传世品中的绝大部分，且乾隆之后未发现。颜色上主要以白套红、白套蓝为主，白色洁净，红色鲜艳，形成较好的视觉效果，白套蓝则可能是在模仿青花。例如故宫藏桃蝠纹

1　故宫博物院编：《光凝秋水：清宫造办处玻璃器》，紫禁城出版社，2005年，第168、192—195页。
2　故宫博物院编：《光凝秋水：清宫造办处玻璃器》，紫禁城出版社，2005年，第20页。

图7-22　北京故宫博物院藏乾隆朝玻璃方觚（采自故宫博物院编：《光凝秋水：清宫造办处玻璃器》，第169页）

图7-23　北京故宫博物院藏乾隆朝多色玻璃高足瓶

图7-24　北京故宫博物院藏乾隆玻璃撇口瓶（采自故宫博物院编：《光凝秋水：清宫造办处玻璃器》，第194、195页）

瓶，吹制而成，以涅白色玻璃为胎体，外套金红色纹饰，包括桃树、蜜蜂、蝙蝠、灵芝、野菊等，外底阴刻“乾隆年制”楷书款（图7-25），红玻璃是用金作为呈色剂烧炼而成，又称金红，其造型、纹饰、雕工均属上乘水平，是套玻璃中的精湛之作。烧造技术的进步还使这一时期出现了体量较大的套玻璃器，例如故宫藏白套红云龙纹玉壶春瓶，吹制而成，涅白胎外套紫红色玻璃，腹部饰云龙戏珠图，底部刻有“大清乾隆年制”六字楷书款（图7-26）。该器与元代景德镇青白釉刻花云龙纹玉壶春瓶的造型相似，花纹繁缛，胎体厚重，是乾隆时期较大型套玻璃中的精美之作。故宫藏黄套红玻璃缠枝花卉纹盖豆，由扁圆盒、中柱和覆碗式座三部分组成，模压而成，通体以黄色玻璃为胎，外套金红色花纹，外壁雕刻花卉、团寿、缠枝、勾云等纹饰，座的外口沿阴刻“乾隆年制”横行楷书款（图7-27）。有学者估计，制作这样一件豆在使用模具吹制完成并退火冷却之后，还需要进行至少大约500小时的冷加工雕刻和抛光工序，鉴于豆在器型上的特殊性，盖子、主体和圈足应该是分开制作完

图7-25　北京故宫博物院藏乾隆白套红桃蝠纹瓶

图7-26　北京故宫博物院藏乾隆白套红云龙纹玉壶春瓶

图7-27　北京故宫博物院藏乾隆黄套红玻璃缠枝花卉纹盖豆
（采自故宫博物院编：《光凝秋水：清宫造办处玻璃器》，第240、241页）

成后再集合成整体[1]。另外还有一件搅玻璃撇口瓶，吹制而成，是在白色玻璃胎上外套红、蓝、白三色相间的螺旋纹，色彩绚丽明快，令人耳目一新[2]（图7-28）。

玻璃胎画珐琅器的制作也在乾隆朝达到顶峰，生产数量增多，除了少数玻璃瓶之外，多数传世品都是鼻烟壶，受制于制作难度，这类器物都比较小，主要在造办处珐琅作制作完成。多在金地或白地珐琅上再绘彩，画工精细，色彩或艳丽或秀美，多是寓意吉祥的传统主题，也有西洋人物和西洋建筑等装饰图案，充分体现了清代宫廷画工扎实功底、高超技巧和融会贯通的能力（图7-29）。跟玻璃胎画珐琅

1　薛吕编著：《中国清代玻璃艺术》第七章“套料雕刻工艺的发展与演变”，上海大学出版社，2014年，第96—104页。张维用在有关博山玻璃的研究中提到，一个技术熟练的工匠用原始的传统设备生产一对八寸的玻璃套色雕琢瓶，往往需要至少两至三个月时间，经过19道工序才能做成，其间稍有闪失即成废品，前功尽毁。参见张维用：《套色雕琢》，载中国人民政治协商会议博山区委员会编：《博山陶瓷琉璃文化》，天津古籍出版社，2008年，第309—311页。

2　故宫博物院编：《光凝秋水：清宫造办处玻璃器》，紫禁城出版社，2005年，第202、204、240、282页。

相比，用水粉或油彩直接在玻璃背面作画要简单一些，画成之后在另一面可以观赏到精美的画面。这种被称为玻璃画、镜子画或背画的工艺最初由传教士传入中国，在宫廷中被广泛用于镶嵌镜框、装饰建筑或发展成独立的挂屏、插屏以及宫灯等（图7-30）。根据文献记载，乾隆皇帝曾经多次命令王致诚、郎世宁等画玻璃窗、玻璃镜、玻璃集锦围屏、玻璃挂屏等，两广总督、粤海关监督等官员多次进奉紫檀画玻璃八方灯、紫檀画玻璃挂屏、紫檀镶画玻璃横披、紫檀镶玻璃画镜桌屏、紫檀木雕洋花镶画玻璃炕屏等。玻璃画多为大块平板玻璃，用于屏风类的家具上，反映出当时大型平板玻璃依然比较罕见，而频繁进贡屏风类玻璃画无疑显示出乾隆皇帝对此种玻璃工艺制品的喜爱之情[1]。

关于金星玻璃，虽然从文献可以推知早在康熙时期即已经制造，然而最确切的记载是乾隆六年（1741年）由纪文、汤执中两人指导烧制成功。但目前仅在乾隆朝留下一定数量的传世品，乾隆之后再未发现，是清代造办处玻璃器中比较珍贵的品种。大体做法是在原料熔融过程中撒入金粉形成块料，再根据器物设计要求剖割、切削、琢磨，最终制成器物，金星玻璃器物既有玻璃器的制造方法，又含玉器琢磨工艺，富丽豪华，风格十分别致[2]。据研究，乾隆时期的大部分金星玻璃主要是在造办处的玉作中制作完成，用砣玉的方法加工而成，北京故宫博物院现藏金星玻璃近40件，大致分为用于观赏的陈设品和较为珍贵的文房用品两类，传世的陈设品有山子、瓶、

图7-28　北京故宫博物院藏乾隆搅玻璃撇口瓶

图7-29　北京故宫博物院藏乾隆玻璃胎画珐琅器（1.花鸟纹瓶；2.四季花卉纹瓶；3.金地芙蓉花纹鼻烟壶；4.西洋女子图鼻烟壶）
（采自故宫博物院编：《光凝秋水：清宫造办处玻璃器》，第251、253、254、260页）

1　刘晓晨：《乾隆皇帝咏诗中的“西洋奇货”——院藏玻璃画制品》，《文物天地》2016年第7期，第34—39页。
2　张荣：《清宫御制金星玻璃》，《紫禁城》1998年第3期，第40—41页。

1

2

3

4

图7-30 沈阳故宫博物院藏玻璃画
（1.掐丝珐琅玻璃画鱼纹方灯；2.紫檀嵌银丝边玻璃画山水人物挂屏；3、4.紫檀边座画玻璃山水插屏）
（采自刘晓晨：《乾隆皇帝咏诗中的“西洋奇货”——院藏玻璃画制品》，《文物天地》2016年第7期，第34页，图一；第35页，图二；第37页，图四）

如意、臂搁、磬、猴、壶、花插、尊等，文房用品有水盂、水丞、笔筒、墨床、笔掭、笔架等。陈设品中的三羊开泰山子运用圆雕、浮雕等技法表现出山石的陡峭和绵羊的温顺（图7-31）；金星玻璃如意也是雕刻而成，头部雕出一朵大灵芝，如意身部正反两面雕出七朵小灵芝，镂刻精细，且形体较大，长达20.3厘米（图7-32）；文房用品中的精品是一件铜胎嵌金星玻璃冰裂纹笔筒，铜胎圆筒形，外壁通体錾刻不规则几何图形，然后再嵌入金星玻璃薄片，形成自然的冰裂纹理，笔筒里面涂满蓝色珐琅釉（图7-33）。从材料及做工来看，这件笔筒应该是在造办处铜作、珐琅作、玻璃厂的共同合作下完成，最难之处在于要将块状的金星玻璃切割并打磨成相应形状的薄片，并具有一定的弧度，方能严丝合缝地嵌入錾刻出的棱线之内，与圆筒状的胎体相契合[1]。

缠丝玻璃也是乾隆朝生产的较少的玻璃品种，传世品极少，目前仅公布两件，一件为网格纹碗，一件为玻璃瓶。碗为有模吹制，以白色透明玻璃为胎体再缠白色玻璃丝，搅为二十五格网状纹，聚于底心，冷却后敲掉即可（图7-34）；后者吹制而成，通体以无色透明玻璃为胎，表面用白色玻璃条缠绕，纤细均匀，呈螺旋状布满器身，一气呵成，其间找不到任何衔接痕迹，壁薄体轻，非有精湛技艺而不能为[2]（图7-35）。

1 故宫博物院编：《光凝秋水：清宫造办处玻璃器》，紫禁城出版社，2005年，第261、270—271、274页。
2 故宫博物院编：《光凝秋水：清宫造办处玻璃器》，紫禁城出版社，2005年，第278—281页。

图7-31　北京故宫博物院藏乾隆金星玻璃三羊开泰山子

图7-32　北京故宫博物院藏乾隆金星玻璃如意

图7-33　北京故宫博物院藏乾隆铜胎嵌金星玻璃冰裂纹笔筒
（采自故宫博物院编：《光凝秋水：清宫造办处玻璃器》，第271页）

图7-34　北京故宫博物院藏乾隆网格纹碗
（采自故宫博物院编：《光凝秋水：清宫造办处玻璃器》，第279页）

乾隆朝之后的造办处玻璃厂制作玻璃器的数量种类等已有定例，即每年端阳节制作盘、碗、瓶、炉81件，鼻烟壶60件，年节制作盘、碗、瓶、炉100件，鼻烟壶60件，每年总计制作玻璃器301件，一般在每年的四月和十二月进奉。跟前代相比，这一时期的玻璃工艺日渐衰落，总体上是以完成年节进贡活计为主要任务，极少创新[1]。这其中的原因是多方面的，一方面欧洲形势的变化导致中国的传教任务几乎停滞，道光皇帝颁布了传教士的驱逐令并下旨查抄传教士建立的机构，使玻璃厂失去外来的技术支持，这一时期的玻璃工匠主要来自山东博山；另一方面嘉庆帝之后的中国很快陷入内忧外患的混乱局面，皇帝对玻璃器的兴趣大不如前，一旦失去皇室的支持，生产费工费时的精美玻璃器就变得非常困难。从故宫博物院藏品来看，乾隆朝以后的玻璃器多以单色为主，不见套色玻璃和金星玻璃，在规整度、质地、色彩等方面均不如前朝，例如故宫藏道光八棱瓶，跟乾隆、雍正和嘉庆朝的玻璃八棱

1　清代晚期宫廷玻璃艺术日趋衰落，民间的内画鼻烟壶脱颖而出，即以弯曲成钩状的竹笔蘸上颜料在鼻烟壶内反向作画写字。这种工艺对鼻烟壶的材料要求很高，以透明玻璃为主，透明度较好的水晶和茶晶也可以；其次还要用金刚砂、小铁球和水在壶内来回摇动进行磨砂处理，直至内壁细而不滑，使颜料能够附着其上。内画鼻烟壶的具体创始时间还有待于讨论，但其创作的鼎盛时期是光绪年间。具体参见张荣：《清代内画鼻烟壶》，《收藏家》1997年第2期，第20—23页。

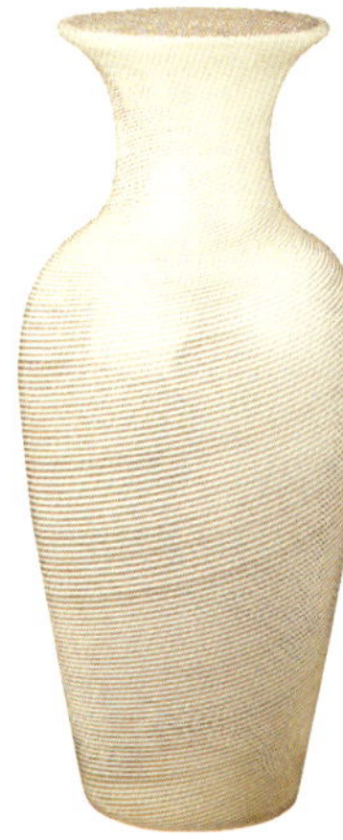

图7-35　北京故宫博物院藏乾隆缠丝玻璃瓶
（采自故宫博物院编：《光凝秋水：清宫造办处玻璃器》，第281页）

图7-36　北京故宫博物院藏道光朝八棱瓶
（采自故宫博物院编：《光凝秋水：清宫造办处玻璃器》，第335页）

图7-37　北京故宫博物院藏咸丰朝八棱瓶
（采自故宫博物院编：《光凝秋水：清宫造办处玻璃器》，第339页）

瓶相比，造型很不规整，线条非曲非直，款识也过于潦草，器身上有凹凸不平的小坑（图7-36）；咸丰朝的八棱瓶的造型也欠规整，质地略粗糙，外表有小凹坑多处[1]（图7-37）。玻璃厂的产品质量下降、款识潦草还招致了皇帝的不满，咸丰帝曾亲谕玻璃厂“嗣后玻璃活计要素，俱不拉花，款要真”[2]。这种在衰微中继续生产的状态一直持续到清末，19世纪后半叶英法联军、八国联军侵华，洗劫圆明园，1911年北塘的洋人教堂被拆毁，附近的玻璃厂也随之荒废，同年辛亥革命爆发，造办处玻璃厂跟中国最后一个封建王朝一起寿终正寝[3]。

1　故宫博物院编：《光凝秋水：清宫造办处玻璃器》，紫禁城出版社，2005年，第335、339页。

2　参见中国第一历史档案馆藏清宫档案，咸丰八年，编号3078，此处转引自杨伯达：《清代玻璃概述》，《故宫博物院院刊》1983年第4期，第13页。

3　故宫博物院编：《光凝秋水：清宫造办处玻璃器》，紫禁城出版社，2005年，第22、31页。

二、玻璃的最终普及

明清时期博山、广州等区域玻璃生产中心的形成，大大促进了玻璃制品的流通，尽管存在着工艺水平的差异，但过去名贵罕见的奢侈品成为人人皆可购买的廉价商品，这无疑推动了玻璃在大众中的普及，蒙在玻璃制品上的神秘面纱被渐渐揭开。这两地玻璃生产的渊源各异，具体情况也有所不同，结合传世文献、传教士书信著作和国内外传世品可以一窥当时宫廷以外的民间玻璃生产概况。

民国时重修的《颜山孙氏族谱》的序言部分记载，颜山孙氏之祖克让于洪武三年（1370年）迁来颜神镇，“应内官监青帘匠，业琉璃，造珠灯、珠帘，供用内廷”[1]，亦即明代博山的颜神镇已经开始向朝廷进贡“青帘”（即珠帘）。孙克让的九世孙、《颜山杂记》的作者孙廷铨详细记载了青帘的制法和功用：“琉璃之贵者为青帘，取彼水晶，和以回青，如箸斯条，若水斯冰。纬为幌薄，傅于朱棂。瑞烟徐起，旭日始升。影动几筵，光浮御屏。栖神象玄，以合窈冥。用之郊坛焉，用之清庙焉。隶于司空，以称国工。”[2]水晶色的琉璃料以氧化钴（回青）为着色剂，制成蓝色的管形珠，穿成帘子，悬于宗庙祭祀场所，在光线的映衬下，形成深沉肃穆的光影效果。

进入清代，博山已经成为北方地区著名的玻璃生产中心，其产品行销全国，“北至燕，南至百粤，东至高丽，西至河外，其行万里”[3]。清宫档案显示，乾隆二十二年（1757年），博山玻璃匠何崇福在玻璃厂服役，因天气炎热不能烧造，改于秋后十月起程赴京应役；嘉庆十七年至二十二年（1812—1817年）有博山吹活匠郝珍和郝兰兄弟在玻璃厂工作；道光十七年（1837年），博山吹玻璃匠张坤、李克成在玻璃厂从正月到腊月，全年领取饷银。可见博山玻璃工匠一直是造办处玻璃厂活跃力量，他们在传教士的指导下从事玻璃制作，返乡之后将在京城学到的工艺应用到本地的玻璃生产中，推动了技术的交流与革新。

根据明嘉靖《青州府志》的记载，“琉璃器，出颜神镇，以土产马牙、紫石为主，法用黄丹、白铅、铜绿、焦煎成”[4]。清孙廷铨《颜山杂记》中记载：“琉璃者，石以为质，硝以和之，礁以锻之，铜铁丹铅以变之。非石不成，非硝不行，非铜铁铅丹则不精。三合然后生”，而后又具体解释各种原材料的特点及在制作玻璃时扮演的角色，“白如霜，廉削而四方，马牙石也；紫如英，札札星星，紫石也；棱而多角，其形似璞，凌子石也。白者以为干也，紫者以为软也，凌子者以为莹也。是故白以为干，则刚；紫以为软，则斥之为薄而易张；凌子以为莹，则镜物有光”[5]。可见博山琉璃生产所需的矿物原料主要有马牙石、紫石、凌子石，马牙石可能为长石[6]，紫石即萤

1 转引自张维用：《博山琉璃与明朝内官监》，载中国人民政治协商会议博山区委员会编：《博山陶瓷琉璃文化》，天津古籍出版社，2008年，第233页。

2 （清）孙廷铨著，李新庆校注：《颜山杂记校注》卷四“琉璃”条，齐鲁书社，2012年，第115页。

3 （清）孙廷铨著，李新庆校注：《颜山杂记校注》卷四“琉璃”条，齐鲁书社，2012年，第119页。

4 （明）杜思等：《青州府志》卷七《物产》“琉璃器”条，载《天一阁藏明代方志选刊》，上海古籍出版社，1982年，第666页。

5 （清）孙廷铨著，李新庆校注：《颜山杂记校注》卷四“琉璃”条，齐鲁书社，2012年，第114页。

6 一说为方解石，但方解石的主要成分为碳酸钙，以之为主料烧不出玻璃。参见张维用：《博山琉璃生产的资源条件》，载中国人民政治协商会议博山区委员会编：《博山陶瓷琉璃文化》，天津古籍出版社，2008年，第246页。

石，用以降低琉璃的软化点，凌子石又称菱石，亦即白云石，能增强玻璃的光泽，三种矿石跟硝一起熔炼即可得到玻璃，所谓的硝应该是硝酸盐的统称，包括芒硝、火硝和皮硝三种，古代多用火硝（又称焰硝，即KNO_3）熔炼玻璃。矿物原料之外，还需要黄丹、白铅、铜、铜绿、铁、回青等人工制造的金属化合物。黄丹、白铅、丹铅都是铅的化合物，熔炼玻璃时用作澄清剂，其余的铜、铁、铜绿、回青等都是用作着色剂。原料、澄清剂和着色剂混合之后，还需要燃料的煅烧，这里的燃料就是“焦”或“礁”，即焦炭。博山产煤，所谓“礁出于炭而烈于炭”，“散无力也，炼而坚之，谓之‘礁’”[1]，说的都是要将煤转变成焦炭，以做冶炼之用。

《颜山杂记》对清代玻璃研究的重要之处还在于不仅记载了制作玻璃所需要的原材料，还留下了制作不同颜色玻璃的不同配方，根据焰硝的数量来确定不同材料的配比，共计十种配方，包括水晶、正白、梅萼红、蓝、秋黄、映青、牙白、正黑、绿、鹅黄。虽然这些配方在很大程度上依然仰仗工匠的经验，但跟过去文献中模糊甚至错误的记载相比更加具体而丰富，是当时工匠生产经验和智慧的结晶，如实地反映了当时玻璃生产的实际情况，对复原博山民间玻璃作坊的历史细节弥足珍贵。

根据孙廷铨的记载，博山玻璃产品种类众多，主要种类有穿珠之属，即制珠并将其组合而穿成不同类型的装饰品，包括青帘、华灯、珠穿灯、屏风、罐合、果山等；实之属，即棋子、风铃、念珠、壶顶、簪珥、料方等；空之属，即吹制而成的中空产品，包括泡灯、鱼瓶、葫芦、砚滴、佛眼、轩辕镜、火珠、响器、鼓珰等；孙氏还详细记载了不同种类产品的制法，这些产品多以穿孔、中空或实心的小件装饰品为主，也生产玻璃器皿。其中铺丝产品独具特色。铺丝又称料丝，《徐氏笔精》记载，“料丝灯，出滇南金齿者胜……上绘山水人物，诸色极晶莹可爱，以煮料为丝，故名料丝”[2]。即正反两面都排列无色透明的玻璃丝，中间夹有纸本绘画。制作铺丝产品首先要拔出玻璃丝，立两根铁杆，一根铁杆蘸取少量玻璃液，用小钳引出丝头，在铁杆间往复缠绕，拉出细细的玻璃丝，冷却后截短成束，挑选直径相近的玻璃丝用来铺丝，接下来即可铺开纸画，并用白纸条做边框，上抹糨糊，以清鳔水铺丝。待干后裁边加框，即成铺丝屏、匾等[3]。

除此之外，还制作平板玻璃。之前历代文献中虽然也可以找到一些琉璃窗或屏风的记载，但由于语焉不详，这些记载都非常可疑，无法作为认定当时已经制作平板玻璃的确切证据，加之从南越王汉墓之后再也没有平板玻璃的考古发现，因此平板玻璃在中国古代的使用情况一直不太清楚。事实上文献中出现制作平板玻璃的确切记载已经晚至清代同治年间。王侃的《江州笔谈》中提到重庆的制作平板玻璃的作坊，“昨偕友人往观，见炉炽石瓮通红。瓮身欹侧，其口外向，深二尺余。消冶石粉，如金之在熔。匠者力持四尺铁管，挑起如饧，旋转其管裹之，急以拍板相规，再入火中。移时，自管端吹使微空，复挑复裹，视其大如茄，持登木架，俯向地坑中，手转口吹，渐长二尺余，大过合抱。既冷，赤色转绿，光明透彻可爱。脱其管，以金刚

1 （清）孙廷铨著，李新庆校注：《颜山杂记校注》卷四“琉璃”条，齐鲁书社，2012年，第109页。

2 （明）徐𤊹：《徐氏笔精》卷八“料丝灯”条，景印文渊阁四库全书，第856册，台湾商务印书馆，1986年，第588页。

3 详细步骤参见张维用：《铺丝》，载中国人民政治协商会议博山区委员会编：《博山陶瓷琉璃文化》，天津古籍出版社，2008年，第302—304页。

划开，有若瓦解。承以大土坯，入别炉烘之，则渐展平，以作镜屏各物，随料取用。问其火候，盖三昼夜乃能熔化也"[1]。其原理是先吹出一个大玻璃泡，然后用金刚石分段划开，最后将划开的带弧度的玻璃片放在土坯上再放入其他炉中烘软之后摊平。奥地利旅行家Baron Ernst von Hesse-Wartegg在其1897年出版的Schantung und Deutsch-China一书中记载了博山地区的玻璃吹制业的情况，"在此地，除了有煤矿业之外，我还发现了其他工业，比如车轮制造业、陶瓷业，特别是玻璃吹制业。颜神镇的主要大街每三户中就有一家四至六人规模的玻璃作坊，他们使用的是我们生产玻璃瓶的吹制工艺。产品有：玻璃珠、手镯、饮酒器、玻璃棒和玻璃窗，我见到的最大尺寸的产品是用来制作灯的玻璃片，中国人很喜欢用玻璃来仿制玉和珍珠，颜色非常漂亮，而此地盛产用来制作这些颜色玻璃的原材料"[2]。推测当时博山的玻璃作坊中很可能已经开始生产制作灯和窗户所用的平板玻璃了。

广州自唐宋以来都是中国海上交通和对外贸易的重要港口，唐代设市舶使，宋代设市舶司，元世祖立提举习，明代设市舶提举司，明末高濂将外国输入广州的玻璃器跟龙泉窑、吉州窑、建窑等一起品评，"又若玻璃窑，出自岛夷，惟粤中有之。其制不一，奈无雅品，惟瓶之小者有佳趣。他如酒钟、高罐、盘盂、高脚劝杯等物，无一可取。色有白缠丝、鸭绿、天青黄锁口，三种俱可观，但不耐用耳，非鉴赏佳器"[3]，对岛夷输入的玻璃制品颇不以为意。但综合各种文献记载，在频繁的对外贸易交往中，早在康熙时期，外来的玻璃制作工艺就已经在广州落地生根。1699年，法国贸易公司Compagnie de Chine的海上护卫舰安菲律特号（Amphitrite）驶入广东，他们不仅带来了玻璃镜和玻璃餐具出售，还受传教士白晋（Joachim Bouvet）所请，派来了八个玻璃长工，其中两人前往北京，三位主管、三位职员和六名玻璃工匠留在广州，开办玻璃工厂，其中三位主管在法国的皇家玻璃作坊都有职位。在这种便利条件下，广州在清代拥有较为发达的玻璃制造业，在康、雍、乾三朝的清宫档案中，广州地区不仅向内廷派遣玻璃工匠应役，还进贡玻璃鼻烟壶、玻璃盖碗、玻璃碟和玻璃透镜等，但这些玻璃质量不佳，质薄而脆，多被称为土玻璃或广铸，乾隆皇帝就对广东海关进贡的玻璃器非常不满，认为是次品，下令不准报销。类似的记载在入华外国人士的著作也可以见到，1793—1794年随英国大使马嘎尔尼来华的医师Hugh Gillan记载广东工匠收集欧洲玻璃碎片，重新熔化之后吹成球形，然后根据需要切割成不同形状，主要制作小型镜子和玩具，工匠将玻璃吹得很薄以便于切割，他们并不理解如何从原始材料熔炼玻璃，也不知道玻璃到底是什么，各色玻璃珠和纽扣等大多从欧洲威尼斯等地运往中国。另一位名为李太郭（George Tradescant Lay）的英国传教士记载了他亲眼所见的广州玻璃作坊吹制玻璃过程，尤其提到当玻璃被吹成薄球冷却后用墨划分成窗格大小，随后在热源中慢慢延展成

1 参见（清）王侃：《巴山七种》之《江州笔谈》上卷，此处转引自干福熹等：《中国古代玻璃技术发展史》，上海科学技术出版社，2016年，第208页。

2 转引自Emily Byrne Curtis：《广州、博山地区的玻璃吹制作坊》，载薛吕主编：《中国清代玻璃艺术》第三章，上海大学出版社，2014年，第43—44页。也有人怀疑这里所说的玻璃窗应该不是真正的平板玻璃，而是铺丝屏片之类产品的误译，参见张维用：《平板玻璃》，载中国人民政治协商会议博山区委员会编：《博山陶瓷琉璃文化》，天津古籍出版社，2008年，第316页。

3 （明）高濂撰，赵立勋等校注：《遵生八笺校注》卷十四《燕闲清赏笺》卷上"论诸品窑器"条，人民卫生出版社，1994年，第533页。

平板状，这些平板玻璃并不是用在窗户上，而是制成漂亮的玻璃镜。另一名传教士John Henry Gray的记述则更偏向广东玻璃的成分，即在铁盘中放入20公斤锡铅合金和20公斤铅一起烧熔，再加入30公斤砂，倒入坩埚后再加入30公斤硝石和一定量的碎燧石玻璃，充分烧熔之后就可以吹制了[1]。

西方收藏机构中收藏的清代绘画提供了广州玻璃作坊日常工作的更为直观的图像资料。法国国家图书馆中收藏了两个版本的关于玻璃制作场景的绘画，分别表示制作玻璃镜和外销玻璃画的不同工艺阶段，总共包括12幅画，其中一个版本来自署名为“煜呱 You Qua”作坊，署名“煜呱画，老街N° 34”。据研究，煜呱是1840—1870年活跃于广州的著名外销画大师，擅长静物写生、肖像以及港口景色。该系列纸本画形象地表现出当时制作平板玻璃的各个步骤，包括称量原料、混合原料、窑炉中添料、敲碎煤炭、窑炉中添加燃料、挑取玻璃料、吹制玻璃、冷却玻璃、在玻璃泡表面画线、裁玻璃、玻璃片回炉加热形成平板玻璃、抛光玻璃片等[2]。

关于清代不同产地的玻璃的成分，杨伯达曾做过系统的研究。分析表明，博山第一百货商场工地出土并送检的九件元末明初的玻璃残器中，有七件是钾钙玻璃，两件是铅玻璃，表明当时的玻璃成分以钾钙玻璃为主，这一传统配方一直沿用至清代。乾隆朝造办处玻璃厂孔雀蓝水丞和琥珀色鼻烟壶也进行了化学成分分析，孔雀蓝水丞的主要成分包括SiO_2:74.8%，K_2O:20.89%，CuO:0.49%，琥珀色鼻烟壶的主要成分为SiO_2:67.74%，K_2O:21.76%，Fe_2O_3:0.37%，主要成分跟博山玻璃都非常相近，表明博山玻璃的配方曾在玻璃厂中使用，这显然跟博山工匠进京服役密切相关。对造办处玻璃厂的三件玻璃残片（涅白玻璃、红玻璃、蓝色玻璃耳）的分析表明，三者都属于钾铅钠玻璃，前两者内含少量的硼和砷，起乳浊作用的可能是砷，红色玻璃中有微量金元素，应该是由金元素显色；后者有硼无砷，铅、钙含量极少。总之，三者的硅、钙、钾、铅、硼、钠的比重都非常接近，铅钙的含量也比较低，只是含砷的情况有所不同。另一个玻璃生产中心广州也有两块玻璃片进行了成分测试，一片为透明玻璃碗残片，泛浅绿色，经分析含SiO_2:69.8%，Fe_2O_3:0.29%，CaO:14.1%，Na_2O:11.98%；一片为深蓝玻璃残片，含SiO_2:59.17%，CaO:6.38%，Na_2O:17.54%，MnO:0.38%，CuO:1.05%，两者都是钠钙玻璃，推测可能是将进口透明玻璃器回炉之后又加入了其他微量元素作为呈色剂[3]。

作为人类在文明史上发明的最伟大的合成材料之一，玻璃一直在古代中国的物质文化边缘徘徊。玻璃在中国虽有自己独具特色的成分体系，但并未像在西方那样，发展成古典世界中灿烂的玻璃文明，甚至还沦落成其他材料的廉价替代品。现代科学是西方社会由中世纪向近世乃至现代文明转轨的原始推力，这跟以玻璃为核心组成或基本材料的现代科学仪器极大扩展和深化了人类对自然的认识密切相关，17世纪数十年内发明的六种宝贵的科学仪器无疑产生了巨大的效应，

1　转引自Emily Byrne Curtis：《广州、博山地区的玻璃吹制作坊》，载薛吕主编：《中国清代玻璃艺术》第三章，上海大学出版社，2014年，第35、40—41页。

2　转引自Emily Byrne Curtis：《广州、博山地区的玻璃吹制作坊》，载薛吕主编：《中国清代玻璃艺术》第三章，上海大学出版社，2014年，第36—39页。

3　杨伯达：《清代玻璃配方化学成分的研究》，《故宫博物院院刊》1990年第2期，第17—26页。

推动了科学的发展，这些仪器是：望远镜、显微镜、气泵、摆钟、温度计和气压计，它们每一种都使得过去不可想象的试验和测量工作成为现实，除摆钟以外，它们的先决条件全在于优质透明玻璃是否现成可用[1]。中国因其特殊的历史特点，导致近世并没有像西方那样诞生现代意义上的科学理论体系，玻璃本身的潜能也没有得到充分开发和最大利用，一直到明清时期西方传教士将欧洲的先进科技介绍到中国，玻璃的功能才被重新认识，这其中有两种玻璃制品的逐渐应用，深远地改变了中国人的生活，即玻璃眼镜和平板玻璃。我们现在早已对世界空间维度的改变习以为常，然而当人们操纵起望远镜和显微镜的时候，依然可以真切感受到玻璃作为一种基本工具，在辅助人们思索和认知并探索自然法则方面所扮演的关键角色。

随着年龄的增长，很多人在年逾四旬中期之后看近物会逐渐模糊（老视），还有的人因为长期阅读或近距离作业而导致远视能力下降（近视），眼镜的发明即是出于矫正视力缺陷和延缓视力衰退的考虑。眼镜大概是公元1285年左右在意大利北部发明的，随后迅速传播，15世纪已经是欧洲的普通生活用品。这里所说眼镜是指双面凸透镜（老视镜），而帮助人们看清远方物体的凹透镜（即近视镜）的发明还要比老花镜晚二百多年[2]。根据文献记载，古代中国人对凸透镜的聚光功能有一定的认识，但并未进一步推广应用，对用玻璃透镜矫正人们视力方面的疾患也并不了解，眼镜是纯粹的外来物品，传入中国的时间当是在15世纪前期，入华之初又被称为叆叇，在古代中国文献中，“云覆日为叆叇也”，即轻云遮住日光，一般认为源于眼镜的阿拉伯文（al-unwainat）或波斯文（ainak）的名称，叆叇一词兼顾了其词源的读音和佩戴方式。

张宁在《方洲杂录》记载了一副明宣德时期的眼镜，“……因记向在京时，尝于指挥胡豅寓所，见其父宗伯公所得宣庙赐物，如钱大者二，其形色绝似云母石，类世之硝子，而质甚薄。以金相轮廓而衍之为柄，组制其末，合则为一，歧则为二，如市肆中等子匣。老人目昏，不辨细字，张此物于双目，字明大加倍。近者又于孙景章参政所，再见一具，试之复然。景章云：以良马易得于西域贾胡满剌，似闻其名为优逮……”[3]宣庙即明宣德皇帝朱瞻基，庙号宣宗。胡濙曾历事六朝，其中三朝为礼部尚书，宣德皇帝将眼镜赐予重臣，似乎反映出眼镜在当时仍然是很贵重的外来物件，根据合则为一，歧则为二的描述，这应该是一副夹鼻佩戴的老花镜。张燮在万历年间写成的《东西洋考》中麻六甲国有物产名叆叇，注曰：“俗名眼镜，《华夷考》曰大如钱，质薄而透明如琉璃，色如云母。每目力昼倦，不辨细书，以此掩目，精神不散，笔画倍明，出满剌国”[4]。麻六甲、满剌加，都是指今马来西亚的马六甲（Malacca）一带，14—16世纪是马来半岛上的一大强国，首府与港口同名[5]，说明当时人非常清楚眼镜的一个来源是南海诸国，而南海诸国进奉的玻璃眼镜很可能跟由

1 （英）艾伦·麦克法兰、格里·马丁著，管可秾译：《玻璃的世界》，商务印书馆，2003年，第105页。

2 （英）艾伦·麦克法兰、格里·马丁著，管可秾译：《玻璃的世界》，商务印书馆，2003年，第144—145、164页。

3 （明）张宁：《方洲杂录》，丛书集成初编本，第2898册，商务印书馆，1936年，第8页。

4 （明）张燮：《东西洋考》卷四《麻六甲》，丛书集成初编本，第3259册，商务印书馆，1936年，第42页。

5 陈佳荣等：《古代南海地名汇释》，中华书局，1986年，第816—817页。

西向东的海上贸易有关。郎瑛《七修类稿续稿》记载："少尝闻贵人有眼镜，老年观书小字看大，出西海中，虏人得而制之以遗中国，为世宝也……后与霍都司子麒言，霍送予一枚，质如白琉璃，大可如钱，红骨镶成二片，若圆灯剪然，可开合而折叠。问所从来，则曰旧任甘肃，夷人贡至而得者……"[1]说明当时人很清楚眼镜来自于西海即地中海地区，霍都司子麟的眼镜系其在西北任职期间从入华外国人手中获得，如此看来，15世纪入华的眼镜可能包括海上和陆路两个途径。

关于眼镜在明清之际的推广普及，也有一条非常重要的文献。明末清初叶梦珠的《阅世编》记载："眼镜，余幼时偶见高年者用之，亦不知其价，后闻制自西洋者最佳，每副值银四、五两，以玻璃为质，象皮为干，非大有力者不能致也。顺治以后，其价渐贱，每副值银不过五、六钱。近来苏、杭人多制造之，遍地贩卖，人人可得，每副值银最贵者不过七、八分，甚至四、五分，直有二、三分一副者，皆堪明目，一般用也。唯西洋有一种质厚于皮，能使近视者秋毫皆晰，每副尚值银价二两，若远视而年高者带之则反不明，市间尚未有贩卖者，恐再更几年，此地巧工亦多能制，价亦日贱耳。"[2]这条文献反映出作者幼时的明末崇祯年间，玻璃眼镜还并不常见，价格也十分昂贵，清顺治之后，苏杭各地多有制造，量多价贱，人人可得。当时，西洋的近视镜还比较昂贵，但作者预测再过几年一旦被当地工匠仿制成功，价格也会很快降下来。文献记载中清初最有名的眼镜制作人是江苏吴江人孙云球，他以水晶磨制出72种镜片，而且"随目对镜，不爽毫发"[3]。

15世纪开始，玻璃窗已经在西方建筑中逐渐普及。但受平板玻璃的生产和供应状况的限制，玻璃窗在中国的推广过程要缓慢得多。中国传统形制的窗户多在窗格上糊窗纸或镶嵌明瓦（蛎壳），光线无法充分进入室内，采光效果较差。根据档案资料，早在康熙年间，清代宫廷中就已经出现了安装玻璃窗户的做法。根据安装面积和方式，最初的玻璃窗主要分为三种，一种被称为玻璃窗眼或窗户眼，即在窗户的中心位置的窗格中安装一小块玻璃，其余部分仍然糊窗纸；第二种是满窗布满不规则的窗格，窗格中均镶嵌玻璃片；第三种是整扇窗户都去掉窗棂，满用玻璃。例如乾隆三十七年（1772年），弘历下旨："狮子林高台房西稍间西北面方窗两个满安玻璃，不必用大玻璃，着造办处查小块玻璃剁安。钦此。"乾隆四十二年（1777年），"太监厄勒里传旨：玉玲珑馆澹然书屋西间窗户三扇，现安大玻璃一块、小玻璃二块，将小玻璃拆下换安大玻璃二块。东西窗户三扇，每扇上各添安小玻璃二块。钦此。"[4]《扬州画舫录》记载当时扬州的园林中有的小厅"是屋窗棂，

1 参见（明）郎瑛：《七修类稿续稿》卷六《事物类》"眼镜"条，此处转引自丁夑山：《眼镜之传入中国和普及》，《寻根》2015年第3期，第35页。

2 （清）叶梦珠撰，来新夏点校：《阅世编》卷七《食货六》"眼镜"条，上海古籍出版社，1981年，第163页。

3 曹允源等：《民国吴县志》卷五一《物产二》"眼镜"条，载《中国地方志集成·江苏府县志辑》，江苏古籍出版社，1991年，第843页下栏；孙承晟：《明清之际西方光学知识在中国的传播及其影响——孙云球〈镜史〉研究》，《自然科学史研究》2007年第3期，第363—376页，该文的注1列举了有关眼镜在中国起源研究的论文或专著，另外还可以参考马文宽：《掐丝珐琅和眼镜制作技术的传入》，载中国社会科学院考古研究所编著：《新世纪的中国考古学（续）——王仲殊先生九十华诞纪念论文集》，科学出版社，2015年，第656—660页。

4 中国第一历史档案馆：《清代档案史料：圆明园》下册，上海古籍出版社，1991年，第1511、1543页。

皆贮五色玻璃，园中呼之为玻璃房"[1]。清乾隆时完稿的古典文学名著《红楼梦》中，第七回周瑞家的到凤姐那里去，"穿夹道从李纨后窗下过，隔着玻璃窗户，见李纨在炕上歪着睡觉呢"。第四十九回宝玉早晨起来，"掀开帐子一看，虽门窗尚掩，只见窗上光辉夺目，心内早踌躇起来，埋怨定是晴了，日光已出。一面忙起来揭起窗屉，从玻璃窗内往外一看，原来不是日光，竟是一夜大雪，下将有一尺多厚，天上仍是搓绵扯絮一般"[2]。反映出当时清宫内廷、私人园林和贵族宅邸的窗户上都开始安装平板玻璃了。透明玻璃窗取代传统带窗花的纸面窗，在一定程度上改变了中国传统建筑外立面风格，大大改善了室内的采光效果[3]。然而使用玻璃窗仍然只局限在很小的范围之内，在外国人看来，因为多数采用传统窗户，清代普通民众的居所仍然是昏暗和不洁的。中国人的日常生活中开始大量应用平板玻璃要晚至清末民初。平板玻璃在建筑尤其是窗户上的普及应用使屋内窗明几净，大大改善了采光和卫生条件。透明的平板玻璃在建筑和路灯等公共设施上的使用，改变着街道和城市形态，带来不同的街景和建筑景观，潜移默化中推动着中国社会的转轨[4]。

中国最早的机制平板玻璃厂诞生于湖北武昌。1904年，清朝候补知府林松唐获湖广总督张之洞批准，购买德国机械吹筒摊平法成套设备，在武昌白沙洲建成了中国最早的机制平板玻璃厂，后因成本和经营的原因加之洋货的倾销，仅维持到1912年便倒闭[5]。约与武昌建立的玻璃厂同时，博山地区建立了当时国内的第一家玻璃公司，即博山玻璃公司，在近代中国工业史上被誉为新法制造玻璃之嚆矢。该公司坐落于博山城北，占地约三十亩，分为居住区和生活区两部分，主厂房南北向，长约120米，宽约25米，主要设备包括池炉、烘炉、摊片炉等。厂中央有煤气炉，煤气通过隧道通向各炉，还配有电动原料粉碎机，另外还有包装房和成品仓库。公司从德国聘请七名技术人员，机器设备、厂房图纸也由德方提供。原设计生产能力为年产玻璃五万箱。光绪三十年（1904年）山东巡抚周馥批复了山东省农工商局关于创办博山玻璃公司的呈文，准予开办。光绪三十一年破土动工，经一年多施工后基本竣工，定于光绪三十二年旧历十月投产，投产后一直面临着资金不足的困难，1909年的年产量只有五千箱，后来终因种种原因导致1910年全面停产，并于1911年彻底倒闭，公司一切资产收归官有。第一次世界大战之后，因进口玻璃的完全杜绝，国内玻璃售价飞涨，北洋政府派员重开博山玻璃公司，当地也建立了几十家玻璃厂，炉180余座，日产量可达500箱，月产值10万元上下，年销售量13000余吨，北至满蒙，南迄南洋无不知博山玻璃之名[6]。1918年欧战结束之后，外国玻璃再次涌入，再加上1922年民族资本家周学熙等人与比利时人合资引进"弗克法"专利，在秦皇岛成立了当时

1 （清）李斗：《扬州画舫录》卷七《城南录》"临池亭旁"条，中华书局，1960年，第170页。

2 （清）曹雪芹等：《红楼梦》，人民文学出版社，1996年，第107页、第662—663页。

3 李晓丹：《康乾时期玻璃窗和玻璃制品探究》，《清史研究》2007年第3期，第20—25页。

4 曹南屏：《玻璃与清末民初的日常生活》，《中央研究院近代史研究所集刊》第76期，2012年，第81—134页。

5 余德新：《中国第一个平板玻璃厂创办于何时》，《中国建材》1991年第4期，第42页。

6 参见张维用：《平板玻璃》，载中国人民政治协商会议博山区委员会编：《博山陶瓷琉璃文化》，天津古籍出版社，2008年，第317—323页。

第一家平板玻璃合资企业即耀华玻璃股份有限公司秦皇岛工厂[1]，博山诸厂无力竞争，生产规模逐渐缩小，甚至中断生产。机制平板玻璃厂在1924年投产之后，在以后的几十年中一直采用20世纪30年代水平的垂直引上法，60年代曾尝试改进工艺，直至70年代才研发成功具有自主知识产权的“中国洛阳浮法玻璃工艺”，并在80年代扩大了洛阳浮法的生产规模，提高了整体技术水平，至此，平板玻璃的产量才真正与我国经济社会发展需求相适应[2]，民国以来历尽坎坷的中国玻璃制造业终于焕发出了新的生机。

1 余德新：《耀华玻璃公司的兴衰——中国平板玻璃史话之三》，《中国建材》1993年第1期，第45—46页。

2 王政：《中国平板玻璃工业五十年》，《中国建材》1999年第10期，第47—52页。

参考文献

一、历史文献

1. (汉)司马迁:《史记》,中华书局,1963年。
2. (汉)班固:《汉书》,中华书局,1962年。
3. (汉)王充著,张宗祥校注,郑绍昌标点:《论衡校注》,上海古籍出版社,2013年。
4. (汉)孔安国撰,(唐)孔颖达正义:《尚书正义》,上海古籍出版社,2007年。
5. (汉)郑玄注,(唐)贾公彦疏:《周礼注疏》,上海古籍出版社,2010年。
6. (汉)许慎:《说文解字》,中华书局,1963年。
7. (汉)刘熙:《释名》,中华书局,2016年。
8. (汉)郭宪撰:《汉武帝洞冥别记》,《汉魏六朝笔记小说大观》,上海古籍出版社,1999年。
9. (汉)刘歆撰,(晋)葛洪集:《西京杂记》,《汉魏六朝笔记小说大观》,上海古籍出版社,1999年。
10. (汉)王充著,张宗祥校注,郑绍昌标点:《论衡校注》,上海古籍出版社,2013年。
11. (晋)郭璞注,(宋)邢昺疏:《尔雅注疏》,上海古籍出版社,2010年。
12. (晋)郭璞注:《穆天子传》,《汉魏六朝笔记小说大观》,上海古籍出版社,1999年。
13. (南朝宋)范晔:《后汉书》,中华书局,1965年。
14. (梁)萧统等:《文选》,上海古籍出版社,1986年。
15. (北齐)魏收:《魏书》,中华书局,1974年。
16. (唐)房玄龄等:《晋书》,中华书局,1974年。
17. (唐)李百药:《北齐书》,中华书局,1972年。
18. (唐)令狐德棻等:《周书》,中华书局,1971年。
19. (唐)李延寿:《北史》,中华书局,1974年。
20. (唐)魏征等:《隋书》,中华书局,1973年。
21. (唐)段成式:《酉阳杂俎》,中华书局,1981年。
22. (唐)陈藏器撰,尚志钧集释:《〈本草拾遗〉辑释》,安徽科学技术出版社,2002年。
23. (唐)欧阳询:《艺文类聚》,上海古籍出版社,1999年。

24.（唐）慧琳：《一切经音义》，徐时仪校注：《一切经音义三种校本合刊》，上海古籍出版社，2008年。

25.（唐）韩愈著，马其昶校注：《韩昌黎文集校注》，上海古籍出版社，1986年。

26.（唐）圆仁：《入唐求法巡礼行记》，花山文艺出版社，1992年。

27.（后晋）刘昫等：《旧唐书》，中华书局，1975年。

28.（后周）释义楚：《释氏六帖》，浙江古籍出版社，1990年。

29.（宋）欧阳修等：《新唐书》，中华书局，1975年。

30.（宋）司马光编著，（元）胡三省音注：《资治通鉴》，中华书局，1956年。

31.（宋）李心传：《建炎以来系年要录》，中华书局，1985年。

32.（宋）李昉等：《太平御览》，中华书局，1960年。

33.（宋）李昉等：《太平广记》，中华书局，1961年。

34.（宋）洪迈：《夷坚志》，中华书局，2006年。

35.（宋）赵汝适撰，杨博文校释：《诸蕃志校释》，中华书局，2000年。

36.（宋）叶隆礼撰，贾敬颜等点校：《契丹国志》，中华书局，2014年。

37.（宋）李诫撰，邹其昌点校：《营造法式》（修订本），人民出版社，2011年。

38.（宋）曹勋：《松隐集》，景印文渊阁四库全书第1129册，台湾商务印书馆，1986年。

39.（宋）杜绾：《云林石谱》，丛书集成初编第1507册，商务印书馆，1936年。

40.（宋）戴埴：《鼠璞》，丛书集成初编第319册，商务印书馆，1939年。

41.（宋）高似孙著，左洪涛校注：《高似孙〈纬略〉校注》，浙江大学出版社，2012年。

42.（宋）程大昌：《演繁露》，上海古籍出版社，1992年。

43.（宋）蔡絛：《铁围山丛谈》，中华书局，1983年。

44.（宋）周密：《武林旧事》，浙江人民出版社，1984年。

45.（宋）王安中：《初寮集》，景印文渊阁四库全书第1127册，台湾商务印书馆，1986年。

46.（宋）范成大撰，富寿荪标校：《范石湖集》上海古籍出版社，1981年。

47.（宋）姜夔：《白石道人诗集》，丛书集成初编本第2261册，商务印书馆，1936年。

48.（宋）柳永撰，薛瑞生校注：《乐章集校注》，中华书局，1994年。

49.（宋）张耒：《张右史文集》，四部丛刊初编第999册，上海商务印书馆，1922年。

50.（宋）朱槔：《玉澜集》，四部丛刊续编第406册，上海商务印书馆，1934年。

51.（宋）孟元老撰，邓之诚注：《东京梦华录注》，中华书局，1982年。

52.（宋）吴芾：《湖山集》，丛书集成续编第128册，新文丰出版公司，1989年。

53.（宋）康与之：《昨梦录》，载上海师范大学古籍整理研究所编：《全宋笔记》，第四编第三册，大象出版社，2008年。

54.（宋）杨万里：《诚斋集》，四部丛刊初编第1187册，上海商务印书馆，1922年。

55.（宋）舒邦佐：《双峰先生存稿》，载四川大学古籍整理研究所编：《宋集珍本丛刊》，第62册，线装书局，2004年。
56.（宋）俞德邻：《佩韦斋辑闻》，丛书集成初编本，第323册，中华书局，1985年。
57.（元）脱脱等：《宋史》，中华书局，1977年。
58.（元）脱脱等：《辽史》，中华书局，1974年。
59.（元）李志常：《长春真人西游记》，河北人民出版社，2001年。
60.（元）刘郁：《西使记》，景印文渊阁四库全书第460册，台湾商务印书馆，1986年。
61.（元）赵耐庵：《铅汞甲庚至宝集成》卷四《白雪圣石经》，载《道藏》，文物出版社、上海书店、天津古籍出版社影印本，1988年，第19册。
62.（明）杜思等：《青州府志》，载《天一阁藏明代方志选刊》，上海古籍出版社，1982年。
63.（明）黄淮等：《历代名臣奏议》，台湾学生书局，1985年。
64.（明）郑若庸：《类隽》，上海辞书出版社，1991年。
65.（明）高濂撰，赵立勋等校注：《遵生八笺校注》，人民卫生出版社，1994年。
66.（明）张宁：《方洲杂录》，丛书集成初编本，第2898册，商务印书馆，1936年。
67.（明）张燮：《东西洋考》，丛书集成初编第3259册，商务印书馆，1936年。
68.（明）王佐：《新增格古要论》，浙江人民美术出版社，2012年。
69.（明）宋濂等：《元史》，中华书局，1976年。
70.（明）方以智：《物理小识》，景印文渊阁四库全书本，第867册，台湾商务印书馆，1986年。
71.（明）王佐：《新增格古要论》，浙江人民美术出版社，2012年。
72.（明）徐𤊹：《徐氏笔精》，景印文渊阁四库全书第856册，台湾商务印书馆，1986年。
73.（清）张廷玉等：《明史》，中华书局，1974年。
74.（清）吴任臣：《十国春秋》，中华书局，1983年。
75.（清）王文诰辑注、孔凡礼点校：《苏轼诗集》，中华书局，1982年。
76.（清）纪昀总纂：《四库全书总目提要》，河北人民出版社，2000年。
77.（清）厉鹗辑撰：《宋诗纪事》，上海古籍出版社，1983年。
78.（清）彭定求等：《全唐诗》，中华书局，1960年。
79.（清）孙廷铨著，李新庆校注：《颜山杂记校注》，齐鲁书社，2012年。
80.（清）李铭皖等修，冯桂芬等纂：《苏州府志》，《中国方志丛书》华中地方第五号，成文出版社有限公司，1970年。
81.（清）赵之谦：《勇庐闲诘》，载《丛书集成新编》，第47册，新文丰出版公司，1985年。
82.（清）王士禛：《香祖笔记》，景印文渊阁四库全书本，台湾商务印书馆，1986年，第870册。
83.（清）世宗撰：《御选语录》，载故宫博物院编：《故宫珍本丛刊》第521册《御选语录等三种》，海南出版社，2001年。

84.（清）孙廷铨著，李新庆校注：《颜山杂记校注》，齐鲁书社，2012年。

85.（清）叶梦珠撰，来新夏点校：《阅世编》，上海古籍出版社，1981年。

86.（清）李斗：《扬州画舫录》，中华书局，1960年。

87.（清）曹雪芹等：《红楼梦》，人民文学出版社，1996年。

88.（民国）曹允源等：《民国吴县志》，《中国地方志集成·江苏府县志辑》，江苏古籍出版社，1991年。

89. 北京大学古文献研究所编：《全宋诗》北京大学出版社，1998年。

90. 范祥雍校注：《洛阳伽蓝记》，上海古籍出版社，1978年。

91. 高楠顺次郎编：《大正新修大藏经》，大正一切经刊行会，台北世桦印刷企业有限公司，1998年。

92. 韩理洲：《全隋文补遗》，三秦出版社，2004年。

93. 贾敬颜：《五代宋金元人边疆行记十三种疏证稿》，中华书局，2004年。

94. 罗新等：《新出魏晋南北朝墓志疏证》，中华书局，2005年。

95. 孙望编著：《韦应物诗集系年校笺》，中华书局，2002年。

96. 王利器校注：《盐铁论校注》，中华书局，1992年。

97. 王明：《抱朴子内篇校释》（增订本），中华书局，2010年。

98. 许维遹：《吕氏春秋集释》，中华书局，2009年。

99. 余嘉锡：《世说新语笺疏》，中华书局，1983年。

100. 中国第一历史档案馆：《清代档案史料：圆明园》，上海古籍出版社，1991年。

二、考古报告与简报

（一）发掘报告

1. 广西文物保护与考古研究所等：《2009～2013年合浦汉晋墓发掘报告》，文物出版社，2016年。

2. 广西壮族自治区文物工作队等：《合浦风门岭汉墓——2003～2005年发掘报告》，科学出版社，2006年。

3. 广州市文物管理委员会等：《广州汉墓》，文物出版社，1981年。

4. 广州市文物管理委员会等：《西汉南越王墓》，文物出版社，1991年。

5. 河南省文物考古研究所：《新蔡葛陵楚墓》，大象出版社，2003年。

6. 河南省文物考古研究所编著：《固始侯古堆一号墓》，大象出版社，2004年。

7. 河南省文物考古研究所等：《三门峡虢国墓》，文物出版社，1999年。

8. 河南省文物考古研究所等：《淅川和尚岭与徐家岭楚墓》，大象出版社，2004年。

9. 湖北省博物馆：《曾侯乙墓》，文物出版社，1989年。

10. 湖北省荆州地区博物馆：《江陵马山一号楚墓》，文物出版社，1985年。

11. 湖北省文物考古研究所：《江陵九店东周墓》，科学出版社，1995年。

12. 湖北省文物考古研究所：《江陵望山沙冢楚墓》，文物出版社，1996年。

13. 吉林省文物考古研究所等：《六顶山渤海墓葬——2004~2009年清理发掘报告》，文物出版社，2012年。

14. 辽宁省博物馆：《北燕冯素弗墓》，文物出版社，2015年。

15. 辽宁省文物考古研究所：《凌源小喇嘛沟辽墓》，文物出版社，2015年。

16. 辽宁省文物考古研究所等：《朝阳北塔——考古发掘与维修工程报告》，文物出版社，2007年。

17. 卢连成等：《宝鸡强国墓地》，文物出版社，1988年。

18. 罗丰：《固原南郊隋唐墓地》，文物出版社，1996年。

19. 南京大学历史系考古专业等编著：《鄂城六朝墓》，科学出版社，2007年。

20. 内蒙古自治区文物考古研究所等：《辽陈国公主墓》，文物出版社，1993年。

21. 青海省文物考古研究所：《上孙家寨汉晋墓》，文物出版社，1993年。

22. 山东博物馆等：《鲁荒王墓》，文物出版社，2014年。

23. 山东省文物考古研究所：《曲阜鲁国故城》，齐鲁书社，1982年。

24. 山西大学历史文化学院等编著：《大同南郊北魏墓群》，科学出版社，2006年。

25. 山西省考古研究所：《太原沙沟隋代斛律彻墓》，科学出版社，2017年。

26. 山西省考古研究所等编著：《长治分水岭东周墓地》，文物出版社，2010年。

27. 陕西省考古研究所：《唐李宪墓发掘报告》，科学出版社，2005年。

28. 陕西省考古研究所等：《唐惠昭太子陵发掘报告》，三秦出版社，1992年。

29. 陕西省考古研究所等：《唐新城长公主墓发掘报告》，科学出版社，2004年。

30. 陕西省考古研究院：《醴泉坊遗址2001年发掘报告》，陕西科学技术出版社，2014年。

31. 陕西省考古研究院：《唐长安醴泉坊三彩窑址》，文物出版社，2008年。

32. 陕西省考古研究院：《潼关税村隋代壁画墓》，文物出版社，2013年。

33. 陕西省考古研究院等：《法门寺考古发掘报告》，文物出版社，2007年。

34. 陕西省考古研究院等：《蓝田吕氏家族墓园》，科学出版社，2018年。

35. 陕西省考古研究院等：《唐懿德太子墓发掘报告》，科学出版社，2016年。

36. 陕西省文物保护研究院：《二十世纪五十年代陕西考古发掘资料整理研究》，三秦出版社，2015年。

37. 西安市文物保护考古所：《唐金乡县主墓》，文物出版社，2002年。

38. 襄樊市考古队等编著：《枣阳郭家庙曾国墓地》，科学出版社，2005年。

39. 徐州博物馆等：《徐州北洞山西汉楚王墓》，文物出版社，2003年。

40. 贠安志编著：《中国北周珍贵文物——北周墓葬发掘报告》，陕西人民美术出版社，1993年。

41. 原州联合考古队：《北周田弘墓》，文物出版社，2009年。

42. 原州联合考古队：《唐史道洛墓》，文物出版社，2014年。

43. 浙江省文物考古研究所:《雷峰塔遗址》,文物出版社,2005年。
44. 浙江省文物考古研究所等:《海宁智标塔》,科学出版社,2006年。
45. 中国科学院考古研究所:《西安郊区隋唐墓》,科学出版社,1966年。
46. 中国科学院考古研究所编著:《洛阳中州路(西工段)》,科学出版社,1959年。
47. 中国社会科学院考古研究所:《北魏洛阳永宁寺:1979~1994年考古发掘报告》,中国大百科全书出版社,1996年。
48. 中国社会科学院考古研究所:《六顶山与渤海镇》,中国大百科全书出版社,1997年。
49. 中国社会科学院考古研究所:《青龙寺与西明寺》,文物出版社,2015年。
50. 中国社会科学院考古研究所:《隋唐洛阳城:1959~2001年考古发掘报告》,文物出版社,2014年。
51. 中国社会科学院考古研究所:《唐长安城郊隋唐墓》,文物出版社,1980年。
52. 中国社会科学院考古研究所:《殷墟妇好墓》,文物出版社,1980年。
53. 中国社会科学院考古研究所:《张家坡西周墓地》,中国大百科全书出版社,1999年。
54. 中国社会科学院考古研究所等:《满城汉墓》,文物出版社,1980年。
55. 中国社会科学院考古研究所等:《扬州城——1987~1998年考古发掘报告》,文物出版社,2010年。
56. 中国社会科学院考古研究所等:《扬州城遗址考古发掘报告:1999~2013年》,科学出版社,2015年。

(二)发掘简报

1. 安徽省文物考古研究所:《安徽含山凌家滩新石器时代墓地发掘简报》,《文物》1989年第4期,第1—9页。
2. 安峥地:《唐房陵大长公主墓清理简报》,《文博》1990年第1期,第2—6页。
3. 安志敏:《河北唐山市贾各庄发掘报告》,《考古学报》1953年第6期,第57—140页。
4. 巴音郭楞蒙古自治州文物管理所等:《新疆且末扎滚鲁克一号墓地发掘报告》,《考古学报》2003年第1期,第89—136页。
5. 北京市文物工作队:《北京西郊西晋王浚妻华芳墓清理简报》,《文物》1965第12期,第21—26页。
6. 北京市文物工作队:《顺义县辽净光舍利塔基清理简报》,《文物》1964年第8期,第49—54页。
7. 本报讯:《镇江发现宋代炼制琉璃遗迹出土我国最早的琉璃象棋子》,《中国文物报》1996年1月7日,第1版。
8. 朝阳地区博物馆:《辽宁朝阳姑营子耿氏墓发掘报告》,《考古学集刊》3,社会科学出版社,1983年,第168—195页。
9. 陈定荣等:《江西临川县宋墓》,《考古》1988年第4期,第329—334页。

10. 大同市博物馆等:《大同方山北魏永固陵》,《文物》1978年第7期,第29—35页。

11. 大同市考古研究所:《山西大同七里村北魏墓群发掘简报》,《文物》2006年第10期,第25—49页。

12. 大同市考古研究所:《山西大同迎宾大道北魏墓群》,《文物》2006年第10期,第50—71页。

13. 德新等:《内蒙古巴林右旗庆州白塔发现辽代佛教文物》,《文物》1994年第12期,第4—33页。

14. 定县博物馆:《河北定县发现两座宋代塔基》,《文物》第1972年8期,第39—51页。

15. 鄂州博物馆等:《湖北鄂州鄂钢饮料厂一号墓发掘报告》,《考古学报》1998年第1期,第103—130页。

16. 福建省博物馆等:《唐末五代闽王王审知夫妇墓清理简报》,《文物》1991年第5期,第1—10页。

17. 富平县文化馆等:《唐李凤墓发掘简报》,《考古》1977年第5期,第313—326页。

18. 甘肃省文物工作队:《甘肃省泾川县出土的唐代舍利石函》,《文物》1966年第3期,第8—14页。

19. 甘肃省文物考古研究所等:《甘肃合水唐魏哲墓发掘简报》,《考古与文物》2012年第4期,第48—54页。

20. 甘肃省文物考古研究所等:《甘肃泾川佛教遗址2013年发掘简报》,《文物》2016年第4期,第54—78页。

21. 固始侯古堆一号墓发掘组:《河南固始侯古堆一号墓发掘简报》,《文物》1981年第1期,第1—8页。

22. 广东省文物考古研究所等:《广东肇庆市坪石岗东晋墓》,载广东省文物考古研究所等编:《华南考古》第1辑,文物出版社,2004年,第248—264页。

23. 广西省文物管理委员会:《广西贵县汉墓的清理》,《考古学报》1957年第1期,第155—162页。

24. 广西壮族自治区文物工作队:《广西壮族自治区钦州隋唐墓》,《考古》1984年第3期,第249—263页。

25. 广西壮族自治区文物工作队等:《广西合浦县九只岭东汉墓》,《考古》2003年第10期,第57—77页。

26. 广州市文物管理委员会:《广州市东北郊西汉木椁墓发掘简报》,《考古通讯》1955年第4期,第40—46页。

27. 广州市文物管理委员会:《广州市下塘狮带岗晋墓发掘简报》,《考古》1996年第1期,第36—45页。

28. 广州市文物考古研究所:《广州南汉德陵、康陵发掘简报》,《文物》2006年第7期,第4—25页。

29. 河北省文化局文物工作队:《河北定县出土北魏石函》,《考古》1966年第5期,第252—259页。

30. 河北省文物管理处:《河北易县净觉寺舍利塔地宫清理记》,《文物》1986

年第9期，第76—80页。

31. 河北省文物研究所：《河北定县40号汉墓发掘简报》，《文物》1981年第8期，第1—10页。

32. 河南南阳市文物考古研究所：《河南南阳市陈棚村68号汉墓》，《考古》2008年第10期，第33—39页。

33. 河南省古代建筑保护研究所等：《河南邓州市福胜寺塔地宫》，《文物》1991年第6期，第38—47页。

34. 黑龙江省文物考古研究所：《黑龙江宁安渤海上京城出土渤海国舍利函》，《文物》2015年第6期，第14—16页。

35. 湖北省博物馆：《湖北汉阳蔡甸一号墓清理》，《考古》1966年第4期，第193—196页。

36. 湖北省博物馆等：《湖北随州擂鼓墩二号墓发掘简报》，《文物》1985年第1期，第16—36页。

37. 湖北省博物馆等：《湖北郧县唐李徽、阎婉墓发掘简报》，《文物》1987年第8期，第30—42页。

38. 湖南省博物馆：《长沙两晋南朝隋墓发掘报告》，《考古学报》1959年第3期，第75—105页。

39. 湖南省文物管理委员会：《长沙沙湖桥一带古墓发掘报告》，《考古学报》1957年第4期，第33—67页。

40. 淮安市博物馆等：《江苏涟水妙通塔宋代地宫》，《文物》2008年第8期，第20—32页。

41. 江苏省文物工作队镇江分队等：《江苏镇江甘露寺铁塔塔基发掘记》，《考古》1961年第6期，第302—315页。

42. 江西省文物工作队等：《江西南丰县桑田宋墓》，《考古》1988年第4期，第318—328页。

43. 江西省文物考古研究所等：《南昌市西汉海昏侯墓》，《考古》2016年第7期，第45—62页。

44. 金戈：《密县北宋塔基中的三彩琉璃塔和其它文物》，《文物》1972年第10期，第63—66页。

45. 李丁山：《安徽潜山县太平村北宋潘氏墓》，《考古》2008年第10期，第94—96页。

46. 李丁山：《安徽潜山彰法山宋墓》，《考古》1994年第4期，第382—383页。

47. 李鉴昭等：《南京石门坎乡六朝墓清理记》，《考古通讯》1958年第9期，第66—69页。

48. 李军等：《安徽当涂东晋墓发掘简报——兼论出土的玻璃碗残片类别和来源》，《东南文化》2006年第2期，第33—39页。

49. 李文信：《辽西省义县清河门西山村"辽佐移离毕萧相公"族墓发掘工作报告》，《文物参考资料》1951年第9期，第111—119页。

50. 李志军等：《河南沁阳唐代李洪钧墓发掘简报》，《洛阳考古》2015年第1期，第30—34页。

51. 连云港市博物馆：《江苏东海县尹湾汉墓群发掘简报》，《文物》1996年第8

期，第4—25页。

52. 连云港市博物馆：《连云港海清寺阿育王塔文物出土记》，《文物》1981年第7期，第31—38页。

53. 辽宁省博物馆等：《法库叶茂台辽墓记略》，《文物》1975年第12期，第26—36页。

54. 辽宁省文物考古研究所：《辽宁朝阳新华路辽代石宫发掘简报》，《文物》2010年第11期，第42—54页。

55. 辽宁省文物考古研究所等：《辽宁阜新县辽代平原公主墓与梯子庙4号墓》，《考古》2011年第8期，第46—65页。

56. 林士民：《浙江宁波天封塔地宫发掘报告》，《文物》1991年第6期，第1—27页。

57. 临潼县博物馆：《临潼唐庆山寺舍利塔基精室清理记》，《文博》1985年第5期，第12—37页。

58. 临猗县博物馆：《山西临猗双塔寺北宋塔基地宫清理简报》，《文物》1997年第3期，第35—53页。

59. 刘呆运：《仙游寺法王塔的天宫地宫与舍利子》，《收藏家》2000年第7期，第60—64页。

60. 刘勤：《江苏仪征胥浦宋墓出土文物》，载贺云翱主编：《长江文化论丛》第四辑，中国文史出版社，2006年，第30—36页。

61. 刘学堂等：《额敏河流域发掘早期游牧民族墓》，《中国文物报》2002年7月19日第1版。

62. 刘友恒等：《河北正定天宁寺凌霄塔地宫出土文物》，《文物》1991年第6期，第28—37页。

63. 洛阳市文物工作队：《洛阳市西工区C1M3943战国墓》，《文物》1999年第8期，第4—13页。

64. 马永强：《江苏邳州煎药庙发现西晋高等级家族墓地》，《中国文物报》2017年2月10日，第8版。

65. 茂陵文物保管所等：《汉茂陵及其陪葬冢附近新发现的重要文物》，《文物》1976年第7期，第51—56页。

66. 南京博物院：《江苏邗江甘泉二号汉墓》，《文物》1981年第11期，第1—10页。

67. 南京博物院等：《江苏盱眙县大云山西汉江都王陵一号墓》，《考古》2013年第10期，第3—68页。

68. 南京大学历史系考古组：《南京大学北园东晋墓》，《文物》1973年第4期，第36—50页。

69. 南京市博物馆：《江苏南京市明黔国公沐昌祚、沐睿墓》，《考古》1999年第10期，第45—56页。

70. 南京市博物馆：《江苏南京仙鹤观东晋墓》，《文物》2001年第3期，第4—40页。

71. 南京市博物馆：《南京北郊东晋墓发掘简报》，《考古》1983年第4期，第315—322页。

72. 南京市博物馆:《南京幕府山东晋墓》,《文物》1990年第8期,第41—48页。

73. 南京市博物馆:《南京市郭家山东晋温氏家族墓》,《考古》2008年第6期,第3—25页。

74. 南京市博物馆:《南京象山5号、6号、7号墓清理简报》,《文物》1972年第11期,第23—41页。

75. 南京市博物馆等:《江苏南京市富贵山六朝墓地发掘简报》,《考古》1998年第8期,第35—47页。

76. 南京市博物馆等:《南京南郊宋墓》,《文物》2001年第8期,第31—38页。

77. 南京市考古研究所:《南京大报恩寺遗址塔基与地宫发掘简报》,《文物》2015年第5期,第4—52页。

78. 南平市博物馆:《福建南平大凤发现宋墓》,《考古》1991年第12期,第1143—1145页。

79. 内蒙古文物考古研究所:《内蒙古通辽市吐尔基山辽代墓葬》,《考古》2004年第7期,第50—53页。

80. 内蒙古文物考古研究所等:《内蒙古多伦县小王力沟辽代墓葬》,《考古》2016年第10期,第55—80页。

81. 宁夏回族自治区博物馆:《宁夏盐池唐墓发掘简报》,《文物》1988年第9期,第43—54页。

82. 宁夏回族自治区博物馆等:《宁夏固原北周李贤夫妇墓发掘简报》,《文物》1985年第11期,第1—20页。

83. 秦明智等:《灵台舍利石棺》,《文物》1983年第2期,第48—52页。

84. 衢州市文管会:《浙江衢州市南宋墓出土器物》,《考古》1983年第11期,第1004—1011页。

85. 全锦云:《试论郧县唐李泰家族墓地》,《江汉考古》1986年第3期,第76—81页。

86. 泉州市文物保护研究中心:《泉州北峰五代王福墓》,《福建文博》2005年第3期,第36—43页。

87. 瑞昌县博物馆:《江西瑞昌县李洋湖南宋墓》,《考古》1986年第11期,第1051—1053页。

88. 山东省博物馆:《发掘明朱檀墓纪实》,《文物》1972年第5期,第25—36页。

89. 山东省博物馆:《临淄郎家庄一号东周殉人墓》,《考古学报》1977年第1期,第73—104页。

90. 山东省博物馆等:《兖州兴隆塔北宋地宫发掘简报》,《文物》2009年第11期,第42—62页。

91. 山西省考古研究所等:《山西临汾市西赵村唐墓发掘简报》,《考古》2015年第6期,第39—53页。

92. 山西省考古研究所等:《太原隋斛律彻墓清理简报》,《文物》1992年第10期,第1—14页。

93. 山西省考古研究所等:《天马—曲村遗址北赵晋侯墓地第四次发掘》,《文物》1994年第8期，第4—21页。

94. 山西省文物工作委员会晋东南工作组：《长治分水岭269、270号东周墓》，《考古学报》1974年第2期，第63—84页。

95. 陕西省博物馆、乾县文教局唐墓发掘组：《唐懿德太子墓发掘简报》，《文物》1972年第7期，第26—32页。

96. 陕西省博物馆、文管会：《唐李寿墓发掘简报》，《文物》1974年第9期，第71—88页。

97. 陕西省法门寺考古队：《扶风法门寺塔唐代地宫发掘简报》，《文物》1988年10期，第1—28页。

98. 陕西省考古研究所等：《北周武帝孝陵发掘简报》，《考古与文物》1997年第2期，第8—28页。

99. 陕西省考古研究院等：《陕西西安唐刘智夫妇墓发掘简报》，《考古与文物》2016年第3期，第18—33页。

100. 陕西省文物管理委员会：《西安郭家滩隋姬威墓清理简报》，《文物》1959年第8期，第4—7页。

101. 陕西省文物管理委员会：《西安羊头镇唐李爽墓的发掘》，《文物》1959年第3期，第43—53页。

102. 上海博物馆：《上海市松江县兴圣教寺塔地宫发掘简报》，《考古》1983年第12期，第1125—1129页。

103. 四川省博物馆：《四川万县唐墓》，《考古学报》1980年第4期，第503—514页。

104. 苏州市文管会等：《苏州市瑞光寺塔发现一批五代、北宋文物》，《文物》1979年第11期，第21—31页。

105. 苏州市文物保管委员会等：《苏州吴张士诚母曹氏墓清理简报》，《考古》1965年第6期，第289—300页。

106. 天津市历史博物馆考古队等：《天津蓟县独乐寺塔》，《考古学报》1989年第1期，第83—119页。

107. 王银田等：《大同智家堡北魏墓石椁壁画》，《文物》2001年第7期，第40—51页。

108. 王有泉：《北京密云冶仙塔塔基清理简报》，《文物》1994年第2期，第58—61页。

109. 吴凤珍：《嘉兴东塔及地宫出土文物》，载浙江省博物馆编：《东方博物》，第五十九辑，浙江大学出版社，2016年，第32—43页。

110. 吴县文物管理委员会：《江苏吴县春秋吴国玉器窖藏》，《文物》1988年第11期，第1—13页。

111. 西安市文物保护考古所：《西安财政干部培训中心汉、后赵墓发掘简报》，《文博》1997年第6期，第3—39页。

112. 西安市文物保护考古所：《西安东郊唐温绰、温思暕墓发掘简报》，《文物》2002年第12期，第37—49页。

113. 夏鼐：《无产阶级文化大革命中的考古新发现》，《考古》1972年第1期，第29—42页。

114. 孝感地区博物馆等：《安陆王子山唐吴王妃杨氏墓》，《文物》1985年第2期，第83—93页。

115. 新疆文物考古研究所：《新疆拜城县克孜尔吐尔墓地第一次发掘》，《考古》2002年第6期，第14—29页。

116. 扬州博物馆：《江苏邗江县甘泉老虎墩汉墓》，《文物》1991年第10期，第62—70页。

117. 扬州博物馆：《扬州西汉"妾莫书"木椁墓》，《文物》1980年第12期，第1—6页。

118. 扬州博物馆等：《江苏邗江县杨寿乡宝女墩新莽墓》，《文物》1991年第10期，第39—61页。

119. 张季：《河北景县封氏墓群调查记》，《考古通讯》1957年第3期，第28—37页。

120. 张平：《若羌县巴什夏尔遗址出土的古代玻璃器皿》，《新疆社会科学》1986年第3期，第87—92页。

121. 漳县文化馆：《（甘肃漳县元代汪世显家族墓葬）简报之二》，《文物》1982年第2期，第13—18页。

122. 浙江省博物馆：《浙江瑞安北宋慧光塔出土文物》，《文物》1973年第1期，第48—58页。

123. 镇江博物馆：《江苏镇江五洲山宋墓发掘简报》，《文物》2015年第5期，第53—59页。

124. 镇江博物馆等：《江苏句容春城南朝宋元嘉十六年墓》，《东南文化》2010年第3期，第37—43页。

125. 镇江古城考古所：《镇江市解放路宋代灰坑清理简报》，《南方文物》1996年第1期，第25—31页。

126. 郑洪春：《西安东郊隋舍利墓清理简报》，《考古与文物》1988年第1期，第61—65页。

127. 郑绍宗：《内蒙古宁城县武官营子发现的辽代石函》，《考古》1964年第11期，第594—596页。

128. 郑州市文物考古研究所：《郑州西郊唐墓发掘简报》，《文物》1999年第12期，第28—34页。

129. 中国人民大学历史学院考古文博系：《内蒙古正镶白旗伊和淖尔M1发掘简报》，《文物》2017年第1期，第15—34页。

130. 中国社会科学院考古研究所等：《江苏扬州市文化宫唐代建筑基址发掘简报》，《考古》1994年第5期，第413—420页。

131. 中国社会科学院考古研究所洛阳汉魏城队：《北魏洛阳城内出土的瓷器与釉陶器》，《考古》1991年第12期，第1090—1095页。

132. 中国社会科学院考古研究所内蒙古第二工作队等：《内蒙古巴林左旗辽祖陵一号陪葬墓》，《考古》2016年第10期，第21—23页。

133. 中国社会科学院考古研究所内蒙古第二工作队等：《内蒙古巴林左旗辽祖陵一号陪葬墓》，《考古》2016年第10期，第3—23页。

134. 中国社会科学院考古研究所新疆工作队等：《新疆轮台县群巴克墓葬第

二、三次发掘简报》,《考古》1991年第8期,第684—703页。

135. 朱捷元等:《陕西长安和耀县发现的波斯萨珊朝银币》,《考古》1974年第2期,第126—132页。

136. 淄博市博物馆:《山东临淄商王村一号战国墓发掘简报》,《文物》1997年第6期,第14—26页。

137. 淄博市博物馆:《淄博元末明初玻璃作坊遗址》,《考古》1985年第6期,第530—539页。

三、图录

1. David Whitehouse, Islamic Glass in the Corning Museum of Glass, Vol. One, The Corning Museum of Glass, 2010.

2. David Whitehouse, Roman Glass in The Corning Museum of Glass, Volume One, Hudson Hills Press, 1997.

3. David Whitehouse, Roman Glass in The Corning Museum of Glass, Volume Two, Hudson Hills Press, 2001.

4. David Whitehouse, Roman Glass in The Corning Museum of Glass, Volume Two, Hudson Hills Press, 2003.

5. David Whitehouse, Sasanian and Post—Sasanian Glass in the Corning Museum of Glass, Hudson Hills Press, 2005.

6. Fredrik Hiebert et alii Afghanistan: Hidden Treasures from the National Museum, Kabul, National Geographic, 2008.

7. James C. Y. Watt et alii (eds), China: Dawn of a Golden Age, 200—750 AD, Yale University Press, 2004.

8. Jens Kröger, Nishapur: Glass of the Early Islamic Period, The Metropolitan Museum of Art, 1995.

9. Miho Museum:《古代ガラス》, 2001年。

10. National Museum of Korea, Golden Splendors: The Royal Tomb of Silla Hwangnamdaechong (in Korean), 2010.

11.NHK大阪放送局:《正仓院の故乡—中国の金·银·ガラス—展》, 1992年。

12.Sidney M. Goldstein, Glass: From Sasanian Antecedents to European Imitations, The Nour Foundation, 2005.

13.Stefano Carboni, David Whitehouse, Glass of the Sultans, The Metropolitan Museum of Art, New York, 2001.

14.Stefano Carboni, Glass From Islamic Land, the Al—Sabah Collection, Kuwait National Museum, Thames & Hudson Ltd, 2001.

15. 别册太阳:《ガラス》, 平凡社, 1983年。

16. 朝阳市博物馆编:《龙城宝笈:朝阳博物馆馆藏文物精品》, 辽宁人民出版社, 2011年。

17. 出光美术馆:《地下宫殿の遗宝:中国河北省定州北宋塔基出土文物展》,平凡社,1997年。

18. 东京国立博物馆:《宫廷の荣华》,大冢巧艺社,1998年。

19. 东京国立博物馆:《正仓院宝物》株式会社便利堂,1981年。

20. 董贻安:《宁波文物集粹》,华夏出版社,1996年。

21. 甘肃省博物馆编:《甘肃丝绸之路文明》,科学出版社,2008年。

22. 故宫博物院编:《光凝秋水:清宫造办处玻璃器》,紫禁城出版社,2005年。

23. 关善明:《中国古代玻璃》,香港中文大学文物馆,2001年。

24. 国家文物局编:《海上丝绸之路》,文物出版社,2014年。

25. 国家文物局等编:《丝绸之路》,文物出版社,2014年。

26. 国立庆州博物馆编:《国立庆州博物馆》,通川文化社,2010年。

27. 韩生:《法门寺文物图饰》,文物出版社,2009年。

28. 冀东山主编:《神韵与辉煌:陕西历史博物馆国宝鉴赏》,玉杂器卷,三秦出版社,2006年。

29. 金维诺主编:《中国美术全集》,黄山书社,2010年。

30. 奈良国立博物馆:《仏舍利と宝珠——释迦を慕う心》,奈良国立博物馆,2001年。

31. 奈良国立博物馆:《正仓院展》,株式会社便利堂,1984年。

32. 奈良国立博物馆:《正仓院展》,株式会社便利堂,1988年。

33. 奈良国立博物馆:《正仓院展》,株式会社便利堂,1993年。

34. 奈良国立博物馆:《正仓院展》,株式会社便利堂,1994年。

35. 奈良国立博物馆《正仓院展六十回のあゆみ》,2008年。

36. 奈良县立橿原考古学研究所附属博物馆:《大唐皇帝陵》,2010年。

37. 奈良县立橿原考古学研究所附属博物馆:《新泽千冢の遗宝とその源流》,明新印刷株式会社,1992年。

38. 南京市博物馆编:《故都神韵:南京市博物馆藏文物精华》,文物出版社,2013年。

39. 祁小山等:《丝绸之路·新疆古代文化(续)》,新疆人民出版社,2016年

40. 陕西历史博物馆编:《寻觅散落的瑰宝——陕西历史博物馆征集文物精粹》,三秦出版社,2001年。

41. 陕西省考古研究所:《陕西新出土文物选粹》,重庆出版社,1998年。

42. 陕西省历史博物馆等编著:《花舞大唐春:何家村遗宝精粹》,文物出版社,2003年。

43. 深井晋司等:《ペルシアのガラス》,淡交社,1980年。

44. 深圳博物馆等:《契丹风韵——内蒙古辽代文物珍品展》,文物出版社,2011年。

45. 松本保:《正仓院とシルクロード》,平凡社,1981年。

46. 温州博物馆:《白象慧光:温州白象塔、慧光塔典藏大全》,文物出版社,2010年。

47. 西安博物院:《金辉玉德——西安博物院藏金银器玉器精萃》,文物出版社,2013年。

48. 杨伯达主编:《中国金银玻璃珐琅器全集》第4卷《玻璃器(一)》,河北美术出版社,2004年。

49. 杨伯达主编:《中国美术全集·工艺美术编·金银玻璃珐琅器卷》,文物出版社,1988年。

50. 由水常雄:《ガラスと文化—その東西交流》,日本放送出版协会,1997年。

51. 由水常雄:《世界ガラス美术全集》,求龙堂,1992年。

52. 由水常雄等: 실크로드와신라 : 유리의길 (Silk Road and Silla, the road of glass),Kyungpook National University, 2015。

53. 张柏总主编:《中国出土瓷器全集》,科学出版社,2008年。

54. 赵康民:《武周皇刹庆山寺》,陕西旅游出版社,2014年。

55. 浙江省博物馆等:《心放俗外——定州静志、净众佛塔地宫文物》,中国书店,2014年。

56. 中国丝绸博物馆:《古道新知:丝绸之路文化遗产保护科技成果展》,2017年。

57. 周昌富等主编:《中国音乐文物大系·山东卷》,大象出版社,2001年。

四、研究专著与论文

(一)研究专著

1. B. A. 李特文斯基等编、马小鹤译:《中亚文明史》第三卷《文明的交会》,中国对外翻译出版公司,2003年。

2. David Whitehouse: Glass: A Short History, Smithsonian Books, 2012.

3. Henry Hodges, Technology in the ancient world, Barnes and Noble, 1992.

4. Julian Henderson, Ancient Glass: An Interdisciplinary Exploration, Cambridge University Press, 2013.

5. 阿卜杜拉·马文宽:《伊斯兰世界文物在中国的发现与研究》,宗教文化出版社,2006年。

6. 艾伦·麦克法兰等著,管可秾译:《玻璃的世界》,商务印书馆,2003年。

7. 安家瑶:《玻璃器史话》,社会科学文献出版社,2011年。

8. 朝阳市博物馆编:《朝阳历史与文物》,辽宁大学出版社,1996年。

9. 陈佳荣等:《古代南海地名汇释》,中华书局,1986年。

10. 陈佳荣等:《古代南海地名汇释》,中华书局,1986年。

11. 程民生:《宋代物价研究》,人民出版社,2008年。

12. 冯承钧译:《马可波罗行纪》,上海书店出版社,1999年。

13. 冯乃恩:《古玻璃鉴赏与收藏》,吉林科学技术出版社,1996年。

14. 干福熹等:《中国古代玻璃技术的发展》,上海科学技术出版社,2005年。

15. 干福熹等:《中国古代玻璃技术发展史》,上海科学技术出版社,2016年。

16. 干福熹主编:《丝绸之路上的古代玻璃研究——2004年乌鲁木齐中国北

方古玻璃研讨会和2005年上海国际玻璃考古研讨会论文集》，复旦大学出版社，2007年。

17. 干福熹主编：《中国南方古玻璃研究——2002年南宁中国南方古玻璃研讨会论文集》，上海科学技术出版社，2003年。

18. 干福熹主编《中国古玻璃研究——1984年北京国际玻璃学术讨论会论文集》，中国建筑工业出版社，1986年。

19. 何堂坤：《中国古代手工业工程技术史》，山西教育出版社，2012年。

20. 后德俊：《楚国的矿冶髹漆和玻璃制造》，湖北教育出版社，1995年。

21. 后德俊等：《中国古代日用化学工程技术史》，山西教育出版社，2011年。

22. 黄时鉴主编：《解说插图中西关系史年表》，浙江人民出版社，1994年。

23. （美）基思·卡明斯（Keith Cummings）著，薛吕译：《世界玻璃工艺史》，上海交通大学出版社，2014年。

24. 李会：《汉代前的中国玻璃工艺》，华中师范大学出版社，2014年。

25. 李梅田：《中国古代物质文化史·魏晋南北朝》，开明出版社，2014年。

26. 李志超：《天人古义——中国科学史论纲》，大象出版社，2014年。

27. 林梅村：《丝绸之路考古十五讲》，北京大学出版社，2006年。

28. 刘迎胜：《丝绸之路》，江苏人民出版社，2014年。

29. 毛汉光：《中国中古社会史论》，上海书店出版社，2002年。

30. 穆根来等译：《中国印度见闻录》，中华书局，1983年。

31. 南京市博物馆等：《南京报恩寺遗址地宫文物保护研究》，文物出版社，2014年。

32. 牛润珍：《古都邺城研究——中世纪东亚都城制度探源》，中华书局，2015年。

33. 齐东方：《唐代金银器研究》，中国社会科学出版社，1999年。

34. 冉万里：《中国古代舍利瘗埋制度研究》，文物出版社。

35. 三上次男：《陶瓷之路》，文物出版社，1984年。

36. 沈福伟：《中西文化交流史》，上海人民出版社，2006年。

37. 孙机：《中国圣火：中国古文物与东西文化交流中的若干问题》，辽宁教育出版社，1996年。

38. 王敏：《玻璃器——璆琳琅玕》，上海科技教育出版社，2006年。

39. 魏义天（Étienne de La Vaissière）著，王睿译：《粟特商人史》，广西师范大学出版社，2012年。

40. 巫鸿著，柳杨、岑何译：《武梁祠：中国古代画像艺术的思想性》，生活·读书·新知三联书店，2006年。

41. 熊昭明等：《广西出土汉代玻璃器的考古学与科技研究》，文物出版社，2011年。

42. 薛吕编著：《中国清代玻璃艺术》，上海大学出版社，2014年。

43. 扬之水：《中国古代金银首饰》，第一卷，故宫出版社，2014年。

44. 杨蕤：《回鹘时代：10—13世纪陆上丝绸之路贸易研究》，中国社会科学出版社，2015年。

45. 杨维增编著：《〈天工开物〉新注研究》，江西科学技术出版社，1987年。

46. 由水常雄著，贺晶、黄海云译：《香水瓶》，上海书店出版社，2004年。

47. 章鸿钊：《石雅》，百花文艺出版社，2010年。

48. 赵超：《汉魏南北朝墓志汇编》，天津古籍出版社，2008年。

49. 赵德云：《西周至汉晋时期中国外来珠饰研究》，科学出版社，2016年。

50. 中国人民政治协商会议博山区委员会编：《博山陶瓷琉璃文化》，天津古籍出版社，2008年。

51. 中国社会科学院考古研究所编著：《中国考古学·秦汉卷》，中国社会科学出版社，2010年。

52. 中国社会科学院考古研究所编著：《中国考古学·新石器时代卷》，中国社会科学出版社，2010年。

53. 周运中：《中国南洋古代交通史》，厦门大学出版社，2015年。

（二）研究论文

1. Adi Agung Tirtamarta, M. M. 撰，辛光灿译，袁婕校：《井里汶海底十世纪沉船打捞纪实》，《故宫博物院院刊》2007年第6期，第151—154页。

2. Brigitte Borell, Trade and Glass Vessels along the Maritime Silk Road, Bettina Zorn, Alexandra Hilgner (eds), Glass along the Silk Road from 200BC to AD 1000: International Conference within the scope of the Sino—German Project on Cultural Heritage Preservation of the RGZM and the Shaanxi Provincial Institute of Archaeology, December 11th-12th 2008, Schnell & Steiner, 2010, pp. 127-142.

3. E. B. 库尔提斯撰，米辰峰译：《清朝的玻璃制造与耶稣会士在蚕池口的作坊》，《故宫博物院院刊》2003年第1期，第62—71页。

4. Joseph Veach Noble, The Technique of Egyptian Faience, American Journal of Archaeology, Vol. 73, No. 4, pp. 435-438.

5. Negro Ponzi, Glassware from Choche (Central Mesopotamia), in R. Boucharlat et alii (eds.) Arabie Orientale, Mé sopotamie et Iran mé ridional de l' age du fer au dé but de la periode islamique. Recherche sur les Civilisations, Mé moire 37, 1984, 33-40.

6. Piero Mirti, et alii (2009), Sasanian Glass from Veh Ardašīr: new evidences by ICP-MS analysis. Journal of Archaeological Science 36, 1061-1069.

7. Robert H. Brill撰，安家瑶译，史美光校：《试论中文"玻璃"一词的来源》，《玻璃与搪瓷》1990年第5期，第55—58页。

8. St John Simpson, From San Marco to South Arabia: Observations on Sasanian Cut Glass, Annette Hagedorn, et alii (eds) Facts and Artefacts: Art in the Islamic World, Festschrift for Jens Kröger on His 65th Birthday, Brill Academic Publishing, 2007, pp. 59-82;

9. St John Simpson, Sasanian Glass: An Overview, in Daniel Keller et alii (eds.) Neighbours and Successors of Rome: Traditions of Glass Production and Use in Europe and the Middle East in the Later 1st Millennium AD, Oxford, U. K. , and Philadelphia: Oxbow Books, 2014, pp. 200-216.

10. St John Simpson, Sasanian Glassware from Mesopotamia Gilan, and Caucasus, Journal of Glass Studies, Vol. 57 (2015), pp. 77−96.

11. Takashi Taniichi, Islamic Glass Vessels Excavated from Tombs Dated 1018 and 1020 of the Liao Dynasty, Orient, 2004, Vol. XXXIX, pp. 39−51.

12. 阿部善也等:《新沢千塚出土のガラス碗とガラス皿はどこから来たのか——化学分析による起源推定》,《日本ガラス工芸学会2014年度大会要旨集》,2014年11月15日,第8页。

13. 安家瑶:《北周李贤墓出土的玻璃碗——萨珊玻璃器的发现与研究》,《考古》1986年第2期,第173—181页。

14. 安家瑶:《玻璃考古三则》,《文物》2000年第1期,第89—98页。

15. 安家瑶:《冯素弗墓出土的玻璃器》,载邓聪等主编:《桃李成蹊集——庆祝安志敏先生八十寿辰》,香港中文大学中国考古艺术研究中心,2004年,第377—387页。

16. 安家瑶:《夹金箔层的玻璃珠》,载《宿白先生八秩华诞纪念文集》,上册,文物出版社,2002年,第307—313页。

17. 安家瑶:《辽祖陵1号陪葬墓出土玻璃器》,载中国考古学会编:《中国考古学会第十四次年会论文集》,文物出版社,2012年,第500—508页。

18. 安家瑶:《试探大云山汉墓玻璃编磬》,载中国社会科学院考古研究所编著:《新世纪的中国考古学(续)——王仲殊先生九十华诞纪念论文集》,科学出版社,2015年,第342—348页。

19. 安家瑶:《试探中国近年出土的伊斯兰早期玻璃器》,《考古》1990年第12期,第1116—1126页。

20. 安家瑶:《丝绸之路上的玻璃器》,载荣新江、罗丰主编:《粟特人在中国:考古发现与出土文献的新印证》,上册,科学出版社,2016年,第1—12页。

21. 安家瑶:《镶嵌玻璃珠的传入及发展》,载联合国教科文组织、中国社会科学院考古研究所编:《十世纪前的丝绸之路和东西文化交流》,新世界出版社,1996年,第351—367页。

22. 安家瑶:《中国的早期玻璃器皿》,《考古学报》1984年第4期,第413—448页。

23. 安家瑶:《中国古代玻璃与日本吉野里的玻璃管饰》,载《中国考古学论丛——中国社会科学院考古研究院建所40年纪念》,科学出版社,1993年,第415—421页。

24. 安家瑶等:《北魏玻璃》,载《汉代考古与汉文化国际学术研讨会论文集》,齐鲁书社,2006年,第550—557页。

25. 安家瑶等:《大同地区的北魏玻璃器》,载张庆捷等主编:《4—6世纪的北中国与欧亚大陆》,科学出版社,2006年,第42页。

26. 安家瑶等:《南汉康陵出土的伊斯兰玻璃器》,载《考古一生——安志敏先生纪念文集》,文物出版社,2011年,第474—487页。

27. 白化文:《七宝与八吉祥》,《佛教文化》1994年第2期,第29—32页。

28. 白云翔:《西汉王侯陵墓考古视野下海昏侯刘贺墓的观察》,《南方文物》2016年第3期,第42—50页。

29. 毕波：《粟特文古信札汉译与注释》，《文史》第67辑，中华书局，2004年，第73—88页。

30. 毕全忠：《郑和航海新说》，《人民日报》2002年4月16日，第10版。

31. 碧姬·博雷尔(Brigitte Borell)撰，刘焱鸿译：《早期北部湾地区的汉代玻璃器皿》，《海洋史研究》第四辑，社会科学文献出版社，2013年，第27—44页。

32. 曹南屏：《玻璃与清末民初的日常生活》，《中央研究院近代史研究所集刊》第76期，2012年，第81—134页。

33. 陈得芝：《刘郁〈(常德)西使记〉校注》，《中华文史论丛》2015年第1期，第67—108页。

34. 成倩等：《北周武帝孝陵出土玻璃珠的科学分析与研究》，《考古与文物》2011年第1期，第107—112页。

35. 成倩等：《新疆且末扎滚鲁克墓地出土玻璃杯研究》，《文物》2011年第7期，第88—92页。

36. 崔墨林：《吴王夫差剑的考究》，《河南省考古学会论文选集》，《中原文物》1981年特刊，第101—105页。

37. 丁夒山：《眼镜之传入中国和普及》，《寻根》2015年第3期，第34—38页。

38. 董俊卿等：《一批河南出土东周至宋代玻璃器的无损分析》，《中国材料进展》2012年第11期，第9—15页。

39. 董理：《“隋琉璃、玛瑙围棋子”考辨》，《考古与文物》2001年第5期，第71—75页。

40. 董延寿：《加拿大传教士怀履光与洛阳文物被盗》，《中原文物》2005年第6期，第89—91页。

41. 杜成辉：《〈西使记〉作者刘郁事迹考》，《北方文物》2009年第4期，第64—68页。

42. 杜玉冰等：《有关李贤的几个问题》，《宁夏社会科学》1984年第4期，第97—101页。

43. 范佳平：《福建泉州五代王福墓出土玻璃解析》，《丝绸之路》2015年第6期，第24—25页。

44. 范世民等：《馆藏部分玻璃制品的研究——兼谈玻璃史的若干问题》，《中国历史文物》1983年第5期，第97—104页。

45. 范兆飞：《两晋之际的士族生态与幽冀形势——以王浚为中心的考察》，《学术月刊》2011年第3期，第138—146页。

46. 冯恩学：《蹀躞带——契丹文化中的突厥因素》，《文物季刊》1998年第1期，第65—69页。

47. 冯恩学：《吐尔基山辽墓墓葬主人身份解读》，《民族研究》2006年第3期，第67—71页。

48. 伏修锋等：《中国古代釉砂和玻砂》，《硅酸盐学报》2006年第4期，第427—431页。

49. 付强等：《广州出土汉代玻璃制品的无损分析》，《硅酸盐学报》2013年第7期，第994—1003页。

50. 傅举有：《战国汉代的玻璃剑饰(上)》，《收藏家》2010年第5期，第29—34

页；《战国汉代的玻璃剑饰（下）》，《收藏家》2010年第6期，第29—32页。

51. 傅举有等：《湖南出土的战国秦汉玻璃璧》，《上海文博论丛》2010年第2期，第27—38页。

52. 傅宁：《内蒙古地区发现的辽代伊斯兰玻璃器——兼谈辽时期的对外贸易和文化交流》，《内蒙古文物考古》2006年第2期，第78—88页。

53. 甘肃省文物考古研究所：《敦煌悬泉汉简释文选》，《文物》2000年第5期，第27—45页。

54. 干福熹：《吴、越王剑饰上的玻璃》，《科学世界》2007年第3期，第91—95页。

55. 干福熹：《中国古代玻璃的起源和发展》，《自然杂志》2006年第4期，第187—193页。

56. 干福熹等：《河南平顶山应国墓地出土料珠和料管的分析》，《硅酸盐学报》2009年第6期，第1005—1016页。

57. 干福熹等：《河南淅川徐家岭出土中国最早的蜻蜓眼玻璃珠的研究》，《中国科学》2009年第4期，第787—792页。

58. 干福熹等：《湖北省出土战国玻璃制品的科技分析与研究》，《江汉考古》2010年第2期，第108—116页。

59. 干福熹等：《我国古代玻璃的起源问题》，《硅酸盐学报》1978年第1、2期，第99—104页。

60. 干福熹等：《新疆拜城和塔城出土的早期玻璃珠的研究》，《硅酸盐学报》2003年第7期，第663—668页。

61. 干福熹等：《中国古代玻璃的起源——中国最早的古代玻璃研究》，《中国科学 E 辑：技术科学》2007年第3期，第382—391页。

62. 高至喜：《论我国春秋战国的玻璃器及有关问题》，《文物》1985年第12期，第54—65页。

63. 耿朔：《汉墓出土古玻璃二题》，《边疆考古研究》第17辑，科学出版社，2015年，第269—276页。

64. 龚良等：《徐州地区的汉代玉衣及相关问题》，《东南文化》1996年第1期，第26—32页。

65. 谷舟等：《显微CT在早期釉砂研究中的应用：以西周倗国出土釉砂珠为例》，《核技术》2012年第4期，第265—269页。

66. 顾晔锋：《〈穆天子传〉成书时间研究综述》，《长春理工大学学报》（高教版）2007年第4期，第47—49页。

67. 韩立森等：《河北省定州北魏石函出土遗物再研究》，《考古学集刊》19，科学出版社，2013年，第277—299页。

68. 韩伟：《法门寺地宫出土琉璃器皿》，《陕西历史博物馆馆刊》第一辑，三秦出版社，1994年，第36—50页，后收入氏著《磨砚书稿——韩伟考古文集》，科学出版社，2001年，第246—257页。

69. 韩伟：《法门寺地宫唐代随真身衣物帐考》，《文物》1991年第5期，第27—37页。

70. 郝春文：《关于唐后期五代宋初沙州僧俗的施舍问题》，《唐研究》第三卷，北京大学出版社，1997年，第19—40页。

71. 何月馨：《隋唐墓葬出土帐构研究》，《中原文物》2016年第2期，第94—100页。

72. 后德俊：《楚国的几项科学技术与域外文化的比较研究——兼论中外文化早期交流的“玻璃之路”》，《中华文化论坛》1996年第1期，第84—88页。

73. 后德俊：《枣阳郭家庙曾国墓地出土石英珠的初步研究》，《江汉考古》2007年第2期，第72—76页。

74. 湖北省博物馆保管部历史文物库：《汉阳蔡甸一号墓出土古玻璃试析》，《江汉考古》1983年第3期，第97—99页。

75. 黄启善：《广西古代玻璃制品的发现及其研究》，《考古》1988年第3期，第264—276页。

76. 黄雪寅：《散落于内蒙古草原上的古玻璃器》，《内蒙古文物考古》2005年第1期，第50—53页。

77. 霍友光：《〈职方外纪〉的地理学地位及当时地理知识的中西对比》，《中国科技史料》1996年第1期，第16—25页。

78. 菅谷文则：《从玻璃容器的传入途径所见南北朝时代的东西方交流》，《北京论坛（2004）文明的和谐与共同繁荣：“东亚古代文化的交流”考古分论坛论文或摘要集》，2004年，第157—158页。

79. 建筑材料研究院等：《中国早期玻璃器检验报告》，《考古学报》1984年第4期，第449—457页。

80. 姜中宏等：《中国古代玻璃物化性能的研究》，《玻璃与搪瓷》1992年第1期，第39—42页。

81. 蒋飞飞：《辽代玻璃制品初步研究》，内蒙古大学硕士学位论文，2014年。

82. 蒋玄佁：《古代的琉璃》，《文物》1959年第6期，第8—10页。

83. 金甲：《“陆离”辨》，《阅读与写作》2008年第9期，第4页。

84. 郎保湘等编译：《关于洛阳三十年代考古的一本书》，《考古与文物》1995年第5期，第78—86页。

85. 郎成刚：《朝阳北塔发现的古玻璃器》，载辽宁省文物考古研究所编：《辽宁考古文集（二）》，科学出版社，2010年，第455—459页。

86. 李飞等：《一批中国古玻璃化学成分的质子激发X射线荧光分析》，《硅酸盐学报》2005年第5期，第581—586页。

87. 李合等：《北京明清建筑琉璃构件黄釉的无损研究》，《中国文物科学研究》2013年第2期，第79—84页。

88. 李会等：《从早期蜻蜓眼式玻璃珠的传入看汉以前的中外交通》，《四川文物》2010年第2期，第71—77页。

89. 李翎：《兖州兴隆塔地宫出土文物小考二则》，《文学与文化》2010年第3期，第101—106页。

90. 李旻：《十世纪爪哇海上的世界舞台——对井里汶沉船上金属物资的观察》，《故宫博物院院刊》2007年第6期，第78—90页。

91. 李青会等：《关于中国古代玻璃研究的几个问题》，《自然科学史研究》2007年第2期，第114—127页。

92. 李青会等:《浅议中国出土的汉代玻璃耳珰》,《广西民族大学学报》(自然科学版)2011年第1期,第17—25页。

93. 李青会等:《扬州西汉墓出土古玻璃的质子激发X荧光分析》,《核技术》2003年第12期,第922—925页。

94. 李青会等:《一批中国古代镶嵌玻璃珠化学成分的检测报告》,《江汉考古》2005年第4期,第79—86页。

95. 李青会等:《中国早期釉砂和玻璃制品的化学成分和工艺特点探讨》,《广西民族大学学报》(自然科学版)2009年第4期,第31—41页。

96. 李清临:《中国古代玻璃与琉璃名实问题刍议》,《武汉大学学报》(人文科学版)2010年第5期,第626—630页。

97. 李清临:《中国古代釉砂和玻砂浅议》,《中国国家博物馆馆刊》2012年第5期,第109—116页。

98. 李西兴:《璆琳琅玕新解——兼谈中国古代对玻璃的认识》,载《考古与文物》编辑部:《陕西省考古学会第一届年会论文集》,1983年,第251—259页。

99. 李晓丹:《康乾时期玻璃窗和玻璃制品探究》,《清史研究》2007年第3期,第20—25页。

100. 李宇峰:《吐尔基山辽墓墓主身份商榷》,《中国文物报》2004年9月3日,第7版。

101. 李志荣:《永新古墓出土青铜棺及玻璃器》,《江西文物》1991年第3期,第78—79页。

102. 力子:《明黔国公沐睿墓辨讹》,《东南文化》2012年第4期,第81—88页。

103. 梁燕妮:《十六国北朝渤海封氏研究》,山西大学硕士论文,2012年。

104. 林冠男:《战国及汉代出土的平板玻璃初探》,《文物天地》2017年第10期,第11—15页。

105. 林梅村:《唐武德二年罽宾国贡品考——兼论西安何家村唐代窖藏原为大明宫琼林库皇家宝藏》,《考古与文物》2017年第6期,第94—103页。

106. 林姝:《从造办处档案看雍正皇帝的审美情趣》,《故宫博物院院刊》2004年第6期,第90—119页。

107. 林姝:《雍正皇帝与玻璃制品》,《中国历史文物》2007年第4期,第66—71页。

108. 林贻典:《关于美洲由郑和船队发现的见解》,《海交史研究》2002年第2期,第5—13页。

109. 林怡娴:《来自"蛮族"的饮器——再议新疆所见磨面纹玻璃杯》,《考古与文物》2017年第6期,第82—93页。

110. 刘芳芳等:《雕镂钿器、百伎千工——古代钿器巡礼》,《收藏家》2017年第2期,第53—60页。

111. 刘勤:《茶香袅袅书香氤氲——从许元墓出土文物漫谈北宋士大夫的风雅生活》,《文物鉴定与鉴赏》2017年第4期,第61—65页。

112. 刘珊:《辽陈国公主家世考释》,《考古与文物》2007年第3期,第98—101页。

113. 刘晓晨:《乾隆皇帝咏诗中的"西洋奇货"——院藏玻璃画制品》,《文物天地》2016年第7期，第34—39页。

114. 刘壮等：《洛阳北魏大市遗址出土玻璃珠成分分析》，《光谱实验室》1999年第1期，第74—78页。

115. 陆锡兴：《宋代以来的琉璃簪和琉璃钗》，《上海文博论丛》2009年第1期，第32—36页。

116. 卢轩等：《何家村唐代窖藏宝石及玻璃碗检测报告》，《考古与文物》2017年第6期，第114—120页。

117. 罗学正：《琉璃称谓考辨》，《求索》1992年第1期，第113—115页。

118. 吕变庭等：《伊斯兰玻璃制品对宋朝经济生活的影响》，《青海民族研究》2009年第1期，第68—73页。

119. 马固钢：《"陆离"无"长貌"义》，《辞书研究》1991年第3期，第144—147页。

120. 马丽亚·艾海提等：《丝绸之路上的中亚玻璃器——兼论中亚玻璃器向中国、朝鲜半岛和日本之传播》，《考古与文物》2017年第6期，第104—110页。

121. 马丽亚·艾海提等：《内蒙古北魏墓出土萨珊玻璃器及其相关问题》，《文博》2017年第4期，第53—59页。

122. 马清林等：《洛阳战国墓出土八棱柱中的中国蓝和中国紫研究》，《文物》2008年第8期，第83—88页。

123. 马清林等：《中国战国时期八棱柱状费昂斯制品成分及结构研究》，《中国国家博物馆馆刊》2012年第12期，第112—132页。

124. 马文宽：《从湖南常德出土唐代进口伊斯兰贴花玻璃碗谈起》，《中国历史文物》2006年第3期，第14—18页。

125. 马文宽：《法库叶茂台早期辽墓出土的伊斯兰玻璃调味方盘》，《中国历史文物》2002年第3期，第46—48页。

126. 马文宽：《辽墓辽塔出土的伊斯兰玻璃——兼谈辽与伊斯兰世界的关系》，《考古》1994年第8期，第736—743页。

127. 马文宽：《掐丝珐琅和眼镜制作技术的传入》，载中国社会科学院考古研究所编著：《新世纪的中国考古学（续）——王仲殊先生九十华诞纪念论文集》，科学出版社，2015年，第644—664页。

128. 马艳：《大同出土北魏磨花玻璃碗源流》，《中原文物》2014年第1期，第96—100页。

129. 马艳茹：《亳州古玻璃浅说》，《文物鉴定与鉴赏》2012年第12期，第94—97页。

130. 苗霖霖：《耿延毅墓志考释》，《唐山师范学院学报》2012年第3期，第67—70页。

131. 倪润安：《北周墓葬的地下空间与设施》，《故宫博物院院刊》2008年第1期，第62—79页。

132. 裴玲玲：《避暑山庄博物馆馆藏玻璃器鉴赏》，《河北旅游职业学院学报》2011年第1期，第104—105页。

133. 朴灿奎等：《介绍朝鲜半岛出土的几件玻璃器》，《北方文物》2007年第3期，第59—60页。

134. 齐东方:《玻璃料与八卦镜——井里汶沉船文物札记》,《故宫博物院院刊》2007年第6期,第125—135页。

135. 齐东方:《略论中国新出土的罗马、萨珊玻璃器》,《历史文物》第九卷第一期,1999年。

136. 齐东方:《隋代玻璃》,《故宫文物月刊》第十六卷第六期,1998年,第124—133页。

137. 齐东方:《唐代银高足杯研究》,《考古学研究》(二),北京大学出版社,1994年,第206—218页。

138. 齐东方等:《唐代萨珊式金银器研究》,《考古》1998年第6期,第63—73页。

139. 齐东方等:《中国出土的波斯萨珊凸出圆纹切子装饰玻璃器》,《创大アヅア研究》第16号,创价大学アヅア研究所,1995年,第53—61页。

140. 祁海宁等:《南京大报恩寺遗址塔基时代、性质及相关问题研究》,《文物》2015年第5期,第66—73页。

141. 潜伟等:《新疆克孜尔水库墓地出土玻璃珠的分析与研究》,载万辅彬、巴莫尔哈主编《弘扬民族科技,促进西部开发——第五届中国少数民族科技史国际研讨会论文集》,广西民族出版社,2002年,第138—145页。

142. 秦颖等:《湖北随州擂鼓墩二号墓出土的战国玻璃组成》,《硅酸盐学报》2009年第4期,第574—576页。

143. 秦颖等:《湖北枣阳郭家庙曾国墓地出土"石英珠"(釉砂)的测试分析及其制作工艺模拟实验分析》,《硅酸盐学报》2012年第4期,第567—570页。

144. 邱晓勇:《浅析南京地区六朝墓葬出土玻璃器——兼论古代西域玻璃的输入与影响》,载江苏省博物馆学会编:《致力于社会和谐的江苏博物馆事业——江苏省博物馆学会2012学术年会论文集》,文物出版社,2013年,第90—94页。

145. 容天伟等:《民国以来〈禹贡〉研究综述》,《广西民族大学学报(自然科学版)》2010年第1期,第30—39页。

146. 陕西省博物馆、文管会革委会写作小组:《西安南郊何家村发现唐代窖藏文物》,《文物》1972年第1期,第30—42页。

147. 尚刚:《中国玻璃三千年》,《装饰》2001年第1期,第37—41页。

148. 邵茗生:《晋王浚妻华芳墓志铭释文》,《文物》1966年第2期,第41—44页。

149. 史美光:《汉代平板玻璃的研究》,《中国建筑材料科学研究院学报》1991年第1期,第20—24页。

150. 史美光等:《青海大通县出土汉代玻璃的研究》,载青海省文物考古研究所:《上孙家寨汉晋墓》,附录二,文物出版社,1993年,第250—254页。

151. 史美光等:《世界古玻璃的化学成分》,《玻璃》1987年第4期,第5—12页。

152. 史美光等:《一批中国古代铅玻璃的研究》,《硅酸盐通报》1986年第1期,第17—23页。

153. 史美光等:《一批中国汉墓出土钾玻璃的研究》,《硅酸盐学报》1986年第3期,第307—313页。

154. 史树青:《"陆离"新解》,《文史》第11辑,中华书局,1981年,第175—

177页。

155. 束莉：《中古女性生活图景与才德观之重构——以〈王士良妻董荣晖墓志〉考论为中心》，《古籍研究》2013年第2期，第219—230页。

156. 宋燕等：《宁夏固原北周田弘墓出土玻璃残片研究》，《玻璃与搪瓷》2008年第2期，第35—42页。

157. 孙承晟：《明清之际西方光学知识在中国的传播及其影响——孙云球〈镜史〉研究》，《自然科学史研究》2007年第3期，第363—376页。

158. 孙培良：《略谈大同市南郊出土的几件银器和铜器》，《文物》1977年第9期，第68—75页。

159. 孙庆伟：《晋侯墓地M63墓主再探》，《中原文物》2006年第3期，第60—67页。

160. 汤伟建等：《扬州出土的汉代玉蝉和玻璃蝉》，《上海文博论丛》2006年第1期，第46—49页。

161. 王承遇等：《中国琉璃成分和配方的演变与发展》，《玻璃与搪瓷》2014年第4期，第37—41页。

162. 王大方：《吐尔基山辽墓墓主人身份的推测——兼述契丹古代社会的“奥姑”》，《中国文物报》2004 年7月30日，第7版。

163. 王德恒：《吐尔基山辽墓主人究竟是谁？》，《内蒙古日报》2004年9月10日，第5版。

164. 王飞峰：《百济、新罗、加耶地区出土玻璃器及其与丝绸之路的相关研究》，《延边大学学报（社会科学版）》2017年第2期，第18—24页。

165. 王和平：《康熙朝玻璃厂画珐琅玻璃与金星玻璃的制造》，参见邹爱莲主编：《清代档案与清宫文化——第九届清宫史研讨会论文集》，中国档案出版社，2010年，第368—369页。

166. 王和平：《康熙朝御用玻璃厂的技术发展——以画珐琅玻璃与金星玻璃为例》，《收藏家》2008年第9期，第77—82页。

167. 王和平：《康熙朝御用玻璃厂考述》，《西南民族大学学报（人文社科版）》2008年第10期，第232—238页。

168. 王和平：《康熙朝御用玻璃厂与西方传教士》，载中国中外关系史学会等主编：《新视野下的中外关系史》，甘肃人民出版社，2010年，第148—169页。

169. 王和平：《与康熙朝御用玻璃厂有关的几位西人》，载清代宫史研究会编：《清代宫史探析》，下册，紫禁城出版社，2007年，第443—453页。

170. 王家葵：《〈铅汞甲庚至宝集成〉纂著年代考》，《宗教学研究》2000年第2期，第1—8页。

171. 王世雄：《陕西西周原始玻璃的鉴定与研究》，《文博》1986年第2期，第26—30页。

172. 王小茉：《玻璃在中国历史上的地位》，《装饰》2006年第10期，第30—31页。

173. 王迅：《最早的珍珠项链和龙纹琉璃器》，载罗覃（Thomas Lawton）编：《全球化背景下考古学新前沿——解读中国古代传统：庆祝北京大学赛克勒考古与艺术博物馆成立十周年国际学术研讨会论文集》，AMS艺术、科学和人文基金会，

2008年，第221—225页。

174. 王义康：《正仓院藏西方风格玻璃器研究》，《中国历史文物》2007年第6期，第13—23页。

175. 王政：《中国平板玻璃工业五十年》，《中国建材》1999年第10期，第47—52页。

176. 王志高：《六朝墓葬出土玻璃容器漫谈——兼论朝鲜半岛三国时代玻璃容器的来源》，载江苏省六朝史研究会等：《"六朝历史文化与镇江地域发展学术研讨会"论文汇编》，2010年，第221—227页。

177. 王志高：《南京大学北园东晋大墓的时代及墓主身份的讨论——兼论东晋时期的合葬墓》，《东南文化》2003年第9期，第43—52页。

178. 王志高等：《南京仙鹤观东晋墓出土文物的初步认识》，《文物》2001年第3期，第80—91页。

179. 王仲殊：《试论鄂城五里墩西晋墓出土的波斯萨珊朝玻璃碗为吴时由海路传入》，《考古》1995年第1期，第81—87页。

180. 王子初：《江苏盱眙大云山一号墓出土仿玉玻璃编磬的复原研究》，《艺术百家》2016年第2期，第45—62页。

181. 王子初：《略论西汉刘非墓出土的仿玉玻璃编磬》，《中国音乐学》2017年第4期，第21—26页。

182. 温睿等：《唐长安城西市遗址出土玻璃残块初探》，载《中国敦煌吐鲁番学会丝绸之路专业委员会文集》，陕西师范大学出版总社，2015年，第51—61页。

183. 文史成：《贴金箔不是涂镀水银》，《文史杂志》2008年第2期，第76页。

184. 巫鸿：《引魂灵璧》，载巫鸿、郑岩主编：《古代墓葬美术研究》第一辑，文物出版社，2011年，第55—64页。

185. 吴桂兵：《南京大学北园东晋大墓的形制、墓主及其他——两晋偏室墓研究之一》，《东南文化》2003年第9期，第35—42页。

186. 西谷正撰，侯灿、孙允华译：《丝绸之路的考古学》，《新疆师范大学学报（哲学社会科学版）》1992年第2期，第21—30页。

187. 夏更起：《玻璃胎画珐琅考析》，《故宫博物院院刊》2003年第3期，第16—23页。

188. 夏鼐：《河北定县塔基舍利函中波斯萨珊朝银币》，《考古》1966年第5期，第267—270页。

189. 萧炳荣：《我国古代玻璃的名称问题》，《玻璃与搪瓷》1984年第5期，第56—59页。

190. 小泉显夫：《庆州瑞凤冢の发掘》，《史学杂志》38卷1号，1927年。

191. 谢尧亭：《晋侯墓地研究述评（上）》，《文物世界》2009年第3期，第11—17页。

192. 信立祥：《西汉废帝、海昏侯刘贺墓考古发掘的价值及意义略论》，《南方文物》2016年第3期，第32—37页。

193. 宿白：《定州工艺与静志、净众两塔地宫文物》，《文物》1997年第10期，第36—47页。

194. 宿白：《宁夏固原北周李贤墓札记》，原刊《宁夏文物》第3期（1989年），第

1—9页，后收入氏著：《魏晋南北朝唐宋考古文稿辑丛》，文物出版社，2011年，第138—147页。

195. 宿白：《中国境内发现的东罗马遗物》《中国境内发现的中亚与西亚遗物》，载：《中国大百科全书·考古卷》，中国大百科全书出版社，1986年，第676—681页。

196. 徐苹芳：《中国舍利塔基考述》，《传统文化与现代化》1994年第4期，第59—74页。

197. 许晓东：《辽代琥珀来源的探讨》，《北方文物》2007年第3期，第38—44页。

198. 扬之水：《对沉船中几类器物的初步考订》，《故宫博物院院刊》2007年第6期，第115—124页。

199. 扬之水：《酒船与槎杯》，《收藏家》2006年第7期，第53—56页。

200. 扬之水：《琉璃瓶与蔷薇水》，《文物天地》2002年第6期，第58—62页。

201. 杨伯达：《清代玻璃概述》，《故宫博物院院刊》1983年第4期，第3—17页。

202. 杨伯达：《清代玻璃配方化学成分的研究》，《故宫博物院院刊》1990年第2期，第17—26页。

203. 杨伯达：《唐元明清珐琅工艺总叙》，载氏主编：《中国金银玻璃珐琅器全集·第5卷·珐琅器（一）》，河北美术出版社，2002年，第1—11页。

204. 杨伯达：《西周玻璃的初步研究》，《故宫博物院院刊》1980年第2期，第14—24页。

205. 杨巨平：《亚历山大东征与丝绸之路开通》，《历史研究》2007年第4期，第150—161页。

206. 杨忙忙：《古琉璃器的保护研究与修复技术》，《考古与文物》1998年第6期，第82—87页。

207. 姚勤德：《江、浙地区的早期玻璃器和先秦时期的中西文化交流》，《东南文化》1990年第5期，第186—190页。

208. 伊永文：《中国最早的暖水瓶》，《中国科技史料》1995年第1期，第79—83页。

209. 于志勇：《近年来新疆古代玻璃器的考古发现、研究与思考》，《新疆文物》2013年第2期，第107—117页。

210. 余德新：《耀华玻璃公司的兴衰——中国平板玻璃史话之三》，《中国建材》1993年第1期，第45—46页。

211. 余德新：《中国第一个平板玻璃厂创办于何时》，《中国建材》1991年第4期，第42页。

212. 张秉旺等：《清代皇家御用“玻璃厂”的确切地址小考》，《东方收藏》2013年第4期，第34—35页。

213. 张德芳：《悬泉汉简中有关西域精绝国的材料》，《新疆文物·汉唐西域考古——尼雅、丹丹乌里克国际学术讨论会专刊》2009年第3、4期，第129—134页。

214. 张福康等：《中国古琉璃的研究》，《硅酸盐学报》1983年第1期，第67—76页。

215. 张桂霞等：《辽宁地区出土古代玻璃器概述》，《东北史地》2014年第3期，第21—25页。

216. 张金龙：《北燕政治史四题》，《南都学坛（哲学社会科学版）》，1997年第4期，第20—24页。

217. 张平等：《新疆拜城县克孜尔墓地出土的玻璃珠及其相关问题》，《吐鲁番学研究》2004年第2期，第62—68页。

218. 张全民：《西安M33汉代玻璃研究》，《文博》2004年第1期，第60—65页。

219. 张荣：《康熙朝御制玻璃赏析》，《收藏家》2001年第9期，第35—36页。

220. 张荣：《清代内画鼻烟壶》，《收藏家》1997年第2期，第20—23页。

221. 张荣：《清宫御制金星玻璃》，《紫禁城》1998年第3期，第40—41页。

222. 张荣：《清康熙朝御制玻璃》，载朱诚如等主编：《明清论丛》第二辑，紫禁城出版社，2001年，第539—543页。

223. 张荣：《清雍正朝的官造玻璃器》，《故宫博物院院刊》2003年第1期，第72—80页。

224. 张维用：《“武帝使人入海市璧琉璃”考》，《玻璃与搪瓷》1997年第6期，第58—60页。

225. 张维用：《琉璃名实辨》，《故宫博物院院刊》1986年第2期，第64—69页。

226. 张维用等：《琉璃在古代生活中的应用》，《春秋》2008年第5期，第55—57页。

227. 张彦晓：《宋代观赏灯述论》，《长江师范学院学报》2016年第5期，第71—76页。

228. 张永言：《汉语外来词杂谈（补订稿）》，《汉语史学报》第七辑，2007年，第1—14页。

229. 张郁：《辽陈国公主墓志考释》，载内蒙古文物考古研究所编：《内蒙古文物考古文集》第一辑，中国大百科全书出版社，1994年，第489—503页。

230. 张正明：《料器与先秦的楚滇关系和中印交通》，《江汉论坛》1988年12期，第68—72页。

231. 赵超：《中国国家博物馆藏北朝封氏诸墓志汇考》，《中国历史文物》2007年第2期，第29—40页。

232. 赵德云：《中国出土的蜻蜓眼式玻璃珠研究》，《考古学报》2012年第2期，第177—216页。

233. 赵建兰：《究竟何物，从何而来：法门寺琉璃器皿的背后》，《中国文化报》2014年4月22日，第8版。

234. 赵匡华：《试探中国传统玻璃的源流及炼丹术在其间的贡献》，《自然科学史研究》1991年第2期，第145—156页。

235. 赵永：《琉璃名称考辨》，《中国国家博物馆馆刊》2013年第5期，第63—72页。

236. 赵永：《论魏晋至宋元时期佛教遗存中的玻璃器》，《中国国家博物馆馆刊》2014年第10期，第44—65页。

237. 赵永：《新疆且末扎滚鲁克49号墓出土玻璃杯的年代问题》，《考古与文物》2014年第4期，第77—80页。

238. 真道洋子:《初期イスラーム時代の濃青丸底瓶—9~10世紀におけるイスラーム·ガラスの技術と製品の伝播をめぐる考察》, Glass (42), 1998, pp. 2—15.

239. 郑承燕:《辽代玻璃高足杯》,《中国博物馆》2010年第3期, 第82—83页。

240. 钟焓:《辽代东西交通路线的走向——以可敦墓地望研究为中心》,《历史研究》2014年第4期, 第34—49页。

241. 周世荣:《湖南出土琉璃器的主要特点及其重要意义》,《考古》1988年第6期, 第547—555页。

242. 周书灿:《〈穆天子传〉研究述论》,《贵州大学学报(社会科学版)》2003年第2期, 第58—65页。

243. 周双林等:《河南东周阳城熔铁炉玻璃样分析研究》,《考古》1999年第7期, 第76—79页。

244. 周亚:《春秋时期吴王室有铭青铜剑概述》, 载《上海博物馆集刊》第十二期, 上海书画出版社, 2012年, 第144—160页。

245. 周云平:《避暑山庄博物馆馆藏玻璃器概述》,《文物春秋》1992年第4期, 第87—88页。

246. 周长源等:《对扬州宝女墩出土汉代玻璃衣片的研究》,《文物》1991年第10期, 第71—75页。

247. 周铮:《河北景县封氏墓群丛考》,《文物春秋》1992年第2期, 第31—36页。

248. 邹书源:《论罗马帝国的东方军事政策》,《南华大学学报(社会科学版)》2014年第2期, 第66—70页。

249. 邹忆军:《高崧父子生平考——兼谈南方士族墓葬的特殊性问题》,《东南文化》2000年第7期, 第52—55页。

后 记

也许是源自数千年前火与沙的某一次极其偶然、却又非常重要的相逢，玻璃自诞生之初便开启了她在人类历史上的神奇之旅：从古埃及哈特谢普苏特女王颈上的项链到罗马人日常生活中的瓶瓶罐罐，从中世纪哥特式教堂中炫目的彩色玻璃窗到威尼斯穆拉诺岛上纯净无瑕的水晶玻璃，从波斯商船上芬芳透瓶的蔷薇水到中国清代皇帝案头灿若满天繁星的玻璃摆件，还有望远镜、显微镜、眼镜、温度计、气压计以及巴斯德的烧瓶……玻璃一路陪伴着人类社会走出蒙昧，走向文明，直至现代世界的诞生。

这一切似乎都源于玻璃最迷人的材料特性："玻璃性"。她在光感、透明度、可塑性、坚硬程度等各方面都具有高度的个性化特征和适应能力，这使她有可能在不同传统与需求的引导下走向完全不同的演变之路。跟西方相比，中国古代玻璃在成分、工艺、功能、审美等方面均独具特色，多年来各地持续不断的考古发掘为研究者提供了丰富的材料。但正如本书所揭示的：起起伏伏的中国古代玻璃生产虽然独具特色，而且在不同时期接触过不同的外来传统，但直至清代之前一直都匍匐在中国本土瓷器传统的强大阴影之中。考古发现虽然不少，但多数是小型饰件，条件所限，简报或报告多公布其中保存较好的；另外，跟陶瓷、金银和漆器等器类相比，玻璃容器的发现显然要少得多。这种现状决定了多数中国古代玻璃研究专著除了归纳大的技术传统和成分体系之外，在各时代下通常会采用个案分析与文献综合的方式展开论证，本书也不例外，但跟以往相比，更加重视了考古背景的还原和国外类似发现的比对，并尽可能地补充了最新的考古发现和研究进展。

中国古代玻璃研究已经取得了丰硕成果，未来若想继续深入，我们认为至少还应该在以下三方面继续努力：第一是重视对玻璃考古资料全面整理与出版，并尽可能分析其成分与工艺，建立并完善成分数据库，以往报告和简报多重视大件容器和制作精美者，忽略小型饰件和保存欠佳者，这种情况近年来虽有改观，但仍有很大努力空间；第二是要加强对国外古玻璃发现与研究的系统学习，以往多关注其中跟中国发现密切相关的部分，对古埃及、罗马、萨珊、伊斯兰等不同玻璃传统的整体发现和最新研究状况缺乏全面了解，这导致对中国出土外来玻璃器的研究也一直处于简单的器物比对阶段，而且这种比对多是抽样式的，难以穷尽资料；第三是要开展中国古玻璃制作工艺的实验考古和复原研究，工艺的复原研究原本就是古玻璃研究的重要领域，目前有一些器形我们可以根据国外的研究成果做出概括性的推测，但对其中的细节并未涉及，还有一些器类，例如造型复杂多样的蜻蜓眼玻璃珠是如何做成的，就有很大的研究空间。

最后，本书的顺利完成离不开诸多学界师友的倾心相助。感谢大英博物馆的St John Simpson老师，波兰华沙大学的MartaZuchowska老师、韩国庆北大学校朴天秀老师，美国加利福尼亚大学洛杉矶分校的温成浩博士、日本东京艺术大学大学院美术研究科林佳美博士、北京大学考古文博学院管文韬、范佳楠同学，中国人民大学历史学院的刘未老师，中央美术学院人文学院的耿朔老师，北京师范大学历史学院的丁雨老师，南京大学历史系王璞博士、陕西省考古研究院的张建林、王小蒙、刘呆运、张蕴老师，新疆文物考古研究所的艾尼·亚森同学、西北大学文化遗产学院的冉万里、于春、温睿、豆海锋等诸位老师，在资料搜集、信息确认、器物观摩与断代、材料译读等方面所提供的慷慨帮助与热心指导，感谢时任开明出版社社长的焦向英先生对我们的信任与支持，特别要感谢本书责任编辑谭天佼和魏红岩女士的辛勤劳动以及在书稿撰写及编辑出版过程中所表现出来的极大理解、宽容与耐心。中国古代玻璃研究涉及历史、考古、工艺技术、成分分析等方方面面，书中我们虽然尽了最大程度的努力，但在论证过程中仍难免会有疏漏与失误，还请学界同仁不吝赐教。

作　者

2018年7月

图书在版编目（CIP）数据

中国古代物质文化史．玻璃器／齐东方，李雨生著．—
北京：开明出版社，2018.12（2024.1 重印）
ISBN 978-7-5131-0016-8
Ⅰ．①中… Ⅱ．①齐… ②李… Ⅲ．①物质文化－文化史－
中国－古代 ②玻璃器皿－中国 － 古代 Ⅳ．① K220.3 ② K876.5

中国版本图书馆 CIP 数据核字 (2018) 第 240838 号

责任编辑：魏红岩　支　颖
美术编辑：郑雯月
装帧设计：羽人·高伟

出　版：开明出版社（北京市海淀区西三环北路 25 号青政大厦 6 层）
印　制：保定市中画美凯印刷有限公司
开　本：889×1194　1/16
印　张：18
字　数：300 千
版　次：2018 年 12 月 第 1 版
印　次：2024 年 1 月 第 2 次印刷
定　价：360.00 元

印刷、装订质量问题，出版社负责调换货。联系电话：（010）88817647

ISBN 978-7-5131-0016-8